国家社科基金后期资助项目研究成果（21FTQB005）

图书馆基本理念研究

蒋永福　著

国家图书馆出版社

图书在版编目(CIP)数据

图书馆基本理念研究 / 蒋永福著. -- 北京：国家图书馆
出版社,2025.2. -- ISBN 978 - 7 - 5013 - 8183 - 8

Ⅰ. G25

中国国家版本馆 CIP 数据核字第 2024QS8644 号

书　　名　图书馆基本理念研究
　　　　　　TUSHUGUAN JIBEN LINIAN YANJIU
著　　者　蒋永福　著
责任编辑　唐　澈
助理编辑　何逸竹
责任校对　郝　蕾
封面设计　耕者设计工作室

出版发行　国家图书馆出版社(北京市西城区文津街 7 号　　100034)
　　　　　　(原书目文献出版社　北京图书馆出版社)
　　　　　　010 - 66114536　63802249　nlcpress@ nlc. cn(邮购)
网　　址　http://www. nlcpress. com
排　　版　北京金书堂文化发展有限公司
印　　装　河北鲁汇荣彩印刷有限公司
版次印次　2025 年 2 月第 1 版　2025 年 2 月第 1 次印刷

开　　本　710×1000　1/16
印　　张　19.25
字　　数　335 千字
书　　号　ISBN 978 - 7 - 5013 - 8183 - 8
定　　价　108.00 元

国家社科基金后期资助项目
出版说明

后期资助项目是国家社科基金设立的一类重要项目，旨在鼓励广大社科研究者潜心治学，支持基础研究多出优秀成果。它是经过严格评审，从接近完成的科研成果中遴选立项的。为扩大后期资助项目的影响，更好地推动学术发展，促进成果转化，全国哲学社会科学工作办公室按照"统一设计、统一标识、统一版式、形成系列"的总体要求，组织出版国家社科基金后期资助项目成果。

全国哲学社会科学工作办公室

前　言

　　图书馆基本理念研究，属于图书馆认识论研究范畴，它所要解决的是图书馆事业和图书馆职业实践中的认识问题，目的是为图书馆事业和图书馆职业实践提供科学的理念指导。仅从理念指导实践的角度而言，能否形成有理性的、科学的、先进的理念至关重要，因为它关乎实践的成效是否显著乃至成败。由此足见图书馆基本理念及其研究的重要性。

　　我们知道，包括我国在内的各国图书馆事业和职业发展过程中，都曾出现过诸多不利于发展甚至阻碍发展的失常现象，如法律保障缺失或不力、职业准入制度缺失、公共图书馆服务体系不健全、基层图书馆经费长期得不到保障、资源保障与服务保障能力低下、区域发展不平衡、从业人员专业化程度不高、职业道德规范和服务规范不健全或执行不力、弱势群体服务保障不健全、读者满意度低下等。出现这些情况，原因固然有诸多方面，但缺乏科学的理念指导是其中的根本原因之一。这从反面证明了图书馆基本理念的重要性。

　　理念是把双刃剑。理性的、科学的理念可以带来实践的有效性和高效性，错误的、落后的理念则可以导致实践的低效甚至失败。诚然，理念是一种力量，但我们必须要问：这是一种正能量，还是一种负能量？我们固然追求作为正能量的理念。然而，我们如何确定某种理念是正能量还是负能量，这就需要识别和判断。这种识别和判断的过程，就是思考和研究的过程。本书就是为了识别和判断哪些图书馆基本理念具有正能量而做的一种研究。

　　与社会思潮相比，理念有其稳定性和连续性，但是，世上没有固定不变的理念，任何理念都在变与不变的矛盾斗争和交替循环中保持自身存在的生机与活力。图书馆基本理念当然也是如此。从古代图书馆的封闭管理到现代图书馆的开放服务，从古代图书馆的守藏为重到近代图书馆的流通为重再到现代图书馆的阅读推广为重，从古代图书馆为少数人服务到近现代图书馆为普罗大众提供平等服务，这些都见证着图书馆基本理念的变化演进历程。

20世纪80年代之前,人们对图书馆的社会文化中心、社会教育中心、社会信息中心地位深信不疑。然而至20世纪90年代,信息技术、网络技术、数字技术、智能技术的迅猛发展和普及,致使图书馆原有的"中心"地位逐渐开始动摇,图书馆职业也已出现边缘化的端倪,于是一些人曾提出"图书馆消亡论",在图书馆学科理论建设中兴起"去图书馆化"运动,人们对图书馆是否物有所值的问题已不再持"不证自明"的态度了。时代的发展变化,要求人们重新审视图书馆的社会功能及其价值,同时要求在理论上重新阐释图书馆的核心价值。20世纪90年代兴起的"图书馆核心价值热",就是这种重新阐释和定位图书馆核心价值的理论自觉与创新之举。这种理论自觉与创新,必然促使图书馆基本理念的"重新洗牌",构建出新的图书馆基本理念体系,以此应对新时代的挑战,适应新时代的图书馆事业与图书馆职业的高质量发展需求。

在构建新时代图书馆基本理念体系的过程中,我国图书馆界应时而起,做出了积极的理论反应和实践行动。20世纪90年代至21世纪20年代,我国图书馆学界的图书馆基本理念研究呈现出从井喷式爆发到平缓发展的态势。在这30多年间,图书馆核心价值、图书馆职业精神、图书馆权利、图书馆员伦理、图书馆资源开放与共享、图书馆与社会包容、图书馆社会责任、图书馆与全民阅读、图书馆与公共文化服务、图书馆与全民信息素养、图书馆与数字人文、图书馆阅读推广的理论基础等基本理念研究成果层出不穷,硕果累累。时至今日,我国图书馆学界的图书馆基本理念研究的"第一波高潮"已呈现出"暂告一段落"之势(当然不会结束或终结)。在这种形势下,对我国的图书馆基本理念研究成果做一个回顾性总结并做出较全面的理论概括和阐释,是很有必要的。本书就是试图做出这种理论概括和阐释的一种尝试性努力的产物。

本书旨在对图书馆基本理念做出系统论述,即系统论证图书馆基本理念的构成内容及其价值意义。本书的核心内容是:将现代图书馆基本理念体系归纳为"3+1范畴结构",并对每一个范畴做出系统阐释。其中的"3"分别指社会记忆理念、社会教育理念、促进阅读理念;"1"指职业责任理念,它又包括平等服务理念、社会包容理念、开放共享理念和社会责任理念。与此同时,本书把社会记忆理念、社会教育理念、促进阅读理念视为功能性范畴,把职业责任理念视为保障性范畴,由此形成功能性范畴与保障性范畴之间的"目的-手段"结构体系。之所以设计这样的理念范畴结构体系,意欲彰显这样一个道理:通过充分落实职业责任理念,来保障社会记忆、社会教育、促进阅读之功能或使命的充分实现。

在研究方法上，本书构建图书馆基本理念范畴体系主要采用了三种方法：简约性原则、范畴逻辑方法、"责任－使命"分析法（或称"责任－功能"分析法）。简约性原则，即以尽量少的概念范畴概括出事物的本质属性及其功能表现；范畴逻辑方法，即用范畴概念构筑理论逻辑体系；"责任－使命"分析法，即以落实主体（图书馆人）的职业责任来保障客体（图书馆）的功能使命的实现，可见所谓"责任－使命"分析法，其实是"手段－目的"分析法。

在研究视野和思想方法上，本书的内容阐释始终注意贯穿"古今"与"中西"对照、交叉与融会，努力做到古为今用，以及中西互补与交融，将历史溯源、现实状况与未来发展需求贯通；将客观分析与主观发挥恰到好处地结合，以此保证立论的根基厚重与论证的逻辑明晰。尤其需要指出的是，本书在论证过程中注重挖掘和应用中国古代图书馆思想资源，做到了"中国智慧"不缺席，表现了对中国优秀图书馆文化传统的自觉与自信。这或许是本书思想内容和思想方法上的一个特点。

何谓图书馆基本理念？如果借用中国古人的言说逻辑，那么我们就可以说，图书馆基本理念就是"图书馆之道"。《易传》说"形而上者谓之道，形而下者谓之器"，王夫之说"道者，器之道"，又说"尽器则道无不贯，尽道所以审器"。我们研究图书馆基本理念即研究"图书馆之道"，目的是明确"图书馆是什么""图书馆应该什么样""图书馆从哪里来""图书馆往哪里去"等形上之道，此即"尽道所以审器"。科学的、先进的图书馆基本理念，必须从图书馆事业和图书馆职业实践中观察、凝练、归纳和抽象，此即"尽器则道无不贯"。以科学的、先进的图书馆基本理念助力图书馆事业和图书馆职业的高质量发展，此即本书的立意所在。

目　录

图表目录

图目录

表目录

第一章　图书馆基本理念概述

所谓"理念",是主体(人)对某一事物的本质属性及其价值的基本判断,它比"观念"一词更加接近于"信念",因而它是一种不易动摇的思想倾向和精神力量。法国存在主义哲学家萨特(Sartre)说:"我在理念中比在事物中发现更多的现实。"①理念来源于现实,是对现实的反映,但现实是直接的、零散的事实性存在,而理念是对现实进行抽象认知而形成的价值判断。也就是说:现实是客观范畴,理念是主观范畴;主观反映客观,而且能够抽象地把握客观,即以条理化、系统化方式把握客观现实,这就是人的主观能动性。通过主观能动性,人可以更多地把握客观现实中所蕴含的、非显露的奥秘。也就是说,通过主观能动性,人可以做到"以一见十""以少见多""由表及里",这就是萨特所言"在理念中比在事物中发现更多的现实"的意涵所在。

迄今为止,在我国图书馆界,"图书馆基本理念"一词尚未成为普遍流行的固定词语。现在比较流行的与"图书馆基本理念"近义或相关的词语有"图书馆精神""图书馆职业精神""图书馆观念""图书馆使命""图书馆愿景""图书馆核心价值"等。另外,属于图书馆基本理念范畴或与其相关的一些术语也在学界和业界比较流行,如"知识自由""信息自由""信息公平""信息平等""人文关怀""弱势群体服务""社会包容""社会责任""开放服务""隐私保护""资源共享""终身学习""社会教育""阅读权利""阅读社会""全民阅读""阅读推广"等。这说明,目前在我国图书馆界,谈论图书馆基本理念的话语非常丰富,但尚未形成较完整的、理论化的图书馆基本理念范畴体系。这就要求理论界适时做好两方面的工作:一是对"图书馆基本理念"做出概念上的界定,包括对已经流行的相关概念进行梳理和鉴别,使"图书馆基本理念"这一概念具有较为清晰的内涵与外延;二是适时探索和建构图书馆基本理念范畴体系,即根据现实国情和

---

① 曼古埃尔.阅读史[M].吴昌杰,译.北京:商务印书馆,2002:11.

国际图书馆界业已付诸实践的理念成果,适时建构出适合我国国情的图书馆基本理念范畴体系,以期为图书馆实践提供较为统一的、明确的理念指导。同时,向社会管理者和社会公众宣布图书馆行业的价值取向以及图书馆人的职业责任。本书就是为了做好上述两方面工作而推出的理论研究成果。

第一节　图书馆基本理念与图书馆核心价值

上文已指出,与"图书馆基本理念"近义或相关联的概念或词语很多,其中,"图书馆核心价值"与"图书馆基本理念"的关联最为密切。故此,国外图书馆界往往用"图书馆核心价值"一语表达图书馆基本理念。

一、关于图书馆核心价值

所谓"核心价值"(core values),简单地说就是一个共同体共同遵循且长期坚守的基本信念。一个机构、一个行业、一种职业乃至一个民族或国家,都有其相对稳定、不易变更的核心价值或基本理念,不管这种核心价值或基本理念是已被明确界定和阐述还是未被明确界定和阐述。以我国为例,中华民族作为有着悠久文化传统的民族,在长期的生存与发展过程中早已形成本民族特有的核心价值观,如"五常"(仁、义、礼、智、信)就是中国传统社会长期坚守的核心价值范畴。1949 年中华人民共和国成立后,我国在社会主义国家建设过程中逐步形成社会主义核心价值观,只不过到了党的十八大时才予以明确界定。2012 年 11 月 8 日,党的十八大报告首次明确提出了由三个层面十二个范畴构成的社会主义核心价值观:第一个层面为富强、民主、文明、和谐,是国家层面的价值目标;第二个层面为自由、平等、公正、法治,是社会层面的价值取向;第三个层面为爱国、敬业、诚信、友善,是个人层面的价值准则[①]。我国的社会主义核心价值观,与中国特色社会主义发展要求相契合,与中华优秀传统文化和人类文明优秀成果相承接,是中国共产党凝聚全党全社会价值共识做出的重要论断。毋庸置疑,我国的图书馆核心价值观必然以社会主义核心价值观为指导思想和根本遵循。

[①]　中共中央办公厅印发《关于培育和践行社会主义核心价值观的意见》[EB/OL].[2023 - 01 - 07].https://www.gov.cn/zhengce/202203/content_3635148.htm.

　　图书馆行业或图书馆职业,在长期的发展过程中自然也形成了自己的核心价值观。不过,图书馆人似乎没有急着归纳和宣布自己的核心价值范畴,因为图书馆自诞生以来,社会上的人们从未怀疑过图书馆作为社会公共信息中心和自我教育中心的地位,这种安稳的职业状态致使图书馆人觉得归纳和宣布核心价值观是一种"多余"或"不必要"的事情。然而,自20世纪90年代以来,随着现代信息技术的迅速普及和"数字化生存"时代的到来,图书馆作为社会公共信息中心和自我教育中心的地位开始被前所未有地削弱和呈现边缘化趋势。面对这种严峻形势,业内和业外的人们不得不思考"图书馆是否还能风光依旧"或"图书馆是否物有所值"的问题。毋庸置疑,图书馆面临着前所未有的合法性(legitimacy)危机和存在价值危机。在这种情况下,图书馆人意识到概括和宣布图书馆核心价值的极端必要性,因为这种概括和宣布是说服社会管理者和社会公众认识到图书馆"物有所值"的最好办法。

　　从国际上看,图书馆界研究、概括和宣布图书馆核心价值的时间主要集中在1999年至2004年。在图书馆核心价值的研究方面,美国图书馆学者鲁宾(Rubin)在其《图书馆学与情报学基础》一书中认为,图书馆核心价值是"塑造图书馆未来的力量","在职业决策时给我们以洞见","保证我们的组织和个人的稳定与连续"。尤其值得肯定的是,鲁宾看出了图书馆核心价值认识上的歧义性。尽管如此,他仍然坚定地认为阐明图书馆核心价值的意义在于能够为图书馆人指明"行动方向"。如他所说:"在不同人看来图书馆价值是不一样的,重要程度也不同,不同的图书馆也给价值的总结带来很多困难,但是这些价值却决定了图书馆的行动方向。"[1]美国图书馆学者费因克斯(Finks)对图书馆核心价值的认识和定位可谓富有见地,他说:"在我们的信仰中图书馆价值比态度、直觉、观点要更深刻和丰富,它不会受到时间、环境变化的影响。它关注目的而非手段。"[2]费因克斯的这段话至少说出了三个方面的重要观点:一是对图书馆核心价值的认识是一种"深刻认识",其"深刻"之处表现在它是对图书馆存在价值的根本性把握和准确定位,它实际上是在宣布图书馆人的职业信念;二是图书馆核心价值是一种不易变更的价值判断,一旦确认就具有一定的稳定性与坚韧性,因而是图书馆人长期坚守的价值取向;三是对图书馆核心价值的认识主要是一种"目的性认识",即它所要阐明

①　范并思.图书馆资源公平利用[M].北京:国家图书馆出版社,2011:38.
②　范并思.图书馆资源公平利用[M].北京:国家图书馆出版社,2011:39.

的是图书馆存在的宗旨或目的,以此宣布图书馆存在的合理性、正当性与必要性。

曾任美国图书馆协会(American Library Association,ALA)主席的戈曼(Gorman)是研究和宣传图书馆核心价值的代表人物之一。戈曼在《我们的永恒价值:21世纪的图书馆员职业》一书中提出了图书馆核心价值的八个方面的内容:知识保存与传递功能,对个人、集体、社会的服务,维护知识自由,理性地处理图书馆业务,支持求知与学习活动,保障知识和信息的公平获取,尊重利用者的隐私权,支持民主社会①。可见,戈曼在此已经点出了现代图书馆核心价值的主要构成范畴,如"保存""服务""知识自由""专业性""终身学习""公平获取""隐私保护""支持民主"等。戈曼在出版《我们的永恒价值:21世纪的图书馆员职业》一书之前,还曾出版《未来的图书馆:梦想、狂想与现实》一书,在此书中戈曼提出图书馆新五律:①图书馆服务于人类的文化素养;②掌握各种知识传播方式;③明智地采用科学技术,提高服务质量;④确保知识的自由存取;⑤尊重过去,开创未来②。从内涵上看,戈曼提出的新五律与其提出的核心价值在思想观点上是一脉相承的,只不过新五律强调的是现代图书馆发展应遵循的基本原则,而八个核心价值强调的是图书馆人应秉持的基本理念。在价值观立场上,戈曼极力宣扬他的自由主义价值观,如他所言:"图书馆是自由(社会的、政治的及思想的自由)的集中体现。一个标榜是真正自由的社会,如果没有所有人都可以自由平等使用的图书馆,则是一种可笑的矛盾修饰法。"不过,戈曼还具有历史主义眼光,他要求人们历史地看待图书馆的过去与未来,认为"只要有历史观念,懂得我们所肩负的历史使命的持久价值及其延续性,图书馆就永远不会被破坏,不会消失"③。应该说,戈曼的这种历史主义思想方法是值得我们称道的。

1999年之后,国际图书馆协会与机构联合会(International Federation of Library Associations and Institutions,IFLA,简称"国际图联"),以及一些国家的图书馆行业组织(如图书馆协会、图书馆学会等)和图书馆纷纷发布各自的核心价值(详见表1-1至表1-7)④,形成了短暂的"图书馆核心价值发布热"。

①③　景海燕.图书馆学新五律[M].图书馆理论与实践,1998(3):57-58.

②　景海燕.图书馆学新五律[M].图书馆理论与实践,1998(3):57-58.景海燕把戈曼提出的第一定律"Libraries Serve Humanity"译为"图书馆服务于人类的文化素养",其实把它译为"图书馆服务是人性化的服务"亦未尝不可。

④　范并思.图书馆资源公平利用[M].北京:国家图书馆出版社,2011:42-48.

表 1 - 1　国际图联发布的图书馆核心价值(2006)

序号	内　　容
1	认可信息、思想、作品获取自由的原则,以及《世界人权宣言》第十九条关于言论自由的规定
2	人类、社团、组织出于社会、教育、文化、民主、经济等方面的目的和需求需要广泛和公平地获取信息、思想和作品
3	确信传递高质量的图书馆和信息服务能有助于信息的获取
4	承担确保所有的成员参加 IFLA 的活动并从中受益,而无需考虑其身份、健康状况、种族、性别、地域、语言、政治观点、民族或宗教信仰的义务

资料来源:范并思.图书馆资源公平利用[M].北京:国家图书馆出版社,2011:42 - 48.

表 1 - 2　美国图书馆协会第一次发布的图书馆核心价值(1999)

序号	内　　容
1	连接人与思想
2	确保用户自由开放地获取已记录的知识、信息及创作物
3	承担文化和学习方面的义务
4	尊重个性和所有人的差异性
5	让所有人自由地形成、保持和表达自己的信仰
6	保留人类记录
7	优化社区的专业性服务
8	建立推动上述价值观的同盟军

资料来源:范并思.图书馆资源公平利用[M].北京:国家图书馆出版社,2011:42 - 48.

表 1 - 3　美国图书馆协会第二次发布的图书馆核心价值(2004)

序号	内　　容
1	获取(access)
2	保密/隐私(confidentiality/privacy)
3	民主(democracy)
4	多样性(diversity)
5	教育及终身学习(education and lifelong learning)
6	知识自由(intellectual freedom)
7	保存(preservation)
8	公共物品(the public good)
9	专业性(professionalism)
10	服务(service)
11	社会责任(social responsibility)

资料来源:范并思.图书馆资源公平利用[M].北京:国家图书馆出版社,2011:42 - 48.

表1-4 澳大利亚图书馆和信息协会发布的核心价值(2002)

序号	内　容
1	通过对已记录的知识、信息和创作物的开放获取,促进信息和思想的自由流动
2	联结人民与思想
3	承担文化、信息素养和学习方面的义务
4	尊重差异性和所有人的个性
5	保存人类记录
6	为社区提供优质服务
7	与具备上述价值观的伙伴合作

资料来源:范并思.图书馆资源公平利用[M].北京:国家图书馆出版社,2011:42-48.

表1-5 加拿大图书馆协会发布的核心价值(2002)

序号	内　容
1	我们相信,图书馆和知识自由原则、信息普遍获取原则是一个开放、民主的社会的重要组成部分
2	多样性是我们协会的重要优势
3	见多识广、知识渊博的成员是实现图书馆信息服务政策目标的关键
4	有效的宣传是基于对图书馆信息服务功能的社会、文化、政治和历史背景的理解

资料来源:范并思.图书馆资源公平利用[M].北京:国家图书馆出版社,2011:42-48.

表1-6 加拿大布兰特县公共图书馆发布的核心价值(2003)

序号	内　容
1	平等获取。布兰特县的居民具有平等获取信息的权利,不因经济、社会或地理环境受限。图书馆为居民获取服务提供最大限度的便利
2	以用户为中心的服务。布兰特县公共图书馆将创造强有力的服务文化,与其用户建立忠诚的关系,为员工创造更好的环境,以帮助发展一种追求卓越服务的文化,为外部和内部的用户服务
3	创新与引领。布兰特县承认变化就是机会,而这些机会必须积极地去寻求,以确保提供最佳服务
4	知识自由。布兰特县公共图书馆赞同知识自由的理念,并将其与图书馆政策相结合

续表

序号	内　容
5	协作。当本地服务机构共同努力建立交换思想和信息的联系时,社区的整体服务将得到优化。不同机构共同协作可以全面改善社区服务
6	尊重。我们最重要的资源是我们的员工;我们最大的力量来自我们服务的人民;我们将创造和维护一个尊重他人的行为守则,它建立于下列原理基础上:随时保持专业性及礼貌的态度,每个人具有隐私权和保密权,个人信仰不会干涉图书馆的使命

资料来源:范并思.图书馆资源公平利用[M].北京:国家图书馆出版社,2011:42－48.

表1－7　美国法明顿社区图书馆发布的核心价值(2004)

序号	内　容
1	连接人与思想
2	保证自由和开放地获取已记录的知识、信息和创作物
3	提供扫盲和学习服务
4	尊重个性和人民的多样性
5	保证所有人民形成、持有及表达自己信仰的自由
6	保存人类记录
7	为社区提供卓越的专业化服务
8	与具备上述价值观的伙伴合作

资料来源:范并思.图书馆资源公平利用[M].北京:国家图书馆出版社,2011:42－48.

在国外,有的图书馆或图书馆协会在发布自己的核心价值时,同时发布愿景和使命,而且在顺序上一般是先写愿景或使命,最后写核心价值。如加拿大布兰特县公共图书馆在核心价值之前写有如下愿景和使命:

愿景:探索今天,发现明天。

使命:布兰特县公共图书馆致力于培养社区文化、素养、理解力和启迪。①

IFLA在核心价值之前所写的愿景和使命分别是:

愿景:图书馆和信息服务对于信息社会的高效率运行至关重要。

① 范并思.图书馆资源公平利用[M].北京:国家图书馆出版社,2011:47.

IFLA 和各图书馆和信息服务机构于 2003 年 11 月在日内瓦举办的世界信息社会峰会拥有信息社会的共同愿景,即:使社会中的每个人都能够找到、创建、获取、使用、共享信息和知识。为确保所有人都能获取信息,IFLA 致力于使人们能够无障碍地认知、学习和交流。IFLA 反对用知识产权限制人们获取信息,支持公平公正地利用知识产权的各种规章。IFLA 也非常重视促进信息获取内容的多语种、文化多样性以及满足土著居民、少数民族和残疾人的特殊需求。与其成员、专业人士和其他合作伙伴一道,IFLA 将提高图书馆和信息服务机构的地位,提高他们通过提供信息和文化的获取而服务于个人和社会发展的能力。

使命:IFLA 是一个独立的、国际化的、非政府的、非营利性组织,其使命目标是:促进图书馆和信息服务提供和传递的高标准;鼓励对良好的图书馆和信息服务理念的广泛了解;代表全世界 IFLA 成员的利益。①

有的图书馆则把愿景和使命合在一起写,如英国苏格兰国家图书馆在核心价值之前所写的愿景和使命是:

苏格兰国家图书馆将丰富生活与社区,鼓励和支持终身学习、科学研究、对于所有收藏的信息和使其可用的苏格兰已记录知识的普遍获取,促进对于世界思想和文化的获取。②

我国的于良芝也将"图书馆使命"和"图书馆职业价值观"分别予以论述。于良芝把现代图书馆职业的主要使命概括为五个方面:保存知识记录、保证知识继承的使命,教育使命,情报传递使命,促进阅读的使命,促进社会和谐、包容、平等的使命。同时,她又将现代图书馆职业的主要价值观概括为六个方面:注重服务和人文关怀;尊重理性、知识、真理,尊重对知识和真理的追求;热爱图书、倡导阅读;主张社会成员享有使用图书馆服务的平等权利;倡导合作和技术创新;倡导宽容、公正③。

① IFLA 2006—2009 年战略规划[EB/OL].[2023 - 10 - 16]. http://www.docin.com/p - 1391131379.html.
② 范并思.图书馆资源公平利用[M].北京:国家图书馆出版社,2011:46.
③ 于良芝.图书馆学导论[M].北京:科学出版社,2003:190 - 200.

从以上可知,图书馆核心价值与图书馆愿景、图书馆使命之间具有紧密的关联,三者形成一种特定的"组合链"。从图书馆使命和愿景到图书馆核心价值,似乎是一个由简到详的关系,或者说,图书馆核心价值是图书馆愿景和使命的较详细展开。当然,"愿景""使命""核心价值"在文字表述上各有侧重,"愿景"侧重于表达对发展前景的向往,"使命"侧重于表达必须完成的"任务清单","核心价值"侧重于表达行业或职业必须坚守的价值取向、责任担当及其立场。

从广义上说,图书馆愿景、使命和核心价值,共同构成图书馆基本理念。从词语的实际用法而言,图书馆基本理念与图书馆核心价值之间几乎是同义关系,因为两者都以表达图书馆职业的基本价值取向、责任担当及其立场为宗旨。称"图书馆基本理念"也好,称"图书馆核心价值"也好,都必须明确宣示图书馆职业的价值取向、责任担当及其立场。也就是说,图书馆基本理念的表达,必须亮明图书馆和图书馆人的职业立场。

说到亮明自己的职业立场,也许有人会提出这样的质疑:图书馆一向遵守中立立场,这是图书馆职业的一种传统,因此不能轻易宣示自己的职业立场。福斯(Foss)就认为:"图书馆员应该既是希腊人,又是蛮族人;既是犹太人,又是外邦人;既是现实主义者,又是浪漫主义者;既是贵族政治的拥护者,又是民主主义者、通神学者、世俗主义者、正统思想追随者、自由主义者、人民主义者;既是大众的,又是贵族的。他之于别人是因人而异,而别人之于他则需一视同仁。他就像是竞技场的守门人,守着相互争斗的信条、信念和品位。他不支持任何一方,也不反对任何一方,只是尽心保管着他的竞技场,并像运动员一样欣赏里面的战斗。"[1]其实,这种"两面人"式的、绝对中立的、毫无政治倾向性的图书馆员是不大可能出现的,即使出现,也不可能成为整个图书馆员队伍的主流或代表。美国学者哈里斯(Harris)指出,图书馆职业从来就不是绝对中立的,漠视政治、坚持所谓中立的立场,不仅是不现实的,而且是不利于图书馆发展的[2]。图书馆人应该敢于担当职业责任,为此也应该敢于和善于表达自己的职业立场;在与图书馆无关的事情上,可以保持中立,但在与图书馆有关的事情上应该敢于宣布自己的职业立场。当然,宣布职业立场应该理性和讲求策略。国外许多图书馆学者

---

[1]　于良芝,李晓新,王德恒.拓展社会的公共信息空间:21 世纪中国公共图书馆可持续发展模式[M].北京:科学出版社,2004:16.

[2]　BLANKE H T. Librarianship & political values:neutrality or commitment? [J]. Library journal,1989(12):39 – 43.

认为,图书馆人在宣布自己的职业立场时应贯彻如下一些原则①。

①尽可能保持职业内部的团结统一。

②与政府官员、媒体等保持经常的联系。

③在重大社会问题上具有明确的职业主张。

④积极而策略地宣传图书馆的使命,在向政府阐述图书馆价值时,应将图书馆的价值阐述为政治家感兴趣的、解决具体问题的价值,将图书馆服务展示为政治家愿意"购买"的"政治商品"(political commodity),避免使用抽象的理想主义术语。

⑤积极为图书馆的发展进行游说,在游说过程中,要感谢朋友,忽略"敌人",集中精力说服那些"尚未做出决定者"。

⑥明确图书馆馆长与图书馆主管部门之间的责权分工,敢于争取馆长权力,敢于依据责权分工进行决策。

⑦在立法及决策过程中积极主动地阐述职业主张,尽可能阻止不利于图书馆发展的法律、法令和政策的通过。

⑧公开图书馆的运行成本,并且让地方政府和公众知道,当图书馆的投入不抵成本时,将产生什么样的后果。

可以说,宣布职业主张或职业立场,是图书馆人敢于担当职业责任的表现。因此,图书馆人宣布职业主张或职业立场的行为,是宣扬图书馆基本理念的表现,具体说是宣扬图书馆职业责任理念的表现。如果我们仔细研读 IFLA 发布的《国际图书馆协会联合会—联合国教科文组织公共图书馆宣言》《图书馆、信息服务机构与知识自由格拉斯哥宣言》《国际图联因特网声明》《图书馆与可持续发展声明》,ALA 发布的《图书馆权利法案》,中国图书馆学会发布的《图书馆服务宣言》,以及各国图书馆协会或图书馆发布的核心价值,就会发现,它们都无不宣布图书馆的职业主张或职业立场。之所以如此,就是因为宣布图书馆的职业主张或职业立场实际上就是在宣布图书馆的基本理念。

二、图书馆基本理念:概念与意义

图书馆基本理念,就是人们对图书馆这一事物进行根本性的价值定位而形成的思想信念,也就是人们对图书馆的性质、功能及其社会价值所做出的基本判断。这里的"人们",既包括图书馆人,也包括非图书馆人,但

---

① 于良芝,李晓新,王德恒.拓展社会的公共信息空间:21 世纪中国公共图书馆可持续发展模式[M].北京:科学出版社,2004:17.

更多情况下指图书馆人。理念都是人的理念,图书馆理念的主体虽然包括非图书馆人,但更多情况下指图书馆人的理念。所谓图书馆人,在广义上说包括图书馆从业者、图书馆事业管理者、图书馆学专业教育者和学习者,而在狭义上说主要指图书馆从业者(图书馆员群体)。本书经常使用"图书馆人"一词,根据语境不同,有时是在广义上使用,有时是在狭义上使用,有时是在不分广义和狭义情况下统而用之。

在概念称谓上,"图书馆精神""图书馆使命""图书馆职业精神""图书馆职业价值观""图书馆核心价值"等,都可视为"图书馆基本理念"的近义词,或者说,这些概念称谓都是旨在表达图书馆基本理念而选择使用的不同称谓。从国外的情况看,往往用图书馆愿景、图书馆使命、图书馆核心价值三方面内容共同表达图书馆基本理念,其中,"图书馆核心价值"是最接近"图书馆基本理念"的一种概念称谓。对此,范并思先生早有定义:"图书馆的核心价值是图书馆界对于自己责任或使命的一种系统说明,表达的是图书馆人的基本理念。"[①]

研究图书馆基本理念有何意义?我们可从"对内的意义"和"对外的意义"两方面回答这一问题。

(1)对内的意义:有助于图书馆人树立正确的职业价值观,进而有助于铸就图书馆人的职业信念。

作为图书馆从业者,必须对如下一些根本问题有一个明确的认知:图书馆是什么,它是如何产生和发展的;图书馆职业的根本使命及其价值是什么;作为图书馆从业者应负有什么样的职业责任,应站在什么样的职业立场;等等。图书馆基本理念就是围绕这些问题而形成的思想信念。也就是说,只有较全面地了解和掌握图书馆基本理念,才能对上述诸问题有一个清晰、明确的认知。对这些问题能够有清晰、明确认知的从业者才能称之为"有灵魂的"从业者,而不只是"有技能的"从业者。显然,图书馆学专业教育所培养出来的人才,应该是全面了解和掌握图书馆基本理念的"有灵魂的"人。众所周知,我国以往的图书馆学专业教育,从其课程设置而言主要是按照图书馆学学科体系和图书馆工作流程设计的,缺少对图书馆基本理念的培养与传授[②]。对此,范并思在《图书馆学教育与现代图书馆理

---

①　范并思. 构建中国图书馆核心价值体系之思考[J]. 图书与情报,2015(3):50-55,140.

②　相比较而言,国外的图书馆学专业教育就比较重视图书馆基本理念的培养与传授。如美国的华盛顿大学、印第安纳大学、加利福尼亚大学洛杉矶分校、夏威夷大学的图书馆学情报学教育课程中都设有"知识自由"课程;罗格斯大学的传播、信息和图书馆研究学院的"信息政策"课程,重点传授普遍服务、知识自由、知识产权、隐私权、安全、宣传、公平方面的知识。

念》一文中批评道：

> 现在看来,这种图书馆学教育体系和教育思想所培养的人,对图书馆事业而言是"没有灵魂的人"。他们可以依据所学的学科化知识进行图书馆学论文的撰写,也可以依据所学的操作性知识进行图书馆工作,但他们不了解,作为这个职业的一名优秀分子,他们应该持有一套什么样的价值体系。他们也不知道,当图书馆面临的变革或危机来临时,他们应该如何选择、如何应对。①

范并思认为："只有接触到了现代图书馆理念,能够理解图书馆在社会的民主、繁荣或现代化建设中的终极价值,这样的图书馆人,才可能在图书馆的管理、服务与学术研究中,成为图书馆事业的栋梁之材。因此,图书馆学教育的目标不是训练能够从事图书馆实务的'工匠',也不是引导人们追问'什么是图书馆学',而是培训具备现代图书馆理念的人。"②范先生此话确然。图书馆学专业教育,既要教授专业知识,又要传授职业精神,这两方面缺一不可。诚如于良芝所言,"从19世纪末以来,西方图书馆职业教育始终致力于既培养专业特长,又传授职业精神,其目的是使学生不仅能在未来的职业活动中发挥专业才干,而且能够在职业面临挑战的时刻正确选择前进方向"③。

图书馆基本理念解决的是"灵魂"问题,而不是"技能"问题。对图书馆从业者而言,技能固然重要,但没有灵魂指导的技能往往流于"跟着感觉走"的操作性行为,而难以成为"知行合一"或"道器合一"的自觉的实践理性能力。我们说图书馆基本理念解决的是"灵魂"问题,这里所言"灵魂",其核心内涵就是正确的图书馆基本理念。图书馆基本理念,是一种最为忠诚、最为笃信的精神力量——理念的力量。显然,研究并弄清这种"理念的力量"的基本构成及其原理,对图书馆人充分发扬这种"理念的力量"具有极其重要的意义。

(2)对外的意义:有助于向社会管理者和社会公众阐明图书馆职业的使命及其价值,进而有助于表达图书馆人的职业责任及其立场。

可以说,信息社会和"数字化生存"时代的到来给图书馆职业和图书馆学学科的发展带来的并不都是"福音",因为其中含有非常刺耳的"噪

---

①② 范并思,胡小菁.图书馆学教育与现代图书馆理念[J].图书情报知识,2008(6):5-9.

③ 于良芝.图书馆学导论[M].北京:科学出版社,2003:前言 vi.

音"，甚至还有图书馆是否"物有所值"的质疑。尽管图书馆界与时俱进地、全力以赴地打造出数字图书馆和智慧图书馆的光明前景，但仍然无法与以往的公共信息中心和自我教育中心地位相比。"图书馆消亡论"曾经成为人们关注的焦点；图书馆学情报学（Library and Information Science，LIS）专业教育纷纷改换门庭，悬挂"信息管理"旗号，且全球范围的 iSchools 运动和"去图书馆化"（delibrarization）正在掀起潮流。显然，图书馆学情报学专业教育正在走向异化，所培养的人才是图书馆基本理念的守护者，还是否弃图书馆基本理念的掘墓人，尚不得而知。面对这种逆转潮流，我们不禁要问：我们在用数字技术和智能技术提高工作效率的同时，我们失去了什么？ 或者说，我们已经与时俱进地实现或正在实现数字图书馆和智慧图书馆的目标，但为什么我们仍然免不了相对边缘化的危机？ 技术的先进，为什么没有换来发展的先机？ 对此，曾经是"图书馆消亡论"的鼓吹者、美国著名的图书馆学情报学学者兰开斯特（Lancaster）于 2010 年所做的题为《生存无从强制》的报告中，多处点到了其中的玄机：

　　当然，在过去的 20—30 年间，图书馆专业教育所发生的变化日益加快加深。那些我们过去视为图书馆院校的传统科目，不是已经消失，就是沦为"二等公民"。我们现在考虑的是 iSchools 而不是图书馆院校，是一个要求全面支持 e 科学（e-science）和 e 研究（e-research）的课程表。如今，这些 iSchools 提供的专业课程，甚或完整的学位课程计划，是我 40 年前成为一名图书馆教育工作者时所无法想象的，它们包括"数据典藏""数据保存""生物信息学""生态信息学""生物多样性信息学""自然科学的本体论"，以及其他一些我甚至都难以理解的课程。

　　……图书馆用户、信息用户已经被诸如元数据、本体论，以及数据管理之类的东西挤到一旁。图书馆专业教育和研究的焦点似乎已经从人和服务转移到数据——数据库本身、数据的典藏与保存，甚至是数据的创建。我们似乎很少关注假如这些数据最终得到利用，究竟是谁在使用这些数据，它们又是如何被使用的。

　　……图书馆员们基本上不再撰写图书馆用户方面的论文，甚至不谈用户服务，他们在会议期间交谈的主题大概也是技术主导，而不是用户导向。

　　图书馆员们认识不到其职业必须是一项以人为导向的职业，这在我们的职业史上可能是第一次……

> ……图书馆员和图书馆教育家热衷于追循的方针,似乎是在技术上精益求精,使图书馆的主顾或客户能借此自力更生。换句话说,这是一种他们使自己变得多余,不再为人需要的方针……
>
> ……科技本身已经成为目的,并且使得图书馆员一天天疏远用户而不是让其与用户贴得更近……①

2008 年,有一位采访者向兰开斯特提出了这样一个问题:我们这个行业未来有一系列需要解决的问题,您认为其中最重要的一个是什么? 对此,兰开斯特答道:

> 我谴责社会的去人格化(depersonalization of society)。尽管我同意技术有着莫大的优势。……明显的,图书馆也在日益去人格化。……人是重要的。我认为有时候我们过分重视设备和技术,反而忽视了人。②

从上引兰开斯特的几段话看,兰开斯特实际上一直告诫人们注意:在重视信息、技术、数据等的同时,千万不要忘记人、用户、服务。不必讳言,人是目的,技术是手段,这一道理人所皆知。然而,当"信息""技术""数据"等这些能指(signifier)符号不断被强调,全面充斥于业界和学界的话语系统时,这些能指在无形中变成了所指(signified),即出现了能指的所指化。这种能指的所指化,使得信息、技术、数据变成目的,而本为目的的人、用户、服务却在无形中消逝了。显然,在信息化、数字化浪潮中,我们无形中走向了"技术决定论",尽管很多人不愿意承认这一点,但客观结果(非意图结果)无可否认。这种客观结果的产生,用兰开斯特的话来说就是我们自己"使自己变得多余"了,用后现代主义的语言说就是,我们自己把自己解构(deconstruction)了。

面对被扭曲的职业信念,被解构的基本理念,我们如何去恢复,如何去拨乱反正、重整旗鼓? 只能是解构解构者——正本清源,因为不忘初心,方得始终。保存知识记录、支持教育、传递信息、促进阅读、促进社会包容,这就是图书馆人的初心,这就是图书馆的使命。为此,图书馆人必须勇于承担职业责任,树立图书馆职业责任理念,包括平等服务理念、社会包容理

---

① 兰开斯特.生存无从强制[J].王兴,译.中国图书馆学报,2011(1):19–23.
② 肖鹏.直面《恶魔之网》:兰开斯特最后的忧思与图书馆情报学的学科关怀[J].图书与情报,2019(6):66–71.

念、开放共享理念、社会责任理念等。这种初心、这种使命、这种责任，就是图书馆存在的价值，也就是图书馆存在的正当性与合法性所在。向社会管理者和社会公众理直气壮地宣布我们的初心、使命和责任的过程，也就是积极主动地宣布图书馆基本理念的过程。而且，对外宣布的图书馆基本理念，必须是理性的、理据充分的、口径基本统一的表达，而绝不应该是内部不统一、自相矛盾、自乱阵脚的表达。这就要求我们自己首先要弄清图书馆基本理念的范畴、结构及其内容。这就是研究和界定图书馆基本理念范畴体系的意义所在。

第二节　图书馆基本理念范畴体系

图书馆基本理念是一种主观性价值判断，因而难免产生认识上的分歧，即有的理念范畴，其公认度可能较高，而有的理念范畴，其公认度则可能较低。即使是同一个理念范畴，其公认度亦有因时、因地、因人的区别，如"知识自由"理念范畴，在欧美国家的公认度较高，而在中国则因国情不同而很难被普遍认同。这说明，人们对图书馆理念的认识是有分歧的，所以几乎不存在现成的、公认的、固定不变的图书馆基本理念范畴。在无法形成共识的情况下，中国古人提倡的"和而不同"思想方法和罗尔斯（Rawls）提出的"重叠共识"（overlap consensus）思想方法，也许能给我们提供一种解决之道——对待异见者的宽容态度和异中求同的实用理性方法。本书就是以"和而不同"和"重叠共识"为思想方法，对貌似"剪不断，理还乱"的图书馆基本理念范畴做了归纳和阐释。本书归纳和阐释的图书馆基本理念范畴之所以称为"基本理念"，是因为意在表明所归纳的理念范畴为最基本的范畴——最具统摄概括意义的范畴。最具统摄概括意义的图书馆理念范畴，如同数学上的"公分母"或"最大公约数"，能够最大程度地归纳图书馆理念的基本内容，即能够最大程度地涵盖古今中外各类型图书馆在性质、功能及其运行机制保障上的共性。

一、"3＋1范畴结构"的提出

按照"和而不同"和"重叠共识"的思想方法，本书把图书馆基本理念归纳为四个基本范畴，即社会记忆理念、社会教育理念、促进阅读理念和职业责任理念。这四个基本范畴表现为"3＋1范畴结构"，即由三个功能性范畴和一个保障性范畴组成。三个功能性范畴即社会记忆理念、社会教育理念和促进阅读理念,一个保障性范畴即职业责任理念。四个基本范畴的构成,如图1-1所示。

图1-1中,等边三角形三边分别表示三个功能性理念,其中底边为社会记忆理念,两边为社会教育理念和促进阅读理念。这表明社会记忆是图书馆最基本的、最首要的功能,是内在性功能(内功),而社会教育和促进阅读是两个外显性功能(外功),内在性功能和外显性功能一起构成完整的图书馆功能系统。三角形内切圆为职业责任理念,表明三条边所表示的三个功能的发挥都要以职业责任的到位或落实为前提,因而,职业责任理念的落实成为三个功能充分发挥的保障性条件。也就是说,内切圆面积越大(职业责任理念落实得越好),三角形三条边的长度也越长(三个功能也有可能发挥得越好,即三角形的面积也有可能越大),反之亦然。这就是由三个功能性理念和一个保障性理念共同构成的图书馆基本理念范畴体系。

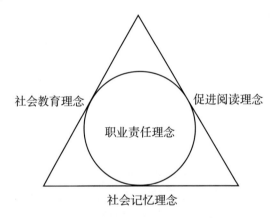

图1-1　图书馆基本理念四个范畴构成图

从功能意义上说,社会教育功能与促进阅读功能两者之间在内涵上具有交叉关系。从一般意义上说,人的阅读过程实际上也是接受教育的过程。从教育学的角度而言,家庭教育、学校教育和社会教育都离不开阅读教育,因此有人说"阅读乃教育之本"[1]。这表明,阅读与教育之间具有内在的联系。不过,对图书馆而言,社会教育功能与促进阅读功能还是有区别的。图书馆的社会教育功能,是从图书馆的社会性质角度概括的功能属性,即指图书馆是"开展社会教育的公共文化设施"[2]。图书馆的促进阅读

---

[1]　曾祥芹,韩雪屏.阅读学原理[M].郑州:大象出版社,1992:315.

[2]　《中华人民共和国公共图书馆法》称公共图书馆是"向社会公众免费开放,收集、整理、保存文献信息并提供查询、借阅及相关服务,开展社会教育的公共文化设施"。

功能,则是从图书馆所发挥的社会作用形式角度概括的功能属性,即图书馆是以促进阅读的形式实现自身的社会价值的公共文化设施。社会教育功能是图书馆的"事业性功能"或"实体性功能",体现的是图书馆的社会分工性质(助力正规教育和自我教育);而促进阅读功能是图书馆的"事务性功能"或"实务性功能",体现的是图书馆的社会作用手段,即图书馆通过履行促进"全民阅读"的社会职责来体现图书馆的社会价值。仅就图书馆的社会教育功能与促进阅读功能的关系而言,社会教育功能属于目的范畴,而促进阅读功能属于手段范畴。目的与手段相互依存,以对方的存在作为自身存在的依据。这说明,图书馆的社会教育功能与促进阅读功能之间是"一枚硬币之两面"的关系,相互依赖,紧密联系在一起,共同承担图书馆的外显功能,但又不能相互取代。

如果说,社会记忆理念侧重回答的是"图书馆是什么"问题(本体论问题),社会教育理念和促进阅读理念侧重回答的是"图书馆应该做什么或能做什么"问题(功能或使命问题),那么,职业责任理念则侧重回答"图书馆为了履行自身的功能/使命而应该树立什么样的职业价值观和采取什么样的职业行动策略"问题(价值取向问题和行动策略问题)。

二、"3+1范畴结构"相关说明

从研究视域而言,本书的视域基本限定于实践上的"图书馆职业"(Library Profession)领域和理论上的"图书馆学"(Library Science)领域。众所周知,在20世纪70年代以前,图书馆学的发展走的是独立单行之道,而20世纪70年代以后,图书馆学与情报学融合走上并行之道,由此形成了融贯的图书馆情报学(LIS)。当然,LIS的出现并非以原有的图书馆学和情报学的取消为代价,而是由LIS共享图书馆学和情报学的基本使命与基本问题,或者说把图书馆学和情报学可以共享的基本使命与基本问题置于LIS视域中去研究,而不宜共享的部分仍然可以由图书馆学和情报学各自去探索。这种不宜共享的部分,于良芝喻之为"原住民区"①。因为本书谈论的是图书馆基本理念问题,而不是社会的整个信息职业的基本理念问题,所以其视域限定于图书馆职业和图书馆学范围之内,而不采取LIS范围视域。若从研究方法而言,本书的这种视域限定及其论证,可被称为"领域分析法"(domain analysis method)。对本书而言,这个领域就是图书馆职业和图书馆学领域。

---

① 于良芝.图书馆情报学概论[M].北京:国家图书馆出版社,2016:70.

本书所建构的图书馆基本理念的"3+1范畴结构",实际上是把图书馆基本理念分为功能性理念和保障性理念两大类。所谓功能性理念,即围绕"图书馆应具有哪些功能"或"图书馆应发挥什么样的社会作用"问题而形成的基本看法;所谓保障性理念,即围绕"如何保障图书馆功能的更好实现"问题而形成的基本看法。功能性理念与保障性理念之间的关系可理解为目的与手段的关系,即保障性理念当然以功能性理念的实现为目的,而功能性理念的实现有赖于保障性理念的保障程度。需要说明的是,这里所言"保障性理念"是一个非全称概念,因为图书馆功能的充分发挥并不只需要理念的保障,还应有制度保障、人才保障、资金保障、技术保障等。因为本书专论图书馆基本理念问题,所以本书只谈理念保障问题,而略去其他保障问题。

本书把图书馆的功能概括为社会记忆、社会教育和促进阅读三方面。这种概括似乎与以往人们对图书馆功能或职能的认识结论不尽一致。IFLA曾把公共图书馆的职能概括为四个方面,即保存人类文化遗产、开展社会教育、传递科学信息、开发智力资源。宓浩、刘迅、黄纯元编著的《图书馆学原理》一书把图书馆的社会职能概括为五个方面:社会记忆职能、文献保障职能、社会教育职能、传递情报职能、文化娱乐职能[①]。吴慰慈、董焱把图书馆的社会职能概括为五个方面:社会文献信息流整序的职能;传递文献信息的职能;开发智力资源,进行社会教育的职能;搜集和保存人类文化遗产的职能;满足社会成员文化欣赏、娱乐的职能[②]。欧美国家公共图书馆界往往把自身功能概括为以下几个方面:社区记忆功能、信息产品消费功能、社区活动中心功能、情报中心功能、正规教育支撑中心功能、自主学习中心功能、大众文化资料中心功能、研究支撑功能等[③]。诸如此类关于图书馆功能或职能的表述,与本书所概括的三个功能性理念在内涵和旨趣上可谓"大同小异",其理由主要基于如下几个方面。

其一,社会记忆功能可以包含"保存人类文化遗产""社会文献信息流整序""文献保障"等功能。我们知道,如同人的记忆具有"识记—加工—回忆"机制一样,图书馆对文献信息也具有"保存—加工—提取"的序化机制,所以谢拉(Shera)说:"图书的集合不是图书馆,同时,图书馆也不仅仅是保存图书的地方。这里,某种意义上,图书馆是一种组织、一个系统,它

---

① 宓浩,刘迅,黄纯元.图书馆学原理[M].上海:华东师范大学出版社,1988:64-72.

② 吴慰慈,董焱.图书馆学概论[M].2版(修订本).北京:国家图书馆出版社,2008:79-88.

③ 于良芝.图书馆学导论[M].北京:科学出版社,2003:96.

用于保护印刷品,并使之便于利用。"①以往,人们往往把图书馆的功能概括为"藏"与"用"两方面。从记忆的角度而言,"藏"表现为"记"的过程(包括对所输入信息的加工存贮过程),而"用"则表现为"忆"的过程(即提取利用过程)。图书馆人所熟悉的采访、分类、编目、排架等内部业务工作("记"),以及文献信息检索与推送(所谓"借阅"或"流通"工作)、参考咨询、阅读推广等读者服务工作("忆"),其实都属于发挥图书馆的社会记忆功能所需要的技术范畴。从根本上说,图书馆的所有功能主要表现为社会记忆功能。所以,本书将社会记忆功能视为图书馆的基础性功能或"元功能"。

其二,社会教育功能和促进阅读功能可以包含"开发智力资源""传递信息"以及其他文教服务功能。图书馆是"以书施教""以文育人"的设施平台,要想"以书施教""以文育人"就需要提供读者所需的知识和信息,读者主要是以"阅读"的方式获取这些知识和信息,而图书馆收集、加工知识和信息以供阅读的过程实际上就是开发智力资源的过程,因为知识和信息从广义上说就是智力资源。为了实现"以书施教""以文育人"的功能,图书馆就要发挥作为"文献资料中心""自我教育中心"的"支持正规教育""支持科学研究"等文教服务功能。

其三,现代人们普遍认可的图书馆的文化欣赏、娱乐消遣功能,其实可以认为是图书馆的社会记忆、社会教育、促进阅读功能的延伸性功能。图书馆正是借助社会记忆、社会教育、促进阅读功能而成为社会的公共空间——公共文化空间、公共知识空间和公共休闲空间。反过来说,如果图书馆没有社会记忆、社会教育、促进阅读功能,便不可能成为人们向往的公共空间。图书馆所提供的展示厅、放映厅、报告厅、会议室、研究室、音乐欣赏室以及其他公共空间,其实都是为了发挥图书馆的"寓教于乐""以文育人""文化休闲"等"开展社会教育的公共文化设施"的作用。正因为图书馆具有文化欣赏、娱乐消遣功能,所以人们往往把图书馆喻为生活中的"第二起居室"。

从上述可知,本书所概括的图书馆功能类别与其他人概括的图书馆功能类别之间可谓是"相通而不相同"。需要特别指出的是,以往人们在归纳图书馆功能或职能时,很少带有"阅读"一词,而在笔者看来,图书馆功能或职能中不能没有"阅读"之义(如促进阅读、阅读服务等),因为"为人们的阅读提供服务"是图书馆满足读者需求的基本表现,是图书馆实现自

---

① 谢拉.图书馆哲学[J].卿家康,詹新文,译.大学图书馆通讯,1987(4):49-53.

身社会价值的基本形式。这就是本书把"促进阅读"列入图书馆的基本功能和基本理念范畴的原因。

职业责任理念属于自律性的自我责任保障范畴,体现的是"我当如此"的精神。职业责任理念的内容主要包括平等服务理念、社会包容理念、开放共享理念、社会责任理念等。这些理念实际上就是图书馆人履职尽责实践的基本遵循,或者说,图书馆人履职尽责的实践活动必须以这些理念为精神指导,必须体现这些理念的精神实质。

在本书所归纳的图书馆职业责任理念中,没有独立列出信息公平理念。我们知道,信息公平理念固然是图书馆职业必须遵循的理念。但是,信息公平是一个很宽泛的概念,它是整个信息社会和信息职业(包括图书馆职业)都应该共同遵循的理念。再者,本书所归纳的图书馆职业责任理念中的平等服务理念、社会包容理念、开放共享理念、社会责任理念,都不同程度地体现了信息公平的含义,所以为了避免过多的重复性论述,本书没有把信息公平独立列入职业责任理念范畴体系之中。

在现代中国图书馆学界,很多人习惯性地认为图书馆基本理念形成于西方,因而认为中国只是西方图书馆理念的输入国。其实不然。中国也是图书馆基本理念的发源地之一,甚至有些理念还早于西方,只不过由于历史的原因未能向西方输出。所以,本书在论证过程中,注重中国图书馆思想资源的挖掘与介绍,做到中西图书馆思想资源的互鉴与交融。这或许是本书的特点之一。

前文已指出,人们对图书馆基本理念的认识是有分歧的,从未出现"一致认同"的局面,将来也不可能出现"一致认同"的局面。其实,我们不必追求或企盼关于图书馆基本理念的认识有朝一日出现"一致认同"的局面,我们应该期望的是:按照"独立之精神,自由之思想"(陈寅恪语)的学术探索精神,能够提出有启发价值和创新意义的图书馆基本理念范畴,形成各种范畴之"说"之间多元并存、包容性竞争的局面,以此不断拓宽和加深人们对图书馆基本理念的认识,为图书馆发展提供传承与创新相结合且与时俱进的理念保障或精神动力。

第三节　我国图书馆基本理念研究述略

20世纪80年代至21世纪20年代,我国图书馆基本理念研究出现了"井喷式"涌现到平缓发展的局面。现拟对这30年间我国的图书馆基本理念研究状况做一"核心作者为纲"的概略性梳理和评价①。

一、成果数量统计

"图书馆基本理念"是一个外延很宽泛的概念。从目前比较流行的称谓情况看,"图书馆核心价值""图书馆精神""图书馆职业精神""图书馆使命"等称谓,可以视为"图书馆基本理念"的近义词。其中的"图书馆核心价值"一词是在引介国外的图书馆基本理念时引进的词汇。属于"图书馆基本理念"范畴的概念或称谓还有"图书馆社会记忆""图书馆社会教育""图书馆开放服务""图书馆平等服务""图书馆阅读服务""图书馆权利""图书馆职业道德""图书馆社会包容""图书馆知识自由""图书馆资源共享""图书馆社会责任"等。现以这些概念或称谓为主题,以中国知网收录的相关论文为统计范围(1980 年至 2023 年),对我国图书馆基本理念研究的论文成果做初步统计(见表 1-8)。所统计的论文只包括我国内地(不包括我国港澳台地区,下同)学者发表的学术性论文,而不包括工作性文章或经验介绍性文章、栏目导言、译文以及国内外图书馆行业政策文本及其介绍性文章、会议论文以及综述性论文。

表 1-8　我国图书馆基本理念研究学术性论文主题分布统计

主题	图书馆理念①	图书馆核心价值	图书馆使命	图书馆精神②	图书馆社会记忆
篇数	131	99	54	111	21
主题	图书馆社会教育	图书馆阅读服务	图书馆权利	图书馆职业道德③	图书馆平等服务④
篇数	138	70	103	102	216
主题	图书馆社会包容	图书馆开放服务	图书馆知识自由⑤	图书馆资源共享	图书馆社会责任
篇数	47	92	130	107	53

注:①含"图书馆基本理念""图书馆职业理念""图书馆观念";②含"图书馆职业精神";③含"图书馆员伦理";④含"图书馆与信息公平""图书馆为弱势群体服务";⑤含"图书馆信息自由""读者隐私保护"。

表 1-8 显示,自 20 世纪 80 年代以来,我国在图书馆基本理念研究领域共有 1474 篇学术性论文(其中只有 2 篇是 20 世纪 80 年代的成果)。表

---

① 这一节内容由刘晓莹、陈汝南执笔,吕爽负责数据统计,蒋永福统稿。

1-8 共涉及 15 个主题,表明与图书馆基本理念相关的主题概念较多。在这 15 个主题中,有些主题之间的交叉性甚至重合性关联较明显,如"图书馆理念""图书馆核心价值""图书馆精神""图书馆职业精神"等主题之间具有明显的交叉性甚至重合性,"图书馆平等服务""图书馆开放服务""图书馆社会包容""图书馆知识自由"之间也具有较明显的交叉性。正因如此,我们很难做出哪类主题研究受重视、哪类主题研究未受重视的判断。不过,有一点是可以肯定的,即从 15 个主题分布的广度看,目前在我国图书馆学界,图书馆基本理念相关的主题都有研究成果,其广泛性和全面性是不言而喻的。这说明,自 20 世纪 90 年代以来,我国图书馆学研究已进入全面重视理念研究的时代。

我国图书馆学研究已进入全面重视理念研究的时代,这一点在著作类成果中也得到反映(见表 1-9)。表 1-9 所列著作类成果,包括 20 世纪 90 年代以来我国学者自著的相关专著、教材、论文集等,不包括译著和工具书。在相关专著、教材、论文集中,有的著作为较纯粹的图书馆基本理念研究成果,如范并思的《图书馆学理论变革:观念与思潮》《图书馆资源公平利用》,程焕文的《图书馆精神》《图书馆权利研究》,而其他大部分相关成果虽然不属于专门的理念研究成果,但其中有专门的章节(如蒋永福的《图书馆学通论》《图书馆学基础简明教程》,于良芝的《图书馆学导论》)或者其中涉及较多的图书馆理念方面的内容。

表 1-9　我国图书馆基本理念研究代表性著作

序号	作者	著作名称	出版社	出版年
1	范并思	20 世纪西方与中国的图书馆学[1]——基于德尔斐法测评的理论史纲	北京图书馆出版社	2004
2	范并思	图书馆学理论变革:观念与思潮	北京图书馆出版社	2007
3	范并思	图书馆资源公平利用	国家图书馆出版社	2011
4	黄纯元	黄纯元图书馆学情报学论文集	上海科学技术文献出版社	2001
5	程焕文	晚清图书馆学术思想史	北京图书馆出版社	2004
6	程焕文,潘燕桃	信息资源共享	高等教育出版社	2004
7	程焕文	图书馆精神	北京图书馆出版社	2007
8	程焕文,潘燕桃,张靖	图书馆权利研究	学习出版社	2011

续表

序号	作者	著作名称	出版社	出版年
9	于良芝	图书馆学导论	科学出版社	2003
10	于良芝，李晓新，王德恒	拓展社会的公共信息空间——21世纪中国公共图书馆可持续发展模式	科学出版社	2004
11	于良芝	图书馆情报学概论	国家图书馆出版社	2016
12	王余光，汪琴	中国阅读通史（理论卷）	安徽教育出版社	2017
13	王子舟	图书馆学基础教程	武汉大学出版社	2003
14	王子舟	图书馆学是什么	北京大学出版社	2008
15	王子舟	图书馆员手册	国家图书馆出版社	2023
16	李国新	日本图书馆法律体系研究[2]	北京图书馆出版社	2000
17	李国新	中国图书馆员职业道德准则[3]	北京图书馆出版社	2003
18	宓浩，刘迅，黄纯元	图书馆学原理	华东师范大学出版社	1988
19	徐引篪 霍国庆	现代图书馆学理论	北京图书馆出版社	1999
20	吴建中	21世纪图书馆新论（第二版）	上海科学技术文献出版社	2003
21	蒋永福	图书馆学通论	黑龙江大学出版社	2009
22	蒋永福	图书馆学基础简明教程	知识产权出版社	2012

注：①该书第2版于2016年由国家图书馆出版社出版；②该书虽然以介绍日本图书馆法律体系为主要内容，但书中有较多作者自己有关图书馆理念方面的理论阐述；③该书署名作者为"中国图书馆学会"，但解说者为李国新，在解说文中，李国新阐发了一系列关于图书馆基本理念方面的认知内容。

需要说明的是，在我国的民国时期，也有较多的有关图书馆基本理念方面的论著成果。可以说，民国时期的我国第一代图书馆学家们是我国图书馆基本理念的首批倡导者和阐释者。在他们的图书馆学研究成果中不乏优秀的有关图书馆基本理念方面的论述，如戴志骞的《论美国图书馆》《图书馆与教育》《图书馆学简说》《图书馆职业之研究》等，沈祖荣的《民国十年之图书馆》《我国图书馆事业之改进》等，杨昭悊的《图书馆学》，李小缘的《图书馆学》《藏书楼与公共图书馆》等，刘国钧的《图书馆学要旨》

《近代图书馆之性质及功用》《美国公共图书馆之精神》《什么是图书馆学》等,杜定友的《百城生活》《图书馆通论》《图书馆学概论》《图书馆与市民教育》《图书馆学之研究》《图书馆学的内容与方法》等,徐旭的《民众图书馆学》《民众图书馆教育论略》等,马宗荣的《现代图书馆序说》《现代图书馆经营论》等,汪长炳的《图书馆与社会》《图书馆教育在都市社会之重要》《论图书馆施教目标》等。尤其是戴志骞关于图书馆的"消遣教育"说,刘国钧对近代图书馆性质的"自动、社会化、平民化"概括,杜定友关于图书馆的"公共脑子"之说和"三位一体"说,李小缘关于图书馆功用的"启民智,伸民权,利民生"之说,汪长炳关于图书馆教育的"品格教育"说等,直到现在仍然给我们以"今人欲言,前人已言"的感受与叹服。毋庸置疑,民国时期的第一代图书馆学家们是我国现代图书馆基本理念的最早宣传者、研究者和践行者。

按照布拉德福定律(Law of Bradford),每一个研究领域都会形成核心作者群。为了简略起见,我们把20世纪90年代以来在图书馆基本理念研究领域出版或发表20部/篇以上成果者定为核心作者(见表1-10)。表1-10只列以这些核心作者为独立作者或第一作者的著作类成果及论文类成果,只列这些作者的正式出版或发表的纸质版成果,不包括网络日志等电子版成果,也不包括译著和工具书。

表1-10 我国图书馆基本理念研究核心作者论著表

作者	序号	论著名称	时间	备注
程焕文	1	晚清图书馆学术思想史	2004	Z
	2	信息资源共享	2004	Z
	3	图书馆精神	2007	Z
	4	图书馆权利研究	2011	Z
	5	论"图书馆精神"	1988	L
	6	一代宗师 千秋彪炳——记中国图书馆学教育之父沈祖荣先生	1990	L
	7	图书馆人与图书馆精神	1992	L
	8	误区种种——图书馆学札记	1995	L
	9	盲区种种——信息学研究札记	1996	L
	10	危机种种——图书馆学信息学教育札记	2000	L
	11	趋势种种——图书馆数字化网络化研究札记	2001	L
	12	丑陋的《丑陋的图书馆学》——致《图书与情报》的信	2001	L

作者	序号	论著名称	时间	备注
程焕文	13	高涨的事业与低落的教育——关于图书馆学教育逆向发展的思考	2001	L
	14	跨越时空的图书馆精神——"三位一体"与"三维一体"的韦棣华女士、沈祖荣先生和裘开明先生	2002	L
	15	21世纪高校图书馆管理的新理念	2003	L
	16	学术者天下之公器也——论刘光汉的公共藏书楼思想	2003	L
	17	图书馆职业道德——21世纪中国的基本图书馆精神	2004	L
	18	论郑观应的藏书楼思想	2004	L
	19	林则徐和魏源对西方图书馆的译介	2004	L
	20	晚清中国人对西方图书馆的考察	2004	L
	21	图书馆精神——体系结构与基本内容	2005	L
	22	权利与道德——关于公共图书馆精神的阐释	2005	L
	23	影响20世纪中国图书馆史学研究的八位史家及其代表著作——谨以此文恭贺图书馆史学家谢灼华教授70华诞	2005	L
	24	实在的图书馆精神与图书馆精神的实在——《图书馆精神》自序	2006	L
	25	图书馆精神始终是最重要的——答黄俊贵先生	2006	L
	26	以民为本——21世纪中国图书馆事业发展的路向	2006	L
	27	迈向图书馆行业自律时代——关于图书馆职业道德与图书馆权利的几点思考	2006	L
	28	普遍均等　惠及全民——关于公共服务普遍均等原则的阐释	2007	L
	29	用户永远都是正确的	2007	L
	30	关于改变图书馆学研究立场的思考——从"用户永远都是正确的"说起	2008	L
	31	周连宽先生生平事迹与学术贡献——《周连宽教授论文集》前言	2008	L
	32	悼念刘迅师兄	2008	L
	33	图书馆权利的来由	2009	L

续表

作者	序号	论著名称	时间	备注
程焕文	34	深切缅怀敬爱的赵世良先生	2009	L
	35	图书馆权利的界定	2010	L
	36	人有好恶　书无好坏	2013	L
	37	图书馆的价值与使命	2013	L
	38	21世纪城市公共图书馆的使命	2013	L
	39	诲人不倦,享誉学林:深切缅怀目录学家朱天俊教授	2013	L
	40	连珍先生传略——谨以此文纪念连珍先生百年诞辰	2014	L
	41	权利的觉醒与庶民的胜利——图书馆权利思潮十年回顾与展望	2015	L
	42	新时代中国图书馆学教育的发展方向	2019	L
	43	理念的力量:中国公共图书馆迈入黄金时代——纪念《公共图书馆宣言》颁布25周年	2019	L
	44	关于第五代图书馆人的思考	2019	L
	45	高山景行　文章华国——彭斐章先生学术思想研讨会开幕式致辞	2019	L
	46	图书馆学研究的使命、问题与方向	2020	L
	47	新时代公共图书馆服务与建设创新的重点和难点	2020	L
	48	从城市温度、新闻热度看公共图书馆平等权利的实现程度——对"读者留言东莞图书馆"新闻热点的思考	2020	L
	49	资源为王　服务为本　技术为用——程焕文谈高校图书馆管理的理念	2020	L
	50	陈建华的图书馆情怀	2021	L
	51	大众服务:公共图书馆的永恒使命	2022	L
	52	因服务　得真理　享自由	2022	L
	53	三不政策:新时代公共图书馆"零门槛"服务的制度创新方向	2022	L
范并思	1	20世纪西方与中国的图书馆学——基于德尔斐法测评的理论史纲	2004	Z
	2	图书馆学理论变革:观念与思潮	2007	Z
	3	图书馆资源公平利用	2011	Z

作者	序号	论著名称	时间	备注
范并思	4	新时期十年的图书馆学——观念与思潮	1987	L
	5	论图书馆学专业教育的改革	1999	L
	6	新世纪新视点三人谈之追寻20世纪的图书馆精神	2002	L
	7	维护公共图书馆的基础体制与核心能力——纪念曼彻斯特公共图书馆创建150周年	2002	L
	8	新世纪，图书馆学基础研究什么？	2003	L
	9	建设一个信息公平与信息保障的制度——纪念中国近代图书馆百年	2004	L
	10	公共图书馆精神的时代辩护	2004	L
	11	图书馆精神的历史缺失	2004	L
	12	公共图书馆精神如是说	2005	L
	13	论图书馆人的权利意识	2005	L
	14	解读职业精神与核心能力	2005	L
	15	论重构图书馆学基础理论的体系	2007	L
	16	图书馆核心价值研究：我们面临的挑战	2007	L
	17	推动图书馆核心价值研究的《中国图书馆学报》	2007	L
	18	论信息公平的制度选择	2007	L
	19	核心价值：图书馆学的挑战	2007	L
	20	图书馆核心价值：理念、历史、现状和愿景——写在中国图书馆界正式启动图书馆核心价值研究之际	2007	L
	21	迈出研究与建立图书馆核心价值的重要一步	2008	L
	22	图书馆学教育与现代图书馆理念	2008	L
	23	现代图书馆理念的艰难重建——写在《图书馆服务宣言》发布之际	2008	L
	24	图书馆精神的理性拓展——图书馆社会责任研究	2010	L
	25	公共图书馆与社会包容	2010	L
	26	图书馆学与阅读研究	2010	L
	27	权利、读者权利和图书馆权利	2013	L
	28	阅读推广与图书馆学：基础理论问题分析	2014	L
	29	阅读推广的理论自觉	2014	L
	30	构建中国图书馆核心价值体系之思考	2015	L
	31	现代图书馆理念对阅读推广的指导和制约	2017	L

续表

作者	序号	论著名称	时间	备注
蒋永福	1	信息自由及其限度研究	2007	Z
	2	图书馆学通论	2009	Z
	3	图书馆学基础简明教程	2012	Z
	4	图书馆学也是一种人学——图书馆哲学思考之三	1991	L
	5	在技术传统与人文传统之间保持必要的张力——对图书馆学理论传统的批判评价	1993	L
	6	文献·图书馆·人——人文图书馆学研究札记	1994	L
	7	关于图书馆学的人文进化学思考	2000	L
	8	图书馆与人类的记忆——从知识记忆角度理解的图书馆学	2000	L
	9	人文图书馆学五定律	2002	L
	10	图书馆是什么——图书馆哲学四定律	2002	L
	11	人文图书馆学论纲	2002	L
	12	图书馆服务五原则	2003	L
	13	维护知识自由:图书馆职业的核心价值	2003	L
	14	关于知识自由与图书馆	2003	L
	15	论图书馆人文精神的内涵	2003	L
	16	为了维护和保障公民的知识权利而奋斗:中国图书馆事业第二个百年重任——中国近现代图书馆事业百年纪念	2004	L
	17	技术和制度哪个更重要?——关于图书馆制度的思考	2005	L
	18	信息自由、信息权利与公共图书馆制度	2005	L
	19	图书馆与制度公正——制度图书馆学研究	2005	L
	20	论信息公平	2005	L
	21	信息公平与公共图书馆制度	2006	L
	22	信息能力平等、信息公平与公共图书馆制度	2006	L
	23	文化权利:中国图书馆行业的核心价值	2007	L
	24	图书馆核心价值及其中国语境表述	2008	L
	25	"图书馆权利"研究反思	2008	L
	26	论图书馆员伦理——基于责任伦理和为他责任的思考	2009	L

作者	序号	论著名称	时间	备注
蒋永福	27	公共图书馆与民主政治	2009	L
	28	继续推进图书馆观念的与时俱进——读程焕文两篇博客文章有感	2013	L
	29	关于图书馆权利的重新认识	2015	L
	30	你阅读,我服务:图书馆人的心语	2020	L
于良芝	1	图书馆学导论	2003	Z
	2	拓展社会的公共信息空间——21世纪中国公共图书馆可持续发展模式	2004	Z
	3	图书馆情报学概论	2016	Z
	4	从信息政治经济学视角看公共图书馆发展的社会环境	2002	L
	5	未完成的现代性:谈信息时代的图书馆职业精神	2005	L
	6	精神、制度、组织——就当代中国图书馆职业的现代性构建答蒋永福先生	2005	L
	7	探索公共图书馆的使命:英美历程借鉴	2006	L
	8	公共图书馆存在的理由:来自图书馆使命的注解	2007	L
	9	公共图书馆的使命与服务:基于内容分析法的国内外比较研究	2007	L
	10	公共图书馆服务的意义建构与认识盲点——对公共图书馆评估总结材料的话语分析	2009	L
	11	图书馆与情报学(LIS)的使命与视域	2009	L
	12	培养阅读兴趣与支持正规教育	2010	L
	13	结构与主体能动性:信息不平等研究的理论分野及整体性研究的必要	2010	L
	14	整体性社会理论及其对信息不平等研究的适用性——以布迪厄的社会理论为例	2011	L
	15	"个人信息世界"——一个信息不平等概念的发现及阐释	2012	L
	16	信息穷人与信息富人:个人层次的信息不平等测度述评	2015	L
	17	真理、真理建构与智识自由——对智识自由价值与局限的再思考	2015	L

续表

作者	序号	论著名称	时间	备注
于良芝	18	我国乡镇图书馆建设中的话语与话语性实践——基于政策文本和建设案例的分析	2016	L
	19	iSchool 的迷思:对 iSchool 运动有关 LIS、iField 及其关系的认知的反思	2017	L
	20	图书馆信息学的逻辑架构及历史轨迹:基于推理与史实的学科独特性思考	2020	L
	21	图书馆情报学的实践转向:意义与问题	2020	L

注:备注栏中的"Z"表示著作类成果,"L"表示论文类成果。

从表 1-10 所列四位核心作者的成果名称中可以看出,程焕文、范并思、蒋永福、于良芝四位核心作者不仅成果数量多,而且既有著作类成果,又有论文类成果。从表中所列成果的时间分布情况看,我国的图书馆基本理念研究成果绝大部分产生于 21 世纪前 20 年。如果说民国时期第一代图书馆学家们的相关研究成果为我国图书馆基本理念研究的开端,因而民国时期被视为我国图书馆基本理念研究的"奠基时期"(其特征是"引进",即引进西方的图书馆理念)。那么,新中国成立至 20 世纪 80 年代可视为图书馆基本理念研究的"复苏时期",20 世纪 90 年代可视为图书馆基本理念研究的"重建时期",21 世纪前 20 年可视为我国图书馆基本理念研究的"鼎盛时期"或"黄金时期"。21 世纪 20 年代之后,我国图书馆基本理念研究则进入"平稳发展时期"。

二、思想观点摭拾

从上面的我国图书馆基本理念研究成果的数量统计中可以看出,我国图书馆基本理念研究成果的主题分布颇广且数量又很多。面对如此众多的主题和成果数量,全面阅读和掌握每一成果的思想内容是极其困难的。故此,本书只好用"欧卡姆剃刀"(Occam's Razor)无情舍去非核心成果,只选取成果数量超过 20 部/篇的程焕文、范并思、蒋永福、于良芝 4 人作为"核心作者中的核心作者",对他们的思想观点做简要的梳理。

(一)程焕文的思想观点

迄今为止,程焕文有关图书馆精神、图书馆权利、图书馆人物三个方面的研究成果数量在全国同行中首屈一指。从概念上说,图书馆精神、图书馆权利、图书馆人物研究,都可归入图书馆基本理念研究范畴。故此,称程焕文为我国图书馆基本理念研究的极力倡导者和显著贡献者之一实不为过。

1. 图书馆精神之说

程焕文初涉学坛时,是用"图书馆精神"一语来表达图书馆基本理念的。对程焕文的早期研究而言,"图书馆精神"与"图书馆理念"几乎是同义语。程焕文可以说是我国图书馆精神研究的一员主将,迄今仍不断地为图书馆精神鼓与呼。程焕文坦言自己不是倡导图书馆精神的始作俑者,但一直在执着地从事图书馆精神研究,以极大的热情,不停地宣扬图书馆精神①。对此,程焕文本人也很自信,如他自己所言:"我觉得真正讲图书馆精神的,在全国,应该说是以程焕文为第一个人,也是以程焕文讲得最多。"②

程焕文对图书馆精神的钟爱是有目共睹的,如他经常讲"图书馆精神始终是最重要的"③。程焕文强调图书馆精神的极端重要性,源于他把图书馆精神视为图书馆人的职业价值观的集中体现的认知。在程焕文看来,图书馆精神的重要性也就是图书馆职业价值观的重要性,所以他经常批评我国图书馆界的图书馆精神缺失的现象。程焕文把图书馆精神的缺失现象称为"整体非理性",如其所言:"中国图书馆界最缺乏的就是图书馆精神,因为没有这种精神,才导致我国图书馆的发展呈现出'整体非理性'的状态。"④早在1995年,程焕文就指出我国图书馆学界的整体非理性是一种"急躁的时代定位"⑤。

1988年,程焕文首次发表以"图书馆精神"为主题的论文,这是他以"图书馆精神"为主旨的一系列论著中的处女作。在此文中,程焕文概括出了图书馆精神的五个方面的内容:强烈的民族自尊、自信与自强精神,强烈的自爱、自豪与牺牲精神,大胆的吸收、探索、改革与创新精神,读者至上精神,嗜书如命精神⑥。由此我们可以看出程焕文对图书馆精神的初步定位:图书馆精神是图书馆人立志献身于图书馆职业的内在精神动力,这种内在动力的存在可从先辈们的敬业实践及其成就中得到证实;

① 程焕文.实在的图书馆精神与图书馆精神的实在——《图书馆精神》自序[J].大学图书馆学报,2006(4):2-14.

②④ 程焕文,周旭毓.图书馆精神——体系结构与基本内容[J].图书馆,2005(2):3-9.

③ 程焕文.图书馆精神始终是最重要的——答黄俊贵先生[J].图书情报知识,2006(2):35-36,48.

⑤ 程焕文.误区种种——图书馆学札记[J].图书馆,1995(1):37-38.

⑥ 程焕文.论图书馆精神[J].黑龙江图书馆,1988(4):9-11.

图书馆精神是过去曾经存在,现在和未来也应继续传承的"最起码的职业精神"。

1992年,程焕文发表《图书馆人与图书馆精神》一文。此文可以说是上述《论图书馆精神》一文的深化之作。在《论图书馆精神》一文中,程焕文告诫人们"不能忽视有关的历史人物",他把这种以图书馆人物为中心的图书馆学研究称为"人文图书馆学"。对此,程焕文解释说,以往的图书馆学研究是以信息与知识,或藏书与读者,或图书与图书馆事业,或知识交流与文献交流等为中心或出发点去研究并阐发其理论的,而人文图书馆学则是以"图书馆人"作为研究中心去研究图书馆学术和图书馆事业并阐发其各种理论的。《图书馆人与图书馆精神》一文与《论图书馆精神》一文的最大区别在于对图书馆精神内容的重新概括,即程焕文在《图书馆人与图书馆精神》中把图书馆精神的内容概括为"爱国、爱馆、爱人、爱书"①。这是程焕文关于图书馆精神的"四爱"内容的首次提出。

关于图书馆精神的内容即"爱国、爱馆、爱人、爱书",程焕文在后来的文章中把其中的"爱人"和"爱书"的次序进行调换,成为"爱国、爱馆、爱书、爱人"②。为何做出这样的调整,程焕文本人未予说明。不过,程焕文对"四爱"的自信和钟爱是始终不变的,如其所言:"爱国、爱馆、爱书、爱人是笔者迄今为止所能做到的对'图书馆精神'的最精炼的概括和总结。'爱'饱含着深厚的情感和无限的忠诚,如果没有这样的人文情愫作为前提,一个人也就难以成为真正的图书馆人。所以,爱国、爱馆、爱书、爱人是最高尚的图书馆事业精神。"④

2005年,程焕文开始为他所推崇的图书馆精神构筑结构体系,为此他发表了《图书馆精神——体系结构与基本内容》一文⑤。他把图书馆精神体系归纳为由事业精神、学术精神和职业精神三个层面构成的整体结构。不过,程焕文同时认为,其中的学术精神是各门学科都讲求的东西,对图书馆学并无特殊规定性,所以图书馆精神的内容体系主要由事业精神和职业精神两大方面构成。程焕文界定的图书馆事业精神的内容包括:人人享有平等利用图书馆的权利,人人享有自由利用图书馆的权利,免费服务是平等利用和自由利用图书馆的基本保障;而图书馆职业精神的基本内容,程

---

① 程焕文.图书馆人与图书馆精神[J].中国图书馆学报,1992(2):35-42.

②④ 程焕文.实在的图书馆精神与图书馆精神的实在——《图书馆精神》自序[J].大学图书馆学报,2006(4):2-14.

⑤ 程焕文,周旭毓.图书馆精神——体系结构与基本内容[J].图书馆,2005(2):3-9.

焕文仍然概括为"四爱"即爱国、爱馆、爱书、爱人。至此可以看出,程焕文把自己一直宣扬的"四爱"归入图书馆精神体系的一个方面——职业精神层面,在此基础上,程焕文增设事业精神层面,由此构筑了由事业精神和职业精神两大方面构成的图书馆精神体系。至于图书馆精神为何由这两大方面构成,以及事业精神和职业精神之间是什么关系,程焕文未予详细说明。而且,对图书馆精神体系的这种设计,其科学性如何,无论是程焕文本人还是其他人,都尚未发表肯定或否定的意见。不过有一点是可以肯定的:把图书馆精神划分为事业精神和职业精神两大方面,是程焕文的首创。

同是 2005 年,程焕文又发表了专门阐释"公共图书馆精神"的一篇论文。他在文中说道:"什么是公共图书馆的历史精神?纵观整个公共图书馆发展的历史,或者说全球公共图书馆运动的发展历史,从其起源到今天,6 个字就足以概括公共图书馆的历史精神——公共、公开、共享。"①此前程焕文一直是以"四爱"作为图书馆精神的基本内容,但在此文中他又以"公共、公开、共享"作为公共图书馆精神的基本内容。这就容易使人产生一种疑问:难道"图书馆精神"和"公共图书馆精神"是两个不同的概念范畴?以"四爱"为内容的图书馆精神和以"公共、公开、共享"为内容的公共图书馆精神,是完全不相干的两个论题,还是对图书馆精神的两种不同视角的界定?对此程焕文没有做出具体说明。不过,联系到程焕文把图书馆精神划分为职业精神和事业精神两大方面,或许我们可以做这样的理解:"四爱"是从"职业精神"角度概括的图书馆精神,而"公共、公开、共享"则是从"事业精神"角度概括的图书馆精神。

在程焕文构筑的图书馆精神体系中,职业精神即"四爱"是程焕文一直宣扬和强调的,所以程焕文把"四爱"纳入图书馆精神体系之中的思想理路是不难理解的。与此同时,程焕文把图书馆事业精神纳入图书馆精神体系之中,这是程焕文对图书馆精神内容体系的一次调整和拓展。

2. 图书馆权利之说

在程焕文的学术版图中,有两个核心词汇特别醒目,其一是"图书馆精神",其二是"图书馆权利"。可以说,程焕文的大部分论著成果是"图书馆精神"和"图书馆权利"研究的产物。

---

① 程焕文,周旭毓. 权利与道德——关于公共图书馆精神的阐释[J]. 图书馆建设,2005 (4):1 - 4,42.

　　众所周知,我国图书馆界使用的"图书馆权利"一词,源于对美国图书馆协会的《图书馆权利法案》(*Library's Bill of Rights*)的翻译。当 2004—2005 年我国图书馆界盛行"图书馆权利"一词时,有些人对该词的译法提出过质疑(包括王知津、范并思等人认为是"误译"),但程焕文一直坚持"图书馆权利"这一译法的合宜性。1980 年,台湾学者高禩喜就曾把 ALA 的 *Library's Bill of Rights* 译为《图书馆权利宣言》①,但在大陆学者中,坚持"图书馆权利"一词的合宜性的人首先是程焕文。对此程焕文曾在一篇论文中称"'图书馆权利'这个术语的'捏造'者,非笔者莫属"②。当然,称"捏造"是一种反义性谦辞,后来程焕文在其他论著中对"图书馆权利"一词的来龙去脉及其汉译语义做了梳理和分析。程焕文首先分析了英美人习惯用的"权利法案"一词的约定俗成意义,据此认为,"Library's Bill of Rights"的中文意思应该是"图书馆颁布的权利法案",而不是"图书馆的权利法案"③。关于 ALA 的《图书馆权利法案》的内容及其实质,程焕文认为其"在表面上是规范图书馆的行为,在实质上则是声张图书馆利用者的正义。也就是说,如果图书馆依照《法案》来主张权利的话,那么,在本质上,图书馆所主张的不是图书馆自身的权利,而是图书馆利用者的权利。……事实上《法案》不过是美国图书馆协会阐述图书馆利用者的智识自由权利与平等权利和美国图书馆协会期望图书馆支持这些权利的政策性声明。也就是说,就图书馆而言,《法案》阐述的不是图书馆自身的权利,而是图书馆的制度正义,即图书馆支持、维护和保障图书馆利用者权利的责任和义务"④。应该说,程焕文对《图书馆权利法案》精神实质的解读是无可置疑的,尤其是他把《图书馆权利法案》视为 ALA 关于维护和保障读者的智识自由权利的责任与义务的政策性声明,可谓点到了 ALA 之所以发布《图书馆权利法案》的主观意图及其理念基础。

　　基于对《图书馆权利法案》精神实质的上述解读,程焕文对"图书馆权利"做了这样的定义:图书馆权利是指民众利用图书馆的自由、平等权利⑤。在此之前,程焕文对"图书馆权利"的含义曾多次做出界定,如"图书馆权

---

　　① GATES J K. 图书馆事业导论[M]. 台北:文史哲出版社,1980:276.

　　② 程焕文. 实在的图书馆精神与图书馆精神的实在——《图书馆精神》自序[J]. 大学图书馆学报,2006(4):2 – 14.

　　③ 程焕文,潘燕桃,张靖. 图书馆权利研究[M]. 北京:学习出版社,2011:23.

　　④⑤ 程焕文. 图书馆权利的界定[J]. 中国图书馆学报,2010(2):38 – 45.

利是指公民依法享有的平等、自由和合理利用图书馆的权利"①,"图书馆
权利主要包括平等利用图书馆之权利和自由利用图书馆之权利两项基本
内容"②。程焕文对"图书馆权利"内涵的这些界定,似乎给人们这样的感
觉:图书馆权利就是读者平等、自由利用图书馆的权利。显然,平等、自由
利用图书馆的权利主体是读者,而"维护和保障读者智识自由权利的责任
和义务"的主体是图书馆或图书馆职业集团。也就是说,程焕文在对"图
书馆权利"做出上述界定时,没有明确指出"读者权利"与"图书馆权利"的
分野。当然,所谓"没有明确指出",绝不等于说程焕文不懂得"读者权利"
与"图书馆权利"的区别。从其特别强调"图书馆权利是指公民依法享有
的平等、自由和合理利用图书馆的权利"看,他已经敏锐地看出了图书馆权
利的宗旨是维护读者权利的本质性意涵,只不过他没有明确点明"读者权
利"是"图书馆权利"所要保障的目标而已。

的确,程焕文特别重视维护读者/用户权利的重要性。早在 2004 年,
其在《信息资源共享》一书中,提出了信息资源共享的若干基本定理,其中
之一是"人人享有自由平等利用信息资源的权利"。显然,这里所言"人
人",即读者/用户。这一定理的内容有三个方面,包括平等利用信息资源
是用户的基本权利,自由利用信息资源是用户的基本权利,免费服务是自
由平等利用的保障③。不难看出,程焕文所言的"公民依法享有的平等、自
由和合理利用图书馆的权利",包含于"人人享有自由平等利用信息资源
的权利"之中。也就是说,程焕文所强调的"利用图书馆的权利"和"利用
信息资源的权利",其实都在强调读者/用户的权利。

在《信息资源共享》一书中,程焕文还提出另一个定理:用户永远都是
正确的。按照这一定理的说法,我们是否还可以认定"乘客永远都是正确
的""患者永远都是正确的""储户永远都是正确的"等。"永远都是正确
的"这样一种过于绝对的说法,的确让人顿生疑惑,所以这一定理提出后立
即引发争论,赞同者有之,反对者亦有之。我们猜想:程焕文之所以认为
"用户永远都是正确的",或许是他对"四爱"中的"爱人"(爱读者/用户)
精神的极度肯定。其实,人们在表达某种理念并极度肯定这一理念时,经
常说出类似"永远都是"这样的话,如"心态决定一切""人生而平等""不

① 程焕文,周旭毓.权利与道德——关于公共图书馆精神的阐释[J].图书馆建设,2005
(4):1-4,42.

② 程焕文.普遍均等 惠及全民——关于公共服务普遍均等原则的阐释[J].图书与情报,
2007(5):4-7.

③ 程焕文,潘燕桃.信息资源共享[M].北京:高等教育出版社,2004:28-31.

想当将军的士兵不是好士兵""一切有权力的人都容易滥用权力"等。程焕文提出"用户永远都是正确的",何尝不是"爱人"理念的极度表达和肯定?"用户永远都是正确的",是一种理念表达,而非指客观现实。总之,"用户永远都是正确的",是程焕文极力主张维护和保障读者/用户权利的一种理念表达方式。

那么,图书馆精神与图书馆权利是什么关系?对此,程焕文有两段话:一是"图书馆的核心理念是自由、平等,并以'图书馆权利'相统摄",二是"'图书馆权利'只是'图书馆精神'中的一项基本内容和图书馆职业的一种基本要求,其基本理念已经涵盖在'爱国、爱馆、爱书、爱人'和'智慧与服务'之中,所以笔者称之为图书馆职业精神"①。在程焕文的思想视野中,"图书馆精神"与"图书馆理念"几乎是同义词,所以把图书馆权利认定为图书馆精神或图书馆理念的一个方面,是完全在理的。与此同时,把"四爱"和"智慧与服务"纳入图书馆职业精神范畴之中,也是理所当然的。总之,程焕文把图书馆权利纳入图书馆基本理念范畴之中加以确认和阐发,为图书馆基本理念研究增添了重要的实质性内容。这是程焕文先生对图书馆基本理念研究做出的重要贡献之一。

3. 图书馆人物之说

这里的"图书馆人物",亦可称为"图书馆人",指的是图书馆精神或图书馆理念的承载者、传播者、实践者,包括图书馆职业工作者、图书馆学专业学习者、图书馆学教育者、图书馆学研究者以及与图书馆事业/职业密切相关者。图书馆精神或图书馆理念,作为一种观念性存在,须借助特定的载体才能存在和传播。这种载体主要表现为两类:一是文献型载体,即记录有图书馆精神或图书馆理念的相关文献资料;二是人物型载体,即传承和践行图书馆精神或图书馆理念的图书馆人。毋庸置疑,这两类载体对图书馆精神或图书馆理念的传承和发扬都至关重要,尤其是图书馆人的载体作用显得特别重要,因为图书馆人既是图书馆精神或图书馆理念的创造者,也是图书馆精神或图书馆理念的践行者和传播者。程焕文非常重视图书馆人对图书馆精神或图书馆理念的践行与传播作用,以及这种践行与传播作用对图书馆事业/职业发展所具有的重要意义。事实上,程焕文的图书馆精神研究就是从考察"前辈们献身于图书馆事业的内在动力"角度立意的。

---

① 程焕文,高雅,刘佳亲. 理念的力量:中国公共图书馆迈入黄金时代——纪念《公共图书馆宣言》颁布 25 周年[J]. 图书馆建设,2019(3):14-19.

在我国图书馆学界,研究图书馆基本理念的学者不只程焕文一人,但重视图书馆人物研究并以此作为图书馆基本理念研究的不可或缺的内容,程焕文可谓是其中的佼佼者。正因如此,程焕文是国内图书馆学界图书馆人物研究成果最多的学者(见表1-10)。重视图书馆人物研究且其成果数量之多,也是程焕文研究图书馆基本理念的与众不同的特点表现之一。

程焕文不仅自己研究图书馆人物,而且还与其他人合作发起"图书馆学家文库"编辑与出版计划。列入该出版计划的包括《李华伟文集》《谭祥金赵燕群文集》《杜定友文集》《胡述兆文集》《李德竹文集》《谢灼华文集》等(其中有些文集已出版)。"图书馆学家文库"的编辑与出版,其目的不仅是为了宣传图书馆学家的学术成果,更重要的是为了宣传这些图书馆学家及其作品中所宣扬的图书馆精神。

程焕文谈论图书馆精神,有时把"智慧与服务"视为图书馆精神的基本表现。我们知道,"智慧与服务"是沈祖荣概括的文华图书馆学专科学校(今武汉大学信息管理学院的前身)的校训,其基本含义是用图书馆人的专业智慧为读者/用户提供最佳的服务。程焕文认为:"智慧与服务"强调的是知行合一,是实践指向的图书馆精神;"智慧与服务"是客观存在的图书馆精神,这不仅是因为它曾经是而且一直是透过文华学子不断地发扬光大的优秀传统;如今"智慧与服务"之精神几乎成了中国图书馆精神的代名词,被人们广泛传承和发扬①。可见,程焕文强调"智慧与服务",仍然是从传承和发扬图书馆前辈们的优秀专业精神和职业精神角度立意的,其指意与程焕文一直主张的"四爱"之图书馆精神完全一致。

大体上说,程焕文迄今为止的图书馆学术研究,都是围绕图书馆基本理念展开的。也就是说,宣扬和阐发图书馆基本理念,是程焕文矢志不渝的"图书馆情结"与"学术情结"所在。程焕文先生从来都直言不讳地肯定图书馆基本理念的极端重要性,如他所言"理念决定一切,没有正确的图书馆理念,就不可能有正确的图书馆发展方向"②,"理念决定成败,理念决定未来"③,"如果没有正确的理念,技术应用就会偏离方向"④。总之,程焕文先生是我国图书馆基本理念的主要倡导者、研究者和践行者之一。他以图书馆精神、图书馆权利和图书馆人物研究为主要理论武器,对图书馆精

①②　程焕文.实在的图书馆精神与图书馆精神的实在——《图书馆精神》自序[J].大学图书馆学报,2006(4):2-14.

③　程焕文,高雅,刘佳亲.理念的力量:中国公共图书馆迈入黄金时代——纪念《公共图书馆宣言》颁布25周年[J].图书馆建设,2019(3):14-19.

④　刘锦山,程焕文.用理念引领发展[J].高校图书馆工作,2012(6):7-11.

神或图书馆理念的缺失现象给予猛烈抨击,敢说敢批,绝不低头、绝不妥协;他不惧招来争议,俨然是一位学者型勇士、勇士型学者。他注重历史和人物研究,在先辈们的嘉言懿行中寻找图书馆精神或图书馆理念的渊源根脉,并结合现实加以引申和弘扬,为现代图书馆理念奠定历史基础,其功至伟。

(二)范并思的思想观点

可以说,范并思是20世纪80年代以后我国图书馆基本理念研究的倡导者和引领者之一。起初,范并思常用的词语是"观念",后来逐渐改用"理念"一词。早在1987年,范并思就发表了《新时期十年的图书馆学——观念与思潮》一文,显然这是一篇观念史论文,由此范并思踏上了关注和研究图书馆观念/理念之路。

关于现代图书馆理念的要义,范并思有一个"元观点",可以说他的几乎所有关于图书馆理念的观点都基于此元观点。这一元观点是他在2002年发表的《维护公共图书馆的基础体制与核心能力——纪念曼彻斯特公共图书馆创建150周年》一文中提出的:"公共图书馆不但是一种社会机构,而且是一种社会制度。就像现代学校的出现代表了现代教育制度出现一样,公共图书馆的出现代表了一种社会信息保障制度的形成。……公共图书馆代表的是一种社会用以调节知识或信息的分配,以实现社会知识或信息保障的制度。公共图书馆制度能够保障社会信息利用机会的平等,保障公民求知的自由与求知的权利,从而从知识、信息的角度维护了社会的公正。"①此后,范并思在多部/篇论著中反复重申这一元观点。仔细分析这一元观点的内容,不难发现,其核心精神是信息公平,即认为图书馆是维护和保障社会信息公平的一种制度或体制安排。这是从制度视角观察图书馆现象所得出的认识结论,完全突破了以往"机构范式"的狭隘视角。范并思后来谈论的"图书馆权利""核心价值""社会包容""社会责任""阅读推广"等论题,其实都是以此元观点为立论依据的。所以,可以说,《维护公共图书馆的基础体制与核心能力——纪念曼彻斯特公共图书馆创建150周年》一文,是范并思宣扬和研究图书馆基本理念的奠基性文献。

基于上述元观点,2003年,范并思向中国图书馆学界提出了改变图书馆学基础理论研究方向的倡议:"研究观念而非概念,研究制度而非机构。"关于研究观念的重要性和必要性,他说:"图书馆学基础应该研究那

① 范并思. 维护公共图书馆的基础体制与核心能力——纪念曼彻斯特公共图书馆创建150周年[J]. 图书馆杂志,2002(11):3-8.

些从宏观的角度或者抽象的角度制约着图书馆事业发展的东西,其中最最核心的东西就是观念。历史上图书馆事业的进步,或者是有先进观念的传播作为前提,或者是伴随着观念更新同步进行。"①可见,和程焕文一样,范并思也遵循"观念/理念决定行动的成败"的逻辑。关于"研究制度而非机构",他说:"对图书馆机构的研究是应用图书馆学的内容,而对图书馆制度的研究则是图书馆学基础的内容。"②我们知道,在我国图书馆学史上,刘国钧是提出"图书馆是一种制度"观点的第一人,他曾指出,"图书馆既为社会所不可缺之制度","公共图书馆者,公共教育制度中之一部也"③。可见,范并思是继刘国钧之后坚持"图书馆是一种制度"观点的第二人。需要指出的是,范并思提出的图书馆学基础理论应该"研究观念而非概念,研究制度而非机构"的观点,并不是在全称意义上说的,而是在非全称意义上说的。也就是说,"概念"和"机构"并非不可研究,但对图书馆学基础理论研究来说,研究"观念"和"制度"更重要。

从理论与实践的分野而言,研究观念/理念的任务应该主要由理论家来承担。对此,范并思说:"理论家的使命之一,是发现并宣扬新的观念,以观念更新推动人的发展与事业进步。纵观西方公共图书馆观念史,可以发现图书馆学家在推进与宣扬公共图书馆理念方面所起的重要作用。"④此话确然。无论是西方国家的图书馆事业还是中国近现代图书馆事业,在其蓬勃发展时期,都有先进的观念/理念支撑,这是历史的事实,毋庸置疑。

关于图书馆理念的含义及其基本内容,范并思有多种表述。2004年,他在一篇论文中指出:"我们可将图书馆精神定义为图书馆人对图书馆事业的人文理想的一种认同。这种人文理想的核心是通过图书馆保障民众获取知识与信息的公平的权利。"⑤2008年,他在另一篇论文中概括了图书馆理念的基本内容,包括智识自由、读者权利、平等服务、弱势群体人文关怀、消弭数字鸿沟。在此文中他又说,"二战结束后,图书馆保障社会信息自由和信息公平的理念被发现和研究。至此,现代图书馆职业理念逐渐明确,概括而言,这些理念包括:图书馆对全社会开放的理念、读者具有接受图书馆服务的权利的理念、对所有人平等服务的理念、服务应该对弱势群体有所侧重的理念、维护智识自由的理念、维护读者隐私权的理念"⑥。如

①② 范并思.新世纪,图书馆学基础研究什么? [J].图书馆,2003(1):14-15,4.

③ 史永元,张树华.刘国钧图书馆学论文选集[M].北京:书目文献出版社,1983:3,11.

④ 范并思.公共图书馆精神的时代辩护[J].中国图书馆学报,2004(2):5-11.

⑤ 范并思.图书馆精神的历史缺失[J].新世纪图书馆,2004(6):3-8.

⑥ 范并思,胡小菁.图书馆学教育与现代图书馆理念[J].图书情报知识,2008(6):5-9.

前文所言,范并思理解的图书馆理念、图书馆精神的内涵可以用一句话概括,即信息公平。在范并思看来,上述诸理念,都可视为信息公平理念的具体表现。

2007 年,范并思主持承担了中国图书馆学会的课题项目"中国图书馆核心价值与《图书馆服务宣言》研究"(与倪晓建共同主持);2010 年,范并思又申报国家社会科学基金重点项目"中国图书馆核心价值体系构建研究"。在这段时期,范并思的图书馆理念研究主要围绕"图书馆核心价值"展开。我们知道,在国外图书馆界,普遍流行的是以图书馆核心价值来表达图书馆基本理念的思想内容。所以,图书馆核心价值与图书馆基本理念是重合度极高的近义词。范并思通过内容分析和文本挖掘等方法,在已有的 60 个图书馆核心价值相关词语中最终选出 8 个图书馆核心价值词汇,其中包括表述现代图书馆理念的 4 个词汇和表述图书馆行业特征的 4 个词汇。表述现代图书馆理念的 4 个词汇是开放、平等、包容、隐私。①开放——对全社会普遍开放;②平等——对所有人平等服务;③包容——促进社会包容;④隐私——保护读者隐私。表述图书馆行业特征的 4 个词汇是服务、阅读、管理、合作。①服务——提供优质服务;②阅读——促进阅读与终身学习;③管理——追求科学管理;④合作——开展社会合作①。我们知道,ALA 曾于 2004 年发布图书馆核心价值,共列出 11 个核心价值词汇,分别是获取、保密/隐私、民主、多样性、教育及终身学习、智识自由、保存、公共物品、专业性、服务、社会责任。相比较而言,ALA 所提炼的核心价值范畴,其涉及面之广是不言而喻的,但缺乏清晰的逻辑性归类和系统性说明。而范并思则对已有的核心价值范畴进行重新聚合和分类,把诸多范畴首先归纳为两大方面,然后又对其做出适当的中国化改造和阐释,使得整个核心价值范畴体系更加系统化、有序化和具体化。应该说,范并思为中国的图书馆核心价值范畴的提炼和归纳做出了重要贡献。

理念都是人的理念。我们说现代图书馆人首先应该具有先进的图书馆理念,而先进的图书馆理念需要通过图书馆学专业教育来培植和普及。图书馆学教育应该培养什么样的人才,这个问题本身就是一个极其重要的观念/理念问题。范并思认为,现代图书馆学教育必须以传授和培养先进的图书馆理念为目标,因为"只有接触到了现代图书馆理念,能够理解图书馆在社会的民主、繁荣或现代化建设中的终极价值,这样的图书馆人,才可能在图书馆的管理、服务与学术研究中,成为图书馆事业的栋梁之材",

---

① 范并思.构建中国图书馆核心价值体系之思考[J].图书与情报,2015(3):50 – 55,140.

"图书馆学教育的目标不是训练能够从事图书馆实务的'工匠',也不是引导人们追问'什么是图书馆学',而是培训具备现代图书馆理念的人"①。在范并思看来,图书馆理念不仅是图书馆学教育的核心目标,而且还应是图书馆从业人员的灵魂。教育是塑造灵魂的工程,因此图书馆学教育必须以培养未来从业人员具备先进的图书馆理念为核心目标。然而,我国以往的图书馆学教育,从其培养目标、课程设置情况看,仍然以图书馆工作实务所需要的技能性知识的传授为主要目标。对此,范并思批评道:"现在看来,这种图书馆学教育体系和教育思想所培养的人,对图书馆事业而言是'没有灵魂的人'。他们可以依据所学的学科化知识进行图书馆学论文的撰写,也可以依据所学的操作性知识进行图书馆工作,但他们不了解,作为这个职业的一名优秀分子,他们应该持有一套什么样的价值体系。他们也不知道,当图书馆面临的变革或危机来临时,他们应该如何选择、如何应对。"②范并思的这一批评可谓一语中的。试看当前风行全球的 iSchool 运动,竟然默许"去图书馆化"之趋势,面对这种图书馆学教育的反转或逆转形势,我们不禁要问:我们的图书馆学教育所培养的是我们事业的接班人,还是我们事业的掘墓人?

对现行图书馆学教育的担忧,一直是范并思心中挥之不去的阴影。范并思心中的另一个不满是我国图书馆学基础理论研究中缺失理念重心的状况。为此,他曾于 2007 年提出了重构我国图书馆学基础理论体系的方案。他认为:"建设图书馆学基础理论的目标,必须从引导人们追问'什么是图书馆学',转变到帮助人们理解与接受现代图书馆理念上来。"③根据这一目标定位,范并思设计的重构后的图书馆学基础理论体系的内容框架由五大板块构成,分别是:导言部分,内容为图书馆定义与类型;第一部分,内容为图书馆史;第二部分,内容为图书馆职业;第三部分,内容为图书馆管理与服务;第四部分,内容为图书馆研究。这是一个框架结构,尚未有具体内容,所以我们无法对此框架做出有针对性的是非判断。不过,我们从此文的阐述内容中可以看出,范并思主张的图书馆学基础理论体系是以图书馆基本理念的确立、阐释和传授为核心旨归的。这对原有的图书馆学基础理论体系是一个根本性的突破和改造。

对于程焕文的"图书馆精神"之说,范并思持基本肯定的态度,但也有

---

① ②　范并思,胡小菁.图书馆学教育与现代图书馆理念[J].图书情报知识,2008(6):5-9.

③　范并思.新世纪图书馆学基础理论的转型——理论体系重构的初步设想[C]//第五次全国图书馆学基础理论研讨会论文集.北京:北京图书馆出版社,2007:1-18.

矫正。范并思认为,程焕文所概括的图书馆精神的"四爱"内容,其实是图书馆人的敬业精神,而图书馆精神除了敬业精神外还应包括其他内容。如沈祖荣当年提出的"智慧与服务"理念,就无法完全纳入"四爱"范畴之中。为了拓宽图书馆精神的内容范围,范并思提出了"广义的图书馆精神"之说:"图书馆精神并不是一个严格的学术意义上的概念。在不同的场合,这个概念可以有不同的含义,它可以泛指,也可以特指,可以是广义的,也可以是狭义的。如果要说广义的图书馆精神,那么,凡是能指引图书馆人科学地发展图书馆事业,使图书馆人敢于维护自己的职业尊严、职业道德,以及职业权利和职业利益,或能激励图书馆人为事业发展奉献自己的专业才能与智慧的理念,都可以称之为图书馆精神。"①根据这一认识,范并思进一步指出,这种广义的图书馆精神,与其称之为"图书馆精神",不如称其为"图书馆理念"为宜②。

2004年起,国内图书馆界开始盛行"图书馆权利"一词。起初,人们对"图书馆权利"的内涵并不是很清楚,更谈不上统一认识,所以出现了多种"图书馆权利"之说。当时,范并思对图书馆权利的界定是,"图书馆权利包括以下两种权利:社会意义的图书馆权利,即公民接受图书馆服务的权利;图书馆人的职业权利,即图书馆人维护图书馆科学有效地运作的权利。图书馆权利应该是这二者的统一"③。现在看来,这一界定是科学的,其科学性主要表现在:范并思睿智地看出了图书馆权利涉及两类权利主体,一类是以读者为主体的读者权利,另一类是以图书馆人为主体的职业权利(或称职业责任)。

2013年,范并思对图书馆权利的内涵做出了更加精当的阐释。他指出:"图书馆权利的最清晰表述就是,每一位公民都有平等享受图书馆服务的权利,图书馆管理者负有保障公民享有图书馆服务的责任。社会公众平等使用图书馆资源与服务的权利,是所有图书馆人应该尊重与维护的一种'图书馆权利'。这既是社会对于图书馆的要求,也是现代图书馆的基本理念。"④范并思做出这一界定的根据主要有三方面:图书馆权利是一种人权,图书馆权利主要是公众的所有者权利,图书馆权利也是图书馆管理者的职业权利。可见,范并思在这里继续贯彻了他的图书馆权利包含两类权利主体的正确判断。较之前期的界定,2013年的界定有一个"文眼"值得

---

① ③ 范并思.论图书馆人的权利意识[J].图书馆建设,2005(2):1-5.
② 范并思.图书馆精神学习札记[J].图书与情报,2006(6):1-3,10.
④ 范并思.权利、读者权利和图书馆权利[J].图书馆,2013(2):1-4.

我们注意,这就是范并思把图书馆管理者的职业权利判定为图书馆的"责任"。责任乃必须履行的职责和任务。图书馆保障读者权利,乃图书馆必须履行的责任——确立这样的责任意识并践行之,正是践履图书馆基本理念的表现。

我们知道,范并思近十几年的研究以"阅读推广"为重点领域,其研究成果已较多。但范并思研究阅读推广的初衷和重点不在于阅读推广的具体组织方法及先进做法的推广,而在于阅读推广的基础理论研究。范并思首先肯定了阅读推广是现代图书馆的主流服务形式,这种主流服务形式应该以现代图书馆基本理念为指导,不然的话,"阅读服务"难免流于以往那种"教化读者"意义上的"阅读指导"。这就表明,范并思研究阅读推广,其实研究的是"阅读推广理念"。诚如范并思自己所言:"图书馆应该进行阅读推广活动,但阅读推广决不是将自己所选定、所喜好的阅读内容与阅读形式强加给读者,而是通过各种活动告诉社会公众,阅读能给他们的生活带来什么,阅读的乐趣何在,图书馆在公民阅读活动中有什么价值。也就是说,图书馆阅读推广仍然要体现图书馆的核心价值,维护公民阅读自由的权利,促进社会的阅读公平。那种无视公民阅读权利与阅读自由的阅读推广,即使暂时可能取得一些效果,随着公民权利意识的成长,也终将死亡。"①

可以说,迄今为止,范并思是我国图书馆学界对阅读推广基础理论研究得最全面、最深入的人。甚至可以说,在我国图书馆学界,是范并思开辟了阅读推广基础理论研究的新领域。经过十年多的研究,范并思提出了有关阅读推广基础理论方面的一系列崭新的主张或观点。关于阅读推广的定义,他认为"围绕阅读开展的推广活动就是阅读推广";阅读推广研究的内容,主要包括"阅读、阅读行为和阅读文化,阅读推广基础理论问题,阅读推广实践问题"②。范并思认为,阅读推广是图书馆服务的一种主流形式;阅读推广是活动化、碎片化的服务;阅读推广的目标人群是全体公民,重点是特殊人群;阅读推广的最终目标是通过阅读提升公民素养,使不爱阅读的人爱上阅读,使不会阅读的人学会阅读,使阅读有困难的人跨越阅读的障碍③。

除了上述研究成果外,范并思关于图书馆基本理念的研究成果还有很多。如关于图书馆的社会包容理念,发表有《公共图书馆与社会包容》

---

①　范并思.图书馆学与阅读研究[J].图书与情报,2010(2):1-4.

②　范并思.阅读推广的理论自觉[J].国家图书馆学刊,2014(6):3-8.

③　范并思.阅读推广与图书馆学:基础理论问题分析[J].中国图书馆学报,2014(5):4-13.

(2010);关于图书馆的社会责任理念,发表有《图书馆精神的理性拓展——图书馆社会责任研究》(2010);等等。范并思的代表作之一《20世纪西方与中国的图书馆学——基于德尔斐法测评的理论史纲》(2004,2016年2版),其副书名中包含"理论史纲",其实按照此书的基本内容和体例而言,称其为"理念史纲"也不为过。范并思的另一主要著作《图书馆资源公平利用》(2011),其主要内容包括核心价值、信息公平、图书馆权利、图书馆公平服务等,可见此书仍然是以图书馆基本理念为主旨的著作。范并思研究图书馆基本理念问题,所涉范畴包括信息公平、图书馆核心价值、图书馆制度、图书馆精神、图书馆权利、图书馆社会包容、图书馆社会责任、图书馆学教育与图书馆理念、图书馆学基础理论与图书馆理念、图书馆学与阅读推广等。完全可以说,迄今为止,范并思是我国图书馆基本理念研究的主要倡导者、开拓者和建树者,其功至伟。

(三)蒋永福的思想观点

蒋永福似乎是带着"文化""人文""哲学"等理论武器步入学坛的。早在1990年1月,蒋永福就发表以《文化、文献与人》为题的论文,文中根据德国哲学人类学家兰德曼(Landmann)的"没有人去实现文化,文化则不存在;没有文化,人也将是无"的著名命题,得出了"人是能够创造并利用文献进行文化创造活动的动物"的结论①。正因为喜欢从"文化"角度考察图书馆现象,所以当他参与图书馆核心价值讨论时,选择"文化权利"作为中国图书馆行业的核心价值的"主范畴",认为"图书馆以尊重和维护公民的文化权利为基本宗旨"②。

1990至1991年,蒋永福连续发表了以"图书馆哲学研究"为副标题的三篇论文,其中一篇的主标题为"图书馆学也是一种人学"。在此文中,他提出了"图书馆学的研究对象是人与文献信息的相互作用"的观点③。在他看来,图书馆的主要社会职能是实现馆藏文献信息的价值,而要实现文献信息的价值,就必须让人(用户)去利用文献信息;离开了人的利用,整个社会的文献信息系统将失去存在价值。相对而言,以往的图书馆学注重的是对文献信息客体的研究,而忽视了对人(用户)的研究。由此他认为,未来的图书馆学基础理论研究,应该以"用户利用文献信息的心理机制与

---

① 蒋永福.文化、文献与人[J].情报科学,1990(1):48-50.

② 蒋永福.文化权利:中国图书馆行业的核心价值[J].图书馆论坛,2007(6):70-73.

③ 蒋永福.图书馆学也是一种人学——图书馆哲学研究之三[J].黑龙江图书馆,1991(6):7-10,41.

社会机制为核心内容"。图书馆学的这种理论形态,被蒋永福命名为"人本主义图书馆学"或"人文图书馆学";人文图书馆学的特征是倡导人的主体性,弘扬人文精神①。说来也巧,地处祖国一南一北的程焕文和蒋永福,同在1991年各自提出了"人文图书馆学"命题。不过,两人所称"人文图书馆学"在"人"的所指上有重要区别:程焕文所称"人"指"图书馆人",而蒋永福所称"人"则指读者/用户。蒋永福曾言"图书馆学永远是面向人的科学"②,这里所称的"人",亦指读者/用户。

虽然程焕文和蒋永福于1991年同时提出"人文图书馆学"命题,但程焕文此后以"图书馆精神"为主要范畴继续他的理念研究,而蒋永福则以"人文传统""人文精神""人文关怀""人本管理"等为基本范畴继续他的人文图书馆学研究,并发表了一系列人文/人本范畴的论文。由此而言,蒋永福的前期研究是以"人文/人本"为主要范畴步入图书馆基本理念研究领域的。可以说,在我国图书馆学界,蒋永福是从人文图书馆学角度展开图书馆基本理念研究的主要建树者之一,或者说,蒋永福是我国人文图书馆学研究的主要建树者之一。

1993年,蒋永福指出,图书馆学理论研究向来有技术传统和人文传统两种理路。图书馆学的技术传统,是指把图书馆学理论看作是以实用操作为目的的经验与技术的总和的思想模式;图书馆学的人文传统,是指在图书馆理论与实践中,突出人的因素、强调人的主体性地位与作用,并以人为轴心来构建学科理论体系的学术风尚或理论模式。蒋永福认为,图书馆学研究中的技术传统与人文传统之间应该保持合理的张力——相互关照、对话和协调,而不应该各说各的,更不应该互相指责③。

从2003年起,蒋永福在继续强调"人文传统""人文关怀"的基础上又同时强调"人文精神"和"人本管理"。关于图书馆的人文精神,蒋永福曾将其内容划分为理念层、行为层和视觉层三个层面。理念层的内涵主要通过图书馆必须秉持的公益性理念、服务性理念和读者满意理念来体现。行为层的内涵主要通过图书馆服务中的开放原则、自由与平等原则、助人原则来体现。视觉层的人文精神主要通过建筑设计的便利性与形状蕴意、设施的秩序与整洁、色彩上的典雅与柔和、人气上的微笑与礼节等给人以"视觉美"的环节来体现④。由此可见,蒋永福论述的"图书馆人文精神"与程

---

　　① 蒋永福.图书馆学也是一种人学——图书馆哲学研究之三[J].黑龙江图书馆,1991(6):7-10,41.

　　②③ 蒋永福.在技术传统与人文传统之间保持必要的张力——对图书馆学理论传统的批判评价[J].图书馆建设,1993(4):12-15,24.

　　④ 蒋永福,王丽云.论图书馆人文精神的内涵[J].图书馆杂志,2003(1):7-10.

焕文强调的以"四爱"为内容的"图书馆精神",无论在视野上还是在内容上都有较大区别。

关于图书馆的人本管理,蒋永福将其界定为"以人为中心来配置管理资源、培植人文精神、实施人文关怀,以充分调动和开发人力资源"①的一种管理理念。可见,培植人文精神,实施人文关怀,调动和开发人力资源,是图书馆人本管理的宗旨。蒋永福明确指出,图书馆人本管理中的"人",必须同时包括读者和图书馆员。所以,图书馆人本管理最终体现为如何对待读者和如何对待图书馆员。对此,蒋永福做了比较具体的阐述,如:在对待读者方面,要树立"图书馆是读者的图书馆"的理念,要关心读者、爱护读者、尊敬读者、理解读者、方便读者、帮助读者、服务读者,尤其对那些弱势群体读者给予特别的关爱与帮助;在对待馆员方面,要关心馆员、爱护馆员、帮助馆员,要做到多沟通少回避、多引导少惩戒、多鼓励少批评、多随和少严厉、多关爱少指责,要以情感人、以情服人、以情聚人、"以柔克刚",让馆员感觉到情感所牵、情感所动、情感所乐。最后,蒋永福还指出,能够正确对待读者和图书馆员的管理者,不仅要有较高的"智商",而且还要有较高的"情商"②。蒋永福本人就是图书馆员出身,而且还担任过管理者(担任馆长),所以上述图书馆人本管理思想,与其说是一名学者在高谈阔论,不如说是一个实践者在谈他的管理经验与感受。正因如此,蒋永福的上述内容,几无冷峻的逻辑理性色彩,反而充满了细微感性情怀。这种感性情怀,也许正是蒋永福所理解并倡导的人文精神、人文关怀的实质内涵。

蒋永福曾从事六年的图书馆流通工作,所承担的工作内容主要包括外借、书库管理、目录管理(那时是卡片式目录)、新书通报、图书馆宣传(如办板报)、参考咨询等。这说明蒋永福是熟悉图书馆服务工作的,所以在他的学术成果中不乏图书馆服务理念方面的成果。2003 年,他在《中国图书馆学报》发表《图书馆服务五原则》一文,开篇就说"服务是图书馆的基本宗旨,是贯穿图书馆发展的主线,是图书馆的核心价值观"。这说明,蒋永福是在"核心价值"即图书馆基本理念意义上概括出五个方面原则的。这五个方面的原则是:开放原则、方便原则、平等原则、创新原则和读者满意原则③。

2003 年,蒋永福又发表《论图书馆服务文化的三大要素》一文。他指出,图书馆服务文化是图书馆组织文化的重要组成部分,"读者满意是图书

①② 蒋永福,陈丽君.图书馆人本管理:含义与原则[J].图书馆建设,2003(4):3-4.

③ 蒋永福,付军.图书馆服务五原则[J].中国图书馆学报,2003(3):21-24.

馆服务文化的目标要素,人文关怀是图书馆服务文化的特征要素,馆员素养是图书馆服务文化的载体要素"①。相比较而言,在这三个要素中,对"人文关怀"的论述具有与众不同之处。蒋永福认为,图书馆服务中的人文关怀,是图书馆人文精神的具体表现;图书馆人文关怀的主要对象是读者,对读者施以人文关怀,是图书馆服务必须体现的一个基本内涵。图书馆服务中的人文关怀,主要表现在对待读者的观念和态度上,主要体现在以下几方面:平等对待读者,宽容对待读者,关爱读者。可见,蒋永福始终坚持和强调在图书馆服务中必须贯穿和体现人文精神、人文关怀理念。

　　前文说过,蒋永福是我国人文图书馆学研究的主要建树者之一,所以在蒋永福的研究成果中,自然有整体论述人文图书馆学的成果。蒋永福认为,人文图书馆学是针对"科学图书馆学"(或称"技术图书馆学")而言的,但是,"人文图书馆学"和"科学图书馆学",都不是学科名称,而都是一种思想主张或流派。科学图书馆学注重的是图书馆理论与实践中的科学精神,而人文图书馆学强调的是图书馆理论与实践中的人文精神。对图书馆来说,科学精神崇尚科学的真理性与技术的效用性,主张利用先进的技术手段来提高图书馆的工作效率;而人文精神则在图书馆理论与实践中,追求以人为本的思想,以满足人的需求,实现人的价值,重视人的发展,以体现人文关怀作为图书馆的宗旨。蒋永福当然不赞同图书馆科学精神与人文精神的分离,所以他说:"图书馆的发展既需要科学精神,又需要人文精神。科学精神与人文精神的结合与融合,才是完整的'图书馆精神'。"②显然,蒋永福所理解的"图书馆精神",其内涵不只有人文精神,"科学精神"也应该成为图书馆精神的重要内容。

　　蒋永福还曾总结人文图书馆学五定律。这五定律分别是:图书馆是人类的人文进化需要的产物,图书馆是用户的图书馆,图书馆是科学精神与人文精神的整合体,图书馆是体现人类的自由与平等理想的圣地,图书馆学是以人为核心对象的科学③。这五定律的科学性如何,我们暂且不予评论,仅从五定律的名称上看,它们实际上是对"图书馆和图书馆学应该是什么样的"问题的回答,也就是蒋永福对这一问题的价值判断,在这种价值判断中自然渗透着蒋永福本人所持的图书馆基本理念。

----

① 蒋永福,李集.论图书馆服务文化的三大要素[J].图书与情报,2003(5):9-11.

② 蒋永福.人文图书馆学论纲[J].中国图书馆学报,2002(4):9-13,58.

③ 蒋永福,陈丽君.人文图书馆学五定律[J].图书情报工作,2002(11):27-32.

对知识自由(intellectual freedom)的关注和强调,是蒋永福图书馆基本理念研究的特点之一,为此蒋永福发表了一系列相关论文。蒋永福的第一部专著名为《信息自由及其限度研究》(社会科学文献出版社 2007 年出版),由此可以看出,蒋永福在 2006 年之前就已经对信息自由/知识自由有了较全面的思考和把握。

我们知道,"知识自由"概念是舶来品,它源于 ALA 的《图书馆权利法案》,因为该法案实际上是 ALA 关于维护知识自由的立场声明。可以说,ALA 的几乎所有的政策文件都是围绕"维护知识自由"这一核心使命制定的。ALA 相继成立的知识自由委员会、知识自由办公室、知识自由圆桌会议、自由阅读基金会等,为 ALA 落实其知识自由政策提供了组织保障。IF-LA 也非常重视知识自由政策的宣传和制定,1999 年发布《国际图书馆协会联合会图书馆与知识自由声明》,1997 年在丹麦哥本哈根 IFLA 年会上成立了信息自由利用与表达自由委员会,该委员会已发布多份有关维护知识自由方面的报告。

我国图书馆学界是从 2005 年起由张靖、唐琼、程焕文等人开始引进和介绍 ALA 和 IFLA 的知识自由政策文本的,当时他们把"intellectual free-dom"译为"知识自由"。在此之前,ALA 的《图书馆权利法案》已有引介,但是由于 ALA 在此法案中未直接使用"知识自由"一词,所以直到 2005 年以后我国的学者们才开始熟悉"知识自由"一词。然而,蒋永福却从 2003 年起就已开始发表以"知识自由"为题的论文。当时蒋永福可能没有看到 ALA、IFLA 的知识自由定义,所以当时他对知识自由的定义是完全按照自己的理解做出的:"所谓知识自由,亦可称智力自由、知识平等,与其相近词汇有求知平等、求知自由等,是指人们对知识的自由生产、自由接受、自由交流、自由利用的状态,概言之,就是指人们自由从事或进行知识活动的权利。"①现在看来,蒋永福的这一定义,虽然与 ALA、IFLA 的定义在文字表述上有所不同,但在内涵上基本一致。不仅如此,当时国内尚未广泛流行"图书馆核心价值"这一词汇,但蒋永福却已经做出了"知识自由是图书馆职业的核心价值"的论断。关于这一论断,蒋永福的原话是这样说的:"社会上之所以需要普遍设立图书馆职业,是因为图书馆职业能够适应人们知识自由的普遍需要,或者说是因为图书馆职业是人们知识自由权利的社会保障制度之一。质言之,维护公民的知识自由权利,是图书馆职业的核心价值之所在。"②蒋永福谈论知识自由或信息自由,总是和他经常强调的

①② 蒋永福.维护知识自由:图书馆职业的核心价值[J].图书馆,2003(6):1-4.

"图书馆制度"联系起来,如他所说:"图书馆就是人类的知识自由权利的社会保障制度","图书馆是民主社会为了维护公民的知识自由权利而提供的制度产品"①,"在现实社会中,信息权利是信息自由的基础,没有信息权利便不能实现信息自由的理想","政府设置公共图书馆,目的就是为了保障公民的信息获取权,公共图书馆制度体现了政府以公共权力保障公民信息权利的国家意志"②。

在我国图书馆界,知识自由理念的接受度并不高,其主要原因在于人们总是习惯性地、先入为主地遵从"读坏书,变坏人"的逻辑。其实国外崇尚知识自由理念的人也不是不担忧"读坏书,变坏人"情况的出现,但是他们仍然坚信知识自由的正当性。对此,ALA 所做的解释可能对我国有所启发:"我们不是怀着认为人们读什么书无关紧要的轻松心态来声明这些主张。我们相信人们读什么书是非常重要的,相信有些观点可能是危险的,但也相信压制这些观点只会导致民主社会的终结。自由本身是一种危险的生活方式,但它属于我们的权利。"③

对于范并思热心倡导的信息公平理念,蒋永福给予了正面的积极回应。蒋永福认为,信息公平是人们的公平思想在信息活动领域中的反映,是指信息主体之间在信息利益关系上处于平等的状态,若这种利益关系处于不平等状态,就被称为信息不公平。所谓信息公平,其实质是信息权利的平等;信息不公平,其实质是信息权利的不平等;信息贫困,其实质是信息权利的被剥夺④。他又认为,可以把信息公平区分为信息资源获取的公平和信息资源分配的公平两个方面。信息资源获取的公平,主要强调信息获取机会的公平;信息资源分配的公平,主要强调信息资源配置的公平⑤。蒋永福关注信息公平问题,有一个与众不同之处是:他根据诺贝尔经济学奖获得者森(Sen)的"实质自由"和"基本能力平等"学说,认为主体的信息能力平等是实现信息公平的实质要件。所谓信息能力平等,其基本含义是信息主体之间在信息能力上不存在悬殊差别;如果信息主体之间在信息能力上存在悬殊差别,那就必然导致主体之间的"信息鸿沟",而信息鸿沟的

① 蒋永福,李集.知识自由与图书馆制度——关于图书馆的制度视角研究[J].图书馆建设,2004(1):10-12.
② 蒋永福,黄丽霞.信息自由、信息权利与公共图书馆制度[J].图书情报知识,2005(2):20-23.
③ 张靖.IFLA 知识自由政策之知识自由声明分析[J].图书馆,2005(5):15-18,14.
④ 蒋永福,李京.信息公平与公共图书馆制度[J].国家图书馆学刊,2006(2):50-54.
⑤ 蒋永福,刘鑫.论信息公平(一)[J].图书与情报,2005(6):2-5,22.

存在,破坏了信息公平原则。当然,蒋永福谈论信息公平,仍然不忘结合
"图书馆制度"来谈,如他说"在公共图书馆服务中,信息能力强者和信息
能力弱者都能得到平等的对待,没有身份区别与歧视,这为人们实现信息
能力平等提供了制度保障,由此体现了社会的信息公平。可见,公共图书
馆制度是政府为了实现人们的信息能力平等进而实现社会的信息公平而
必须提供的制度产品"①。

　　对于程焕文、范并思、李国新等人发起的"图书馆权利"研究,蒋永福
也给予了积极的回应。他对 ALA 的《图书馆权利法案》的内容(六条)以
及日本图书馆协会的《图书馆自由宣言》的内容(四条)进行详细解读之后
认为,《图书馆权利法案》或《图书馆自由宣言》宣布的是图书馆维护人们
知识自由权利的职业责任和职业立场。按照"有责任就有权利"的逻辑,
图书馆作为一种社会法人主体,必须承担社会赋予它的特定责任,而为了
承担和落实这种责任,社会也必然赋予图书馆人特定的职务权利,在此意
义上说,图书馆也是一种权利主体,所以"图书馆权利"一词在法理上是成
立的。当然,图书馆人行使自己的正当的职务权利,目的是保障读者的正
当权利,而不是为了享有特权②。

　　关于图书馆核心价值,蒋永福曾提出适合中国语境的图书馆核心价值
"1 + 4 模型",即以文化权利为主范畴,以保存与共享、包容与民主、促进阅
读、平等服务为辅助范畴的核心价值体系③。值得注意的是,蒋永福提出
的这一"1 + 4 模型"中,并没有他曾极力倡导的"知识自由"范畴。这说明
他意识到知识自由理念在"中国语境"中的不合宜性。

　　其实,蒋永福的图书馆核心价值或图书馆基本理念研究,一直处于建
构和调试之中。如他在 2009 年发表的《现代图书馆的五大基本理念》一文
和同年出版的《图书馆学通论》一书中所列的图书馆基本理念范畴有平等
服务、知识自由、信息公平、民主政治、社会包容;2012 年出版的《图书馆学
基础简明教程》一书专门设有"现代图书馆基本理念"一章,其中所列的基
本理念范畴有知识自由理念、民主政治理念、终身学习理念、公共物品理念
和社会责任理念。蒋永福的《图书馆学通论》和《图书馆学基础简明教程》
二书都设有"现代图书馆基本理念"专章,足见蒋永福对图书馆基本理念
的重视。值得一提的是,蒋永福的《图书馆学基础简明教程》一书还专门

①　蒋永福.信息能力平等、信息公平与公共图书馆制度[J].图书馆学研究,2006(1):2 - 6.

②　蒋永福."图书馆权利"研究反思[J].图书馆建设,2008(4):59 - 61,65.

③　蒋永福.图书馆核心价值及其中国语境表述[J].国家图书馆学刊,2008(2):21 - 26.

设有"读者权利与图书馆权利"一章,开启了我国图书馆学概论性教材设有"读者权利和图书馆权利"专门章节的先河。

由上可见,蒋永福主要是从"人文精神""人文关怀""人本管理"等视角阐释图书馆基本理念,并将这种视角的理论研究称为"人文图书馆学"。蒋永福始终把"理念研究"和"制度研究"结合起来,反复申明现代图书馆制度必须遵循和体现现代图书馆理念,强调图书馆是维护和保障公民的知识自由/信息自由权利的制度产品(公共产品)。与此同时,蒋永福还把"理念研究"和"服务实践"联系起来,为此他阐释了"服务文化""服务原则""人本管理"等相关范畴,试图为图书馆服务实践提供理念指导。如果说"理念研究"和"制度研究"的结合是图书馆基本理念研究的宏观思路,那么"理念研究"和"服务实践"的结合则是图书馆基本理念研究的微观思路。这表明,蒋永福做到了对图书馆基本理念的宏观研究与微观研究相结合的整体把握。

(四)于良芝的思想观点

于良芝于1992年留学英国拉夫堡大学并于1996年获得博士学位,2000年回到南开大学继续她的任教工作。2002年,她在《中国图书馆学报》发表《从信息政治经济学视角看公共图书馆发展的社会环境》一文,此文可以说是于良芝正式亮相国内图书馆学界的高规格"见面礼"。2003年,于良芝的《图书馆学导论》一书出版,在这部著作中因为阐发了"图书馆职业精神"这一重要思想,于良芝由此声名鹊起。

信息社会以及信息经济时代的到来,对图书馆的影响可以用"双刃剑"来比喻。一方面,随着人们对信息资源价值的全面认识和重视,作为社会信息行业的图书馆行业也随之受到重视;另一方面,随着信息产业化和商品化的加速,作为公益性信息中心的公共图书馆的活动空间越来越受到私人资本扩张的挤压,而且随着互联网企业的迅速崛起,整个社会被"一网打尽",以信息服务为核心能力的传统图书馆职业也越来越边缘化。相比较而言,后一方面的影响更是显著,致使图书馆界的人们感到发展形势日益严峻。在这种形势下,我们是否应该继续坚守图书馆固有的基本理念,对此于良芝试图从信息政治经济学角度予以阐释。首先,于良芝肯定"公共图书馆是由全体民众支持,并免费向所有社会成员开放的社会机构;信息的公益性和信息平等的原则是公共图书馆的核心原则"。其次,面对市场经济和信息商品化对图书馆在内的公共信息机构的冲击,于良芝没有表示悲观,而是对这一现实做出冷静分析,指出"对于信息社会的公共图书馆来说,与市场价值所不容的公益性也正是它的价值和力量之所在。与半个世纪以前的公共图书馆相比,当前公共图书馆的发展一方面受到来自私人资本和市场的更大挑战,但是另一方面,它在缓和信息分化、实施终身教育、提高民族素质等方面的作用也受到公众和政府的更广泛的关注"①。

那么,面对发展形势的日益严峻,公共图书馆应该采取什么样的发展策略?对此于良芝指出,"从表面上看,公共图书馆作为一个'消费型'的公共设施,似乎不能真正主宰自己的发展——它是否可以'持续'地发展,依赖于地方政府是否愿意持续地为其投入足够多的经费";"公共图书馆虽然不能决定自身的经费水平,却可以在很大程度上影响政府对此做出的决定。从信息政治经济学的角度看,公共图书馆职业队伍可以从'强化自身'和'彰显价值'两个方面,综合运用职业策略、政治策略、公共关系策略,来影响政府和社会对公共图书馆的支持,维持公共图书馆的发展。……在这些努力的背后,是支撑着图书馆职业的一个强大信念:公共图书馆拥有巨大的社会价值,这一价值的实现和彰显是它可持续发展的重要资源"②。在此,于良芝提出了"强化自身"和"彰显价值"这两种对策方案,而能够实现这两种对策方案,依靠的是图书馆人对图书馆所具有的"巨大的社会价值"的信念。于良芝在此特别强调了理念/信念的力量,即图书馆人面对发展困境,一定要坚定图书馆"物有所值"的理念/信念。

在于良芝常用的学术词汇中,"使命"一词的使用频率较高,而"使命"一词与"理念"一词的关联非常紧密,因为对"使命"的认识本身就是一种理念。我们知道,国外图书馆界往往用"图书馆核心价值"来表述图书馆基本理念,而且常常把"图书馆使命"和"图书馆核心价值"连在一起发布。这说明,"使命""核心价值"其实都属于图书馆基本理念范畴。于良芝非常关注图书馆职业使命的阐释和界定。于良芝认为,对图书馆使命的阐释,也就是对图书馆价值的阐释。对此她说道:"公共图书馆从来都不是一个显赫的事业,它的生存依赖地方公共财政和社会支持,它的价值经常在'润物细无声'的过程中被忽略,因而,即使在公共图书馆的发源地英国和美国,公共图书馆也从来没有对自己的存在高枕无忧;它们经常需要为自身存在的合理性进行辩护。除了从制度的角度进行辩护,公共图书馆还经常通过阐释和宣扬自己的使命向利益相关者证明自身的存在价

---

① 于良芝,陆行素,郝玉峰.从信息政治经济学视角看公共图书馆发展的社会环境[J].中国图书馆学报,2002(4):40-44.

② 于良芝,李晓新,朱凡.发达国家公共图书馆可持续发展策略分析[J].情报资料工作,2003(6):65-68.

值。这意味着公共图书馆需要敏感地观察和感悟社会需求,睿智地确定自己的使命,及时调整使命重点,并且大声宣布自己的责任和价值。世界上几份主要的公共图书馆文献都推荐了教育、信息服务、文化传播、促进社会和谐、培育信息素养、培养阅读兴趣、扫盲为当代公共图书馆的主要使命。"[1]

于良芝曾经正确地指出,公共图书馆使命(mission)是关于公共图书馆责任的陈述。当使命的主体是一般意义的公共图书馆时,其所陈述的使命就是整个公共图书馆界对社会的集体责任;当使命的主体是个体图书馆时,其所陈述的使命就是该图书馆对其所服务的社区的具体责任[2]。在此,我们想特别肯定于良芝的一个观点,即"对图书馆使命的陈述也就是对图书馆责任的陈述"。质言之,这一观点不啻是说"图书馆使命就是图书馆责任"。

图书馆使命并非固定不变,不同类型的图书馆有不同的使命,同一类型的图书馆在不同的历史时期也有不同的使命或不同的使命重点。所以,对图书馆使命的认知和界定,不应该追求"一锤定音"式的决定性思路,而应该为不同类型、不同时期的图书馆提供使命内容"选择集"。为此,于良芝在一篇论文中介绍了ALA推出的以"服务响应"命名的"选择集"(共有十三项),其内容包括:扫盲、商务和职业信息、共享空间、社区导引、消费信息、文化理解、流行话题与图书、正式教育支持、一般信息、政府信息、信息素养、终身教育、地方志与家谱[3]。

于良芝把现代图书馆职业的主要使命概括为五个方面:保存知识记录、保证知识继承的使命,教育使命,情报传递使命,促进阅读的使命,促进社会和谐、包容、平等的使命。同时,她又把现代图书馆职业的主要价值观概括为六个方面:注重服务和人文关怀;尊重理性、知识、真理,尊重对知识和真理的追求;热爱图书、倡导阅读;主张社会成员享有使用图书馆服务的平等权利;倡导合作和技术创新;倡导宽容、公正[4]。从所列的图书馆职业使命和图书馆职业价值观的内容看,虽然在形式上显得有些不够整齐,但在内容范围上基本涵盖了应有的内容。从这些内容看,于良芝似乎用这些内容表达她对图书馆职业精神的理解,尽管在这段文字里她没有使用"职业精神"一词。

① 于良芝.公共图书馆存在的理由:来自图书馆使命的注解[J].图书与情报,2007(1):1-9.

②③ 于良芝.探索公共图书馆的使命:英美历程借鉴[J].图书馆,2006(5):1-7,31.

④ 于良芝.图书馆学导论[M].北京:科学出版社,2003:190-200.

　　说到图书馆职业精神,于良芝认为图书馆学教育应该以传授图书馆职业精神为核心目标之一。为此她在《图书馆学导论》一书中,专门设有"图书馆职业哲学"一章,其下所设四节名称依次为:图书馆职业哲学概述、图书馆职业的使命、图书馆职业价值观及道德规范、图书馆职业的认识论基础。在我国图书馆学史上,把"图书馆职业哲学"纳入概论性著作尤其是教材之中,并成为全书的重点内容,其首创者就是于良芝。

　　关于图书馆学教育应该以传授图书馆职业精神为核心目标之一,于良芝在《图书馆学导论》前言中交代"本书的主要目的"时,说了如下三段话:"为立志从事图书馆职业的初学者提供适应新时代的专业基础知识。它希望让初学者了解图书馆职业的使命和价值、职业活动依赖的核心技术与方法、与职业活动相关的基本概念和原理……"。"帮助初学者理解从事专业技术职业必须具备的务实精神与科学精神"。"帮助初学者了解图书馆职业的专业特长和职业精神。图书馆职业的专业特长是指从事图书馆职业需要的知识与技术……图书馆职业精神是指图书馆职业的信念和追求,这不仅包括现代图书馆职业的先驱所秉承的理想主义和人文主义信念,也包括新一代图书馆员所倡导的信息平等、互助合作、技术创新精神。从19世纪末以来,西方图书馆职业教育始终致力于既培养专业特长,又传授职业精神,其目的是使不仅能在未来的职业活动中发挥专业才干,而且能够在职业面临挑战的时刻正确选择前进方向"。从这三段话的整体意涵上看,于良芝似乎认为,图书馆学教育应该以图书馆学基本概念与原理、图书馆职业技术与方法、图书馆(学)史与图书馆学研究方法、图书馆职业精神这几大方面为基本内容。从这些内容构成中可以看出,其中的"图书馆职业精神"对我国图书馆学界来说的确是一个新的内容。

　　于良芝很少谈论知识自由或智识自由问题,直到2015年才发表以智识自由为主题的一篇论文。于良芝首先对智识自由的含义做了界定:它是一组无条件的基本自由,包括思想自由、表达自由与信息获取自由。图书馆界尤其是国外图书馆界为什么高度关注智识自由?对此,于良芝的解释是,受自身职业使命(保障信息有效查询和有效获取)的驱动,图书馆职业长期视智识自由为信息有效获取的保证,因而是智识自由的坚定维护者,并围绕维护智识自由形成了若干职业伦理准则,这包括:认同个人具有不受干预获取信息的权利,保护用户不受干预地获取他们需要的信息,在文献资源体系建设和文献提供中包容不同政治立场、不同宗教、不同意识形态的信息。关于智识自由理念在我国的适用性问题,于良芝指出"对于我国的图书馆职业来说,更大的困惑是如何处理智识自由准则与国情的关系。……当国外同行以市场经济及民主制度与智识自由的亲和标准评价我国的智识自由状况时,我国图书馆职业就会发现,他们似乎不得不在'道德'(职业伦理准则)与'政治'(国情)之间做出选择"①。于良芝对智识自由问题保持理性与谨慎态度是值得肯定的。为了认清智识自由的价值,于良芝首先考察了英国功利主义哲学家密尔(Mill)有关思想自由对于真理的认识具有绝对功效的论说,然后又根据法国哲学家福柯(Foucault)关于"真理通过话语建构"的论说,以纪录片《钓鱼岛真相》为例证,最后得出心得"在当代社会的智识自由问题上,我们几乎面临悖论式的两难境地:对绝对自由的捍卫可能成为强势话语权的狂欢,对自由的妥协可能成为威权和话语权结合的狂欢",进而"呼吁在伦理学层面重新对智识自由做出思考"②。于良芝的分析有根有据,且符合现实情境。我们知道,智识自由本身对于真理的认识是否具有积极价值是一回事,以智识自由的名义去肯定或歪曲某种事件的真相又是一回事。能否正确认识和利用智识自由权利,关键在于人们是否具有"话语分析"的意识和能力。无论如何,在现实生活中,人们行使智识自由权利并非"无条件的",因为"行使"意味着"行动"[包括哈贝马斯(Habermas)所言的"以言行事"的言论],而行动自由是"有条件的",如果一个人的行动侵害他者同样值得珍视的其他自由权利,那么这种行动必须受到限制。

于良芝不仅重视"职业使命"的研究,而且还非常重视"学科使命"的研究。在对"学科使命"的关注和研究中,自然体现着于良芝本人对图书馆和图书馆学基本理念的看法。于良芝认为,如今我们对"学科使命"的界定,应该在图书馆学与情报学融合为"图书馆情报学"或"图书馆信息学"(LIS)的基础上去界定。对此,于良芝解释道,"20世纪70年代,当时的图书馆学和情报学融合为今天的LIS。简单回顾这段历史不难发现,两者的融合确实不乏坚实的基础——它们拥有共同的使命:通过解决信息的有效查询和获取问题,促进其最大传播与利用;它们也具有共同的、与这一使命相适应的看待信息的角度:都把信息看作具有通报、通告、认知功能的资源。这决定了它们的研究内容(如信息组织整理的技术、信息需求与行为、科学交流系统的运作与角色关系、以用户为中心的系统设计等)也大致相同或相通。不仅如此,当信息随'信息社会'而进入其他学科的视野,上述使命和角度也成为区分LIS和其他学科的分水岭。这样的区分对我国

①② 于良芝,李亚设.真理、真理建构与智识自由——对智识自由价值与局限的再思考[J].上海高校图书情报工作研究,2015(3):1-5.

的图书馆学及情报学研究和教学都具有重要的意义。从 LIS 的使命与视域出发,我国的图书馆学研究无疑需要大大扩大自己的研究范围,关注与信息有效查询和获取相关的所有问题,与此相适应,图书馆学教育的目标也应该做出调整:让学生理解他们未来的使命并赋予他们承担这一使命的能力"①。在此,于良芝首次明确提出了 LIS 的核心使命:信息的有效查询和获取。LIS 保障信息查询和获取的使命既包括保障任何有价值的信息都能被查询和获取,也包括保障信息用户在任何情境下产生的信息查询和获取需要都得到满足,这就要求 LIS 把任何有价值的信息都视为其信息处理对象。保障信息有效查询和获取的使命还要求 LIS 的信息处理结果能够直接支持信息查询和获取,或能够指导信息查询或获取效率/效果的改善②。

根据于良芝的考察,传统的图书馆学以"图书馆"为视域界限,把图书馆学理解为"图书馆员的学问"(librarianship)或以图书馆业务为核心内容的学问,最终把图书馆学界定为"关于图书馆的学问"。这种认识自亚历山大图书馆时期到芝加哥大学图书馆研究生院为主要阵地的芝加哥学派盛行时期,一直延绵不断。然而,自从 20 世纪 70 年代以后,时代的变化促成了 LIS 的出现,从此原为"关于图书馆的学问"的图书馆学必须转变为以信息的有效查询和获取为使命的学科,因为"以图书馆为研究对象的学科和以图书馆业务为研究内容的学科只构成以'如何保障信息查询和获取'为研究问题的学科的组成部分"③。

于良芝认同从图书馆学演进为图书馆信息学的合理性,"正如从事这些业务(指信息查询和获取的业务)的整个社会分工不适合叫作'图书馆职业'……目前很多国家将其称为'图书馆信息职业',服务于这些业务的学科也不再适合单纯叫作'图书馆学'。在缺乏更好的学科名称的情况下,'图书馆信息学'显然比'图书馆学'更贴切"④。

于良芝虽然认同 LIS 的出现,但不认同 iSchool 运动中出现的"去图书馆化"倾向,更不认同 iSchool 运动把 LIS 重组为 iField(以信息为核心的学科或关于信息、人、技术关系的交叉学科)的倾向。于良芝坚持认为 LIS 必

---

①　于良芝.图书馆与情报学(LIS)的使命与视域[J].图书情报工作,2009(9):5-9.

②　于良芝,樊振佳.信息处理进路:LIS 学科独特性再探究[J].情报资料工作,2020(5):5-13.

③　于良芝,樊振佳.卡利马科斯的穿越与图书馆学内涵的悬置:19—20 世纪上半叶图书馆学内涵反思[J].图书馆杂志,2020(12):4-13.

④　于良芝,樊振佳.图书馆信息学的逻辑架构及历史轨迹:基于推理与史实的学科独特性思考[J].中国图书馆学报,2020(4):4-19.

须体现图书馆(L)与信息(I)的融合,既不能消解掉其中的"L",更不能把整个 LIS 重组为 iField。于良芝认为图书馆学和情报学融合为 LIS 后,LIS 具有作为独立学科的独特性(主要表现为独特的学科使命),如果这种独特性被消解,LIS 将不成其为学科。然而,iSchool 运动就有消解 LIS 独特性的危险,"本世纪初以来,在 iSchool 运动的推动下,国外 LIS 学界更是选择了淡化自身独特性、强调其与其他学科的交叉融合性的发展策略,致力于建设无所不包的 iField,甚至主张 LIS 学界重建对整个 iField 的身份认同"①。面对 iSchool 运动对 LIS 独特性以及学科使命的不断消解,于良芝清醒而又坚定地指出:"一旦我们把人类的信息查询与获取问题(既不是图书馆机构,也不是笼统的信息)放到 LIS 学科和教育的核心位置,我们就会发现,LIS 确实是以此为使命的融贯而独特的学科。信息作为查询和获取的对象无疑受到这个学科的特别关注;图书馆作为保障信息查询和获取的专门平台也同样受到特别关注。显然,只有同时关注图书馆(L)和信息(I)的 LIS 才构成真正融合的 LIS,而只有真正融合的健康 LIS,才能有效守望人类永恒的、无所不在的信息查询与获取需要。"②

于良芝总是能够勇立潮头,并能够以睿智的目光审时度势。如面对信息商品化和信息经济浪潮,能够清醒地认识到图书馆公益性的价值意义;面对公共图书馆发展环境的困境,能够提出"彰显价值"的应对方案;面对国内图书馆学教材陈陈相因的局面,敢于在自己的教材著作中设立"图书馆职业哲学"专章;面对我国公共图书馆服务极不普及的局面,倡导"覆盖全社会的公共图书馆服务体系"建设;面对 iSchool 运动中出现的"去图书馆化"和消解 LIS 学科独特性的危险,及时提出"只有同时关注图书馆(L)和信息(I)的 LIS 才构成真正融合的 LIS"的见解;等等。于良芝也是敢于自我否定和敢于推陈出新的人。她的《图书馆学导论》一直受到普遍好评,但她却自言"惭愧和不安",认为《图书馆学导论》仍然是"传统图书馆学概论"之作,于是她推出了新的概论性著作《图书馆情报学概论》,并且认为此书是"为否定我此前所写的《图书馆学导论》而作"③。这种坦然否定自我的高尚情怀,委实可赞可敬。

———————

　① 于良芝,樊振佳.图书馆信息学的逻辑架构及历史轨迹:基于推理与史实的学科独特性思考[J].中国图书馆学报,2020(4):4-19.

　② 于良芝,梁司晨.iSchool 的迷思:对 iSchool 运动有关 LIS、iField 及其关系的认知的反思[J].中国图书馆学报,2017(3):18-33.

　③ 于良芝.图书馆情报学概论[M].北京:国家图书馆出版社,2016:自序.

三、小结

以上以图书馆基本理念研究领域的核心作者群中的核心作者为纲,对程焕文、范并思、蒋永福、于良芝四人的研究成果进行了粗线条的梳理和评述。这种以成果数量为标准的核心作者选定方法,有其局限性,难免漏掉那些"不鸣则已,一鸣惊人"型作者的优秀成果。不过,笔者所选取的四位核心作者的大部分相关研究成果,无疑是"上乘"之作,所以对这些"上乘"之作进行专门的梳理和评述,有典型意义。

通过对相关研究成果的粗略统计和梳理可以发现,自 20 世纪 90 年代以来,我国学者对图书馆基本理念的研究成果可谓丰硕,明显表现出"急起直追"的迅猛发展趋势。从所涉主题范畴看,图书馆理念、图书馆精神、图书馆职业精神、图书馆核心价值、图书馆权利、信息公平、开放共享、普遍均等、智识自由、隐私保护、人文关怀、社会包容、阅读权利、阅读推广、社会教育、社会记忆、社会责任、职业使命、学科使命等,无不涉及,几乎应有尽有。可以说,20 世纪 90 年代以来,图书馆基本理念研究成了我国图书馆学基础理论研究的主流之一,完全摆脱了 20 世纪 80 年代热衷于探讨"什么是图书馆学""图书馆学研究对象是什么"等"追问本质"的经院式学术取向及其束缚。20 世纪 80 年代到 21 世纪初,我国图书馆学基础理论研究实现了从"概念研究"到"理念研究"的"范式转换",这种范式转换,显然也是一种"科学革命",即我国图书馆学基础理论研究领域的一场革命。

与此同时,于良芝、蒋永福在这一时期推出的教材著作,初步摆脱了以往以图书馆业务工作为主的内容布局模式,加入了图书馆职业哲学、图书馆基本理念、读者权利与图书馆权利等重点内容。于良芝的《图书馆情报学概论》还开辟了从单一的图书馆学到图书馆学与情报学融合的图书馆情报学(LIS)视域,并且将 LIS 的学科使命界定为信息的有效查询和获取。可以说,蒋永福、于良芝的教材著作的内容体系相比以往他人教材的内容体系,有了突破性的改进。这种突破性的改进,可谓我国图书馆学教材建设史上的一场"范式转换"式的革命。当然,这场教材革命的积极倡导者和推动者还有程焕文和范并思。程焕文等在《信息资源共享》中,出人意料地将"一切信息资源都是有用的""一切信息资源都是为了用的""人人享有自由平等利用信息资源的权利""用户永远都是正确的"等作为"基本定理"纳入内容体系之中,显然这是以图书馆信息职业的基本理念为指导思想而设计的产物。范并思于 2007 年以"研究观念而非概念""研究制度而非机构"为理念指导,提出了重构图书馆学基础理论体系的倡议,并推出了他自己设计的概论性教材内容体系大纲。可见,无论是从"理念革命"而言还是从"教材革命"而言(当然这两者是紧密相关的),程焕文、范并思、蒋永福、于良芝四人都做出了革命性的贡献。

　　总之,20世纪90年代至21世纪初的20年,是我国图书馆学基础理论研究尤其是图书馆基本理念研究的辉煌时期,其成果是丰硕的,其理论贡献是卓越的,也是前所未有的。对这一辉煌时期的图书馆基本理念研究成果进行全面的回顾、总结和评价,是中国当代图书馆理论史的重要组成内容。

第四节　本书的研究方法

　　在研究方法上,本书建构图书馆基本理念范畴体系主要采用了三种方法:一是简约性原则,二是范畴逻辑方法,三是责任－使命分析法。

　　所谓简约性原则,就是用最少量的原理或命题去说明最丰富的事实的归纳逻辑方法。科学界所称的"欧卡姆剃刀"即"如无必要,勿增实体"或"能以较少者完成的事物若以较多者去作即是徒劳",被称为简约性原则的最佳注释。牛顿(Newton)的科学成就就是遵循简约性原则的产物,他曾说"除了那些真实而已足够说明现象的情况下,只要求对自然现象的简单解释就可以了,因为自然界喜欢简单化"[①]。在哲学史上,马赫(Mach)提出的"思维经济原理"实际上就是简约性原则,他曾说"科学本身可以看成是一个尽可能用最少的思维最全面地描写事实的极小值问题"[②]。爱因斯坦(Einstein)非常推崇马赫的"思维经济原理"(但不赞成马赫的经验论哲学),他曾说"从古希腊哲学到现代物理学的整个科学史中,不断有人力图把表面极为复杂的自然现象归结为几个简单的基本观念和关系"[③]。简约性原则,既是一种思想方法,也是一种研究方法。我们知道,世上越是科学的东西,就越是表现为简约性。科学定律、定理就是这种简约性的最好证明。本书在归纳图书馆基本理念范畴时使用了简约性原则方法,就是把图书馆基本理念归纳为数量极少的、最具统摄意义的若干范畴,以此为骨架

---

　　①　塞耶.牛顿自然哲学著作选[M].上海外国自然科学哲学著作编译组,译.上海:上海人民出版社,1974:3.

　　②　洛西.科学哲学历史导论[M].邱仁宗,金吾伦,林夏水,等译.武汉:华中工学院出版社,1982:169.

　　③　爱因斯坦,英费尔德.物理学的进化[M].周肇威,译.上海,上海科技出版社,1962:39.

构建图书馆基本理念的整体结构体系。

所谓范畴逻辑方法,指使若干范畴之间形成特定的逻辑关联,以此建立具有逻辑性、系统性的范畴体系的方法。本书对这一方法的应用,主要体现在所提出的图书馆基本理念的"3+1范畴结构"体系上。图书馆基本理念体系的建构,不仅要确定若干理念范畴,更重要的是使理念范畴之间形成紧密的内在逻辑关联,最终要形成具有逻辑性、系统性的理念范畴体系。也就是说,本书提出的图书馆基本理念的"3+1范畴结构",其中的三个功能性理念范畴之间要体现特定的逻辑关联,而且三个功能性理念范畴与一个保障性理念范畴之间也要体现特定的逻辑关联,以此形成具有逻辑性、系统性的图书馆基本理念范畴体系。

所谓责任-使命分析法,就是把"图书馆人的职业责任"和"图书馆使命"对应起来进行分析的方法,也就是把图书馆基本理念理解为"用图书馆人的职业责任去保障图书馆使命的实现"这样一种思想方法。我们知道,对自然界事物或机械系统的分析常用功能-结构分析法,而对人类群体行为(包括图书馆行为)的分析则既可以使用功能-结构分析法,也可以使用责任-使命分析法。不过,本书把图书馆使命具体化为图书馆功能,并把图书馆功能归纳为社会记忆、社会教育和促进阅读三个范畴。这三个功能范畴,实际上就是图书馆使命的具体表现。确认使命/功能范畴之后,需要进一步确认相对应的责任范畴,以这种责任去保障使命/功能的实现。因此,本书把图书馆人的职业责任理念称为"保障性理念"。

第二章　社会记忆理念

　　众所周知,任何一种社会事物的产生并长久存在和发展,必定有其特定的缘由。那么,图书馆的产生并长久存在和发展,其特定缘由是什么呢? 当人类的文明旅程行进到一定阶段时,产生了一种特定的、人类所独有的需求——社会记忆的需求。这种需求是人类在长期的生物进化基础上衍生的文化进化的根本表征。从进化论的角度而言,社会记忆就是人类文化进化的"遗传密码"。正是借助社会记忆这种"遗传密码",人类成为有别于其他动物的文化的存在、文化的动物。为了使社会记忆这种"遗传密码"能够复制有序、保持健康活力,人类社会发明和创造了许多相关设施、技术及其运行机制,图书馆就是这种社会记忆装置之一。由此我们可以得出这样一个结论:图书馆是人类的社会记忆需求的产物。为满足人类的社会记忆需求而产生和发展,这就是图书馆这一社会事物产生并长久存在和发展的特定缘由。图书馆是社会记忆装置,图书馆产生于社会记忆需求,充分发挥社会记忆功能是图书馆的永恒追求与使命,这就是图书馆人应该秉持的社会记忆理念,因为它回答了图书馆的"我是谁,我从哪里来,我往哪里去"的根本问题。

——题记

　　众所周知,人与动物的根本区别之一在于人是文化的存在。文化的发展需要积累和传播,而文化作为观念性存在,它的积累和传播须借助特定的物质载体及相关设施。由此催生了文字和文献的发明,以及文献的集中存储、加工与传播利用的设施平台——图书馆。图书馆对文献的集中存储、加工与传播利用的循环往复过程,与人类记忆的"识记—加工—回忆"的机制原理极其相似。图书馆产生于人类的体外记忆需要,事实上也确实起到了人类文化的体外记忆设施及其服务平台的作用。

<h2>第一节　记忆与社会记忆</h2>

记忆,是人脑的重要机能。记忆之于人的重要性是不言而喻的,每个理性的人都能时刻感受到记忆对于自身生存与发展的重要意义。对此,洛克(Locke)有一段精彩的话:

> 在有智慧的生物中,记忆之为必要,仅次于知觉。它的关系是很重要的,因此,我们如果缺少了它,则我们其余的官能便大部分失去了效用。因此,我们如果没有记忆的帮助,则我们在思想中、推论中和知识中,便完全不能越过眼前的对象。①

<h3>一、个体记忆与社会记忆</h3>

认知心理学研究表明,人脑的记忆系统具有特定的结构特征,研究这一结构特征的理论称为"记忆结构理论"。心理学家阿特金森(Atkinson)和希夫林(Shiffrin)提出的"记忆的三级储存系统"理论是最为著名的记忆结构理论之一②。这一理论认为,人的记忆系统按记忆持续时间长短,可分为三级系统:感觉记忆系统、短时记忆系统和长时记忆系统。感觉记忆又叫瞬时记忆,是指对事物的感觉停止后所产生的印迹一瞬间就急速消失的记忆;短时记忆是指外界刺激信息在头脑中的短暂存储,其存储容量不多,约为5—9个记忆单位(组块),保持时间也不长,约1分钟;长时记忆是指关于外界信息的长久存贮,其存贮量无限大,保持时间从几分钟、几小时、几天、几年乃至一个人的终生。

社会记忆(social memory),是相对于个体记忆而言的一种记忆类型或记忆形式。心理学、医学、人工智能等学科研究的记忆主要为个体记忆,而哲学、社会学、历史学等学科研究的记忆偏重社会记忆。个体记忆表现为以脑细胞为载体的神经生理机能,而社会记忆则表现为以体外载体(或称脑外载体)为物质基础的信息的保存、加工、提取的过程。把信息记录于体外载体之上,是社会记忆能够形成的首要前提。于是,体外载体的选择、创

---

① 洛克.人类理解论[M].关文运,译.北京:商务印书馆,1981:119.
② 周谦.学习心理学[M].北京:科学出版社,1992:275.

造以及记录手段的改进过程,贯穿于整个人类文明发展史。从古代的泥板、方板、甲骨、青铜、竹帛、纸张到现代的各类电子介质,就是体外载体的不断选择和改进的过程;而从刻画、书写、雕印到现代的计算机打印、激光照排印刷等技术的演进过程就是记录手段的不断改进过程。在此历史过程中,文字的发明、造纸术的发明和印刷术的发明,为体外载体及其记录手段的改进,提供了坚实的技术基础,也为社会记忆的实现和发展提供了可靠的物质与技术保障。

在记忆机制的精密程度上,个体记忆机制远优于社会记忆机制。然而,个体记忆有一个严重的缺陷:个体记忆随着个体生命的死亡而消失,只能在个体有生之年进行共时交流,而不能进行不受个体生命有限性束缚的跨越时空的历时交流。而社会记忆正好能够弥补个体记忆的这种缺陷,即不受个体生命有限性的束缚而能够进行跨越时空的历时交流,而且这种跨越时空的能力从理论上说是无限的。因此可以说,个体记忆是一种有限记忆,而社会记忆是一种无限记忆。

人是文化的存在。人若无文化属性,便与动物无别。人是自然之子,然而人类在长期的进化过程中,创造出了人类独有的另一种自然——人化自然,也就是文化世界。这样,世上的每个人既属于自然世界,同时又属于文化世界;既要遵循生物进化规律,又要遵循文化进化规律。由此而言,人是生物进化与文化进化双重进化的动物。《周易·贲卦》的象辞云:"刚柔交错,天文也;文明以止,人文也。观乎天文以察时变,观乎人文以化成天下。"这句话把"天文"和"人文"对举,已经具有了自然世界与文化世界同时并举的朴素智慧。生物进化与文化进化具有特定的同构性或相似性,生物进化依赖于体内遗传基因的复制与传递机制,文化进化也要具备文化基因的复制与传递机制,只不过文化基因的复制与传递机制采取的是体外载体基础上的体外复制与传递机制。生物进化的结果表现为代际重现,而文化进化的结果表现为文化信息的代际积累与纵横传递。人类正是借助这种代际积累与纵横传递机制,创造出了不断积累和丰富的文化世界。

文化世界的主要内容,简单地说就是知识和信息。把知识或信息用特定的记录手段记录于特定的体外载体之上,就形成了我们所熟悉的"文献"。文献就是记录有知识或信息的一切体外载体(广义),但在日常语言中主要指以文字或图画形式记录的体外载体(狭义),它是"载体—内容—记录手段"的合成之体。与"文献"概念具有交叉关系的概念还有"作品"(work)和"文本"(text,国内有的学者又将其译为"本文")。"作品"多用于指代作者的智力成果形式,如一篇论文、一部专著、一部小说、一幅画作等。广义的"文本"指任何形式的有待阐释的意义客体,如一个句子、一个段落、一部作品乃至一个人、一座楼、一个事件等都可称为"文本";狭义的"文本"指按照一定的语言规则(语法、语义、语用规则)表达出来的、有完整意义的、有待读者解读的人工表意产品,如一篇论著或一部作品等。法国诠释学家利科尔(Ricoeur)把"文本"界定为更加狭义的"书写固定下来的话语",如他所言:"'本文'就是任何由书写所固定下来的任何话语。"①根据这个定义,由书写固定是本文本身的构成因素。在日常语言用法中,"作品"偏重指代智力成果形式,"文本"偏重指代意义阐释对象,"文献"偏重指代载体形式。"文献""作品""文本"三个概念之间具有交叉关系,有时甚至具有重叠关系,因而有时可以互指;一般情况下,狭义的"文献"和狭义的"文本"是同义词,它们都可以涵盖"作品"概念。

狭义的"文献""作品""文本"三个概念的共同意义在于:它们都是人类创造出来的文化产品,都属于"文化记忆"(cultural memory)的载体形式。一些文化记忆的研究者把文化记忆分为身体化的和超身体化的两种形式②。身体化的文化记忆,就是通过现场的身体活动(如各种仪式)把某种价值意义植入人的意识之中而形成的记忆形式。超身体化的文化记忆,就是通过体外载体存贮和传递文化信息的记忆形式。可见,超身体化的文化记忆与社会记忆之间具有交叉或重叠的关系,因而有时可以互指。其实,社会记忆也可以分为身体化的和超身体化的两种形式。社会记忆研究者康纳顿(Connerton)就把社会记忆的形成方式分为体化实践(incorporating practices)和刻写实践(inscribing practices)两种形式,前者指身体化的记忆形式,后者指超身体化的记忆形式③。本书所用"社会记忆"和"文化记忆"概念就是在"超身体化"的意义上使用的。同时,由于社会记忆和文化记忆在"超身体化"意义上具有可以互指的交叉关系,所以本书所言"社会记忆理念"亦可称为"文化记忆理念"。

到目前为止,学术界关于记忆类型的称谓很多,如社会记忆、个体记忆、文化记忆、历史记忆、集体记忆、民族记忆、国家记忆、战争记忆、创伤记忆、政治记忆、村庄记忆、知青记忆等。诸如此类众多记忆类型,要么以记

---

① 利科尔. 解释学与人文科学[M]. 陶远华,袁耀东,冯俊,等译. 石家庄:河北人民出版社,1987:149.

② 赵静蓉. 文化记忆与身份认同[M]. 北京:生活·读书·新知三联书店,2015:15.

③ 康纳顿. 社会如何记忆[M]. 纳日碧力戈,译. 上海:上海人民出版社,2000:94.

忆主体命名,如社会记忆、个体记忆、集体记忆、民族记忆、国家记忆、知青记忆等,要么以记忆内容命名,如文化记忆、历史记忆、战争记忆、创伤记忆、政治记忆等。其实,以记忆内容命名的记忆类型,其记忆主体仍然是人或人群。所以可以说,在人类社会中,记忆的主体永远是人或人群,或者说,任何记忆类型的主体都是人或人群。

如果从记忆主体的角度分类,记忆类型可分为个体记忆和群体记忆两类。在上述诸多记忆类型中,除了个体记忆之外,其他称谓的记忆都属于群体记忆类型。这就出现一个问题:个体记忆概念很容易理解,因为我们每个人都是具有记忆机能的个体,时刻都能感受到个体记忆的存在,而群体记忆概念则不易理解,因为"群体记忆"这一称谓很容易让人理解为个体记忆的简单相加,因而认为群体记忆的实质是个体记忆。这里需要明确指出的是:个体记忆与群体记忆虽然都属于记忆范畴,但两者具有本质的区别,两者之间绝不是单数与复数的关系,诚如法国著名社会学家哈布瓦赫(Halbwachs)所言:"记忆的集体框架也不是依循个体记忆的简单加总原则而建构起来的。"①也就是说,个体记忆有个体记忆的本质属性,群体记忆有群体记忆的本质属性。

个体记忆与群体记忆孰先孰后? 两者之间谁决定谁? 从日常生活经验而言,似乎个体记忆在先,群体记忆在后。然而,哈布瓦赫认为这种经验判断是错误的,事实上是正好相反的。哈布瓦赫认为,个体记忆并不是完全在"个体"思维框架中形成的,而是在个体所处的"集体"生活框架中形成的,因此想当然地认为个体记忆先于群体记忆的判断是一种用逻辑判断代替事实判断的"误识"。在哈布瓦赫看来,不仅群体记忆先于个体记忆,而且群体记忆的性质决定个体记忆的性质。他的原话是这样说的:

可以肯定,记忆事实上是以系统的形式出现的。而之所以如此,则是由于记忆只是在那些唤起了对它们回忆的心灵中才联系在一起,因为一些记忆让另一些记忆得以重建。但是,记忆联合起来的诸种模式,源自人们联合起来的各类方式。只有把记忆定位在相应的群体思想中时,我们才能理解发生在个体思想中的每一段记忆。而且,

---

①　哈布瓦赫. 论集体记忆[M]. 毕然,郭金华,译. 上海:上海人民出版社,2002:71。在《论集体记忆》一书中,哈布瓦赫经常把"个体记忆"和"群体记忆"当作对应范畴使用,而且他把"群体记忆"当作"集体记忆"的同义词使用。

除非我们把个体与他同时所属的多个群体都联合起来,否则我们就无法正确理解这些记忆所具有的相对强度,以及它们在个体思想当中联合起来的方式。……个体记忆仍然是群体记忆的一个部分或一个方面。……集体记忆的框架把我们最私密的记忆都给彼此限定并约束住了。①

显然,哈布瓦赫是从个体与集体、人的个体性存在与类存在(社会性存在)之间的关系角度去考察个体记忆与群体记忆及其相互关系的。在思想方法上,哈布瓦赫首先是以个体与集体的关系为视角和出发点,然后再去界定个体记忆与群体记忆的各自特性,而不是相反。哈布瓦赫似乎是在无意中使用了在他之后的人们所称的关系主义方法论(relationalism methodology)。哈布瓦赫之后的另一位法国著名社会学家布尔迪厄(Bourdieu)就是关系主义方法论的忠实贯彻者,如他特别推崇黑格尔(Hegel)说的一句话:"真实的是关系方面的。"②如同"夫"与"妻"二者中,"夫""妻"各自是什么并不重要,重要的是二者之间为"夫为妇纲"意义上的不平等关系还是"相敬如宾,以家为归"意义上的平等关系。在布尔迪厄的学说中有一个关键术语"场域"(field)③,他提出这一概念就是为了坚持关系主义方法论,用他自己的话说就是"依据场域进行思考即是关系性地进行思考"④。关系主义方法论的最可取之处,在于它说明了这样一个道理:

一个系统中的每个单一的要素的价值是在与同一个系统中其他的要素的关系中得到界定的。⑤

应该说,哈布瓦赫的集体记忆或群体记忆思想中已然蕴含了关系主义方法论的思维逻辑。这种关系主义方法论基本符合马克思主义的辩证唯

---

① 哈布瓦赫.论集体记忆[M].毕然,郭金华,译.上海:上海人民出版社,2002:93-94.

② 布尔迪厄.文化资本与社会炼金术——布尔迪厄访谈录[M].包亚明,译.上海:上海人民出版社,1997:142.

③ 关于"场域"的概念,布尔迪厄自言"一个场域可以被定义为在各种位置之间存在的客观关系的一个网络(network),或一个构型(configuration)"。见:布尔迪厄.实践与反思——反思社会学导论[M].华康德,李猛,译.北京:中央编译出版社,1998:134.

④ 斯沃茨.文化与权力:布尔迪厄的社会学[M].陶东风,译.上海:上海译文出版社,2006:138.

⑤ 斯沃茨.文化与权力:布尔迪厄的社会学[M].陶东风,译.上海:上海译文出版社,2006:73.

物主义和历史唯物主义思想方法。这也是哈布瓦赫的集体记忆理论译介到中国便旋即得到学界的广泛关注和认同的重要原因之一。

从记忆主体的非个体性或群体性特征而言,集体记忆(或群体记忆)和社会记忆之间具有相通性,即它们都是以群体为主体的记忆形式,用哈布瓦赫的话说就是"联合起来的"记忆形式。不过,集体记忆和社会记忆之间也有明显的区别。"集体""群体"只具有多人联合起来意义上的"共同体"属性,而不包含人之外的其他记忆工具(或称记忆装置、记忆设施等),而"社会记忆"概念则不仅包含共同体意义上的人,而且还包含人所创造和使用的体外记忆工具。所以,社会记忆中的"社会"一词,作为记忆主体概念,包括主体的人以及人体(这里指人脑)的延伸性、工具性、超身体性主体因素——体外记忆工具。也就是说,社会记忆中的"社会"是一种人和物结合而成的复合性主体。当然,这里的"物"(体外记忆工具)是由人创造并为人的记忆服务的物质性存在。如果没有"物"的因素,社会记忆便不能成为现实的存在,因为正是借助"物"(体外记忆工具)的因素,才使得社会记忆成为可能。荀子在《劝学篇》中称圣人的超凡能力表现在"善假于物",人类"善假于物"的能力,当然包括善于制造并使用体外记忆工具的能力。

二、社会记忆何以可能

然而,社会乃非生命个体,何以成为记忆主体?社会所以能够记忆,其根源在于社会虽然不是个体意义上的主体,但它是以"人群"为主体的存在,相对于个体性主体而言是一种放大了的主体,同样具有主体性(subjectivity),因而具有意识,即集体意识(collective consciousness)。对此,涂尔干(Durkheim,又译迪尔凯姆)指出:"如果社会对个体而言是普遍的,那么无疑它也是具有其自身外形特征和个性特征的个体性(individuality)本身,它是一种特殊的主体(subject)。"①社会具有主体性和集体意识,这是社会成为记忆主体的根本条件。

把社会记忆的主体界定为"人和物结合而成的复合性主体",这并不违背前文所言的"记忆的主体永远是人或人群,或者说,任何记忆类型的主体都是人或人群"的论断。人是记忆的主体,这一点毋庸置疑,然而,"社会"何以成为记忆的主体?回答这一问题,需要弄清两个问题:一是社会记忆中的"社会"指什么,二是"社会"成为记忆主体的机理是什么。

---

① 渠敬东.缺席与断裂:有关失范的社会学研究[M].上海:上海人民出版社,1999:21.

　　社会记忆中的"社会",实际上是指"人群",因而"社会记忆"称谓在记忆主体的设定上仍然符合"记忆的主体永远是人或人群"的逻辑要求。英文 society 一词意为"伙伴",有"人群"之意。日本学者在明治年间将英文"society"一词译为"社会",近代中国学者是在日文著作译介中引进了现代意义上的"社会"一词。其实,在中国古代文献中亦曾出现过"社会"一词,如《旧唐书·本纪第八》云"礼部奏请于千秋节休假三日,及村间社会",此处"社会"一词便指村民集会,是动名词。在古汉语中,"社"指祭神的地方,"会"为聚集之意,两字连用则指人们为祭神而会集在一起,成为"人群"。由此而言,无论是古代汉语还是现代汉语中的"社会"一词,均可解释为"人群"(特定的共同体),而"人群"则完全可以成为"共同记忆"或"公共记忆"的主体。社会记忆或集体记忆的实质就是共同记忆或公共记忆,因此,"社会记忆""集体记忆""共同记忆""公共记忆"这几个概念,根据语境不同,可以互换使用。

　　"社会"能够成为"共同记忆"的主体,有其内在的、历史的机制性成因。我们知道,人和其他动物都有个体记忆机能,这一点人所共知,关键是我们如何看待"人类是如何记忆的"这一问题。顾名思义,"人类是如何记忆的"这一问题是一个记忆手段问题。动物只具有生理本能意义上的体内记忆机能,而人则不仅具有生理本能意义上的记忆机能,而且还有制造和使用记忆工具来进行体外记忆的能力。这就是人与动物在记忆机制上的根本区别,而这种区别是由人的制造和使用工具的能力(也就是荀子所言"假于物"的能力)所带来的。

　　从物质生产的角度而言,人和动物都能进行物质生产活动,而人和动物的物质生产活动的根本区别不在于生产什么,而在于怎样生产。对此,马克思(Marx)指出:"个人怎样表现自己的生活,他们自己也就怎样。因此,他们是什么样的,这同他们的生产是一致的——既和他们生产什么一致,又和他们怎样生产一致。"①马克思这里所言"怎样生产"一语,显然与人们进行物质生产活动时所使用的劳动资料或劳动手段紧密相关,所以马克思又说:

　　　　劳动资料是劳动者置于自己和劳动对象之间、用来把自己的活动传导到劳动对象上去的物或物的综合体。劳动者利用物的机械的、物理的和化学的属性,以便把这些物当作发挥力量的手段,依照自己的

---

① 马克思,恩格斯. 马克思恩格斯选集(第一卷)[M]. 北京:人民出版社,1972:25.

目的作用于其他的物。①

马克思的这段话,其实完全可以适用于人的记忆活动之中——知识、信息的生产者把知识和信息记录在具有特定的"机械的、物理的和化学属性"的体外物质载体之上,且把这种载体当作"传导物",将知识和信息传导给接受者;在此过程中,"传导物"扮演了体外记忆载体的作用,这样,知识和信息的生产者把"传导物"用在他"自己和劳动对象之间",使劳动对象(知识、信息的接受者)发生相应的改变,从而实现知识、信息的价值;这一过程反复、历史地进行,就形成了知识、信息的跨时空传递的社会记忆过程。

毋庸置疑,在社会记忆的形成和发挥作用的机理上,"传导物"即体外记忆工具的制造和使用是不可或缺的关键环节。正是这种制造和使用体外记忆工具的能力,使得人类走上了脱离蒙昧和野蛮的文明之旅。诚如普列汉诺夫(Плеханов)所言:

> 只要人一变成制造工具的动物,他就立刻进入一个新的发展阶段:他的动物学上的发展结束了,他的历史行程开始了。②

我国学者李泽厚对此也给予了肯定,他说:"人类恰恰是通过不断创造和改进生产工具,改变生产环境和生产水平(从狩猎、采集到农耕到工业)来实现人的生存欲望。主观欲望必须被客观化才能实现,实现需要依靠各种客观条件,其中生产工具便占了非常核心的位置。"③李泽厚这里强调的"生产工具",当然包括精神创造工具或文化创造工具。的确如此,从泥板、甲骨、青铜器、竹帛、莎草纸、羊皮纸到现代的各种电子介质,以及造纸术、印刷术的发明与不断改进过程,就是"传导物"即体外记忆工具的制造、使用和改进的历史过程,其结果形成了人类博大恢宏的文化世界。这一历史过程人类所独有,其他动物望尘莫及,这就是人类能够成为"高级动物"的根本表现。由此我们可以回答"人类是如何记忆的"问题:人

---

①　中共中央马克思恩格斯列宁斯大林著作编译局.马克思恩格斯文集(5)[M].北京:人民出版社,2009:209.

②　普列汉诺夫.普列汉诺夫哲学著作选集(第二卷)[M].汝信,等译.北京:生活·读书·新知三联书店,1962:164.

③　李泽厚.历史本体论[M].北京:生活·读书·新知三联书店,2002:19.

类不仅能够进行生物机能意义上的个体记忆,而且能够制造和使用体外记忆工具来进行社会记忆。也就是说,人类是同时具有个体记忆和社会记忆之双重记忆能力的动物。这就是从社会记忆角度概括的关于人的定义。

第二节　文字和文献:社会记忆的主要手段

前文已申明,人类之所以能够进行社会记忆,关键在于人类能够创造和使用体外记忆工具(属于人类制造和使用生产工具或劳动工具的范畴)。人类创造和使用体外记忆工具是生产力进步尤其是科学技术进步的产物。也就是说,人类创造和使用体外记忆工具是社会生产力发展到一定阶段的产物。

一、文字和文献:社会记忆的载体

前文曾指出,从泥板、甲骨、青铜器、竹帛、莎草纸、羊皮纸到现代的各种电子介质,以及造纸术、印刷术的发明与不断改进过程,就是人类创造和使用体外记忆载体(体外记忆工具的主要形式)能力的不断改进的历史过程。可见,人类所创造和使用的体外记忆载体种类繁多,功能各异。人类就是在对这些种类繁多、功能各异的记忆载体进行选择优化的过程中,逐步建立起越来越完善的社会记忆系统的。

人是类存在物,所以人必须始终生活在与他人的交往和交流之中。人与人之间的交往与交流,大多是以各种符号(symbol)为媒介而进行,始终伴随着意义(meaning,符号所承载和显示的内容信息)的交流过程。人类使用的语言(这里指狭义的语言,即言语)和文字(广义的文字,即包括字符在内的各种表意符号)就是意义交流的载体,只不过语言是以空气为载体的声波传输,而文字是以特定的体外物质为载体的意义记录与传递工具。语言和文字都是意义的承载体,从这个意义上我们可以把语言和文字当作意义信息的第一级载体。不过,语言属于实时性的、在场的交流工具,无法成为社会记忆的载体,而文字则属于体外记录工具,可以成为社会记忆的载体。在这个意义上,我们把文字视为社会记忆的第一级载体。但是,文字作为记录手段,必须同时有记录于其上的实物载体——文献。相对于文字而言,我们可以把文献称为社会记忆的第二级载体。从历史的角度看,文字和文献是同时产生的,两者如同一枚硬币的两面,实际上是一体两面的关系。所以,我们把文字和文献分别称为社会记忆的第一级载体和第二级载体只具有相对意义。文献是用来记录文字信息的载体,当我们使用"文献"一词时,是在把文字和实物载体合为一体的前提下使用的,所以把文献视为人类的社会记忆的第一级载体亦未尝不可。

文字和文献的发明创造及其不断改进和广泛应用,为人类进行社会记忆提供了可靠的物质和技术基础,从而为人类社会的文明进步做出了巨大的贡献,诚如恩格斯(Engels)指出的,人类"从铁矿的冶炼开始,并由于文字的发明及其应用于文献记录而过渡到文明时代"①。恩格斯这里所强调的文字和文献的发明创造对于人类社会"过渡到文明时代"所具有的重要意义,与中国先哲所言"观乎人文以化成天下"的认识具有"等价"意义。

人们在谈论社会记忆之于人类文明进步的重要性时,往往以印刷术的发明及其巨大传播作用为主要依据,因为"印刷术"其实是一个综合性概念,它能涵盖文字的发明、纸张的发明并由此带来的文化信息的批量复制与传递等诸多技术进步及其所引发的革命性影响作用。所以,人们对印刷术的赞美其实包含对知识和信息的大规模、超时空存储与传播的赞美,同时也包含对社会记忆的赞美。马克思、恩格斯就曾极力赞美印刷术的发明所带来的革命性影响。马克思把印刷术、火药和指南针的发明称为"三大发明",称其中的印刷术"变成了新教的工具,总的来说变成科学复兴的手段,变成对精神发明创造必要前提的最强大的杠杆"②。

恩格斯对印刷术发明的意义做了非常形象的、拟人化的比喻:

> 你不也是神吗? 你在数百年前给予思想和言语以躯体,你用印刷符号锁住了言语的生命,要不它会逃得无踪无影。如果没有你哟,时间也会吞噬自身,永远葬身于忘却之坟。……禁锢在独卷手抄书内的思想,无法传扬到四面八方! 还缺少什么? 飞翔的本事! 大自然按照一个模型,创造出无数不朽的生命,跟它学吧! 我的发明!③

---

① 马克思,恩格斯. 马克思恩格斯选集(第四卷)[M]. 北京:人民出版社,1972:21.

② 马克思,恩格斯. 马克思恩格斯全集(第47卷)[M]. 北京:人民出版社,1979:427.

③ 马克思,恩格斯. 马克思恩格斯全集(第47卷)[M]. 北京:人民出版社,1979:42-43.

　　这段文字中的"你",指的就是"印刷术"。恩格斯的这段比喻,虽然其中没有使用"记忆""社会记忆"等词汇,但却非常形象而又深刻地道出了印刷术所推动的社会记忆对于人类文明进步的"神"一般的作用。如他所言"你在数百年前给予思想和言语以躯体……",这实际上是在赞美人类发明的体外记忆载体(如同人的"躯体"包裹人体的全部组成部分一样)对人类"思想和言语"的记载功能,称如果没有这种记载,随着时间的推移,人类的"思想和言语"便会"无踪无影","永远葬身于忘却之坟"——"时间也会吞噬自身"。所谓"用印刷符号锁住了言语的生命",这实际上是在说体外记忆载体对思想和言语的固化作用,使得思想和言语能够长久记忆而避免消失得"无踪无影"的命运。又如他所言:"禁锢在独卷手抄书内的思想,无法传扬到四面八方!还缺少什么?飞翔的本事!"这实际上是在赞美印刷术所推动的社会记忆的传播功能——书中的思想,如果不借助印刷术批量印制和广泛传播,就等于缺少了"飞翔的本事","无法传扬到四面八方",因为"手抄书"难以迅速而又广泛地传播到"四面八方"。不仅如此,恩格斯在这里所用的"数百年前""时间也会吞噬自身""永远葬身于忘却之坟""无数不朽的生命"等具有时间意义的语句,实际上都是为了比喻体外记忆亦即社会记忆的"长时记忆"功能而言的。

　　其实,文字的发明和文献的创造,与印刷术的发明之间具有正相关关系。一方面,如果人类没有意识到文字和文献的重要性,就不会产生发明印刷术的需要,也就是说,对文字和文献的重要性的认识,促生了人类发明印刷术的需要。另一方面,如果没有印刷术的发明和应用,文字和文献的重要价值也就无以发挥得如此巨大,也就是说,印刷术的发明和应用,为文字和文献价值的充分发挥奠定了可靠的技术基础。印刷术的发明和应用,为文字和文献插上了"翅膀",用恩格斯的话来说就是使文字和文献具有了"飞翔的本事"。当然,我们在赞美文字、文献、印刷术的发明对人类文明进步所具有的重要意义时,千万不能忽视造纸、制墨、书籍装帧、泥土烧铸、木材加工、金属冶炼、模具制造等技术的发明、改进与普及应用,因为印刷术的发明和应用就是以这些技术的先期发明为基础的。总之,人类对文字记录及其产物——文献的重要价值的认识,促生了造纸、印刷等技术的发明及其改进需要。这就说明这样一个道理:首先是文献的重要性促生了造纸、印刷等技术的发明,然后是造纸、印刷等技术的发明为文献的普及与广泛传播提供了技术支撑;人类发明造纸术、印刷术的目的就是为了提高文献的制作和传播的效率;从本体意义上说,文献的重要性决定了造纸、印刷等技术的重要性,而不是相反。现代人往往对造纸术、印刷术的发明赞不绝口,相比而言,对文献的赞美则往往"蜻蜓点水、一带而过",像高尔基那样能够认识到"书籍是人类进步的阶梯"的人并非普遍。忽视或降低文献的重要性而只赞美造纸术、印刷术的发明,实际上是一种舍本逐末的表现。

　　文献为什么重要?从记忆的角度而言,文献的重要价值就在于它是人类的体外记忆的主要载体。从历史的角度而言,文献作为体外载体,其所载的内容主要是人类对外界事物的认知信息和内心世界的心理情感信息,简单地说就是知识和信息(从知识论意义上说,文献所载的知识和信息大体相当于中国古人所言的"道")。人类正是主要通过文献这一体外载体,实现了知识和信息的超时空积累与传播,从而走上了在前人基础上的跨越式发展之路,而不是像动物那样的代代重复生存之路。马克思就曾指出:"历史的每一阶段都遇到有一定的物质结果、一定数量的生产力总和,人和自然以及人与人之间在历史上形成的关系,都遇到有前一代传给后一代的大量生产力、资金和环境,尽管一方面这些生产力、资金和环境为新的一代所改变,但另一方面,它们也预先规定新的一代的生活条件,使他们得到一定的发展和具有特殊的性质。"①在"前一代传给后一代"的生产力因素中,知识和信息最具珍贵价值,因为知识和信息是推动人类社会进步的主要生产力——科技文化和人文文化。

　　诺贝尔物理学奖获得者李政道在中国科技大学授课时,曾向学生提出一个问题:人与动物的根本区别是什么?有的学生回答人能直立行走,有的学生回答人会制造工具,有的学生回答人会劳动。李政道说大家的回答都有道理,不过我认为人与动物的根本区别在于人会知识积累,动物则不行,每一代都必须从头开始②。李政道这里所言"人会知识积累",显然指的是通过文献进行的体外知识积累。

二、文以载道:中国古人的社会记忆观

唐代史学家刘知几说:

　　　　何者而称不朽乎?盖书名竹帛而已。……苟史官不绝,竹帛长存,则其人已亡,杳成空寂,而其事如在,皎同星汉。用使后之学者,坐

---

①　马克思,恩格斯.马克思恩格斯选集(第一卷)[M].北京:人民出版社,1972:43.

②　王子舟.图书馆学是什么[M].北京:北京大学出版社,2008:242.

披囊箧,而神交万古,不出户庭,而穷览千载。①

刘知几的这段话,意在说明这样一个道理:由于"竹帛长存"(文献传世),使得人的思想处于"不朽"的状态,能够代代相传,使后人"不出户庭,而穷览千载",进而实现"站在巨人的肩膀上"(牛顿语)的非重复性的跨越式发展。由此我们可以说,人类是能够创造和利用文献进行文化创造活动的动物②。这就是文献学关于人的定义。

德国哲学家卡西尔(Cassirer)也认识到文献对于人类的文化创造活动的重要性。卡西尔认为,人类的文化世界可视为符号世界,人所进行的文化创造活动实际上是通过"符号化操作"来完成的,如人们阅读文献的过程实际上是把文字当作"符号来阅读的"③。正因为人类能够进行"符号化操作",所以人是一种"符号的动物"④。关于文献的体外记忆功能,卡西尔也有清醒的认识,他说:

一切文化成果都来源于一种凝固化和稳定化的活动。人如果不具有使他的思想客观化并使之具有坚固而持久的形态的特殊能力的话,那他就不可能交流他的思想和感情,从而也就不可能生活在社会的世界中。⑤

卡西尔这里所用的"凝固化""稳定化""客观化"等词语,实际上是指文献所具有的固化信息的功能,亦即文献的体外记忆功能。

中华民族是最早认识到文献之重要性的民族,因此中华民族是世界上最早发明和使用体外记忆载体的民族之一。中国人发明文字之早以及造纸术、印刷术发明之早是世界所公认的,而文字、造纸、印刷等技术正是制作和传递文献的必备技术支撑。中国古籍之多也是世界所公认的,据说在全世界范围内,有一半以上的古代文献是中国的古籍⑥。对此,我国著名图书馆学家杜定友曾言:"我国素以文称,书籍之多,亦为世界

---

① 刘知几. 史通[M]. 白云,译注. 北京:中华书局,2014:506.

② 蒋永福. 文化、文献与人[J]. 情报科学,1990(1):48-50.

③ 卡西尔. 人论[M]. 甘阳,译. 上海:上海译文出版社,2013:347.

④ 卡西尔. 人论[M]. 甘阳,译. 上海:上海译文出版社,2013:45.

⑤ 卡西尔. 人论[M]. 甘阳,译. 上海:上海译文出版社,2013:317.

⑥ 陈力. 中国古代图书史——以图书为中心的中国古代文化史[M]. 北京:社会科学文献出版社,2017:1.

各国之冠。"①由此而言,中国不仅是礼仪之邦,而且还是当之无愧的文献之邦,古代中国曾经是世界上首屈一指的体外记忆强国。所谓体外记忆强国,简单地说就是文献强国,而文献强国是文化强国的基本内容之一。这就是中华民族曾经雄踞天下的"文化资本"所在。

中国之所以能够成为文献之邦、文献强国、体外记忆强国,这与中国古代人对文献价值的独特认识分不开。从根本上说,这种独特性表现在:中国古人是从"道器合一"的视角认识文献及其价值的,正是在"道器合一"视域下,中国古人把文献的价值定位于"文以载道"。所谓"道器合一",其含义可从两个角度去理解:一是"体用一源"②意义上的理解,"道"是"体","器"是"用",事物的本质属性(体)须通过该事物的功能效用(用)才能显现出来,在此意义上说,事物的本质属性与功能效用是"合一"的;二是目的与手段关系意义上的理解,目的是"道",手段是"器",目的通过手段得以实现,在此意义上说,目的与手段之间如同一枚硬币的两面"合为一体"了。"二程"所说的"器亦道,道亦器"③,就是从"体用一源"意义上理解的"道器合一";王夫之所说的"道者器之道","未有弓矢而无射道,未有车马而无御道,未有牢醴璧币、钟磬管弦而无礼乐之道"④,就是从目的与手段关系意义上理解的"道器合一"。当中国古人称"文以载道"时,基本上是从目的与手段关系意义上而言的。

"文以载道"来源于北宋周敦颐所言"文,所以载道也"之说⑤。其实,在周敦颐之前"文以载道"的观念早已有之,而且周敦颐之后的人们也一直信奉"文以载道"之理。如南北朝时期的刘勰言"圣因文而明道",唐代的柳宗元、韩愈都曾言"文以明道",周敦颐之后的朱熹言"文以讲道",明人王艮言"经(六经)所以载道",明人薛瑄言"经乃道之精华",清初人冯班言"不读书,何以知圣人之道",等等,说明"文以载道"是中国古人一以贯之的思想传统。"文以载道"中的"文",狭义上说就是文字和文献;"载道"就是承载道理,即文献所承载之道理;"道"是中国古代诸家所通用的万事万物之所以如此存在、如此运行的根本原因及其准则。"道"是中国古代思想的核心概念,诚如哲学家金岳霖所言"万事万物之所不得不由,不得不

---

① 杜定友.图书馆与市民教育(市民大学第一期讲义录)[M].广州:广州市民大学出版部,1921:1-4.

② 程颢,程颐.二程集[M].王孝鱼,点校.北京:中华书局,1981:689.

③ 朱熹,吕祖谦.朱子近思录[M].上海:上海古籍出版社,2000:4.

④ 王夫之.船山全书[M].长沙:岳麓书社,1996:1027-1028.

⑤ 周敦颐.周敦颐集[M].陈克明,点校.北京:中华书局,1990:34.

依,不得不归的道才是中国思想中最崇高的概念"①。刘小枫亦言"华夏文化的终极之词称'道',儒道两家皆然"②。文献与道的关系是:道记载于文献之中,文献是记载道的载体;文献以记载和显现道为目的,道借助文献而得以保存、显现和传播。文献与道的关系用一句话说就是:道是"体",文献是"用"或"器"。

现代人都知道,文献所记载的是知识或信息,而中国古人则认为文献所记载的是"道"。显然,"道"远比"知识或信息"神秘和深奥得多,哲理性也更强,因而尽显东方思维的智慧性和灵动性。在中国古人的心目中,文献所记载的绝不是简单的、供人们知觉的知识或信息,而是立天之道、立地之道和立人之道。利用文字和文献能够显示天地人之道,对此中国古人感到无比的神秘而又确信不疑。唐人张彦远在描述仓颉造字之事时就表达了这种神秘之感,他说:

> 颉有四目,仰观垂象。因俪鸟龟之迹,遂定书字之形。造化不能藏其秘,故天雨粟;灵怪不能遁其形,故鬼夜哭。是时也,书画同体而未分,象制肇创而犹略。无以传其意,故有书;无以见其形,故有画。天地圣人之意也。③

有了文字记载(文献),就能尽显天地人之道,使天地人之道"不能藏其秘""不能遁其形"而大白于天下,使人读文明道,这种神秘效果致使"天雨粟""鬼夜哭"。所谓"天雨粟""鬼夜哭",当然是一种夸张说法,但从中我们可以看出中国古人对文献之载道、显道功效的惊叹不已之情。

中国古人之所以把文献的价值归结为"文以载道"并坚信不疑,有一个心理情结起了很大作用,这个心理情结就是"圣贤崇拜"。中华民族是一个崇圣而非崇神的民族④,所以圣贤之言往往被确认为真理之言(道),

---

① 金岳霖.论道[M].北京:商务印书馆,2015:18.

② 刘小枫.道与言:华夏文化与基督文化相遇[M].北京:生活·读书·新知三联书店,1995:编者序.

③ 张彦远.历代名画记[M].周晓薇,校点.沈阳:辽宁教育出版社,2001:1.

④ 中国民间自古有拜神习俗,但中国人始终没有像西方人那样崇奉某一种人格之神(一神论),而是不同时代、不同地区的人们按照各自的价值取向供奉一位或多位先贤(如孔子、诸葛孔明、关云长、妈祖或当地德高望重的先贤);一个家族或家庭则供奉自己的祖先神。至于佛教和道教,虽然从汉代始一直成为一部分人的信仰对象,但始终未能成为中国人的普遍性宗教信仰,更未能成为国教,故其影响力有限。所以,总体而言,把中华民族界定为崇圣而非崇神的民族或无神论民族,是一种公认的界说。

无可置疑。在中国古人的思想意识中,文献之中记载有圣贤之言,欲知圣贤之言,就必须阅读记载圣贤之言的文献,这就是文献的价值所在——读文明道。圣贤之言即"道"或"圣道",而圣言圣道载于书中,所以中国古代人有"书即道,道即书"的观念。南宋学者包恢在《盱山书院记》中即言:"圣贤之书所以明道,书即道,道即书,非道外有书,书外有道,而为二物也。"①"宋初三先生"之一孙复建有泰山书院,孙复的弟子石介作《泰山书院记》曰:"自周以上观之,贤人之达者,皋陶、傅说、伊尹、吕望、召公、毕公是也。自周以下观之,贤人之穷者,孟子、扬子、文中子、吏部是也。……孟子、扬子、文中子、吏部皆以其道授弟子……复传之于书,其书大行,其道大耀。先生亦以其道授弟子,既授之弟子,亦将传之于书,将使其书大行,其道大耀。乃于泰山之阳起学舍斋堂,聚先圣之书满屋,与群弟子而居之。"②这里所言"其书大行,其道大耀",把书之行与道之耀等同起来了。可见,在中国古代人看来,书不仅是载道之器,亦为传道之具,道在书中,传书即等于传道。

把文献的传播圣贤思想的价值拔高到最高层次的是明人丘濬,其曰:

> 书之在天下,乃自古圣帝明王精神心术之所寓,天地、古今、生人、物类、义理、政治之所存,今世赖之以知古,后世赖之以知今者也。……书籍之在世,犹天之有日月也,天无日月,天之道废矣;世无书籍,人之事泯矣。③

丘濬的这段话显然是从文献的"今世赖之以知古,后世赖之以知今"的角度立意的,也就是从文献的体外记忆功能角度立意的。在丘濬看来,圣贤之道尽在书中,书在,道亦在,书不在,道亦废。于是,丘濬认为,书籍之在如同日月之在,这种比喻把书籍的价值提高到无与伦比的程度了,而他说的"世无书籍,人之事泯矣",则把文献的存在价值提高到"人事之本"的本体论高度了。

---

① 陈谷嘉,邓洪波.中国书院史资料[M].杭州:浙江教育出版社,1998:182.

② 陈谷嘉,邓洪波.中国书院史资料[M].杭州:浙江教育出版社,1998:57-58.

③ 邱浚.大学衍义补[M].林冠群,周济夫,校点.北京:京华出版社,1999:803。标点有改动。在汉民族姓氏中,"邱"姓本字为"丘",至清雍正年间为避孔子之名"丘",改"丘"为"邱"。"濬"为"浚"的异体字,古人用于人名时常用"濬"而不用"浚"。故本书把《大学衍义补》的作者写成"丘濬"而不写成"邱浚"。

综上,我们可以得出如下一些结论。

其一,人作为类存在物,必须进行知识或信息的交流。人与人之间的知识或信息的交流,原初采取的是主体间口耳相传的在场性交流,后来逐渐产生了异时异地非在场性交流的需要,这种需要促进了人类发明和改进文字与文献的历史进程。这就是人类的体外记忆机制的产生机理所在。

其二,文字和文献的发明创造,使人类具有了能够同时进行体内记忆和体外记忆的"双重记忆",而能够进行体外记忆意味着人类能够进行知识或信息的超时空积累和传播,创造出专属人的世界——文化世界,由此人类告别了野蛮与蒙昧,走上了文明发展之路。

其三,文字和文献的发明创造以及由此带来的造纸术、印刷术等技术的发明,都是社会生产力发展到一定阶段的产物。尤其是造纸术和印刷术的发明,使得文字和文献"如虎添翼",极大地促进了文字和文献的作用范围及其传播效率,从中我们可以充分认识到"人是能够制造和使用工具的动物"之唯物史观的重要意义以及科学技术对人类社会发展所具有的重大意义。

其四,中华民族是造纸术和印刷术的最早发明者,也是文字和文献的最早发明者之一,又是拥有古籍数量最多的民族。当我们称中国为文明古国时,必含"文献强国"之意;当我们称中华民族为"文化早熟民族"时,必含"体外记忆早熟民族"之意;当我们因中华文化乃世界四大古文化中唯一存续至今的文化而骄傲时,必含有"中国曾经是体外记忆能力最强的国度"之意。

其五,正因为中国是文献强国、体外记忆强国,所以中国人对文献价值的认识最具哲学意味,即中国人从"道器合一"角度将文献的价值定位于"文以载道"。对一个"朝闻道,夕死可矣"(《论语・里仁》)为不渝之志的民族来说,闻道、明道、行道具有无可置疑的终极价值,因而载道之文也具有无可置疑的神圣价值。当道在异时异地情况下传播(历时传播)时,文献成为不在场的道的化身,在人的思想意识中构建了"能指所指化"(以能指指代所指)的意境。由此中国古人创造性地提出了"书即道,道即书"以及"文便是道"①等著名命题。中国古人对文献价值的这种认识及其所提出的诸多创造性命题,体现了独特的"中国智慧",是中国人对社会记忆理论所做出的独特贡献。

---

① 黎靖德.朱子语类[M].王星贤,点校.北京:中华书局,1986:3297.

第三节　图书馆是社会记忆之器

文献作为人类的社会记忆的第一级体外载体,借助印刷术的发明和广泛应用,对人类社会的文明进步做出了巨大贡献。正因如此,随着人类的物质生产活动和精神生产活动的不间断进行,文献数量的指数式增长(文献计量学中的"普赖斯定律"对此已做证明)成了现实。文献数量的剧增,其实质是人类的知识或信息的剧增。文献数量的剧增,必然带来整个文献系统的无序状态,这种无序状态又必然造成人类的社会记忆系统的无序状态。由此人类面临着这样一个矛盾:社会文献生产的无序性与人类利用文献的有序性要求之间的矛盾。显然,从全社会角度而言,靠个体力量是无法解决这一矛盾的,而只能依靠社会的力量。诚如刘国钧所言:"今日书籍浩繁之际,从事研究学术者不能悉行置备,则不能不有望于公共机关之代为搜罗一切。"①

文献数量的剧增所带来的无序状态,给人们利用文献造成了诸多困难,如收集齐全困难、保管与保护困难、鉴别善本之困难、检索准确困难等,当然还包括古代因文献生产技术落后所带来的讹、脱、衍、倒、错(乱)现象所造成的障碍②。同时,古代伪书和散佚现象的普遍存在,也在一定程度上为人们利用文献造成了困难。

一、图书馆:社会记忆需要的产物

解决文献系统的无序问题,实际上是在解决文献的存、理、用问题。"存"即文献的存储及保护;"理"即文献的整理或整序;"用"即文献的利用与传播,包括多人多次利用与传播。显然,当文献的数量达到一定规模时,其存、理、用问题便超出了个体力量所能解决的阈值,即靠个体力量无法解决文献的大规模存、理、用问题。这就需要建立一种专门用于解决文献的大规模存、理、用问题的社会机制(包括国家的制度性安排),图书馆便应这种需要而产生。也就是说,图书馆是用来解决文献的大规模存储、整理和利用问题的社会机制。当然,从根本上说,图书馆仍然是人类的体外记忆需要的产物,只不过它是文献载体的载体(文献本身就是一种载体,而图

---

① 史永元,张树华.刘国钧图书馆学论文选集[M].北京:书目文献出版社,1983:1.

② 杜泽逊.文献学概要(修订本)[M].北京:中华书局,2008:134-136.

书馆又是集中存储文献的设施,从而成了"载体的载体"),即人类的体外记忆的第二级载体。正是在此意义上,美国图书馆学家谢拉指出:

> 图书馆正是社会的这样一种新生事物:当人类积累的知识大量增加以至于超过了人类大脑记忆的限度时,当口头流传无法将这些知识保留下来时,图书馆便应运而生了。①

谢拉认为,图书馆是人类为了突破个体记忆的限度而选择的体外记忆机制,只不过谢拉此时只用到"大脑记忆"一词而尚未使用"体外记忆""社会记忆"之语。

其实,在谢拉之前,已有多人从突破个体大脑记忆的限度的角度界定图书馆的功能属性。1927 年,杜定友指出"图书馆是保存图书的唯一机关,所以间接就是保存文化的机关"②。1929 年,杜定友又指出,图书馆的功用"就是社会上一切人的记忆,实际上就是社会上一切人的公共脑子"③。1933 年,美国图书馆学家巴特勒(Butler)指出:"书籍是保存人类记忆的一种社会机制,而图书馆则是将这种记忆移植到活着的个人意识中的一种社会装置。"④1954 年,德国图书馆学家卡尔施泰特(Karstedt)在《图书馆社会学研究》一书中认为,图书是客观精神的容器,而图书馆则是主观精神发生联系的场所,图书的普及是将客观精神移植于个人,同时也推动了个人创造的能动性,人类社会的文化就是在这种客观精神与主观精神的相互作用中不断向前发展的,因此图书馆是使人类文化的创造和继承成为可能的社会机构⑤。

从上引杜定友、巴特勒、卡尔施泰特三人的观点看,杜定友和巴特勒的观点可谓"异人同说",因为他们都是从"记忆"角度界定图书馆的功用的,而且直接用了"记忆"一词;卡尔施泰特的表述虽然没有使用"记忆"一词,但从其所言"客观精神""客观精神的容器""将客观精神移植于个人"等语句看,他也是把图书馆的功用定位于人类记忆的体外传承机制。所以,我们可以把他们的界说认定为"异人同说"。另外,需要我们注意的是,三个人都把文献(书籍或图书)和图书馆联系起来论说,说明三个人都意识到

---

① 谢拉.图书馆学引论[M].张沙丽,译.兰州:兰州大学出版社,1986:1.

② 杜定友.图书馆学概论[M].上海:商务印书馆,1935:2.

③ 杜定友.研究图书馆学之心得[J].中山大学图书馆周刊,1929(1):1-6.

④ 巴特勒.图书馆学导论[M].谢欢,译.北京:海洋出版社,2018:1.

⑤ 李广建.卡尔施泰特和他的图书馆学思想[J].湖北高校图书馆,1987(1):66-69.

文献乃图书馆的首要构成要素,文献和图书馆分别成为人类的体外记忆(亦即社会记忆)的第一级载体和第二级载体。由此可见,三个人都已认识到图书馆所具有的社会记忆机制属性,只不过因当时社会上尚未出现和流行"社会记忆""文化记忆""体外记忆"等词汇而未能使用这些词汇而已。

如果把文字视为人类的体外记忆的第一级载体,那么文献和图书馆则分别成为第二级和第三级载体。这就形成了"文字—文献—图书馆"这样的特定关系链。对此,宓浩、刘迅、黄纯元编著的《图书馆学原理》一书做了精当论述:

> 从文字产生和记录于物质载体形成文献,是人类由知识体内存贮发展到知识的体外记录,从口耳相传进化到文献交流,是图书馆起源的必要前提。……这标志着(图书馆)作为社会知识交流机构的作用和功能的形成,从而完成了起源过程。①

令人惊叹的是,中国古代人对图书馆的社会记忆机制的认识可谓先知先觉。这方面,15世纪的丘濬的论述最为全面和深刻。丘濬的学术代表作是《大学衍义补》,其中的卷九十四为《图籍之储》。从《图籍之储》这一题名中就可以看出,此卷的主旨是谈论文献的储存之事,而文献的储存之责,从社会分工或机构职掌而言属于"馆阁"的职责②,说明丘濬所论"图籍之储"实际上是藏书之论或图书馆之论。在《图籍之储》一卷中,丘濬以中国古代士大夫特有的"以天下为己任"的精神,全面论述了重视和发展国家图书馆事业的极端重要性。现择其若干段落录于下:

> 万世儒道,宗于孔子;天下书籍,本于六经。六经者,万世经典之祖也。为学而不本于六经,非正学;立言而不祖于六经,非雅言;施治而不本于六经,非善治。是以自古帝王欲继天而建极,阐道以为治,莫不崇尚孔子焉。所谓崇尚之者,非谓加其封号,优其祀典,复其子孙也。明六经之文,使其义之不舛;正六经之义,使其道之不悖;行六经之道,使其言之不虚。

---

① 宓浩,刘迅,黄纯元.图书馆学原理[M].上海:华东师范大学出版社,1988:45.

② 中国古代无"图书馆"一词,从宋代始,人们把藏书之所一般统称为"馆阁"或"藏书楼"。本书所言"中国古代图书馆"称谓,就是在馆阁、藏书楼意义上使用的。中国古代人所称"馆阁"或"藏书楼",用现代的话来说就是图书馆,只不过与近现代图书馆相比,其"藏"的功用明显而"用"的功用相对较弱,其功用大多表现为"以藏为用"或"以藏为传"。

......

若夫诗书百家语,皆自古圣帝明王贤人君子精神心术之微。道德文章之懿,行义事功之大,建置议论之详,所以阐明以往而垂示将来者,固非一人之事,亦非一日可成,累千百人之见,积千万年之久,而后备具者也。乃以一人之私,快一时之意,付之烈焰,使之散为飞烟,荡为寒灰,以贻千万世无穷之恨。呜呼,秦之罪上通于天矣!始皇、李斯所以为万世之罪人欤!

......

书之在天下,乃自古圣帝明王精神心术之所寓,天地、古今、生人、物类、义理、政治之所存,今世赖之以知古,后世赖之以知今者也。其述作日多,卷帙浩繁,难于聚而易于散失,苟非在位者收藏之谨而购访之勤,安能免于丧失哉?不幸而有所丧失,明君良佐咸以斯文兴丧为念,设法诏求,遣使搜采,悬赏以购之,授官以酬之,使其长留天地间,永为世鉴,以毋贻后时之悔,岂不韪欤!

......

大凡天下万事万物,祸乱之时,虽或荡废,然一旦治平,皆可稍稍复旧。惟所谓书籍者,出于一人之心,各为一家之言,言人人殊,其理虽同,而其所以为言者则未必同,其间阐义理,著世变,纪事迹,莫不各极其至,皆有所取,一有失焉,则不可复,虽复之亦非其真与全矣。是以古先圣王,莫不致谨于斯,以为今之所以知昔、后之所以知今者之具,珍藏而爱护之,惟恐其损失也;讲究而校正之,惟恐其讹舛也。既有者恒恐其或失,未有者惟恐其弗得。……惟经籍在天地间,为生人之元气,纪往古而示来今,不可一旦无焉者,无之,则生人贸贸然如在冥途中行矣,其所关系岂小小哉!……前代藏书之多,有至三十七万卷者,今内阁所藏不能什一,多历年所在内者未闻有所稽考,在外者未闻有所购求,臣恐数十年之后,日渐损耗,其所关系非止一代一时之事而已也。伏望圣明为千万年之远图,毋使后世志艺文者,以书籍散失之咎归焉,不胜千万世斯文之幸。……人君为治之道非一端,然皆一世一时之事,惟夫所谓经籍图书者,乃万年百世之事焉。盖以前人所以敷遗乎后者,凡历几千百年,而后至于我,而我今日不有以修辑而整比之,使其至我今日而废坠放失焉,后之人推厥所由,岂不归其咎于我之今日哉?是以圣帝明王,所以继天而子民者,任万世世道之责于己,莫不以是为先务者焉。

......

82

我朝不专设馆阁官,凡前代所谓省监,皆归于翰林院。翰林院专设官以司经籍图书,名曰典籍(指职掌典籍之官——引者注)。……宋有馆阁之职,以司经籍图书,秘书郎职掌收贮葺理,校书郎、正字职在编辑校定。今制不设馆阁(指不设馆阁之职——引者注),并其职于翰林院。夫无专官,则无专任。臣请于典籍之外,其修撰、编修、检讨,皆以编辑校定之任专委其人,而责其成功。①

丘濬在此文中虽未使用"记忆""社会记忆"之词,但实际上是处处从社会记忆角度立意的。首先,丘濬阐明了文献的本质及其极端重要性,如其所言"天下书籍,本于六经。六经者,万世经典之祖也"。文献的本质是"载道",即"书之在天下,乃自古圣帝明王精神心术之所寓"。文献的价值在于"今世赖之以知古,后世赖之以知今"。如果没有文献的"载道"之功,"则生人贸贸然如在冥途中行"。这些论述实际上都是在强调文献所具有的社会记忆之功用。其次,丘濬阐明了藏书即藏道、废书即废道的原理,因为文献记载的是"天地、古今、生人、物类、义理、政治"之道,起到了"阐义理,著世变,纪事迹,莫不各极其至"的作用,一旦文献散失,"则不可复,虽复之亦非其真与全矣",因而留下"千万世无穷之恨"。这实际上是在强调社会记忆一旦被"失记"便很难恢复其全真,由此带来"失忆"之虞,而"失忆"便等同于"失道"。再次,丘濬阐明了重视馆阁建设的极端重要性,因为重视馆阁建设才能避免文献的"难于聚而易于散失"之虞,即使"不幸而有所丧失",也可以通过"购之""酬之"等诏求之法,使文献得以"长留天地间,永为世鉴,以毋贻后时之悔"。尤其重要的是,丘濬还阐明了重视馆阁建设乃帝王之责的道理,指出"人君为治之道非一端,然皆一世一时之事,惟夫所谓经籍图书者,乃万年百世之事焉。……是以圣帝明王,所以继天而子民者,任万世世道之责于己,莫不以是为先务者焉"。而且,丘濬直截了当地指出了明代由于撤销秘书省、削减馆职人员等做法所造成的国家藏书管理混乱、馆阁事业不振局面,进而提醒帝王对文献典籍"珍藏而爱护之,惟恐其损失也",并提出"请于典籍之外,其修撰、编修、检讨,皆以编辑校定之任专委其人,而责其成功"的建议,以免落于"我今日不有以修辑而整比之,使其至我今日而废坠放失焉,后之人推厥所由,岂不归其咎于我之今日"的结局。丘濬关于重视馆阁建设的帝王之责的论述以及重振馆阁事

---

①　邱浚.大学衍义补[M].林冠群,周济夫,校点.北京:京华出版社,1999:801-808。标点有改动。

业的建议,其立足点仍然是馆阁建设乃"万年百世之事"的认识,其用意是为了实现文献的"长留天地间,永为世鉴"的目标,实际上仍然是在强调文献、馆阁作为社会记忆之器的重要性,只不过当时的丘濬只能从国家文治之业的"长治久安"角度立意,而不可能从保障公民的基本文化权益的角度立意,同时也不可能使用"社会记忆""文化记忆"等词汇罢了。

图书馆是社会记忆之器,与此相似的命题还有"图书馆是文化记忆之器"。社会记忆与文化记忆固然有别,前者从记忆主体角度立意,后者从记忆内容角度立意。但是,两者又有紧密联系,社会记忆的内容大多为文化信息,文化记忆的主体必然是人,而人的本质是"社会人",所以文化记忆最终表现为社会记忆。

在西方国家,一些文化记忆研究者们也把文字、文献、图书馆视为人类的体外记忆机制。德国学者阿莱达·阿斯曼(Aleida Assmann)认为,研究人类的记忆可从三个维度进行:神经维度、社会维度和文化维度①。从神经维度考察的记忆即个体记忆,其载体为个体大脑,而从社会维度和文化维度考察的记忆即社会记忆和文化记忆,其载体均为体外载体。我们知道,人类借助体外物质载体记录、存储、加工和传播文化信息的过程,若用记忆论的术语说就是"文化记忆"(cultural memory)的过程。简单地说,文化记忆就是文化信息的"记"(存储)和"忆"(提取)的循环过程。

关于文字记录之于文化记忆的重要性,阿莱达·阿斯曼的丈夫扬·阿斯曼(Jan Assmann)指出:

> 社会交往出现了过度膨胀的局面,随之要求产生可以起中转作用的外部存储器。社会交往体系必须要产生出这样一个外部范畴:它可以使需要被传达的、文化意义上的信息和资料转移到其中。伴随这个过程产生的还有转移(编码)、存储和重新调出(再次寻回)的一些形式。要实现这些,就需要有一定的机构性框架及专业人员,通常还要有记录体系,如用来记事的绳结、丘林加及用来计数和运算的石头,直至最后文字出现。在膨胀了的社会交往局面和必要的中转存储器之间,记录系统发挥着作用,而文字就诞生于这样的记录系统之中。②

---

① 冯亚琳,埃尔.文化记忆理论读本[M].余传玲,等译.北京:北京大学出版社,2012:43-44.

② 阿斯曼.文化记忆:早期高级文化中的文字、回忆和政治身份[M].金寿福,黄晓晨,译:北京:北京大学出版社,2015:13.

这段话中的所谓"过度膨胀的局面"即"膨胀了的社会交往局面",指的是知识和信息的剧增所造成的记忆困难局面;所谓"外部存储器"或"外部范畴",就是指文化信息的体外记忆系统。这种体外记忆系统实际上就是文化记忆的主要形式之一。从这段文字表述中可以看出,扬·阿斯曼非常看重文字在建立体外记忆系统中的作用,在他看来,"只有在严格意义上的文字被发明之后,社会交往的外部范畴才可能成为自主、成体系的存在"①,此话确然。文字其实就是人类的文化信息的体外记忆需要的产物。没有文字的发明及其应用,人类的体外记忆固然无可实现,不过文字必须记录在某种特定的物质载体之上,这种用文字记录于其上的物质载体,就是文献。所以,阿斯曼夫妇所肯定的文字的发明对于文化记忆的重要性,实际上包含着文献对于文化记忆的重要性。

阿斯曼夫妇研究人类的记忆现象,首先区分了交流记忆和文化记忆这两种记忆类型。"交流记忆"(德文 Kommunikatives Gedächtnis)又可译为"交往记忆""交际记忆",指个体之间通过身体和口耳相传途径进行信息传递活动所形成的记忆方式,身体活动是交流记忆的载体,所以交流记忆需要借助个体的身体活动,而文化记忆则既可以借助身体活动进行,亦可脱离身体活动进行。可见,交流记忆属于"借助身体的记忆"(embodied memory),而文化记忆则更多地表现为"借助物体的记忆"(embedded memory)。阿斯曼夫妇往往把"借助物体的记忆"称为"借助象征性客体实现的记忆",且将这种记忆类型称为"存储性记忆"(德文 Speicher Gedächtnis)②。关于交流记忆与文化记忆的区别以及文化记忆得以实现的社会支撑条件,扬·阿斯曼认为:

> 我们个体的记忆随着生命的终结而消失,交流记忆一般持续三代,即八十至一百年的时间范围,而借助象征性的客体实现的记忆则可以横跨上千年的时间范围,因为这种记忆的承载物是文字、符号、图画等。正因为这种记忆所经历的时间范围巨大,它才发展成为文化记忆。……人在这个世界生存需要两种记忆:一个是短时段之内的交流记忆,另一个则是长时段之内的文化记忆。……文化记忆离不开支撑它的环境、机构以及相关人员,诸如图书馆、博物馆、学校、剧院、音乐

---

① 阿斯曼.文化记忆:早期高级文化中的文字、回忆和政治身份[M].金寿福,黄晓晨,译:北京:北京大学出版社,2015:14.

② 冯亚琳,埃尔.文化记忆理论读本[M].余传玲,等译.北京:北京大学出版社,2012:27.

厅、乐团、教堂、犹太会堂、清真寺、教师、图书管理员、牧师、犹太拉比、伊斯兰教长。没有上述机构、媒介和专业人员,我们就无从谈起文化记忆。①

从上引扬·阿斯曼的一段话中,我们可以至少读出三方面的信息:①从记忆的时间长度而言,交流记忆为短时记忆,文化记忆为长时记忆;②文化记忆的物质载体有文字、符号、图画等;③文化记忆的实现需要相应的机构、媒介、人员等社会支撑条件。尤其在谈及文化记忆的社会支撑条件时,扬·阿斯曼点到了图书馆、图书管理员,这就明确了文化记忆与图书馆紧密相关。法国学者利科②认为,人类建立有多种形式的"记忆场所",包括"三色旗、国家档案馆、图书馆、词典、博物馆,还有纪念仪式、节日、先贤祠或凯旋门、拉鲁斯词典和巴黎公社墙等"③。利科在这里也把图书馆视为"记忆场所",亦即把图书馆视为文化记忆之器。

二、图书馆与客观知识

在西方学者中,把图书馆视为社会记忆之器,并对图书馆的社会记忆功能加以极度肯定的人莫属英国哲学家波普尔(Popper)。我们知道,波普尔有一个著名的学说,就是他提出的"三个世界"理论。波普尔认为,世界可分为三个世界:第一世界为物理世界或物理状态的世界,第二世界为意识状态或精神状态的世界,第三世界为人的精神活动产物的世界。后来波普尔把他所谓的"三个世界"分别称为"世界1"、"世界2"和"世界3"。波普尔把"世界3"称为"客观知识世界",它是"由语言、艺术、科学、技术等所有被人类贮存起来或传播到地球各地的人工产物所记录下来的人类精神产物"④。由此看,文献所记载的知识或信息是波普尔所称"世界3"即客观知识世界的主要内容之一。

波普尔把文献所记载的知识纳入"客观知识"的范畴,认为文献中的知识具有客观性,这一点在哲学本体论上难以立脚。文献所记载的知识,是人的思维机能对客观世界进行反映的产物,或者说是物质世界和

---

① 陈新,彭刚.文化记忆与历史主义[M].杭州:浙江大学出版社,2014:13 – 14.

② 与第64页的利科尔为同一人,不同著作的译名不同。

③ 利科.记忆,历史,遗忘[M].李彦岑,陈颖,译.上海:华东师范大学出版社,2018:547 – 548.

④ BROOKES B C.情报学的基础(一)[J].王崇德,邓亚桥,刘继刚,译.情报科学,1983(4):84 – 94.

精神世界相互作用的产物,它是一种观念性或精神性存在,只不过借助文献这种体外载体而成为可以离开主体人身体的"相对客观化"的存在,而"相对客观化的存在"绝非"客观存在",因为它不具有"不依人的意志为转移"的客观存在本性。文献所记载的知识,作为人的思想意识活动的产物,在本源上仍然属于主观性存在,它可以成为人们认识的"客体性"东西,但它本身不属于"客观性"东西,充其量它只能被称为"相对客观的东西"。

虽然波普尔在他的"三个世界"理论中做出了把客体性东西当作客观性东西的误判①,但他对图书馆作为人类的体外记忆之器的认识,却能给我们以不同寻常的启发。波普尔关于图书馆的体外记忆之器的论述,主要体现在他所提出的两个思想实验:

> 实验1:我们所有的机器和工具,连同我们所有的主观知识,包括我们关于机器和工具以及怎样使用它们的主观知识都被毁坏了,然而,图书馆和我们从中学习的能力依然还存在,显然,在遭受重大损失之后,我们的世界会再次运转。
>
> 实验2:像上面一样,机器和工具被毁坏了,并且我们的主观知识,包括我们关于机器和工具以及如何使用它们的主观知识也被毁坏了,以至我们从书籍中学习的能力也没有用了……我们的文明在几千年之内不会重新出现。②

波普尔在上述两个思想实验中,从正反两方面描述了人类文明"被毁坏"之后能够"再次运转"或"重新出现"所需要的条件,其中他提到了"图书馆"和"书籍"的作用。需要注意的是,波普尔所提"图书馆"和"书籍"之名都是在"从中学习的能力"意义上使用的。由此我们可以领会到波普尔两个思想实验所依据的逻辑思路:文献和图书馆都是客观知识的载体(如前文所言,在人类社会中,文献和图书馆分别为知识的第一级体外载体和第二级体外载体),因此文献和图书馆的存在也就等于知识的存在,只要知识还存在,即使人类文明"被毁坏",人类也能凭借自身特有的学习

---

① 波普尔的这一误判,其实是有意为之的产物。波普尔的"有意"在于通过三个世界理论的巧妙设计来打破并攻击马克思主义的"物质决定精神""社会存在决定社会意识"的唯物主义思想观点。对此我们不能不察。

② 波普尔.客观知识——一个进化论的研究[M].舒炜光,卓如飞,周柏乔,等译.上海:上海译文出版社,1987:116.

能力迅速掌握这些知识,从而保证人类文明能够"再次运转"或"重新出现"。波普尔的这一逻辑思路,如果用社会记忆的原理说就是:文献和图书馆作为人类的知识的体外记忆之器,即使人类遇到文明成果"被毁坏"的情况,只要文献和图书馆还存在,人类也能够利用文献和图书馆迅速学习原有的文明成果并恢复原有的文明世界;在此过程中,文献和图书馆不仅起到了对原有文明成果的"记"的作用,而且还起到了恢复原有文明成果的"忆"的作用。这就是文献和图书馆作为社会记忆之器的巨大功用所在。

其实,波普尔之所以提出这两个思想实验,目的是论证他所称的"客观知识"的客观性及其重要性,但在无意中同时突出了文献和图书馆的重要性,也就是在无意中说出了文献和图书馆作为社会记忆之器的重要意义。这就是波普尔的两个思想实验对我们图书馆人所具有的不同寻常的启发价值。当然,波普尔的两个思想实验所描述的情形,恐怕永远是一种思想假设而不可能成为现实。

三、社会记忆论:图书馆学的理论基础

在西方图书馆学界,也有把文字、文献、图书馆视为人类的体外记忆机制来研究的学者。其中,美国图书馆学家谢拉的"社会认识论"(Social Epistemology)研究最值得关注。其实,"社会认识论"一词是由谢拉的同事和好友伊根(Egan)首先提出来的,但由于伊根英年早逝,社会认识论思想主要由谢拉来阐发。不过,谢拉没有发表或出版专门论述社会认识论的论著,其社会认识论思想散见于《社会认识论、普通语义学与图书馆事业》《图书馆事业的社会学基础》《图书馆学引论》等著作中。

1951年,伊根和谢拉在他们合著的一篇文章中,述说了提出社会认识论的初衷:

> 必须要创立一门新的学问,从而为有效研究社会的知识过程这一复杂问题提供框架……因缺乏更为准确的描述性术语,而将这门学问命名为"社会认识论",意思是研究那些社会整体寻求获得与整个环境(物理的、心理的、智力的)相关的感知或理解的过程。①

可见,伊根和谢拉所言"社会认识论",是关于社会如何认识的理论。

---

① 周亚.美国图书馆学教育思想研究(1887—1955)[M].上海:学林出版社,2018:295.

在哲学认识论中,"社会"是认识的客体;而在社会认识论中,"社会"是认识的主体,这就是社会认识论与哲学认识论的根本区别。我们知道,在社会记忆论中,"社会"被当作记忆的主体,而非客体,对此前文已有交代。记忆属于认识范畴,所以社会记忆论隶属于社会认识论范畴。由此看,伊根和谢拉提出社会认识论的目的不只是为图书馆学提供理论基础,而是为所有以书面交流为使命的科学(如图书馆学、情报学、档案学、目录学、文献学等)提供统一的理论基础。不过,谢拉由于长期从事大学图书馆学院的教学与科研工作(前后相继就职于芝加哥大学图书馆学研究生院和西储大学图书馆学院),所以他对社会认识论作为图书馆学理论基础的问题给予了更多的关注。谢拉明确指出,"图书馆事业的目的在于最大限度地促进书面记录(graphic records)的社会利用","社会认识论一个最重要的应用领域就是图书馆事业,因为它与图书馆事业之间有着重要的连接关系。不管其从业者是否已经认识到,图书馆事业建立在认识论基础之上,因为它关涉的是知识的本性以及个人和群体对于知识的利用"[①]。

　　谢拉在谈论图书馆事业时,经常使用"书面记录""书面交流"等词汇。其实,谢拉所称"书面记录",与中国人常用的"文字记录""文献记载"大体同义;而其所称"书面交流",则与国内图书馆学情报学界常用的"文献交流""知识交流""书目交流""情报交流"等大体同义。由此可以看出,谢拉的研究视野主要以揭示人类知识或信息的"书面记录"与"书面交流"的原理为重点。"书面记录"的产物就是文献,而文献是人类的知识或信息的体外记忆载体,所以谢拉特别重视文献和图书馆的体外记忆机制,诚如其所言,"图书馆正是社会的这样一种新生事物:当人类积累的知识大量增加以至于超过了人类大脑记忆的限度时,当口头流传无法将这些知识保留下来时,图书馆便应运而生了"[②]。

　　谢拉把图书馆事业、情报事业、档案事业、文献事业等视为"书面交流"的事业。而且,谢拉在后期研究中主要从事"文献工作"(documentation)研究,他所认为的"文献工作"就是"书面交流"的事业,更加强调知识的交流和利用。不过,作为图书馆学专业出身的谢拉,特别重视书目交流、文献交流、情报交流作为知识的交流和利用手段的重要作用,由此突显了其研究的文献学、情报学取向。正因如此,谢拉往往被认为是跨图书馆学和情报学两门学科的"两栖"人物,或者说是把图书馆学"文献学化"或"情

---

① 周亚.美国图书馆学教育思想研究(1887—1955)[M].上海:学林出版社,2018:296.

② 谢拉.图书馆学引论[M].张沙丽,译.兰州:兰州大学出版社,1986:1.

报学化"的代表人物之一。

对图书馆学而言,伊根和谢拉提出的社会认识论确实是一个极具说服力的理论基础。然而,伊根和谢拉之后,社会认识论研究令我们图书馆人感到两方面的遗憾:一是不仅伊根和谢拉没有留下社会认识论方面的专门的、系统的论著,而且伊根和谢拉之后的图书馆学界亦未出现有关社会认识论方面的专门的、系统的论著;二是伊根和谢拉之后,社会认识论研究出现了转向,即转向由哲学界把持的"以社会为客体对象的认识"方面[①],而"以社会为主体的认识"方面的研究几近无人问津。好在社会记忆、文化记忆、历史记忆、集体记忆等方面的研究目前展现出较为火热的状态,这在一定程度上弥补了"以社会为主体的认识"方面的研究的不足。但是,我们要知道,社会认识论比起社会记忆论等记忆理论,处于上位的理论阶位,也就是说,社会认识论比起社会记忆论等记忆理论更具普遍统摄意义。应该说,如果哲学界的学者们去研究"以社会为主体的认识"(即伊根和谢拉意义上的社会认识论),具有哲学专业知识方面的优势。然而,我们与其等待或指望哲学界做出这样的"理论支援",还不如以"自己动手,丰衣足食"的态度,自己去研究伊根和谢拉意义上的社会认识论。毋庸置疑,图书馆学需要社会认识论这样的理论基础。我们图书馆学人自己去研究伊根和谢拉意义上的社会认识论,这不仅是夯实图书馆学理论基础的需要,而且还有助于彻底打消至今仍回荡不已的"图书馆学是一门科学吗"的质疑之声。

第四节　图书馆社会记忆理念的意义

综上所述,把图书馆视为社会记忆之器或文化记忆之器,树立社会记忆或文化记忆理念,对图书馆人深刻把握图书馆的本质属性具有极其重要的意义:

第一,有助于图书馆人深刻思考、理解和解答"图书馆从哪里来"的本体论问题。作为图书馆从业者(图书馆人群体),首先应该明确认知"图书馆是什么"的根本问题。如果一个图书馆人连自己所属的图书馆是什么的问题都不清楚,就等于不清楚自己在做什么。要弄清"图书馆是什么",首

---

① 陶远华.社会认识论引论[M].昆明:云南人民出版社,1990;欧阳康.社会认识论导论[M].北京:中国社会科学出版社,2010.

先要弄清"图书馆从哪里来"的问题。从根本上说,图书馆来源于人类对自身活动中所产生的知识和信息的体外记忆的需要。自从人类有了体外记忆的能力之后,人类便走上了生物进化基础上的人文进化之路,由此人类踏上了告别蒙昧与野蛮的文明旅程。这就是人类的体外记忆能力的重要意义。图书馆来源于人类的社会记忆需要,这就是对"图书馆从哪里来"问题的最简洁、最具本体意义的回答。

第二,有助于图书馆人深刻把握图书馆的根本性质,以此弄清"图书馆应该做什么"的问题。图书馆来源于人类的社会记忆的需要,因此,图书馆在根本性质上是社会记忆之器。中国古人说"工欲善其事,必先利其器",人类为了充分发挥和利用好社会记忆的能力,发明创造了诸多工具和手段(属于"器"范畴),如文字、造纸术、印刷术等,而文献和图书馆正是人类用来存贮和传播社会记忆的"公器",因此可以说,图书馆的根本性质就是社会记忆之器。作为社会记忆之器的图书馆,凡是与文献有关的社会记忆之事,便是图书馆应做之事;反之,凡是不利于或破坏社会记忆之事,便是图书馆不应做之事。弄清了图书馆应做之事和不应做之事,就等于弄清了"图书馆应该做什么"的问题。

第三,有助于图书馆人明确自身的职业使命,坚定"我该如此"的职业操守。作为图书馆从业者,当然首先要弄清自身的职业角色使命,也就是首先要弄清图书馆职业是一种以什么为使命的职业的问题。图书馆来源于人类的社会记忆的需要,图书馆的性质从根本上说就是社会记忆之器。认清图书馆的历史来源与性质,有助于图书馆人正确定位自身职业的根本使命——图书馆职业是一种保障人类文化成果的传承与创新的崇高职业之一,亦即是一种为人类的社会记忆能力的不断演进和提升而提供相关服务的高尚职业之一。图书馆人认清了自身职业的使命,也就认清了"我该如何"以及"我该如此"的问题,从而有助于坚定自己的职业操守。

参考资料1:"美国记忆"项目

1995年,美国国会图书馆启动国家数字图书馆项目(National Digital Library Program,NDLP),以"美国记忆"(American Memory)命名该数字图书馆。

建设目标:以高质量的数字产品的形式,丰富和集中美国的历史、文化收藏,要让"所有的学校、图书馆、家庭同那些公共阅览室的长期读者一样,能够任意从自己所在的地点接触到这些对他们来说崭新而重要的资料,并按个人的要求来理解、重新整理和使用这些资料"。

收藏内容:在美国历史、文化的发展中起过重要作用、具有深刻历史或纪念意义的、可以用数字产品形式表现出来的各类有关文字材料(如名人手迹、手稿、早期书刊)、图片、照片、绘画、地图、早期电影、录音录像、服装等,均可按主题收藏到国家数字图书馆中来。

组织:由国会图书馆总体负责协调管理,包括制定技术标准、审核具体收藏项目、组织专家和用户评估项目成果、筹措资金等;全国范围内的公共图书馆、研究图书馆、学院图书馆、博物馆、档案馆、历史学会等各类有关组织,均可单独或联合向国会图书馆申报子项目,得到批准后便可正式参加到 NDLP 的工作中来。

资料来源:肖珑.美国国家数字图书馆项目的进展[J].情报学报,1998(3):190 – 196.

参考资料2:"中国记忆"项目

中国记忆项目是整理中国现当代重大事件、重要人物专题文献,采集口述史料、影像史料等新类型文献,收集手稿、信件、照片和实物等信息承载物,形成多载体、多种类的专题文献资源集合,并通过在馆借阅、在线浏览、多媒体展览、专题讲座等形式向公众提供服务的文献资源建设与服务项目。

中国记忆项目是新媒体时代以记录历史、保存文献、传承民族记忆、服务终身学习为宗旨的全国性文化项目,是图书馆文献采集、整理、服务以及社会教育与文化传播职能的新拓展,是图书馆变藏为用,加强文献整合与揭示力度的新举措。

中国记忆项目于2011年3月开始构思和策划。经过前期调研和项目建设方案的初步设计,国家图书馆将其作为2012年重点项目,推动项目进入实验阶段。2012年4月,中国记忆项目试点专题——东北抗日联军专题文献资源建设正式启动。该专题经过对原有文献整理和对口述史料、影像史料等新文献及相关照片、手稿、实物等的采集和收集,形成了规模可观的专题文献资源库,并于2012年"九一八"纪念日在国家图书馆网站进行了发布。目前,中国记忆项目仍在推进当中。

资料来源:中国记忆项目实验网站[EB/OL].[2022 – 09 – 17].http://www.nlc.cn/cmptest/int/.

参考资料3:全国图书馆界共同开展记忆资源抢救与建设倡议书

全国图书馆界的同仁们:

我们所处的时代,是一个伟大的时代。中华民族正在经历着伟大的复兴;中国人民正在实现着灿烂的中国梦。这是一个需要凝聚力、创造力的时代,这是一个需要构建文化自信、精神共识的时代。

自信与共识,来自于我们共同的记忆。我们是谁?我们从哪里来?记忆成为了历史,而历史造就了我们。有了共同的记忆,我们才能记住我们所走过的路,才能记住我们曾经的辉煌与苦难;有了共同的记忆,我们才能传承我们的文化,守护我们的价值,捍卫我们的尊严。正是因为我们拥有着对过去的共同记忆,我们才拥有了对未来的共同梦想,我们才能荣辱与共,开创未来。

我们的记忆正在经受着考验。在我们身边,传统文化遗产赖以生存的土壤正在改变,很多精湛的技艺、悠久的习俗正在逐渐式微、消失;在我们身边,很多重大历史事件的亲历者、见证者正在垂垂老去,随着他们同样老去的还有他们对国家、对民族的记忆;在我们身边,诸多伟大的学者、科学家、艺术家已年近古稀,他们的思想还没有完全地表达,他们的智慧还等待着人们去聆听、去记录;还有着许许多多的普通人,他们平凡而朴实,但他们对家庭、对家乡、对过去的记忆却独特而细腻,而他们的故事却无人知晓;更有着大量的承载着人生经历和历史细节的笔记、书信、照片,随着其主人生命的消失,而各自飘零乃至湮灭。

图书馆是人类文明的传承之所。抢救记忆,保存记忆,是历史和时代交给我们——图书馆人的使命。我们要将包括口述史料、影音文献、个人文献等在内的记忆资源建设,当做我们新的航线、新的田野,去勇敢探索、辛勤耕耘。我们要采用口述史访问的方式,将这些原本只存在于人们脑海之中的珍贵记忆保存起来;我们要采用影音拍摄的方式,把濒临消失的传统技艺、传统艺术和文化现象记录下来。我们不仅要敞开大门,更要走出大门,主动去采访、去收集大量的散落在民间的、在学者手中的、在不同机构当中的记忆资源;我们要面对大众,不仅为他们提供记忆的服务,更要服务于他们的记忆。将一个个鲜活的、独立个体记忆以及记忆的载体保存下来,汇总起来。图书馆,应该成为记忆资源的汇聚之地、创造之地、传承之地。

在此,我们提出以下五点倡议:

1. 面向读者、面向社会征集记忆资源,纳入馆藏体系,并主动开展抢救性采访工作;

2. 对馆藏记忆资源进行摸底,并汇总成馆际记忆资源联合目录;

3. 将馆藏记忆资源向读者提供服务,并利用各种传播手段进行推广;

4. 组建工作队伍,培养记忆资源采访加工、编目、服务等专门人才;

5. 探索建立记忆资源建设的馆际沟通与合作机制,最终形成全国图书馆界记忆资源共建共享平台。

生命有限,记忆永存。让我们携起手来,行动起来——

给我们的时代,为我们的后代,构建一个共同记忆的栖息之所,中华文明的永续传承之地!

中国记忆项目资源共建共享倡议单位(按机构所在地行政区划排序):

国家图书馆、首都图书馆、中国科学院文献情报中心、北京大学图书馆、北京大学信息管理系、天津图书馆、河北省图书馆、辽宁省图书馆、吉林省图书馆、黑龙江省图书馆、苏州图书馆、浙江图书馆、杭州图书馆、福建省图书馆、江西省图书馆、山东省图书馆、湖北省图书馆、武汉大学图书馆、湖南图书馆、广东省立中山图书馆、深圳图书馆、中山大学图书馆、广西壮族自治区图书馆、广西壮族自治区桂林图书馆、重庆图书馆、云南省图书馆、陕西省图书馆、甘肃省图书馆、青海省图书馆、宁夏图书馆、新疆维吾尔自治区图书馆

2015 年 12 月 16 日于广州

资料来源:国家图书馆中国记忆项目中心.全国图书馆界共同开展记忆资源抢救与建设倡议书[J].国家图书馆学刊,2016(1):110.

第三章　社会教育理念

　　人类社会越是文明、越是发达，"人需要接受教育"的理念就越是深入人心。可以说，人通过接受教育而成为文化的人和文明的人。人类社会的教育活动，一般分为家庭教育、学校教育和社会教育三种类型。可见，社会教育是相对家庭教育和学校教育而言的。自从图书馆产生和普及以来，人们普遍认识到图书馆具有特定的社会教育功能。翻阅图书馆学概论性著作，就可以发现，这些著作在论述图书馆社会职能时，大多把"进行社会教育"列为图书馆基本职能之一。这是因为：几乎所有的教育活动，都把传授知识作为重点内容，而人类历史上形成的知识大多记录在书中，诚如东汉学者王符所言"夫道成于学而藏于书"。所谓"道藏于书"，当然包含"知识在书中"之意。图书馆是书的聚集和传播平台，因而图书馆具有"以书施教""以书育人"的得天独厚的条件，所以，从社会的分工职责而言，图书馆应该承担开展社会教育的责任。主动承担和发挥好开展社会教育的职能，并提供相应的优质服务，是图书馆及其从业者必须承担的责任，这就是图书馆及其从业者必须具备的社会教育理念。

——题记

　　无论是图书馆从业者，还是社会上的其他人，如果想准确认知和定位图书馆的社会价值，就必须充分认识到图书馆的社会教育功能。

　　现在一些图书馆人很重视现代信息技术（如数字技术、人工智能技术等）在图书馆的应用，而不知不觉中忽视或淡化了图书馆应履行的社会教育职能的重要性。殊不知，在图书馆尤其是公共图书馆诞生之后，无论是图书馆人还是社会上的人们，大多是从社会教育功能角度评判图书馆的存在价值的，甚至在一些人看来，社会教育功能是图书馆存在的唯一价值所在。其实，现代的图书馆也不能忽视甚或丢失社会教育功能，因为社会教育功能是图书馆与生俱来的本质属性的一个方面,如果丢失这种本质属性的一个方面,图书馆将不成其为图书馆;只不过现代图书馆的社会教育功能的内容、发挥形式及其方法比以往的传统图书馆更加丰富、更加先进而已。

我们知道,现代图书馆的社会教育功能的发挥,其重点已不是古代、近代图书馆的"扫盲教育"或基础文化之普及教育,而是以信息素养教育、培养青少年阅读兴趣、支持个人自学和终身学习为重点的教育。在现代社会乃至未来社会,图书馆的社会教育职能不仅不能削弱,反而应该更加重视和强化。对此,《国际图书馆协会联合会—联合国教科文组织公共图书馆宣言》做出了明确的表述:图书馆"为个人和社会群体提供终身学习、独立决策和文化发展的基本条件","图书馆是教育、文化和信息的有生力量",图书馆"支持个人教育和自学教育,以及各级正规教育","图书馆必须是各种长期的文化、信息供应、识字和教育战略的一个基本组成部分",等等。正因如此,阮冈纳赞(Ranganathan)把图书馆的基本价值确认为"传播知识的教育工具"①。

现代人一般把教育分为家庭教育、学校教育和社会教育三种类型。按照这种分类,人们利用图书馆所接受的教育属于社会教育范畴,因此有的人认为图书馆的社会教育与家庭教育和学校教育无关。其实不然。即使是接受家庭教育的人们,也有必要利用图书馆来开拓接受教育的方式和途径;即使接受学校教育的人们,也有必要利用图书馆来扩大知识面、增强学习兴趣、提升人生境界、修炼道德素养等。这就是如今各级各类学校普遍设有图书馆的根本原因。可见,社会教育是家庭教育和学校教育的有益补充和延伸,家庭教育、学校教育和社会教育三者之间是可以交织在一起的相互推动的关系。相对而言,"社会教育"之外延范围比"家庭教育"和"学校教育"之外延范围广泛得多,诚如汪长炳先生所言:"狭义之社会教育,虽仅与家庭教育、学校教育相对待,而广义之社会教育,则凡各种社会生活对于个人身心之有意或无意之影响,均为社会教育。"②

简单地说,图书馆是人们读书需要的产物。满足人们的读书需要,是图书馆与生俱来的功能与使命。从教育学角度而言,读书是一种自我教育的过程,即读书是一种"以书为师"的自我学习和自我教育的过程。由此

---

① 阮冈纳赞.图书馆学五定律[M].夏云,王先林,郑挺,等译.北京:书目文献出版社,1988:337.

② 南京图书馆.汪长炳研究文集[M].南京:南京大学出版社,2007:21–22.

产生了人类社会的一种普遍性的教育形式——"以书为师"的教育形式。图书馆之所以具有社会教育功能,其根源就在于图书馆能够满足人们通过"以书为师"的途径进行自我教育的需求。由于图书馆是以"书"为核心要素之一的设施平台,所以从图书馆的角度而言,其所承担和开展的社会教育职能是一种"以书施教"的教育职能。

第一节　图书馆的社会教育功能:英美人的认知

从历史的角度而言,图书馆的社会教育功能的形成,大体上可以看作是两种观念的力量相互结合产生的。其中一种观念力量是社会对于提高其成员的知识文化水平的重要性的认识,这是由于个人作为社会生产力中的唯一"活的因素",提高个人的知识文化水平有助于提高整体的社会生产力水平。另一种观念力量是个人对于自身知识文化水平之于自我发展所具有的重要意义的认识,这是由社会的不断进步必然对其成员的知识文化水平的要求越来越高的原因所促成的。也就是说,随着社会的不断进步,无论是社会还是个人,都对知识文化水平提出了越来越高的要求。而"以书为师"是提升人的知识文化水平的必要途径,图书馆正是为人们的"以书为师"的自我教育实践提供服务的重要设施之一,由此形成了图书馆的社会教育功能。历史事实证明,图书馆尤其是公共图书馆自产生之初就在满足人们的"以书为师"的需要方面发挥了显著的作用,因而促使人们从"以书为师"或从社会教育角度认识图书馆的功能及其社会价值。在这方面,英美两国的会员图书馆的产生及其发展历程和美国"钢铁大王"卡内基(Carnegie)捐建图书馆的事例,为我们提供了很好的历史证明。

一、会员图书馆:自我教育需要的产物

会员图书馆(Subscription Library、Membership Library 或 Social Library),又称"自营图书馆"(Independent Library)、"图书俱乐部"(Book Club)、"图书馆公司"(Library Company)、"读书社"(Reading Society)等,它是采取个人入股的方式建立起来的图书馆,每个会员拿出一定的金额,共同购买和共同利用图书①。一般认为,在西方国家,会员图书馆是公共图书馆的前身。

在英国,会员图书馆产生之前较普遍存在的是商业性的流通图书馆,

①　杨威理.西方图书馆史[M].北京:商务印书馆,1988:185.

也就是租借图书馆或租书店。英国会员图书馆运动(Subscription Library Movement)源于18世纪中期的苏格兰。1741年11月23日"铅山读书社"(Leadhills Reading Society,后改为"Leadhills Library")成立,这是英国历史上第一所非商业性会员图书馆。至1850年以前,英国的会员图书馆处于鼎盛期,其数量达到500多所,之后逐渐走向衰落,但现今仍有少量会员图书馆在继续运行。英国会员图书馆数量的变化情况(不包括北爱尔兰)见表3-1①。在英国会员图书馆中,最著名者莫属1841年成立的伦敦图书馆(London Library)。伦敦图书馆由著名文学家、历史学家卡莱尔(Carlyle)发起建立,创建时有3000册图书和500名会员。该馆现今仍在运行,会员达到8000人,会员不仅限于伦敦一地,而且遍及全国。该馆的开放时间因季节不同而不同,每年的3月25日至9月29日,上午11时至下午4时和下午5时至晚上8时开放,其余季节从上午11时到下午4时开放②。

表3-1 英国会员图书馆数量变化表(截至2000年) 单位:个

区域	截至1850年的数量		数量变化情况		
	1850年前	1850年	1900年	1950年	2000年
英格兰	274	105	44	15	10
苏格兰	266	79	38	7	2
威尔士	5	1	0	0	0
合计	545	185	82	22	12

1780年以前,在美国新英格兰六州就有约50家会员图书馆,1790年至1815年,会员图书馆数量发展到超过500家,1870年增加到1000家以上,1875年达到2240家。其中,较早且最著名者莫属政治家和科学家富兰克林(Franklin)于1731年在费城创办的会员图书馆。1729年,富兰克林与其好友们起草了一份章程,规定每人先交纳40先令作为图书购买费,以后每年支付10先令,这些费用实际上成了每个会员的入股费即会员费。这所会员图书馆每星期六下午4时至8时向会员出借图书。富兰克林把自己创办的这所会员图书馆取名为"费城图书馆公司",并骄傲地称之为"所有北美会员图书馆之母"。加入费城图书馆公司的会员,大半是收入少、生活不宽裕的市民阶层人士。这些人大多数都没有受到正规的学校教育,但有志于读书自学,从书本中学到有用的知识,提高自身的知识文化水平,以便将来在社会上做出一番事业。

---

① ② 郑永田.英国会员图书馆及其历史作用[J].图书与情报,2009(1):108-112.

关于会员图书馆的意义和价值,富兰克林说道:"图书馆自身成为伟大的事业,而且继续增加。那些图书馆(指会员图书馆——引者注)增进了美洲人的普通知识,使普通的商人和农夫的知识同其他各地的大多数绅士一样,并且也许在某种程度上对于使全殖民地普遍地站起来保卫自己的权利有所贡献。"①

从英国和美国的会员图书馆的产生及其发展历史看,会员图书馆之所以能够产生并受到民众的普遍欢迎,主要原因在于会员图书馆体现了"三众"或"三共"精神,即体现了"众人共同创办、众人共同利用、众人共同受益"的办馆精神。其中的"受益",当然是指民众通过利用会员图书馆所受到的"以书为师"的教育。与学校教育相比,这种"以书为师"的教育,显然具有自我教育的性质。这种自我教育机会不是靠会员个体的力量获得的,而是靠众人的力量获得的,因而是一种由社会提供的机会,所以这种自我教育又显然具有社会教育的性质。对图书馆而言,读者利用图书馆进行自我教育的过程,也就是图书馆发挥社会教育功能的过程。在此,读者进行的自我教育与图书馆进行的社会教育合而为一了。由此我们可以认为,会员图书馆的核心功能就是进行社会教育的功能,其社会价值也主要体现在进行社会教育的功用上。1975年,国际图联在法国里昂召开的图书馆职能专题讨论会上把公共图书馆的职能概括为四个方面,即保存人类文化遗产、进行社会教育、传递科学信息、开发智力资源。其中的"进行社会教育"的职能,就发源于会员图书馆,这也是人们把会员图书馆当作公共图书馆的前身的主要根据之一。

把会员图书馆视为公共图书馆的前身,这种定位在西方社会可以说得通,但在中国社会却无法找到其历史依据。在中国历史上,有私家藏书向社会开放的事例,却从未产生真正意义上的会员图书馆,其中原因值得深思。中国古代未曾出现会员图书馆这种组织形式或社会教育形式,也许就是中国古代无法产生公共图书馆建制的重要原因之一。会员图书馆和公共图书馆的同时"缺席",这是中国古代图书馆与西方古代、近代图书馆之间的重要区别之一。其中的原因固然复杂,而缺乏自治性民间组织可能是其中重要原因之一。相对于西方国家而言,中国古代社会是一个缺乏"自治"或"民治"传统的社会,而缺乏"自治"或"民治"传统的社会必然难以产生会员图书馆这样一种极富"自治"或"民治"精神的团体组织形式。我们知道,中国古代富有"民本"思想,但"要晓得其所发挥仅至民有(of the

---

① 富兰克林.富兰克林自传[M].唐长儒,译.北京:生活·读书·新知三联书店,1956:59-60.

people)与民享(for the people)之意思而止,而民治(by the people)之制度或办法,则始终不见有人提到过"①。我们又知道,中国古代的家族自治和乡村自治较发达而城市市民自治却阙如,这一点与西方国家正相反。对此,梁启超在《新大陆游记》中分析道:"吾国社会之组织,以家族为单位,不以个人为单位,所谓家齐而后国治也。西方人之自治力发达固早,吾中国人地方自治亦不弱于彼。……彼之所发达者,市制之自治;而我之所发达者,族制之自治也。……凡此皆能为族民不能为市民之明证也。"②也就是说,中国古代社会发达的是家族自治,而公民或市民之自治组织则不发达;公民或市民之自治组织不发达,便是会员图书馆乃至公共图书馆无以产生并发达的主要原因之一。当然,公民或市民之自治组织不发达的根源在于封建专制政体的禁锢。

总之,会员图书馆是民众自治性团体组织,属于非政府组织(Non - Governmental Organizations, NGO)范畴,它是民众进行自我教育需要的产物;这种"以书为师"的自我教育之举,对民众提高自己的知识文化水平和道德修养水平起到了其他组织或其他教育形式不可替代的重要作用。从图书馆的角度而言,会员图书馆满足了民众进行自我教育的需要,从而履行了开展社会教育的职能,由此"开展社会教育"成了图书馆的基本职能之一。因为会员图书馆体现了"三众"或"三共"精神,即体现了"众人共同创办、众人共同利用、众人共同受益"的办馆精神,具备了公共产品或公共物品(public goods)性质,由此它成为近现代公共图书馆的前身。

二、卡内基捐建图书馆:社会教育为旨

卡内基捐建图书馆的伟大壮举,也能很好地说明人们重视图书馆的社会教育功能的缘由。

卡内基生前共向社会捐赠 350695653.4 美元,约占其全部货币性收入的 90%。卡内基在当时被公认为"钢铁大王"。其实,从卡内基的慈善壮举而言,称其为"慈善大王"亦不为过。

卡内基有与众不同的理性而又温情的慈善情结。这主要体现在他的财富观上。他在谈论"富人的责任"时,充满了温情的味道,他说一个人"应当成为生活简朴无华的典范,杜绝招摇与奢侈。他只对亲属提供保证其合理需求的适当费用,并将此外的多余收入视为由他管理的信托基金。

---

① 梁漱溟.中国文化要义[M].上海:上海人民出版社,2018:26.
② 梁启超.梁启超全集(第二册)[M].北京:北京出版社,1999:1187.

他应当精心筹谋,使这些钱对社会产生最佳效果。这样,富人就只是他的穷兄弟的代理人和信托人,用他管理上的超人智慧、经验和能力来为他们服务"①。这里所言"富人就只是他的穷兄弟的代理人和信托人"一句,表明卡内基把穷人视为富人的"兄弟",且认为帮助穷人致富是富人的责任。他在谈论把剩余财富用于"济世救人"时,又体现了谨慎和理性,他说:"济世救人之举主要应考虑如何帮助那些能自助者,向那些希望改善的人提供一定资助,使之得以如愿,或给那些有抱负的人以资助使之能成功。要去帮助,而不要或尽量少去包办一切。施舍从来不能改善个人或民族的处境,除了少数例外,那些值得帮助的人往往不主动求助于人。……在细心而热诚地去帮助那些值得帮助的人的同时,必须同样注意不去帮助那些不值得帮助的人。"因此他提倡以"最合算的方式将剩余财富返还大众,给他们带来长期的利益"②。想做到"最合算",其前提之一是必须区分好"值得帮助的人"和"不值得帮助的人",而且还不能"包办一切"。这表明卡内基的慈善行动并不是盲目地"撒钱",而是具有一定的"精准施善"和注重长期效应的原则,这体现了卡内基的慈善义举的理性精神。卡内基在财富观上的与众不同之处在于:他虽然是世界级富翁,但他不是拜金主义者,而是拜金主义的反对者。对此他自己曾说:"人必须有自己的理想,不过,梦想聚敛财富却是最糟糕的念头之一,没有什么比拜金主义更招人贬斥。"③

卡内基还有一个与众不同之处在于他具有强烈的社会正义感。卡内基虽然身为企业家,但他也十分关注国家的政治问题和社会问题,并积极介入反战与和平主义运动。卡内基极力反对侵略性战争,积极参与反战运动,并到处宣传他的和平主义思想主张,诚如马库(Mackay)所言:"安德鲁·卡内基在早年就逐渐地受到和平主义思想的影响……他从未动摇过世界和平是人类进步的基础这一真诚的信念。"④卡内基的社会正义感,还体现在他对英雄人物的崇拜以及对舍己救人行为的赞助。为此,1904年,卡内基设立英雄基金,捐赠500万美元。当谈及设立英雄基金的缘由时他说道:"我们生活在一个英雄的时代,我们常常因为那些想要保护或解救他们的同伴而受伤或牺牲了的生命而受到震动;这是文明时代的英雄,野蛮时

---

① 赵一凡.美国的历史文献[M].北京:生活·读书·新知三联书店,1989:203.

② 赵一凡.美国的历史文献[M].北京:生活·读书·新知三联书店,1989:207.

③ 克拉斯.卡内基传[M].王鹏,译.北京:国际文化出版公司,2004:100.

④ MACKAY J. Little boss: a life of Andrew Carnegie [M]. Edinburgh: Mainstream Publishing Company LTD,1997:271.

代的英雄是摧残或杀戮别人的生命。"①从这些事例中我们可以看出,卡内基是一个富有社会正义感的人,尽管对他的正义观我们必须提出"谁之正义"[麦金太尔(Maclntyre)语]的疑问(如一些人把他列入"强盗大王"之列),但他毕竟实实在在地做了很多被人认为"正义"的事情。

令我们图书馆人惊奇的是,在卡内基的慈善情结中包含浓重的图书馆情结,迄今为止卡内基仍然是世界上捐建图书馆最多的人(包括捐建数量和捐赠额度)。在卡内基选定的7个领域捐赠计划中②,捐建免费图书馆就是其中一个领域。我们知道,卡内基和他的基金会花费6000多万美元,在世界各英语语系国家和地区共建立了2811座图书馆,这项捐建图书馆计划于1917年才结束。其中1946座图书馆坐落在美国,660座在英国,156座在加拿大,23座在新西兰,13座在南非,6座在西印度群岛,4座在澳大利亚,以及塞舌尔、毛里求斯、斐济等各1座图书馆③。卡内基捐建公共图书馆是有条件的,即只捐助那些得到捐建后能够自己继续维持运营的城镇。为此卡内基提出的要求是:接受捐赠的城镇,要提供建造图书馆的场地,并每年提供相当于捐赠金额10%的税金(从当地财政税收中提取)支付图书馆的开支,包括购买书籍、员工工资、维修费等开支。

在卡内基捐建的图书馆中,约三分之一的图书馆是以卡内基的名字命名的,以至于今天在美国民众的心目中,卡内基是图书馆的代名词。卡内基之所以对图书馆具有如此深的情感,是由于其财富观、社会正义观、青少年时期的图书馆经历以及他本人对图书馆社会教育价值的深刻认识等多方面因素共同促成的。关于卡内基的财富观和社会正义感,上面已有简单交代,以下所谈为卡内基的图书馆经历和他对图书馆社会教育价值的认识。

现在,很多人认为卡内基之所以对图书馆情有独钟,是因为他少年时期曾受惠于宾夕法尼亚州阿勒格尼县(Allegheny)的安德逊(Anderson)上校的私人图书馆,从而产生了报答图书馆之恩的动机。卡内基本人也承认

---

① The Carnegie Endowment For International Peace. A manual of the public benefactions of Andrew Carnegie[M]. Washington:The Carnegie Endowment For International Peace,1919:110.

② 这七个领域分别为:建立一所大学或扩大一所大学的规模、捐建免费图书馆、捐建医院和实验室、捐建公园、建造公共礼堂、建造游泳池、建造教堂。

③ 其实,卡内基捐助图书馆事业的项目不只是捐建公共图书馆,还包括其他图书馆事业项目。项目的明细包括:免费公共图书馆建筑60364808.75美元、大学图书馆建筑4065699.27美元、32座军营图书馆建筑320000.00美元、美国图书馆协会100000.00美元。共计64850508.02美元,占卡内基生前捐赠总额(350695653.40美元)的约18.5%。

自己当年从安德逊家中借阅图书对他产生了很大的影响。对此他说道：

> 毫无疑问，我自己的个人经历或许已经使我相对于其他慈善行为来说，更加重视一所免费的图书馆。当我还是匹兹堡的一名童工时，阿勒格尼的安德逊上校——一个我从来未能不带虔诚感激的心情说出的名字——向孩子们开放他那间拥有四百册图书的小型图书馆……正是在陶醉于他开放给我们的那些宝藏时，我下定决心，如果哪一天我有钱了，这些钱一定要用来建立免费图书馆，使其他贫穷的孩子也能获得和我们从那个高尚的人那里接受的恩惠一样的机会。①

给贫穷的孩子和富人的孩子一样的读书机会，这确实是图书馆人文关怀精神的表现之一。卡内基正是由于看到了图书馆服务的人文关怀精神，促发了他通过捐建图书馆以便"为更多的人创造读书机会"的慈善动机。由此也可以看出，卡内基确实是富有社会正义感和同情心的人。

如果说，卡内基年少时受惠于从安德逊家中借阅图书，从而为其后来捐建图书馆的义举埋下了"种子"，那么，他长大后对图书馆的社会教育价值的深刻认识，则为这颗"种子"的发芽、生根、成长提供了充足的阳光和水分。在卡内基的思想意识中，"书囊括了世界上的所有财富，而这座宝库正好适时地向我打开了。图书馆的主要好处就在于，它对所有人都是一视同仁的。年轻人们必须自己去获取知识，没有人可以例外"②。而且，卡内基也看出了图书馆对于提升公民的民主素养的价值。他在华盛顿特区卡内基图书馆开馆典礼上说："由公众维持的免费图书馆是民主的摇篮。公共图书馆的发展将扩大和加强民主的思想、公众的平等以及人的尊严。"③卡内基对图书馆社会教育价值的这种深刻认识，为其捐建图书馆的义举提供了强大的精神动力。对此他说："给社会的最佳礼物是什么？免费图书馆应该摆在第一位。社会把它当作一个公共机构接受它、维护它，作为城市财产的一部分，就像公立学校一样，它的确是属于它们的。"④在此，卡内基把免费的公共图书馆比作与"公立学校一样"的教育机关，说明他对图

---

①③　郑永田. 卡内基图书馆计划的回眸与反思[J]. 中国图书馆学报，2010(1)：111–118.

②　徐鹏. 镀金与进步时代美国大企业主的财富之源与归向——安德鲁·卡内基的个案研究[D]. 郑州：河南大学，2011：25.

④　陆月娟. 安德鲁·卡内基研究——美国大企业家、慈善家卡内基的思想与实践[D]. 上海：华东师范大学，2003：117.

书馆的社会教育价值给予了充分的肯定。也就是说,卡内基之所以捐建图书馆是因为他发现并肯定图书馆所具有的社会教育功能。

三、从教化教育到素养教育:图书馆社会教育观的演变

卡内基出于"为更多的人创造读书机会"动机而捐建图书馆的慈善之举,从本质上说是教化教育理念的产物,即卡内基认为广设图书馆有利于对民众实施教化,使民众成为有教养的人。19世纪中期至20世纪中期的人普遍相信图书馆具有这种教化教育的功能作用,这种"普遍相信"被称为"图书馆信仰"。持这种信仰的人认为:图书馆通过提供图书,可以向民众传播知识,为他们提供自我教育机会;通过在民众中培育阅读兴趣,可以使他们亲近知识,远离粗鄙;通过改善个人素质,可以推动整个社会进步①。可见,所谓"图书馆信仰",实际上是对图书馆的教化教育功能作用的相信,是对图书馆社会教育功能的早期认识表现。19世纪中期至20世纪中期的英、美等国家的图书馆学者普遍持有这种"图书馆信仰"。

自古以来,盎格鲁-撒克逊民族普遍崇尚精英主义。近代以后,以盎格鲁-撒克逊民族为主体的英、美等国家的上层人士,在个人气质上追求"绅士"或"雅士"风度,并以有知识、有教养、有风度作为精英人士的标志。在精英主义者看来,图书馆是除学校教育之外,能够提供自我教育环境与机会从而帮助人们成为有教养的人的教育教化机构。所谓"有教养的人",就是远离鄙俗、无知、粗鲁、酗酒、放荡之习气的人。精英主义者对图书馆价值的这种认识,虽然有其鄙视平民的"傲慢"心态,但却无形中宣传了图书馆的教化教育功能价值。

蒂克纳(Ticknor)是美国波士顿市的名门贵族,他认为图书馆的教化教育功能表现在两方面:一是教育民众使他们成为"好人"而不是无秩序的制造者,这对社会的稳定至关重要,有利于避免美国成为第二个迦太基②;二是图书馆能够把最好的图书提供给精英阅读,这对国家的发展极为重要,因为这些精英有朝一日会成为国家的政治、智慧和道德的领袖③。由此看,蒂克纳把"民众"和"精英"同时视为图书馆教化教育的对象人群,

---

① 于良芝.探索公共图书馆的使命:英美历程借鉴[J].图书馆,2006(5):1-7,31.

② "迦太基"为腓尼基语Qarthadašt,英语为Carthage,是坐落于非洲北海岸(今突尼斯)的一个部落帝国之名,该帝国后被罗马帝国打败而灭亡。蒂克纳在此是在"被打败而灭亡"之意上使用此语。

③ HARRIS M H. The role of the public library in American life:a speculative essay[M]. Kentucky: College of Library Science,University of Kentucky,1975:8.

这应该说是图书馆平等服务理念的一种表现。

蒂克纳曾发表《民众图书馆思想》一文,文中指出为了提升全民族的心智水平,民众必须有足够的知识和智慧来管理他们的政府,而建立免费使用的公共图书馆使其充分发挥教化教育民众的功能,就有利于使民众掌握这种知识和智慧。他认为,建立免费的公共图书馆,其教化教育作用是学校教育的有效补充,所以图书馆应该向所有人开放,让所有人"培养一种健康的阅读爱好"①。泰勒(Tyler)也认为:教育应该是终身教育,一个人离开学校之后,教育不应该停止,通过图书馆能够实现终身教育,因此可以说"免费公共图书馆弥补了免费公共学校的不足";免费公共图书馆应该"对所有守纪律的人友好相待,成为即使是对书本最无知的人也不会感到尴尬而只会感到鼓舞的地方,成为城市最有吸引力的场所"②。蒂克纳和泰勒都强调公共图书馆服务的"免费"提供,这种免费意味着公共图书馆准入门槛的降低,意味着公共图书馆服务的平民化,意味着图书馆教化教育功能的普及化和最大化。

美国图书馆教育家、《杜威十进分类法》的编创者杜威(Dewey),也是图书馆教化教育功能的极力提倡者。1876年9月,杜威在其任主编的《图书馆杂志》上发表《关于专业》一文。在此文中,杜威充满自豪地说:"一位馆员可以骄傲地宣称自己所从事的职业是一门专业的时代已经到来,最好的馆员不再是思想消极的人,他们具有积极而勇敢的品质,与牧师和教师一起,站在社区教育的最前沿,馆员必须知道其图书馆拥有最好学科的最好图书,必须认真考虑所在社区的需求,必须激起民众阅读的愿望,并教授读者明智地选择图书,馆员必须把民众教育分成免费学校和免费图书馆两个几乎同等重要和值得重视的部分。如果最优秀的方法能够被最优秀的馆员利用,民众就会很快意识到免费图书馆与免费学校同等重要。"杜威宣告图书馆就是一所学校,馆员是一位老师,而参观者就是一位读者,任何人都不能否认这样的图书馆事业是一种专业③。杜威的这段话虽然是为了证明"图书馆职业是一种专业性职业"而论,但其根据是从"图书馆如同学校同样具有教育功能"的角度立意的,如其所言"图书馆就是一所学校,馆员是一位老师"。在这种观念指导下,杜威称图书馆是"人民的大学",他

---

① TICKNOR G. The idea of a popular library[M]//BOSTWICK A E. Library and society. New York:The H. W. Wilson Company,1920:49 – 54.

② 郑永田. 美国公共图书馆思想研究(1731—1951)[M]. 北京:社会科学文献出版社,2015:110 – 111.

③ DEWEY M. The professional[J]. Library journal,1876,1(1):5 – 6.

的原话是："今天我们感兴趣的图书馆,兼具储藏文献、娱乐消遣及其他良好特征,是名副其实的人民的大学。"①杜威称图书馆为"学校""大学",并且认为"免费图书馆与免费学校同等重要",足见杜威对图书馆社会教育功能的极其重视与肯定。

美国图书馆学家达纳(Dana),曾任美国图书馆协会主席。达纳认为,图书馆的力量在于图书,优秀的图书能使无知的人有知,使聪明的人更加聪明,这个过程就是图书馆发挥社会教育功能的过程。1902年,达纳在以《公共图书馆在城市生活中的地位》为题的演说中指出,教堂并非人们最佳的生活中心,而公共图书馆却是民众娱乐和学习的圣坛,是人人共享的幸福与智慧的庙宇;公共图书馆把城市居民凝聚成一个文明且有教养的整体,成为为城市提供社会教育的活动中心②。在达纳看来,公共图书馆是比教堂更重要的公共空间,它能"把城市居民凝聚成一个文明且有教养的整体",即公共图书馆是一种具有公共教化职能的机构,这就是达纳对图书馆社会教育功能的基本定位。

美国著名图书馆学家鲍士伟(Bostwick),曾任美国图书馆协会主席,他于1925年以美国图书馆协会代表身份来到中国,帮助中国成立中华图书馆协会。鲍士伟也非常重视图书馆社会教育功能,但他的与众不同之处是从思想自由和"民主教育"角度立论的。1912年,鲍士伟在一次演讲中指出,公共图书馆对成年人的教育功能越来越强,它正在成为人民伟大的继续教育学校,成为一个思想自由传播的机构,公共图书馆储存不同政治立场、宗教观念和科学与哲学思想的图书。它可以一方面为年轻人的舞蹈班提供房间,另一方面又为谴责舞蹈的人提供会议场所;它可以在某一天赞扬美国的税收体系,另一天又可以严厉地谴责这种税收体系;作为一个教育机构,图书馆比学校更先进,它可以毫不掩饰地提供具有不同观点的图书,而不用担心读者的宗教派别和政治立场,在此过程中人们接受了民主教育,提高了民主素养③。在鲍士伟看来,图书馆收藏和提供各种观点的文献资料,使阅读这些文献资料的读者从中受到民主教育,提高自身的民主素养。把"民主教育"纳入图书馆社会教育功能范畴之中,这是鲍士伟的图书馆社会教育思想的特点之一。尽管鲍士伟把图书馆的社

---

① 郑永田.美国公共图书馆思想研究(1731—1951)[M].北京:社会科学文献出版社,2015:113.

② DANA J C. The place of the public library in a city's life[M]//DANA J C. Libraries Addresses and Essays. New York:The H. W. Wilson Company,1916:69 – 74.

③ 郑永田.美国公共图书馆思想研究(1731—1951)[M].北京:社会科学文献出版社,2015:135.

会教育功能扩展到"民主教育"领域,但从根本上说并未超出教化教育的范畴。

然而,20世纪40—50年代,英、美等国家的图书馆学者普遍所持的"图书馆信仰"遭遇一种尴尬局面,这种尴尬局面是:图书馆读者普遍喜欢阅读小说,而不是喜欢阅读精英们所期望的所谓的"最好的图书",这就出现了"图书馆信仰"与读者实际需求不一致的尴尬局面。当时的图书馆借阅统计数据显示,在绝大多数公共图书馆,一半以上的借阅是通俗小说,在有些图书馆,小说的借阅量甚至达到总借阅量的80%①。这种现实促使人们开始重新审视图书馆的社会教育功能,即重新考虑图书馆的社会教育功能的发挥是否应该继续坚持教化教育方向的问题。

英国著名图书馆活动家麦克考文(McColvin)于1941年推出的《麦克考文报告》指出,"服务是图书馆存在的理由,而服务就意味着不加质疑、不带偏见、不予限制地给予。图书馆是这样一种工具:促进读者的所有或任何活动,因此,它必须是宽容和无所不包的"。不仅如此,该报告还指出,公共图书馆在履行社会教育使命时,不应直接教授人们如何阅读、如何理解、如何使用事实和思想,而是通过最大限度地满足人们各种阅读需求来延伸学校教育的工作,这是公共图书馆与学校教育的根本不同②。这种"不加质疑""不予限制""不教授如何阅读、如何理解"的做法,几乎是在倡导"读者需要什么,就提供什么",显然,这种认识和做法极大地弱化了图书馆的教化教育使命。

纵观世界图书馆发展史,从19世纪中期至20世纪中期,人们始终把图书馆的教化教育功能视为图书馆存在的主要价值,也是英、美等国重视发展图书馆事业的政策合法性(legitimacy)的主要来源。然而,20世纪中期之后,图书馆的教化教育理念逐渐被放弃,取而代之的是"知识自由"理念,其标志性事件是美国图书馆协会于1939年正式采纳《图书馆权利法案》,并以其作为指导图书馆实践的纲领性文件③。知识自由理念的核心精神之一就是图书馆保障读者的阅读自由权利。从教化教育理念到知识自由理念的转变,其实是从以读物为中心到以读者为中心的转变,是从以供给为中心到以需求为中心的转变,也是图书馆社会教育功能重心的一次

---

① MOOR N. Public library trends[M]. London:Acumen,2003:57.

② 于良芝. 探索公共图书馆的使命:英美历程借鉴[J]. 图书馆,2006(5):1-8.

③ 关于"知识自由"概念以及《图书馆权利法案》的内容,见本书第五章第三节"开放共享理念"。

重大转变。

20 世纪 80 年代后,随着信息社会的全面兴起,IFLA 以及各国图书馆界又开始重新审视图书馆的使命与功能,以适应信息社会的要求。这种重新审视的结果,在图书馆社会教育功能的定位上,产生了两方面的共识:一方面,继续肯定图书馆社会教育功能;另一方面,为了适应信息社会发展的要求,把信息素养教育(含数字素养教育)纳入图书馆社会教育范畴之中。从此,图书馆社会教育功能的发挥走上了以信息素养教育为重心的发展之路。

进入 21 世纪后,英、美等国的图书馆界继续深化对图书馆功能或使命的认识,并发布相关文件。如美国公共图书馆协会(American Public Library Association,APLA)发布《新编面向结果的计划:流水作业法》(2001),英国文化、媒体与体育部(Department of Culture,Media and Sport,DCMS)发布《未来框架:新十年的公共图书馆、学习和信息》(2003)等。《新编面向结果的计划:流水作业法》将图书馆的教育使命概括为"辅助各个年龄段的学生完成正规教育计划;满足用户自主学习的需求,帮助他们实现个人发展",把信息素养教育的使命概括为"帮助用户培养信息查询、信息评价及信息利用等技能"。《未来框架:新十年的公共图书馆、学习和信息》将图书馆的教育功能概括为"建立支持正规教育的学习网;倡导自主学习;辅助儿童启蒙教育;与学校建立联系,支持学校工作;充当远程教育参加者的学习中心",把信息素养教育的功能概括为"帮助人们获得信息技能"①。由此可以看出,英国和美国图书馆界已经把图书馆的社会教育功能区分为一般性知识素养教育和信息素养教育两方面。

为了紧跟信息社会发展的步伐,国际图联和联合国教科文组织于1994 年和2022 年两度修订《公共图书馆宣言》。1994 年的《公共图书馆宣言》将公共图书馆的使命概括为四个方面:教育、文化、信息、扫盲。可见,《公共图书馆宣言》仍然把"教育"置于公共图书馆的首要使命地位上,同时把"信息"(信息服务)使命纳入公共图书馆使命范畴之中,以适应信息社会发展的要求。2022 年修订的《公共图书馆宣言》将公共图书馆的主要使命扩展为六个方面:信息、素养、教育、包容、公民参与和文化。其中,对"素养"使命的表述是"促进各年龄段人的媒体与信息素养和数字素养技能的发展","采用数字技术向社区提供现场服务和远程服务,使其尽可能地利用信息、馆藏和活动";对"教育"使命的表述是"支持各级正式和非正

---

① 于良芝. 公共图书馆存在的理由:来自图书馆使命的注解[J]. 图书与情报,2007(1):1-9.

式教育,以及终身学习,使在人生各个阶段的人都能够持续、自愿和自主地追求知识"①。由此我们可以看出,信息素养和数字素养教育已成为图书馆社会教育功能的新生长点。

第二节　图书馆的社会教育功能:中国人的认知

众所周知,中国作为世界四大文明古国之一,自古就有重视教育的优良传统。中国古代教育的一个特点是长期坚守政教合一、官师合一的教育体制②。其中,"政教合一"指的是政治与教化的合一,而非指西方意义上的政治与宗教的合一;"官师合一"指的是主要由官府统掌教育,"以吏为师"就是"官师合一"的典型表现。《论语》所言"学而优则仕",其实就是政教合一、官师合一的教育体制的产物。

一、中国古代人的图书馆社会教育观

中国古代重视教育的传统,加上崇圣传统、崇古传统、崇经传统等,必然造成教育事业、文献事业以及图书馆事业的早熟,而且必然要求图书馆充分发挥学术咨询(资政)与社会教育功能。《新唐书·百官志》所记载的唐代弘文馆的职责是"详正图籍,教授生徒,朝廷制度沿革、礼义轻重皆参议"③。这句话实际上概括出了皇家图书馆的三方面职能:一是"详正图籍"职能,即文献整理或治书职能(即典藏职能,包括收集、校勘、分类、编目、保护等);二是"教授生徒"职能,即教育或培养人才职能;三是"朝廷制度沿革、礼义轻重皆参议"职能,即资政职能(近现代图书馆的参考咨询工作的古代渊源)。其中的"教授生徒"(教育职能),实际上就是"因书而教"或"以书为师"的教育形式。范仲淹在谈论宋代皇家馆阁系统的功能时指出,国家开设馆阁是为了"延天下英才……以待顾问"④,又说"馆殿为

----

① 程焕文.国际图书馆协会联合会—联合国教科文组织公共图书馆宣言(2022)[J].图书馆建设,2022(6):7-9.

② 孟子所言"善政不如善教之得民也",《礼记·学记》所言"建国君民,教学为先",西汉董仲舒所言"教,政之本也",北宋胡瑗所言"成天下之才者在教化",清颜元所言"人才者,政事之本也",等等,其实都是认同政教合一、官师合一之教育体制的观念表现。

③ 欧阳修,宋祁.新唐书[M].北京:中华书局,1999:796.

④ 李焘.续资治通鉴长编[M].上海师范大学古籍整理研究所,华东师范大学古籍研究所,点校.北京:中华书局,2004:3434-3435.

育材之要府"①;宋英宗则干脆说"馆阁所以育隽材"②。由此可见,在中国古代,皇家图书馆是一个集治书、育人、资政功能于一体的综合性设施。可以说,将古代皇家图书馆喻为"藏龙卧虎"之地不为过,诚如欧阳修所言"名臣贤相,出于馆阁者,十常八九"③,所以古代有"宁登瀛,不为卿;宁抱椠,不为监"之说("登瀛""抱椠"即形容入职于馆阁)④。在中国古代,进士出身或被认为可造之才者往往首先被安排到皇家图书馆兼职,意在使这些佼佼者通过阅读丰富馆藏文献而得以继续深造,以待日后重用。这就是古代的名臣贤相以及学问大家大多"出于馆阁者"的原因所在;从图书馆的角度而言,图书馆的这种"育材"或"育隽材"功能,其实就是社会教育功能的体现。

前文说道,卡内基感恩于安德逊上校,并在心底里暗下将来"长大后我也成为你"的决心⑤,由此我们不免想起中国五代时期也曾发生过的类似故事。五代时期的后蜀宰相毋昭裔在广政年间自己出资命人刻石《十三经》立于成都学宫,后又雕印《九经》《文选》《初学记》《白氏六帖》《史记》《汉书》《后汉书》等书籍,广泛流通于世。司马光著《资治通鉴》记载此事云:"自唐末以来,所在学校废绝。蜀毋昭裔出私财百万营学馆,且请刻板印九经。蜀主从之。由是蜀中文学复盛。"⑥毋昭裔为何有此举?宋人王明清说出了其缘由:"毋邱俭("邱俭"为毋昭裔之字——引者注)贫贱时,尝借《文选》于交游间,其人有难色。发愤异日若贵,当板以镂之,遗学者。后仕王蜀为宰,遂践其言刊之。印行书籍,创见于此。"⑦毋昭裔的求学经历和慈善义举与卡内基的求学经历和慈善义举极其相似——他们的义举动机同为年少时求学经历所促发,同为自己出资"为更多的人创造读书机会"。

其实,在中国古代,像毋昭裔这样以个体的力量"为更多的人创造读书机会"的事例还很多。金人孔天监在《藏书记》中记述了自己的"同舍友"

---

① 范能濬. 范仲淹全集[M]. 薛正兴,校点. 南京:凤凰出版社,2004:565.
② 脱脱,等. 宋史(简体字本)[M]. 北京:中华书局,1999:2596.
③ 欧阳修. 欧阳修文集[M]. 刘振鹏,主编. 沈阳:辽海出版社,2010:809.
④ 脱脱,等. 宋史(简体字本)[M]. 北京:中华书局,1999:2524.
⑤ 对此,顾实在自己所著《图书馆指南》一书中指出,"安特流加内尼(即安德鲁·卡内基——引者注)初不能受学校教育,仅假富户之藏书,利用劳动之余暇,以资自修。后得志为世界屈指之资本家。因夙有志设立图书馆,以教养不幸之人,现今每年捐金数十百万圆,促进各地方公共图书馆之普及"。见:顾实. 图书馆指南[M]. 上海:医学书局,1918:9.
⑥ 司马光. 资治通鉴[M]. 北京:中华书局,2011:9626.
⑦ 王明清. 挥麈录[M]. 上海:上海书店出版社,2009:240-241.

山西洪洞县人承庆(疑为卫承庆)的藏书事迹,其云:

> (洪洞县人)虽家置书楼,人畜文库,尚虑夫草莱贫乏之士,有志而无书,或未免借观手录之勤,不足于采览,无以尽发后生之才分。吾友承庆先辈奋为倡首,以赎书是任。邑中之豪,从而和之,欢喜施舍,各出金钱,于是得为经之书有若干,史之书有若干,诸子之书有若干,以至类书字学,凡系于文运者,粲然毕修。噫! 是举也,不但便于己,盖以便于众;不特用于今,亦将传于后也。顾不伟哉! 将见濡沫涸辙者,游泳于西江之水;糊口四方者,厌饫于太仓之粟,书林学海,览华实而操源流,给其无穷之取,而尽读其所未见之书……阅氏之区区,无劳于汉人也。以是义风率先他邑,使视而仿之,慕而效之,一变而至于齐鲁,蔚然礼仪之乡,其为善利,岂易量哉!①

孔天监认为,承庆建书楼之举"不但便于己",而且还"便于众",所以获得了"邑中之豪,从而和之"的支持。在孔天监看来,建书楼的社会价值在于"便于众",其功效在于使"有志而无书"者能够"尽读其所未见之书"。孔天监还认为建书楼并开放其藏书"便于众"之举所带来的"善利"难以估量,意为此举功德无量。所谓使"有志而无书"者能够"尽读其所未见之书",实际上就是为更多的人创造读书机会之举,而图书馆的价值就在于"为更多的人创造读书机会",这正是图书馆的社会教育功能所带来的价值。尽管承庆无法像卡内基那样捐建那么多的公共图书馆,但二人在"为更多的人创造读书机会"的用意或动机上是一致的。

同样以"为更多的人创造读书机会"为动机,自己出资创建图书馆的人还有徐树兰。1887 年,徐树兰在家乡浙江绍兴创办中西学堂,自任校董,设文学、译学、算学、化学等科,开新式教育风气之先。又于 1904 年(又一说为 1902 年),捐银 32960 余两,在绍兴城古贡院内创建古越藏书楼,为此他将所有家藏书籍和新购置的译本、标本、报章以及各类中外书籍共 7 万余卷,全部入藏。古越藏书楼虽取名"藏书楼",但与此前的历代官私藏书楼有根本的区别——全面对外开放。徐树兰自定的创办古越藏书楼的宗旨是"一曰存古,一曰开新"。这里所言"开新"主要表现在:重视收藏中外新书;用新的分类法,把馆藏图书分为学部、政部两大部类;采取全新的

---

① 李希泌,张椒华.中国古代藏书与近代图书馆史料(春秋至五四前后)[M].北京:中华书局,1982:25 – 26.

服务模式,全面对外开放。关于创建古越藏书楼的初衷,徐树兰说道:

> 窃维国势之强弱,系人才之盛衰;人才之盛衰,视学识之博陋。涉猎多则见理明,器识闳则处事审,是以环球各邦国势盛衰之故,每以识字人数多寡为衡。……职前于光绪二十三年(1897年)筹办绍郡中西学堂,教授学生,每学不过数十人,或百数十人,额有限制,势难广被,而好学之士,半属寒畯,购书既苦于无赀,入学又格于定例,趋向虽殷,讲求无策,坐是孤陋寡闻,无所成就者,不知凡几。……泰西各国讲求教育,辄以藏书楼与学堂相辅而行。都会之地,学校既多,又必建楼藏书,资人观览。……(本藏书楼)参酌东西各国规则,拟议章程……所需开办经费银三万二千九百六十余两及常年经费每年捐洋一千元,均由职自行捐备。①

可见,这段述说是从国家强弱与人才的关系以及人才培养与教育的关系立意的,或者说,徐树兰是从图书馆的社会教育功能角度论证开办图书馆的必要性的。这再次证明了这样一个历史事实:无论是国家创建图书馆还是个人创建或捐建图书馆,大多是以图书馆的社会教育功能为创建或捐建之初衷的。诚如谢拉所指出的那样:"在英美世界,尤其是英国,图书馆是正式教育机构。在英国,威廉·伊华特(Willian Ewart)和他的拥护者试图促进公共图书馆法案的通过而力主图书馆的教育目标。利用图书馆,劳动阶级在职业和道德上都可获得自我教育;他们阅读以改进他们的技术,鼓励上进的文学书籍使他们不致堕落于酗酒和赌博罪恶中。"②谢拉的这段话表明,在英美国家,人们也是从图书馆的社会教育功能出发来决定是否通过立法来建设公共图书馆的。

在上引徐树兰的述说中,他明确认同"藏书楼与学堂相辅而行"的做法,其意思是说,图书馆是与学校教育相辅而行的社会教育机构。从徐树兰所言"好学之士,半属寒畯,购书既苦于无赀"一语看,他与卡内基一样,都是以"为更多的人创造读书机会"为创建图书馆的动机,其实就是以图书馆的社会教育功能为其创建古越藏书楼的动机。正因如此,孙毓修就把徐树兰的义举与卡内基的义举划归同类,他说,"近日绍兴徐仲凡树兰

---

① 中国图书馆学会. 百年文萃:空谷余音[M]. 北京:中国城市出版社,2005:3-4.

② SHERA J H. 图书馆学概论:图书馆服务的基本要素[J]. 郑肇升,译. 图书馆学与资讯科学,1986(2):235-266.

悉出其藏书,公之于乡,而成古越藏书楼……观察不以私之于儿孙而公之于桑梓,其有美国卡匿奇 Carnegie、泰罗尔 Taylor、尼古剌 Nechaler 诸人之风矣"①。

在《古越藏书楼章程》中,徐树兰制定出了详细的管理与服务规则,现择其要录于下:

第一节:此楼建于绍兴,为地方劝学起见,故名古越藏书楼。

……

第三节:本书楼所藏书籍,分二类:曰学部;曰政部。

第四节:凡已译未译东西书籍一律收藏。

第五节:各书之外,兼收各种图画。……又收各种学报、日报,以资考求。

第六节:研究科学,必资器械样本,故本书楼兼购藏理化学器械及动植矿各种样本,以为读书之助。

……

第十五节:每日阅书,上午九点钟起,十一点钟止,下午自一点钟起,五点钟止。

……

第二十一节:凡阅书有欲摘录者,尽可随意抄写。

……

第二十五节:阅书者如欲用膳,其膳资理宜自备。本楼雇有庖丁,亦可承办。……欲用早膳,宜前一日向庖丁预订。欲用午膳、晚膳,宜早晨向庖丁预订。

第二十六节:阅书者如欲饮茶吸烟,宜自备。惟茶由本楼供应。②

上述规则内容体现了两种图书馆应具备的精神:一是文献保障精神,即遵守兼收并蓄的文献收藏原则;二是服务上的人文关怀精神,包括保证较充分的开馆时间,允许"随意抄写",提供用膳方便,甚至提供茶饮等,体现了一定程度上的"读者至上"精神。"教学育人"的学校教育和"以书育人"的图书馆的社会教育,都属于"育人"为宗旨的事业,而"育人"的事业就必须具有人文关怀精神。这是由任何教育方式都必须"把人当作人看,

---

① 中国图书馆学会.百年文萃:空谷余音[M].北京:中国城市出版社,2005:16.

② 中国图书馆学会.百年文萃:空谷余音[M].北京:中国城市出版社,2005:5-8.

而不是当作物看"的基本要求所决定的。

中国明代、清代时期出现的"儒藏说"亦可视为"为更多的人创造读书机会"之论。"儒藏"之意为"儒家宝藏",即把儒家典籍收集在一起,编成一大文库,即为"儒藏",它是儒家典籍的总汇。现在的人们大多认为"儒藏说"源于明末人曹学佺,而大成于清乾隆时期人周永年。其实,在曹学佺之前已有"儒藏说"的萌芽,其中最具代表性的人莫属明代前期人丘濬。丘濬在《图籍之储》和《访求遗书疏》二文中较全面地阐述了建立国家文献资源收藏系统的重要性。如其所言:

> 人君为治之道非一端,然皆一世一时之事,惟夫所谓经籍图书者,乃万年百世之事焉。盖以前人所以敷遗乎后者,凡历几千百年,而后至于我,而我今日不有以修辑而整比之,使其至我今日而废坠放失焉,后之人推厥所由,岂不归其咎于我之今日哉? 是以圣帝明王,所以继天而子民者,任万世世道之责于己,莫不以是为先务者焉。①

> 夫献书之路不开,则民间有书无由上达;藏书之策不建,则官府有书易至散失;欲藏书而无写之者,则其传不多;既写书而无校之者,则其文易讹;既校之矣,苟不各以类聚而目分之,则其于检阅考究者,无统矣。……臣请敕内阁儒臣,将南北两京文渊阁所藏书籍,凡有副本,于南京内阁及两监各分贮一本。……如此,则一书而有数本,藏贮又有异所,永无疏失之虞矣。②

丘濬在此明确提出了"经籍图书者,乃万年百世之事"的观点,并提出通过"献书之路""藏书之策"以及文献整理、副本藏异处等途径建立国家文献资源收藏系统的方法。虽然丘濬没有明确提出"儒藏"之词,但"儒藏"之义已然在其中。由此我们可以认为,从时间上说,丘濬的《图籍之储》和《访求遗书疏》中所蕴含的"儒藏"之义,远比曹学佺、周永年等提出的"儒藏说"早得多。

曹学佺提出"儒藏说"是受佛教、道教分别修有佛藏、道藏的启发而来的。《明史》云:"(曹学佺)尝谓二释有藏,吾儒何独无? 欲修儒藏与鼎立。"又说他曾"采撷四库书,因类分辑。十有余年,功未及竣,两京继覆"

---

① 邱浚. 大学衍义补[M]. 林冠群,周济夫,校点. 北京:京华出版社,1999:808-809.
② 袁咏秋,曾季光. 中国历代图书著录文选[M]. 北京:北京大学出版社,1997:238-243.

（《明史·曹学佺传》）。说明曹学佺曾用十余年时间独自修儒藏,因明朝灭亡而中辍。不过,曹学佺的这一设想,对清代的周永年提出"儒藏说"产生了直接的影响。

在曹学佺和周永年之间,其实还有一个人也曾提出具有"儒藏"之义的设想,此人就是明末清初人陆世仪。陆世仪的"儒藏"设想可用一句话概括:择胜地藏书以传万世。对此陆世仪说道:

> 因念藏书之法,庶民无力,断不能藏,即学士大夫,其力不足以博及,亦不足以垂久远。……有一法焉:借天子之力而不烦天子之守。其法可以传之百王而不能易,垂之千万世而无弊,则惟藏之孔氏乎?……于邹、鲁间择名山胜地,定为藏书之所,区别群书,分为数种,如经、史、子、集、志、考、图籍、艺术百家之类,类建一楼,楼置一司,择孔氏子孙之贤者为之,又择其最贤者为之长。……不特邹、鲁之间可用此法藏书,凡天下郡邑名山,皆当仿此为藏书之法。……凡书必当多置副本,以备朝廷四方或有阙乏,掇取钞写翻刻之用。①

借助皇帝或朝廷的力量("借天子之力"),在全国各胜地名山建立文献收藏中心,形成遍布全国的文献收藏网络格局,以此达到文献收藏与传播"垂之千万世"的目的。这就是陆世仪的"择胜地藏书以传万世"的设想。陆世仪的这一设想与曹学佺、周永年的"儒藏说"有一个重要区别,就是在实施方法上采用"借天子之力"的办法,而不像曹学佺和周永年以个体力量为之。

毋庸置疑,周永年是"儒藏说"的集大成者。周永年在所著《儒藏说》、《儒藏条约三则》以及《与李南涧札》、《复俞潜山》等书信中,阐发了他的"儒藏说",现择其要录于下:

> 自汉以来,购书、藏书,其说綦详;官私之藏,著录亦不为不多,然未有久而不散者。则以藏之一地,不能藏于天下;藏之一时,不能藏于万世也。……盖天下之物,未有私之而可以常据,公之而不能久存者。然曹氏(指曹学佺——引者注)虽倡此议,采撷未就。今不揣谫劣,愿与海内同人共肩斯任。务俾古人著述之可传者,自今日永无散失,以与天下万世共读之。

---

① 陆世仪.陆桴亭思辨录辑要[M].上海:商务印书馆,1936:62-64.

……又必多置副本,藏于他处。……惟分布于天下学官、书院、名山古刹,又设为经久之法,即偶有残缺,而彼此可以互备……

且《儒藏》既立,则专门之学亦必多于往日。何也? 其书易求故也。……至于穷乡僻壤,寒门窭士,往往负超群之姿,抱好古之心,欲购书而无从。故虽矻矻穷年,而限于闻见,所学迄不能自广。果使千里之内有《儒藏》数处……可以略窥古人之大全,其才之成也,岂不事半而功倍哉!①

《儒藏》不可旦夕而成,先有一变通之法:经、史、子、集,凡有板之书,在今日颇为易得,若于数百里内择胜地名区,建义学,设义田。凡有志斯事者……或捐金购买于中,以待四方能读之人,终胜于一家之藏。……一县之长官,可劝一县共为之;一方之巨族,可率一方共为之。……书籍收藏之宜,及每岁田租所入,须共推一方老成三五人经理其事。凡四方来读书者,如自能供给,即可不取诸此;寒士则供其食饮。②

上引文字内容就是周永年建"儒藏"的宏伟蓝图的要义。周永年的"儒藏说",实际上是"集编、分藏、共用"说,即集中天下书籍,编成《儒藏》,并多置副本,然后分藏于各地供读书人用之。"集编""分藏""共用"可谓是建立"儒藏"必备的三要素。这是一种"存"与"用"两全其美之策,可谓宏愿。周永年自己曾谋建"借书园",以实现其"儒藏"理想,为此欠下大量债务,后又因应诏赴京入四库馆,"借书园"计划未果而终③。

综观丘濬、曹学佺、陆世仪、周永年等人的国家文献资源建设思想或"儒藏"之说,有两个共同点:一是着眼于文献的永存之法,即都是从天下文献的聚难散易之虞出发,探索聚而不散之法;二是着眼于天下文献的共用之法,即都把"天下文献天下人共用"作为文献资源建设或建立"儒藏"的根本目的,周永年说的"天下万世共读之"一语道出了这一宏愿。他们的设想若用一句话概括就是:关于天下文献的"集编、分藏、共用"之说。集编、分藏的最终目的是实现共用("共读之")。周永年说的"天下万世共读之"一语,用现在的话来说就是"文献资源共享"或"信息资源共享"。因此,周永年说的"天下万世共读之"一语,可谓是"儒藏说"的真谛所在。

---

① 祁承爜,等.藏书记[M].扬州:广陵书社,2010:131 – 133.
② 祁承爜,等.藏书记[M].扬州:广陵书社,2010:134 – 135.
③ 申斌,尹承.清代学者周永年研究四题[J].山东图书馆学刊,2010(1):98 – 101.

前文说过,卡内基当年大量捐建图书馆的用意在于"为更多的人创造读书机会",而周永年说的"天下万世共读之"一语实际上就是"为更多的人创造读书机会"的中国式表达。也就是说,在中国古代图书馆学思想中,"为更多的人创造读书机会"的思想观点早已有之,起码比卡内基早三四百年。从图书馆的角度而言,所谓"天下万世共读之",就是天下人共同享受图书馆的社会教育服务,或者说,图书馆的社会教育功能是从"天下万世共读之"的过程中体现出来的。所以我们说,在中国古人的"儒藏说"中蕴含着充分实现图书馆的社会教育功能的殷殷期待。

二、清末与民国时期的图书馆社会教育观

如果说,丘濬、曹学佺、陆世仪、周永年等人是从历代书籍的聚难散易事实中总结出"天下之物,未有私之而具有常据,公之而不能久存"的道理,从而设想出"公存共用"之策,其中蕴含着"为更多的人创造读书机会"即让更多的人通过利用图书馆接受教育的美好愿望;那么,到了清末时期,一些"睁眼看世界"的人则面对国家的内忧外患局面,尤其是中日甲午战争以后,人们从"新民"或"启迪民智"角度审视包括图书馆在内的社会教育设施对于启迪民智、救亡图存所具有的重要意义。严复说的下面一段话道出了启迪民智的极端重要性:

> 及今而图强,非标本并治焉,固不可也。不为其标,则无以救目前之溃败;不为其本,则虽治其标,而不久亦将自废。标者何?收大权、练军实,如俄国所为是已。至于其本,则亦于民智、民力、民德三者加之意而已。……三者又以民智为最急也。①

像严复这样将启迪民智作为救亡图存的重中之重的人,在当时并非个例。当时称此类主张的人为"改良派"。改良民众素养,提高"国民程度",是改良派的核心主张之一,对此1906年就有人撰文指出:"故民质而优,则其国必昌……民质而劣,则其国必亡。居今日而谋保国倡种之策,非注重新民,改良社会,涤荡昏弊之习性,养成其完备之资格,恐无以苏已死之国魂,而争存于世界。"②

---

① 王栻.严复集[M].北京:中华书局,1986:14.
② 论社会改良[J].东方杂志,1906(8):167-173.

在 1912 年之前,已有一些开明人士通过各种途径(如出使外国或阅读西学书籍等)了解到欧美国家遍设公共图书馆的情况,于是纷纷倡言在中国普及公共图书馆之策(在他们的文字表述中往往称公共图书馆为"书楼""书籍馆""公众书馆""藏书院"等)。其中著名者如魏源、林则徐、郑观应、薛福成、郭嵩焘、李端棻、罗振玉、刘光汉、康有为、孙家鼐、梁启超等①。然他们的言论大多属于介绍、宣传、建议等范畴,不属于学理性论述的范畴。不过,有一点需要指出的是,1899 年在梁启超主编的《清议报》上译载了一篇长文《论图书馆为开进文化一大机关》(疑为日本学者的文章),此文列举了图书馆八个方面的社会价值,并提出了图书馆应"与学校教育并立而不悖也"的观点②。这可能是我们迄今能够查到的最早把图书馆的社会教育功能与学校教育相提并论的外文中译之文。

清末,将图书馆和教育联系起来考量的著名学者之一是罗振玉。他曾说:"保固有之国粹,而进以世界之知识,一举而二善备者,莫如设图书馆。方今欧、美、日本各邦,图书馆之增设,与文明之进步相追逐,而中国则尚阒然无闻焉。鄙意此事亟应由学部倡率,先规画京师之图书馆,而推之各省会。"③从罗振玉所用"国粹""知识"二词尤其是从其所用"文明之进步""由学部倡率"二语看,罗振玉显然是把图书馆列入教育的范畴。

民国时期,倡导社会教育已成为一种社会共识。民国时期首任教育总长蔡元培就深感"教育之责任,不仅在教育青少年,须兼顾多数年长失学之成人",他认为"必有极广之社会教育,而后无人无时不可以受教育,乃可谓教育普及"④。正是在蔡元培的主张和推动下,教育部专门增设社会教育司,分管宗教、礼俗、图书馆、博物馆、美术馆、通俗教育、讲演会等事务,并聘任鲁迅、王章佑等任科员。从此,在中国历史上,执掌社会教育的部门首次在国家教育行政部门中取得独立地位,而且在国家行政主管部门中首次把图书馆正式纳入社会教育部门之中。当时与"社会教育"一词同时流行的词汇还有"通俗教育""民众教育""成人教育"等,这些词汇均可被视为"社会教育"的下位类概念。与此相适应,图书馆界跟随社会教育思潮,迅速掀起了通俗图书馆、民众图书馆、巡回文库建设热潮。为此,1915 年

---

① 这些人关于国外图书馆情况的介绍以及在中国广设图书馆的建议,请参阅:程焕文. 晚清图书馆学术思想史[M]. 北京:北京图书馆出版社,2004.

② 论图书馆为开进文化一大机关[J]. 清议报,1899(17):11–12.

③ 中国图书馆学会. 百年文萃:空谷余音[M]. 北京:中国城市出版社,2005:9.

④ 蔡元培. 蔡子民先生言行录(上)[M]. 济南:山东人民出版社,1998:11.

教育部颁布了《通俗图书馆规程》，规定"各省治县治应设通俗图书馆，储集各种通俗图书，供公众之阅览。……私人或公共团体、私立学校及工场得设立通俗图书馆"①。1937年，国民政府教育部颁布《修正图书馆规程》，其第一条就明确规定"图书馆应遵照中华民国教育宗旨及实施方针与社会教育目标，储集各种书籍及地方文献，供众阅览，并得举办各种社会教育事业以提高文化水准"②。同年，国民政府教育部又颁布《图书馆工作大纲》，其第三条规定"图书馆之施教目标，在养成健全公民，提高文化水平，改善人民生活，促进社会发展"③。这些观念和举措都表明，在民国时期，从社会教育角度定位图书馆价值的观念已深入中国人的思想意识之中。

在1912年之前，已经有人在图书馆学著作中提到了图书馆的教育属性及其价值问题，此人就是孙毓修。孙毓修本为上海商务印书馆编辑，儿童文学是其主攻方向，但他却写出了在我国历史上第一部以《图书馆》命名的专著。此书文稿连载于《教育杂志》1909年11—13期和1910年1、8—11期。他在书中说：

> 图书馆之意，主于保旧而启新。……欲保古籍之散亡，与策新学之进境，则莫如设地方图书馆，使一方之人，皆得而阅之。著作之家，博览深思，以大其文。专家之士，假馆借阅，以蓄其德。即一艺一业之人，亦得于职务余闲，借书籍以慰其劳苦，长其见识。而高等学堂，遍设为难。有一藏书楼，则校外之生，可以入内浏览，温其故课，而启其新知。就学儿童，休业之日，亦可入馆，以书为消遣。如近日商务印书馆所出之童话及儿童教育书，皆为此辈设也。邑中子弟有读书之便，则移其作为无益之嗜好心而嗜书，其有益于风俗社会非细故矣。……故曰图书馆者非第文学之旁支，抑亦教育之方法，岂不信哉！④

孙毓修的这段话实际上是在述说设立图书馆的一系列益处，其得益之人包括"一方之人""著作之家""专家之士""一艺一业之人""校外之生""就学儿童""邑中子弟"等，其益处包括"博览深思""以蓄其德""长见识"

---

①　李希泌,张椒华.中国古代藏书与近代图书馆史料(春秋至五四前后)[M].北京:中华书局,1982:184.

②③　刘劲松.近代中国公共图书馆法规研究(1910—1949)[M].北京:知识产权出版社,2023:268,282.

④　中国图书馆学会.百年文萃:空谷余音[M].北京:中国城市出版社,2005:14,17.

"启新知""消遣""有益于风俗社会"等。图书馆的设立能够给人们如此多的益处,这对利用图书馆的人而言是在学校之外接受教育之益,而对图书馆而言是发挥社会教育功能所带来的社会效益。正因如此,孙毓修最终得出了设立图书馆是"教育之方法"的结论。

在中国现代史上,有一位革命领袖生前曾热情关注过图书馆与教育的关系问题,这位革命领袖就是李大钊。李大钊曾任北京大学图书馆主任。李大钊在《在北京高等师范图书馆二周纪念会的演说辞》中说:

> 图书馆和教育有密切的关系。想教育发展,一定要使全国人民不论何时何地都有研究学问的机会,换一句话说,就是使全国变成一个图书馆或研究室。但是想达到这种完美教育的方针,不是依赖图书馆不可。……古代图书馆不过是藏书的地方,管理员不过是守书的人,他们不叫书籍损失,就算尽了他们的职务。现在图书馆是研究室,管理员不仅只保存书籍,还要使各种书籍发生很大的效用,所以含有教育的性质。现代的图书馆已经不是藏书机关,而为教育的机关。①

把图书馆视为"教育的机关",这是李大钊对图书馆性质的基本定位。而且,李大钊还提出了"使全国变成一个图书馆或研究室"的主张,这实际上是宣传在全国各地遍设图书馆的主张;李大钊的理想目标是"使全国人民不论何时何地都有研究学问的机会",这里就包含了"为更多的人提供读书的机会"之精神,而能够提供这种读书机会的社会途径"依赖图书馆不可"。

被后世学人称为"中国第一代图书馆学家"的学者们,大多对图书馆的社会教育功能及其价值有着深刻的认识。其中,对图书馆的社会教育功能及其价值有专门论述的人主要包括沈祖荣、戴志骞、杨昭悊、马宗荣、李小缘、杜定友、刘国钧、徐旭、汪长炳、俞爽迷等。这些人关于图书馆的社会教育性质与功能的论述,主要涉及图书馆的社会教育属性、图书馆教育与学校教育的比较、图书馆进行社会教育的方法等内容。

1. 沈祖荣的图书馆社会教育观

沈祖荣作为我国首批留美攻读图书馆学专业的学者,对图书馆教育的重要性深有认知。早在 1918 年,沈祖荣就指出:

---

① 中国图书馆学会.百年文萃:空谷余音[M].北京:中国城市出版社,2005:22.

今之谈教育者,莫不曰广设学校。然竭全国之能力,谋国民教育之效果,恐于毕业学校多年后,学业即限于止境,甚或消失无存。故不得不于学校教育外,急筹补偏救弊之法。此诚教育家极重大之问题也。学校之外教育机关甚多,其性质属于根本的,其效果属于永远的,莫如图书馆。欧美图书馆筹划之精密,设立之普遍,使其全国人民之学问技能,无一不受成于图书馆,故有市民大学之徽号焉。……吾国士人,多持曹仓邺架之谬见,尚未明了图书馆之性质,不在培养一二学者,而在教育千万国民;不在考求精深学理,而在普及国民教育;此中国图书馆不能发达之一远因也。①

从这段话中可以看出,沈祖荣先生已经深刻认识到了图书馆教育与学校教育的区别,并对图书馆教育的根本性质做出了概括,即图书馆教育属于"普及国民教育"之范畴。

关于图书馆教育的重要性,沈祖荣在《民国十年之图书馆》一文中,以"假使没有图书馆"这样的反证法,从六个方面进行了详细的阐述。其内容之全面,论述之精当,恐后人难以望其项背,故在此不嫌其文长,照录于下:

图书馆之作用,系补助学校教育所不及,养成人民乐于读书之习惯,提高人民道德和文化素质,进而有利于改良社会;它对于人民,如粟米布帛,不可须臾离也。假使没有图书馆,第一即阻碍学者之自修心与上进心。本来,有了图书馆,社会群众俱可读书,欲专注某种学术,即研究某种书籍。没有图书馆,遇有疑难,无书作解释,遂不能决疑。疑团长留脑海,志士因以灰心,则将因噎废食,屏弃一切,再不求进取,一人如此,一国许多人如此,虽希望文明发达,徒劳梦想。第二,假使没有图书馆,无从收学者之放心。青年学子,心志俱未坚定,无图书馆浏览适当书刊,当课余无事时,即以有用之光阴,去作无益之消遣;于图书而外,去玩娱目之具,则有害于德行者多;于图书而外,追求悦心之事,则荒废于学问者必不少。欲矫正不规则之行为,非多设图书馆不可。盖图书馆实为改良社会之一种利器也。第三,假使没有图书馆,将严重锢蔽学者之思想。寒家子弟,个人为学,欲荟萃中西万国

---

① 丁道凡.中国图书馆界先驱沈祖荣先生文集(一九一九——一九四四年)[M].杭州:杭州大学出版社,1991:1.

之书籍以供参考,势有所不能。纵使有了新思想,缺乏有关图书以作引证与补充或修正,自不能达到纯熟有用;不但古时文化精华部分,不能继承,即现时之新观点,亦无书可以证实。思潮起伏,徒劳无益。气愤填胸,从此不用脑筋,则思想终于锢蔽矣。外国图书馆,到处林立。每有一种思想,即有一种书册以成就之,此所以硕学辈出,项背相望也。第四,假使没有图书馆,难期事业之发达。中国人之观念,以为研究学问,属学士文人所当为,非一般群众所可及也。故各种事业组织中均无图书馆之设置。殊不知凡百事业皆有学问,皆当研究。如欲研究,非有此种图书馆,断不能收圆满之效果。故欧美各国,专为广大职工建设图书馆,使他们借此有所造就。(如医学、实业、法律、农学、银行、商业、技师等,皆有专门之图书馆。)故其事业之发达,蓬蓬勃勃,日盛一日。中国之图书馆,寥若晨星。只是置身学界者,稍知阅览书报;而广大职工,缺乏文化知识,不能有所发明,正坐此缺陷也。第五,假使没有图书馆,容易阻碍读书人之进步。读书人在中国现实社会环境里,一般认为有三大职业,如当学校教员,从事翻译著述,做新闻记者。而一部分人认为,当教员才是有益的职业,做新闻记者不是正业,从事翻译著述也因失业无聊,不过借此渔利耳。兹数者,若在欧美各国,均认为是高尚之职业。操此业者,终年利用图书馆,纵横翻阅,随意参考而图书馆亦供其笔墨,以协助其书稿之完成。中国则不然,虽有此三种人,因图书馆之不发达,虽有疑窦,无从参稽;进步之难亦何足怪?第六,假使没有图书馆,即没有毕生继续求学增长理论知识之场所。中国人之眼光,以为在学校毕业(如小学中学或大学),即登峰造极,可以无事学问矣。不知学问之道,原无止境;学校毕业,只不过对于某一等级学科的学习,告一段落而已。至于学问,从无登峰造极者。是以西人皆以图书馆作为毕生求学之补助机关,诚不谬也。尝见中国人求学海外,毕业回国后,每每以没有继续求学之机关,引为恨事。更有家资微薄,入校或三五年,即因经济支绌不能继续求学,甚为可惜。若能多设图书馆,凡属已经毕业及未毕业而尚思求学者,均可继续求学于图书馆,以遂平生之志愿。①

① 丁道凡. 中国图书馆界先驱沈祖荣先生文集(一九一九——一九四四年)[M]. 杭州:杭州大学出版社,1991:19-20.

2. 戴志骞的图书馆社会教育观

戴志骞是民国时期留美攻读图书馆学专业的代表人物之一,曾两度赴美考察和学习。戴志骞在《论美国图书馆》一文中说:"图书馆与教育,有极密切不能分开之关系。……如要国民有终身智力生长之机,除图书馆外,别无较良美之法,故图书馆,可称国民之终身学校也。美国人民因知此义,故不惜数亿兆之金钱,造就全国国民终身之大学校,今者途人问答皆曰:'该村之图书馆在何处?'而不问'该村有无图书馆?'于此语,则知美国人民之教育与图书馆如手足,有不能分离之势矣。"①这段话说的是美国人的一种观念,即美国人把图书馆视为国民终身教育机关。戴志骞自己则是从"人生三要素"角度界定图书馆的教育属性,如其曰:

> 人生有三种表现:(1)教育,无教育的人,只可说是存在(Existence),不能说是人生(Life);(2)职业,拉车的也算是一种职业;(3)休养,因为人生不能像机器一样,一天二十四小时老是工作,全不休息。所以人生必定要有教育、职业、休养三种。那么世界上什么东西能够包含这三种呢?我是学图书馆的,当然推举图书馆了。②

基于这种认识,戴志骞得出的结论是:图书馆"实在是做平民终身教育的机关,亦是增进平民职业上的技能,并且补助智力的休养";"图书馆一物,实为国家教育上一重要机关"③。显然,在戴志骞的观念里,图书馆已然是终身教育机关,图书馆本身就具有"教育性"这样一种属性;如同缺乏"教育"因素就不成其为"人生"一样,图书馆如果缺乏"教育性"就不成其为图书馆了。

3. 杨昭悊的图书馆社会教育观

杨昭悊先生是中国第一代图书馆学家之一,是我国现代图书馆学理论的主要奠基者之一。1915 年至 1919 年,杨昭悊就读于北京法政专门学校。1917 年,他在《交通日报》上发表了一篇译文《图书馆学序论》(原著署名"江中孜",译者署名"瀞明","瀞明"为杨昭悊之字)。这说明,杨昭悊在大学读书期间就已关注并着手图书馆学研究。正因为他热爱图书馆学专业,所以他大学毕业后留校从事图书馆工作,旋即担任该校图书馆主任(馆

---

① 韦庆媛,邓景康.戴志骞文集(上)[M].北京:国家图书馆出版社,2016:6.

② 韦庆媛,邓景康.戴志骞文集(上)[M].北京:国家图书馆出版社,2016:11.

③ 韦庆媛,邓景康.戴志骞文集(上)[M].北京:国家图书馆出版社,2016:10,14.

长)之职,后又于1921年留学美国,攻读图书馆学专业,1925年回国后也一直从事图书馆工作及其有关活动。

杨昭悊于1917年发表的《图书馆学序论》译文,其中的"图书馆学"一词,被认为是"中国文献中首见于此"①。如果这一判定属实,那么应该给杨昭悊授予引进"图书馆学"一词的"首功学者"称号。1920年5月,杨昭悊又翻译日本学者田中敬的《图书馆学指南》,此书后由北京法政学报社出版。该书只有31页,却是一本较为全面介绍欧美图书馆学著作的书,全书共推荐了近70种图书馆学著作,"像一部分类编排的图书馆学重要西文书籍导读"②。杨昭悊翻译的《图书馆学序论》和《图书馆学指南》,为中国图书馆学人"睁眼看世界"提供了极好的参考资料。

在杨昭悊的论著中,影响最著者莫属1923年初版的《图书馆学》一书(后于1933年再版)。此书最终完稿于他留美途中,付梓之前邀请蔡元培、戴志骞、林志钧为其作序。在杨昭悊自己写的序言中,称此书"十分八九是参考各名家的著作,自己也参加十分一二的意见",其实此书在体例、内容、观点及其表述上,均可称为上乘之作,而且不乏新意。此书共分八篇,其中第二篇即为"图书馆与教育",其下又分六章,依次是图书馆在教育上的地位、图书馆与教育的新思潮、图书馆教育的性质和效力、图书馆和家庭教育、图书馆和学校教育、图书馆和社会教育。可以肯定,在整个民国时期国内出版的图书馆学概论性著作中,此书对"图书馆与教育"问题的论述最为全面。下面择要介绍杨昭悊关于"图书馆与教育"问题的思想论点。

其一,首创"图书馆教育"一词。杨昭悊在《图书馆学》一书中多次使用"图书馆教育"一词。我们知道,在民国时期,很多人都谈论过"图书馆与教育"问题,但把"图书馆"和"教育"合成为"图书馆教育"一词的,莫属杨昭悊和刘国钧为先③。此后,马宗荣在他的论著中也经常使用"图书馆教育"一词。显然,杨昭悊所称的"图书馆教育",绝不是"图书馆学专业教育"之义,而是指"图书馆所实施的社会教育",或者说是"通过图书馆实施的社会教育"。关于"图书馆教育"与"图书馆学专业教育"的区别,俞爽迷于1935年做出了明确的判断,他说图书馆教育"不是训练图书馆员的教育,乃是以图书馆为中心,以图书为出发,为进行,为归宿的教育轨迹,来适

---

① 陈源蒸,张树华,毕世栋.中国图书馆百年纪事(1840—2000)[M].北京:北京图书馆出版社,2004:25.

② 范凡.民国时期图书馆学著作出版与学术传承[M].北京:国家图书馆出版社,2011:69.

③ 杨昭悊和刘国钧同时于1923年9月分别使用了"图书馆教育"一词。刘国钧使用"图书馆教育"一词的情况,见下文"刘国钧的图书馆社会教育观"部分。

应,来创造,来开拓个人和社会的生活"①。这就提醒我们,在现代汉语语境中,"图书馆教育"和"图书馆学专业教育"应予严格区分。

其二,阐明了图书馆教育的独立性。为此,杨昭悊首先指出了当时人们头脑中存在的两种误会:一是"以为图书馆不是一种独立教育",二是"以为图书馆单是一种通俗教育"。由于第一种误会的存在,使得人们认为图书馆教育只是一种辅助性教育,也就是认为"图书馆是附属学校的材料厂,是学校的辅助品,不是一种独立教育"。由于存在第二种误会,使得人们认为"图书馆的客体仅限于普通人民……图书馆单是一种通俗教育,于学术上没有什么关系"。最后,杨昭悊阐述了自己的观点:"其实图书馆所藏的图书,固属死物,然有做主体的馆员活用他,并且有时设专员预备顾问,和学校教授性质相同。这种教育当然可以独立。又图书馆的客体不仅限于普通人民,就是专门学者也能容纳。参考图书馆可做研究高深学术的场所。"②在民国时期,确实有不少人(包括图书馆学界的一些名家)认为图书馆所实施的教育是一种辅助学校教育的通俗教育,有意无意中忽略了图书馆教育所具有的独立性。在这种情况下,杨昭悊能够适时提出图书馆教育的独立性,是一种不随波逐流的独立见解。

其三,指出了图书馆教育的综合性。杨昭悊也认同当时很多人把教育分为家庭教育、学校教育、社会教育的"三分法"观点。但是,由此一些人认为图书馆教育主要属于社会教育范畴,而与家庭教育、学校教育关系不大。对此杨昭悊表示反对,如其言"从主观方面说,组成家庭学校社会的分子,同属个人,一人同时可为数种分子。……在三方面都注意的教育机关,只有图书馆能够。……(图书馆)不单是社会教育机关,他在家庭教育学校教育上都占重要的地位"③。杨昭悊的意思是说,无论是家庭成员、学校学生,还是社会一般人员,都有必要利用图书馆来接受相应的教育。这就说明,图书馆教育是一种集家庭教育、学校教育、社会教育于一体的综合性教育。

其四,指出了图书馆教育的独特性。杨昭悊认为,图书馆教育具有与其他教育形式不同的特点,主要表现在平民的教育、自动的教育、打破学级制度、废除考试制度四个方面。第一,图书馆教育是一种平民教育。对此,杨昭悊指出,"图书馆比学校能够自由,没有男女的限制,使少年少女都可

① 俞爽迷.从纪念总理诞辰讲到教育改革中的图书馆[J].厦大图书馆报,1935(3):23-29.
② 杨昭悊.图书馆学[M].上海:商务印书馆,1933:46.
③ 杨昭悊.图书馆学[M].上海:商务印书馆,1933:40-41.

以自由出入;没有资格的限制,使仕宦平民都可以共同阅览;没有时间的限制,极忙的人也随时可以求学;没有金钱的限制,极贫的人也可以求学"①。第二,图书馆教育是一种自动的教育。这里所言"自动",指主动、自觉之意。图书馆教育就是一种读者主动、自觉进行的教育,也就是读者自我进行的教育。这就是人们把图书馆教育视为自我教育的原因所在。杨昭悊认为,人都有求知心,从个人的求知心出发进行的自我教育,可称为"自动主义教育","现在图书馆即实行这种主义的场所。因为图书馆的性质和学校的性质完全不同,学校对于学生授课时间,课程种类,都有一定的限制,学生居于被动的地位;图书馆对于阅览人就不加何等限制,听其自由,阅览人完全居于自动的地位。这种精神在儿童图书馆更其显著,儿童图书馆所藏的图书,自然随儿童自由入览,即或馆中有人引诱阅览,也是随他的心性自由选择,并无强制性质,和自动教育完全相合"②。第三,图书馆教育能够打破学级制度。在杨昭悊看来,"学校里边最能限制人的,就是学级制度"。杨昭悊所称的"学级制度",指的是现代学校普遍实行的、无论学生的学习能力或学习成绩高低,都按年级逐级升学的"年级制度";这种年级制度虽然有跨级的允许,但限制多多,只涉及极个别学生。杨昭悊反对这种学级制度,认为应该"打破学级制度,拿学科做标准,不论年限的长短,习过若干科目,即可毕业"。杨昭悊的这一主张,与现代大学实行的学分制有相似之处。杨昭悊认为,图书馆教育的一个特点就是不受学级制度的限制,"因为图书馆原来是自由的,阅览人爱阅览什么书,就阅览什么书,爱什么时候来阅览,就什么时候来阅览。兼程并进也好,仔细探讨也好,没有学级的限制"②。第四,图书馆教育是一种废除考试制度限制的教育。杨昭悊指出,考试制度至少有四种弊病:养成虚荣心,养成侥幸心,养成忌妒心,养成作伪心。实事求是地说,杨昭悊指出的考试制度的这四种弊病,在现代教育中也普遍存在。而"图书馆供人自由阅览图书并不考试阅览人",因而接受图书馆教育的人不必考虑考试制度之虞。但是,我们知道,在学校教育中完全废除考试制度是不现实的,鉴于此,杨昭悊认为"学校里边既然不能够一刻改变,就应当多设图书馆,使不主张考试的人都可以到里边求学"③。如果按照杨昭悊的废除考试制度的主张考虑,我们可以认为,图书馆教育能够为人们去除考试之虞的牵绊,因而,图书馆是那些不主张或

① 杨昭悊.图书馆学[M].上海:商务印书馆,1933:43.
②② 杨昭悊.图书馆学[M].上海:商务印书馆,1933:44.
③ 杨昭悊.图书馆学[M].上海:商务印书馆,1933:44 - 45.

厌恶考试制度的人们学习的天堂。总之,图书馆教育的这种平民性、自动性以及无学级、无考试制度限制的自由性,加上图书馆的书香环境,也许正是阿根廷著名诗人、小说家博尔赫斯(Borges)发出如下感慨的原因:"我心里一直在暗暗设想,天堂应该是图书馆的模样。"①

其五,创造性地概括出了图书馆教育在人格修养塑造方面所具有的效力。杨昭悊把图书馆教育的效力分为"智育上的效力""情育上的效力""训育上的效力"三方面。这实际上是从人格结构中的知识、情操、意志三方面去概括图书馆教育的效力,这种角度的概括可谓"前无古人",极富创新意义。智育上的效力,主要指图书馆在人类知识的保存与传递方面所具有的效力。情育上的效力,主要指图书馆服务及书香氛围对读者产生的真、善、美方面的熏陶作用,具体包括"养成知的情操""养成德的情操""养成美的情操"三方面。训育上的效力,主要指图书馆作为自我教育场所能够促使读者练出"自己的事情自己解决"的本领以及尊重他人、爱护公物、遵纪守法的意志力。对此杨昭悊阐释道:"知识能辨善恶,感情能起爱恶,若更进而实行取舍,就在意志是怎样训育即训练这种意志的实现。图书馆能养成自学自修的精神,阅览人自己愿看的什么图书,自己向馆中借贷,若有疑问发生,自己利用图书馆的参考书,不必依赖他人。图书馆馆则严明,能起遵守规律的观念。图书目录整齐,自己阅览后,并须放在原位,能养成遵守秩序精神。阅书时不能扰乱他人,对于公用图书,当格外爱惜,都能增进公德心。至于从图书上所得的教训,如嘉言懿行,能使阅览人意志坚强,行为正当,更不待言了。"②

4. 马宗荣的图书馆社会教育观

在中国第一代图书馆学家中,马宗荣是为数不多的非图书馆学专业出身的人。他的图书馆学知识主要靠自学以及从图书馆实践(曾任上海大夏大学图书馆馆长)中悟得。马宗荣于1918年公派留学日本(1929年回国,留日时间长达11年),先习矿冶专业,后改习社会教育专业,可谓"弃工从教"。之所以从矿冶专业改习社会教育专业,源于其强烈的社会责任感和民族忧患意识,诚如他本人所言"有见于我国民智之愚浅,民德之低下,民众体力之衰弱,因感我国教育之不能全民化,社会教育之不振,社会教育专才之缺乏,故选择社会教育学为余专攻学科"③。马宗荣是中国最早获得

---

①　埃斯克特兰德.图书馆名言集[M].李恺,译.北京:国家图书馆出版社,2013:128.

②　杨昭悊.图书馆学[M].上海:商务印书馆,1933:47-48.

③　马宗荣.大时代社会教育新论[M].上海:文通书局,1941:377.

社会教育学专业硕士学位的留学生①,而且始终致力于社会教育理论研究与事业实践,因此,蔡元培推荐马宗荣任国民政府教育部社会教育司司长之职。在当时中国学者的思想意识中,图书馆就是社会教育机关,图书馆事业与教育事业一样都承担着启迪民智的重要使命,这就是马宗荣回国后同时从事社会教育学研究和图书馆学研究的时代背景。马宗荣的社会教育学专业知识,对他从事图书馆学研究产生了"如虎添翼"的作用。这也是马宗荣能够以非图书馆学专业身份跻身于"中国第一代图书馆学家"行列的重要原因。因此,我们有必要首先了解他的社会教育观。

马宗荣给"社会教育"所下的定义是:"国家、公共团体或私人,为谋社会全民的资质与生活向上发展,设有多式多样的机关与设施,供给社会全民,在其实际生活场中,而得自由的广为扩充其文化财的享受,使影响及于社会全体之作用,谓之社会教育。"对这个定义,他进一步解释说:"国家,公共团体或私人,设法使教育的范围扩张,使它社会化,在家庭和学校以外,另设多种多样的教育机关与施设,应用种种的方法和手段,一切男女老幼贤愚贫富全体民众中未受成熟教育的人,均使他们能不离开其实际生活,从学修体验两方面,而得扩充其文化财的享受,以增高社会全体的教育程度,使社会的改革上进步上受较普遍的良好的影响,这种作用叫做社会教育。"②基于这一定义,马宗荣概括出了社会教育的六方面特点:以全民为对象的教育,整个生涯的教育,充实人生的教育,多式多样制的教育,利用余暇的教育,改善社会全体的教育③。马宗荣认为,"社会教育,是有教无类的教育,是实施彻底的教育机会均等主义的教育"④。

马宗荣就是在上述社会教育观指导下认知图书馆的社会教育性质及其功用的。为此他为"图书馆"所下的定义是:"搜集可为人群文明的传达者,仲介者,有益的图书,并保管之,使公众由最简单的方法,得自由阅览的教育机关。"⑤马宗荣的这一简短的图书馆定义,我们可以从中读出多方面的信息:其一,图书馆是人类文明的保管者、传播者;其二,图书馆揭示馆藏文献的方法(如检索方法)应该是"最简单的",而不是复杂得让人难以掌

---

① 当时留学国外主修图书馆学专业的人往往同时修习教育学或社会教育学专业,如李小缘同时修习社会教育学课程,杜定友"兼习教育"。这种现象本身就说明图书馆与教育具有紧密相关性。

② 马宗荣.社会教育纲要[M].上海:商务印书馆,1937:23-24.

③ 马宗荣.社会教育纲要[M].上海:商务印书馆,1937:24-25.

④ 马宗荣.社会教育纲要[M].上海:商务印书馆,1937:33.

⑤ 马宗荣.现代图书馆序说[M].上海:中华学艺社,1928:2.

握;其三,图书馆是教育机关,这是马宗荣从社会教育角度认知图书馆的必然结论;其四,图书馆是让人"得自由阅览的教育机关",其中所用"自由阅览"一语,显然有西方人所推崇的"知识自由"之义,这是由马宗荣把社会教育定位于"有教无类的教育""机会均等主义的教育"的观念所决定的。正是基于对图书馆的这种认识,马宗荣认为:

> 图书馆在教育上占重要之位置,已允为各国教育家所公认。盖以其对于社会既可以为民众进德、修业、安慰、娱乐之所,复能辅助家庭教育、学校教育、社会教育而增长其效能。故居今日而言教育,社会教育及家庭教育,固宜与学校教育并驾齐驱,而图书馆教育尤宜急求发展。①

正是因为马宗荣有"图书馆是教育机关"这样的观念定位,促使马宗荣得出了这样的结论:"图书馆具有独立教育机关与补助教育机关的性质"②,"图书馆属于社会教育事业的一部分"③。

5. 李小缘的图书馆社会教育观

李小缘先生于1921年受美国图书馆学家克乃文(Clemons)之荐,留学于纽约州立大学图书馆学校。李小缘作为留学美国的学者,同其他留美学者一样也非常重视图书馆的教育属性及其功能的发挥。李小缘的代表作之一是1927年出版的《图书馆学》一书。在该书第一章论述现代公共图书馆之意义时,他提出了一个著名观点:图书馆即教育。对此他说道:

> 举凡环境所可为见识学问者,皆广义教育。故图书馆乃有教育性之环境也。使图书馆环境优良,定可于无影无形中发生陶养人品之好结果。④

人是环境的产物,而"图书馆乃有教育性之环境",所以图书馆首先是一种"环境",而且是"有教育性之环境"。这里所用"环境"一词,比起其他人所用的"装置""场所""机构""机关"等词汇更能显示图书馆"润物细无

① 马宗荣. 现代图书馆经营论[M].上海:商务印书馆,1928:序.
② 马宗荣. 现代图书馆事务论[M].上海:世界书局,1934:19.
③ 马宗荣. 现代图书馆序说[M].上海:中华学艺社,1928:31.
④ 南京大学信息管理系. 李小缘纪念文集[M].南京:南京大学出版社,2007:6.

声"的社会教育作用机理。所以,将图书馆视为"有教育性之环境",这种定位可谓概括精当且独具慧眼。我们知道,李小缘是以严厉批评古代藏书楼的封闭精神、力主现代图书馆的自由开放精神而著称于学界的。对此他说道:"无自由开放之图书馆……乃封建、专制思想。……图书馆书籍不开放,则吾人与古今思想无可接触,无可根据……图书之自由开放,使读者能与远而古圣先贤……发生若干知识心得,使学问可以由无生有,由有生多,而文化进步以至于不可止之境,故图书馆自由开放,所以推广文化。……近代图书馆必以自由开放为图书馆之原则。"①如果把李小缘的"图书馆乃有教育性之环境"之论与他的图书馆自由开放主张结合起来考虑,那么我们可以认为,李小缘实际主张的是"图书馆乃自由开放的教育环境"。古代藏书楼也有教育性,但它是服务于少数人的、半封闭的"教育性环境",而无现代图书馆之自由开放的"教育性环境"。把图书馆建设成自由开放的教育设施,这应该成为现代图书馆的基本追求;将图书馆视为自由开放的教育环境,这应该成为现代人们认知图书馆的基本视角。

李小缘之所以能够形成如上所述的先进的图书馆教育观,既出于他那一代人普遍具有的"教育救国"的执着信念,更出于他对现代图书馆精神的高屋建瓴、鞭辟入里的深刻把握。他说的下面一段话就体现了这种"深刻把握":

> 古之藏书楼,重在保存;今之图书馆,重在普利民众,流通致用,以普遍为原则,以致用为目的,以提高生活为归宿,皆所以启民智,伸民权,利民生者也。……苟能一旦打破旧式思想之藏书楼,使能公开群众,无论男女老幼,无等第,无阶级,举凡学生、工人、农夫、行政家、商人、军人等,皆能识字读书,享受图书馆之利益,则方可谓图书馆之真正革命,之真正彻底改造,之真正彻底建设也。②

李小缘这里所言"启民智,伸民权,利民生"一语,可谓对现代图书馆功能及其价值的最精炼概括;今天的人们对图书馆功能及其价值的种种界说(包括 IFLA 的界说),其实都不出其右。如果让我们用最简练的话语概括出现代图书馆的基本理念,那么"启民智,伸民权,利民生"一语最为合适不过。

---

① 马先阵,倪波.李小缘纪念文集[M].南京:南京大学出版社,1988:94.
② 马先阵,倪波.李小缘纪念文集[M].南京:南京大学出版社,1988:15–17.

　　首先说"启民智"。在中国近现代史上，自洋务运动尤其是中日甲午之战后，人们普遍意识到启迪民智的极端重要性，许多先进知识分子和开明人士开始奔走呼号，"教育救国"作为启迪民智的主要途径成为人们普遍认同的共识，成为"急务"之事。在这种情况下，图书馆事业作为与教育事业紧密相关的事业，引起了人们的普遍重视。中国的近现代图书馆事业就是在这样的时代背景下起航的。也就是说，"启民智"是李小缘那一代人的普遍观点和诉求。现在一些人可能认为，"启民智"是针对教育和科学不普及、不发达的古代、近代社会而言，而现代社会不需要启迪民智。其实不然。从广义上说，无论是古代、近代社会抑或是现代、未来社会，民智永远都需要启迪，也就是说，启迪民智是人类的永恒需要，而不是到了某一时代就能完成或结束的事情。所以，图书馆永远都要承担"启民智"的使命。正因为人类社会永远需要启迪民智，所以图书馆的永恒存在便是合理的和必需的。那些"图书馆消亡论"的鼓吹者们正是因为不懂得人类社会永远需要启迪民智的道理，所以对图书馆的未来做出了"消亡"的误判。由此而言，那些"图书馆消亡论"的鼓吹者们首先应该受到"启迪"。

　　其次说"伸民权"。我们知道，现代民主政体国家，都承认和保障公民的受教育权、思想自由权、休息权等基本人权。现代图书馆是人们进行自主学习、自我教育的重要设施，因为"图书馆乃有教育性之环境"，所以人们利用图书馆是实现其受教育权的基本方式之一。关于思想自由权，联合国《世界人权宣言》第十九条表述为"人人有权享有主张和发表意见的自由，此项权利包括持有主张而不受干涉的自由，以及通过任何媒介和不论国界寻求、接受和传递信息和思想的自由"[①]。人们能够自由、自主地利用图书馆，实际上具有了自由地寻求、接受信息的权利，具有了形成自己的思想和意见的自由。因此，人们利用图书馆的过程也就是实现自己的思想自由权的重要形式。休息权也是公民的一项基本权利，而利用图书馆一向被认为是人们进行消遣娱乐、行使休息权的极好方式。对此，戴志骞曾说"吾人工作不能像机器一样，一天到晚，工作不息。精神的养修，比体力的修养更重要。往往人家独注重体力的修养，譬如设立公园、球场等，但是对于脑力的修养，容易忽略。人常有失眠病，或神经衰弱症，多是用脑过度，修养不足所致。如劳心的人，工事完毕后，读几章有趣的小说，或传记，精神立刻觉得舒服，因为小说等书籍，有修养精神的功用"，"图书馆既专门

---

　　① 胡志强. 中国国际人权公约集[M].北京:中国对外翻译出版公司,2004:253.

设备书籍,实为人生劳动后一极良于休息的地方了"①。李小缘也有与戴志骞类似的观点,他说"人生不能无娱乐,故逐日工作以外必有娱乐消遣之方法。……工厂中,有专门图书馆者,亦添置通俗书籍,如游记、传记、戏剧、小说等有兴趣之书籍,以供工人之阅读。所以公共图书馆之责任,即为使图书馆变为一般人之最高俱乐部。……公共图书馆是富于社会化之娱乐机关,足以启发高尚思想,养成伟大人格"②。在此,李小缘把公共图书馆比喻为"俱乐部",当然这种俱乐部是一种文雅的、文化的俱乐部,是"足以启发高尚思想,养成伟大人格"的俱乐部,总之是一种"寓教于乐"的俱乐部,因而是一种受教育权与休息权合一的权利实现形式。

再次说"利民生"。李小缘认为,"公共图书馆之又一部分事业,乃是设立通消息之机关,是为 Information Bureau,无论何人以各种问题问难,无不详细答复";"除在学校学生与已出学校学生上自行政官吏,动笔墨者,或是不动笔墨者,下至经商者、银行家,无论受过形式教育,与未曾受过形式教育,皆知自己利用图书馆为自己事业之参考,而且还愿自己不惮烦恼,自己继续学习;为工之问题,为农之问题,皆可以参考图书馆,以至政治学、军事学种种问题……无一困难,图书馆不能解答"③。这两段话,虽然是从图书馆的参考咨询功能角度而言,但从其所用"Information Bureau"一语看,其中已然蕴含着图书馆为人们提供各种所需信息进而提高人们的信息素养之意,而信息素养的提高对人们改进工作、改善生活具有极其重要的价值,这就是图书馆"利民生"的表现。"利民生"当然包含"改善人们的生活质量"之义,而"图书馆是健康的、文化性的生存环境的标志之一,因此,利用图书馆的权利就是公民享受健康的、文化性的生活权利的具体内容之一"④。正因如此,1937 年教育部颁布的《图书馆工作大纲》把"改善人民生活"列入图书馆施教的目标之一。

李小缘把图书馆的价值提升到"启民智,伸民权,利民生"的高度,其实离不开他对图书馆的社会教育价值的深刻把握,因为他所言"伸民权""利民生"是以"启民智"为基础的。如果民智不开,民权无以伸张,民生亦无以改善,而"启民智"正是图书馆社会教育功能的根本表现。这就表明,图书馆的社会教育功能是一种集信息教育、知识教育、人格教育、生活教育

---

① 韦庆媛,邓景康.戴志骞文集(上)[M].北京:国家图书馆出版社,2016:10,14.

② 南京大学信息管理系.李小缘纪念文集[M].南京:南京大学出版社,2007:8.

③ 南京大学信息管理系.李小缘纪念文集[M].南京:南京大学出版社,2007:9-11.

④ 中国图书馆学会.中国图书馆员职业道德准则(试行)[M].北京:北京图书馆出版社,2003:20.

等于一体的综合性教育。

6. 杜定友的图书馆社会教育观

杜定友 1917 年留学于菲律宾大学,主修图书馆学,同时兼习教育学和文学,获得图书馆学、教育学、文学三个学位,1921 年回国。回国当年,杜定友就写出了《图书馆与市民教育》讲稿,由广州市民大学出版部印行。在此讲稿中,杜定友集中阐述了"图书馆与教育"问题,其主要观点后收录于 1927 年初版的《图书馆学概论》(1935 年再版)一书中。杜定友之所以重视图书馆的教育功能,主要出于这样一种观念:

> 盖图书馆,乃一教育化及社会化之机关。观乎入图书馆者,皆为求学问养心身起见。故为图书馆员者,其性质与教育界同,受最微之酬劳,而为最多数人求最大之幸福。世界文化之进步,常以人类公共事业之发达为标准。今学校、医院、剧院等社会化及教育化之机关,均纷纷力谋发展,以谋人群幸福,则图书馆亦当居其一也。①

杜定友与当时其他图书馆学人一样,首先肯定了图书馆的教育属性,即将图书馆视为"教育化及社会化之机关",进而认为图书馆员的工作"性质与教育界同"。

杜定友在《图书馆学概论》中阐述"图书馆的意义"时,是从"图书馆与文化""图书馆与学术""图书馆与社会"三方面论述的。其实,这三方面都与"图书馆与教育"问题紧密相关,因为图书馆的文化、学术功能和社会影响,都是通过图书馆施教过程实现的。就拿图书馆的助力学者和传播学术的功能而言,杜定友认为,"学者研究学术,首赖图书,但个人设备,必感不足。有图书馆,然后可以博览群书,参考引证。所以图书馆不啻是学者的养成所。学术的发扬,全靠图书的流通。图书馆的书籍,无处不到,学术也同时普及"②。所谓"学者的养成所",就是图书馆的教育功能的体现,亦即帮助读者通过接受图书馆教育后发展成为有学术造诣的学者;所谓图书馆通过书籍流通实现传播学术的效果,这种传播学术的过程同时也是使读者受教育的过程。因此可以说,图书馆的助力学者和传播学术的功能寓于图书馆教育功能之中。

---

① 杜定友.图书馆与市民教育(市民大学第一期讲义录)[M].广州:广州市民大学出版部,1921:4.

② 杜定友.图书馆学概论[M].上海:商务印书馆,1935:2-3.

在《图书馆与市民教育》讲稿中,杜定友归纳了图书馆对市民所能产生的四个方面的作用,依次是:"图书馆为市民修养之中心点""图书馆为市民游乐之中心点""图书馆为市民之继续学校""图书馆是人们的智囊参谋机构"①。显然,这四个方面的作用,其实都是图书馆教育功能所产生的作用。后来,杜定友在《图书馆学概论》中将这四个方面作用概括为三个方面,即"图书馆为市民修养的中心点""图书馆为市民游乐之中心点""图书馆是普及教育的中心点"②,而没有把"图书馆是人们的智囊参谋机构"纳入进来,这可能是因为在杜定友看来图书馆的参考咨询功能不宜纳入图书馆教育功能。但是,我们可以看出,这三方面的作用其实仍然可以归入图书馆教育功能的范畴。需要说明的是,在《图书馆学概论》一书中,杜定友没有设"图书馆与教育"之专门章节,而是在第一章第三节"图书馆与社会"中归纳了上述三方面的图书馆之社会作用,而将"图书馆与教育"置于"图书馆与学术"一节(第一章第二节)之中。杜定友为何做出这样的前后不尽一致的内容安排,其思路和根据我们现在不得而知,但有一点是可以肯定的,那就是杜定友对图书馆的教育功能及其价值始终是充分予以肯定的。

7. 刘国钧的图书馆社会教育观

刘国钧先生 1920 年毕业于金陵大学,毕业后留校从事图书馆工作,旋即出国在美国威斯康星大学哲学系、图书馆专科学校及研究院深造,获得哲学博士学位。回国后历任金陵大学图书馆主任(后改称馆长)、文学院院长、西北图书馆馆长兼兰州大学哲学系教授、北京图书馆顾问、北京大学图书馆学系主任等职。刘国钧是我国现代图书馆学理论、中国书史理论、图书分类法理论基础的主要奠基者之一。

在民国时期图书馆学者中,大部分人都谈论过图书馆的社会教育功能问题,而且大部分人都从图书馆教育与学校教育的区别角度认知图书馆教育的重要性与独特性。其中,刘国钧的观点及其表述可谓最精当。1923年,刘国钧在《美国公共图书馆概况》一文中指出:

　　公共图书馆者,公共教育制度中之一部也。所谓公共教育制度之一部者,非谓图书馆为学校教育之一部,佐学校以达教育之目的,乃谓

---

① 杜定友.图书馆与市民教育(市民大学第一期讲义录)[M].广州:广州市民大学出版部,1921:7 – 12.

② 杜定友.图书馆学概论[M].上海:商务印书馆,1935:3.

其在教育上之功用、责任与目的,均与学校相同,故其所处之地位,所受之待遇,所用之方法,亦必与学校相同也。易言之,则公共图书馆者一直接之教育机关,而与学校相辅相成者也。盖学校之教育止于在校之人数,图书馆之教育则偏于社会;学校之教育有规定课程为之限制,而图书馆之教育则可涉及一切人类所应有知识;学校教育常易趋于专门,而图书馆教育则为常识之源泉。夫一社会之人,在学校者少;人之一生,在学校之时少。然则图书馆教育,苟善用之,其影响于社会于人生者,且甚于学校。而学校中所培养训练之成绩,转将赖图书馆教育之维持而不坠。则图书馆在教育上之价值有时竟过于学校也。①

从刘国钧这一段话中,我们至少可以读出三方面的信息:其一,指出了图书馆教育的"公共教育制度"属性,亦即图书馆教育有别于私塾教育或私立教育制度。所谓"公共教育制度",用现代的话来说,就是指公共物品(或称公共产品)。也就是说,图书馆教育在本质属性上说是一种公共物品。其实,不仅图书馆教育是一种公共物品,公立图书馆本身就是一种公共物品,即图书馆是为了满足人们平等地获取和共享知识或信息的需要,而对知识或信息进行集中存贮、序化、传播的一种公共物品②。其二,图书馆教育是一种独立于学校的社会教育制度,而不是附属于学校的辅助性教育,诚如其言图书馆教育"非谓图书馆为学校教育之一部"。当然,刘国钧同时也指出了图书馆与学校在"教育上之功用、责任与目的"上的相近性,因而两者是"相辅相成"的关系。这里需要注意的是,"相辅相成"不等于"相同",而是指可以互补的两种教育形式。这就明确了图书馆教育的独立性。从时间上说,刘国钧和杨昭悊同时提出了图书馆教育的独立性(同为1923年9月)。其三,在对学校教育和图书馆教育进行多方面比较的基础上,刘国钧提出了图书馆教育的价值"甚于学校""竟过于学校"的观点。显然,这是对图书馆教育价值的最充分的肯定。

还有一点需要指出的是,在上引刘国钧的一段话中,用了三次"图书馆教育"一词,若把"图书馆之教育"(两次)一语也算进来,那么在这一段话中共用了五次"图书馆教育"一词。由此我们可以认为,在我国图书馆学界,是刘国钧和杨昭悊同时首创了"图书馆教育"("图书馆实施的社会教

---

① 史永元,张树华.刘国钧图书馆学论文选集[M].北京:书目文献出版社,1983:11-12.
② 蒋永福.图书馆学基础简明教程[M].北京:知识产权出版社,2012:27.

育"意义上的)一词,其时间均为 1923 年 9 月。

刘国钧之所以如此重视图书馆的教育属性及其价值,与他对现代图书馆功用的全面而又深刻的认识是分不开的。刘国钧对现代图书馆的功用做了如下三方面的论述:

(1)教义上的价值。图书馆在教义上的价值,是无人能否认的。先就对于学校方面说,它对于在校的学生可供给参考书籍和补充读物,以补学校正式课程或教科书的不足。它对于教师可供给参考的资料而增加他的教材;对于研究求高深学术的专家可以供给他研究资料。对于一般平民,可以指导他们循序渐进以读书,并且馆中的读物,能随读者的意思自由选择,所以能免去学校里划一的弊病而适于防治个性。尤其重要的,便是图书馆对于已离开学校而愿意求学的人,可以供给他继续研究的所在和供给可能的资料。

(2)修养上的价值。教育的价值是侧重供给知识方面说的。然而人在社会上的事业不全凭知识,品格也是紧要的。所以修养是人生所不能忽视的一件事。我们想激励我们的志气,发扬我们的人格,不能不借助于古人的嘉言懿行来作我们的模范,而图书馆便是(提供)这种材料的地方。不但如此,我们在劳力或劳心之后,精神困顿,在图书馆里取些新鲜读物,如小说文艺一类作品,阅览一番,很可以振作我们的精神,恢复我们的疲劳,变换我们的心思。……闲暇是最危险的时机,许多恶习惯都是这时候养成的。"小人闲居为不善",并不一定是句陈腐的话。假如我们有了图书馆,能在有余暇时,便取些书或画看看,不致白白的消磨岁月,而且可以得着相当的益处,这对于修养不是有很大的保障吗?

(3)社会的价值。现代图书馆是个社会化的机关。它是公开的,而且人读了它所藏的图书之后,又多少可以影响他的思想和行为。所以因为图书馆读物选择适当的缘故,往往可以提高一地方的教育程度,道德标准,或者培养群众的知识,引导社会活动的趋势。……至于供给社会上人人以现代的知识,使他们不致成为时代的落伍者,并且能有适当应付现代问题的能力,那更有功于社会进步了。①

刘国钧论述的现代图书馆的上述三方面功用,从其内容上看,主要

---

① 刘国钧.图书馆学要旨[M].上海:中华书局,1949:5-6.

涉及图书馆为读者提供知识的价值和促进读者道德修养的价值两大方面,而这两方面的价值其实完全可以纳入图书馆教育之功用及其价值范畴之中。

8. 徐旭的图书馆社会教育观

徐旭先生于1922年在浙江嘉兴秀州中学毕业后留校工作,其间曾被派到国立东南大学暑期学校学习图书馆学专业;1923年考入杭州之江大学文科,1925年秋因家境贫困辍学。在之江大学读书期间,继续关注和阅读图书馆学书籍,由此奠定他的图书馆学基础知识。1928年夏,徐旭到无锡江苏省立民众教育院和劳农学院任图书馆主任(1930年民众教育院和劳农学院合并,改名为江苏省立教育学院,徐旭继续担任图书馆主任),并讲授《民众图书馆学》等课程。1935年8月,徐旭赴日本留学,攻读社会学、农村经济学专业,从此逐渐淡出图书馆界。新中国成立后,徐旭曾任教育部中等技术教育处处长、高等教育部第三处处长。

徐旭是民国时期少有的非图书馆学科班出身的、自学成才的图书馆学家,他所发表或出版的图书馆学论著,其学术水平并不亚于图书馆学科班出身的人,尤其是他在民众图书馆学和阅读指导、阅读推广方面的研究与实践多有建树。徐旭先后发表或出版过《图书馆在成人教育上的功用及其问题》(译文,1929)、《民众图书馆教育论略》(1931)、《民众图书馆中的读书指导问题》(1931)、《民众图书馆经营法》(1931)、《民众图书馆图书分类法》(1932年)、《民众图书馆释义》(1933)、《民众阅读指导之研究》(1933)、《国民基础学校的补充读物问题》(1934)、《民众图书馆学》(1935)、《民众图书馆实际问题研究》(1935)、《图书馆与民众教育》(1941)等图书馆学论著。从这些论著的名称就可以看出,徐旭的图书馆学论著几乎清一色以民众图书馆为主题。所以,称徐旭为"民众图书馆学研究专家",完全名副其实。

徐旭的图书馆教育思想,其荦荦大端者如下:

其一,明确界定了"民众""民众图书馆""民众图书馆教育"等概念。在解释"民众图书馆"概念时,徐旭重点指明了在"图书馆"前面冠以"民众"二字的意义。他说:"骤视之而不加思索,则必以为'民众图书馆'者,不过是要迎合潮流,或迫于使命而加'民众'两字。在性质上,使命上,设施上,教育上,还是和一般图书馆一样。此为办教育的人作如是想,办社会教育的人作如是想,即专攻图书馆学和置身图书馆事业的人也作如是想。因此凡县立的民众图书馆,有误解为以前的'藏书楼';新创的民众图书馆,有误认为死板的'阅书处'。……其实图书馆而冠以'民众',在名词上已很明显地告诉我们,这个图书馆是为民众而设的,是为教育民众而设的。……它的责任不仅在保藏图书,不仅在供人阅览书报,不仅在实施文字教育的事业,而且应当负起全县,全区,或全乡民众生活的发展,思想的改造和教育辅导的工作。……民众图书馆的工作,是以教育为准,则必不会再有错解或再会轻视民众图书馆了。……'民众'者,乃指全国之'全民众'而言。"①基于这种认识,徐旭对"民众图书馆"作了这样的释义:"民众图书馆是实施民众教育最重要的工具,它也是为实施民众教育最合适的机关。"②那么,什么是"民众图书馆教育"呢?对此,徐旭的界定是:"以图书馆为中心,以图书为出发,为进行,为归宿的教育轨迹,来适应,来创造,来开展个人的生活和社会的建设。"③同时他还指出,"'民众图书馆教育'不是图书馆的一种,而是教育的一种"②。通过以上引文,我们可以大略窥探到徐旭关于"民众图书馆""民众图书馆教育"概念的基本认识,主要有三方面:一是民众图书馆是实施民众教育的机关,这可视为民众图书馆的教育学定义;二是民众图书馆教育是"教育的一种",也就是通过图书馆实施的教育活动;三是民众图书馆教育是"因书而教"("以图书为出发,为进行,为归宿")的教育形式。

其二,明确界定了民众图书馆教育的对象与使命。徐旭是从"智的方面"和"德的方面"分别分析和界定民众图书馆教育的对象的。从"智的方面"分析,民众图书馆教育的对象包括文盲、稍识字者、识字者、读书者、研究者五类人群;从"德的方面"分析,民众图书馆教育的对象包括非法行为者、不知公德者、进德修业者三类人群。在此基础上,他总括民众图书馆教育的对象说:"民众图书馆教育的对象,不仅是识字者,不仅是士阶级,乃是全民众——农、工、商、学、兵,儿童、青年、妇女,不识字者,有学问者,缺德无能者,进德修业者,生理上之残废者,生计上之困苦者,能不能参与社会国家改进之运动者。"③把图书馆教育的对象从"智的方面"和"德的方面"分别归类,这种划分方法有其合理之处,这说明徐旭也认同图书馆教育的内容可分为知识教育和道德教育两大方面的观点。而从其所列的民众图书馆教育对象的人群类别看,几乎是无所不包,真可谓"全民众""覆盖全社会"。由此而言,徐旭所言"民众图书馆"确实给人以与一般的公共图书

---

① 徐旭.民众图书馆学[M].上海:世界书局,1935:1-2.

② 徐旭.民众图书馆释义[J].民众教育学报,1933(创刊号):86-90.

③② 徐旭.民众图书馆学[M].上海:世界书局,1935:3.

③ 徐旭.民众图书馆学[M].上海:世界书局,1935:8-10.

馆没什么区别的感觉。

在明确了图书馆教育的如上对象范围之后,徐旭又明确指出了民众图书馆教育的使命,包括三方面,分别是:使未受教育者,得启发其智能之生长;使现受教育者,得辅助其智能之生长;使已受教育者,得继续其智能之生长①。这三方面的使命,如果用一句话概括,则可概括为"促进全民众之智能生长"。从徐旭把民众图书馆教育的对象划分为"智的方面"和"德的方面"情况看,徐旭所言"智能之生长",应该包括"知识之智能生长"和"道德之智能生长"两方面。徐旭所列出的民众图书馆教育的三方面使命,可以说是当时普遍流行的"启迪民智"思想的具体化和条理化,而且其所分"未受教育者""现受教育者""已受教育者"三类人群,既涵盖"全民众"之范围,又在文字表述上显得很有逻辑性。

与此同时,徐旭又把民众图书馆教育之目的也概括为三方面,分别是:培养健全公民、建立良好社会、递进世界文化②。这种概括可谓有高度、有见地。尤其难能可贵的是,他在阐释"递进世界文化"之内涵时说出了类似于波普尔的两个思想实验的观点③。他是这样说的:

> 世界人类,物质文明之所以能提高,精神文明之所以能演进,凡百事业之所以能日新月异,各种学术之所以能愈研愈精,莫不赖图书馆的搜藏图书而传递所造成。苟使现今人类,没有前人的思想、方法、发明、伟迹,载之于书,传之于今,取而参考之、研究之,则我们的思想不会演进,我们的生活不会改善,世界的文明无由进步,世界的文化无由继续。④

这里所用"物质文明""精神文明"二词,与波普尔的"客观知识""主观知识"概念有高度重合性;而且徐旭所用"苟使现今人类……则我们的

---

①　徐旭.民众图书馆学[M].上海:世界书局,1935:7-8.

②　徐旭.民众图书馆学[M].上海:世界书局,1935:10-11.

③　为了便于对照理解,这里再次引用波普尔的两个思想实验。实验1:我们所有的机器和工具,连同我们所有的主观知识,包括我们关于机器和工具以及怎样使用它们的主观知识都被毁坏了,然而,图书馆和我们从中学习的能力依然还存在,显然,在遭受重大损失之后,我们的世界会再次运转。实验2:像上面一样,机器和工具被毁坏了,并且我们的主观知识,包括我们关于机器和工具以及如何使用它们的主观知识也被毁坏了,以至我们从书籍中学习的能力也没有用了……我们的文明在几千年之内不会重新出现。

④　徐旭.民众图书馆学[M].上海:世界书局,1935:11.

思想……"这样的假设逻辑,也与波普尔的两个思想实验的假设逻辑极其相似。徐旭关于"递进世界文化"的上引一段话,出自其于1935年出版的《民众图书馆学》一书,而汪长炳于1933年发表的《图书馆教育在都市社会中之重要》一文中就提出了极其类似于波普尔的两个思想实验的观点(见下文"汪长炳"部分)。这说明汪长炳早于徐旭提出了类似于波普尔的两个思想实验的观点。不过,我们在现有的文献资料中未曾发现汪长炳与徐旭当时有过交流,这说明二人很可能是先后各自独立提出类似于波普尔的两个思想实验的观点的。需要指出的是,波普尔的"客观知识"之论和两个思想实验之论,是20世纪60—70年代的产物,而汪长炳和徐旭分别在1933年和1935年就提出了与波普尔的两个思想实验基本相似的观点,在时间上远早于波普尔,只不过汪长炳和徐旭未给自己的观点冠之以"思想实验"之名罢了。

其三,创造性地提出了馆员是图书馆教育的重心的观点。图书馆教育以什么为重心?对此徐旭首先回答了四个"不是",即不是馆舍,不是图书的数量,不是图书的质量,不是对象(读者);然后他正面回答了"是什么",即他认为图书馆教育的重心在于馆员。馆员何以成为图书馆教育的重心?徐旭举出三个理由来证明馆员成为图书馆教育的重心的原因,即馆员是图书馆的动力,馆员是图书的生命,馆员是对象的导师。最后他总结说"因为馆员是图书馆的动力,所以他可以将死的图书馆,变为活的源泉。因为馆员是图书的生命,所以他可以将死的图和书,变为民众的摇钱树。因为馆员是对象的导师,所以他可以将睁眼的瞎子,变为光明的千里眼"①。徐旭用"反题-正题"法论证馆员是图书馆教育的重心的观点,这种论证方法极具逻辑说服力。在同时代的图书馆学者中,徐旭之外的其他人,似乎未曾谈及图书馆教育的重心问题,更未曾明确指认馆员为图书馆教育的重心。所以可以认为,把馆员确认为图书馆教育的重心,是徐旭的一个创新性观点。我们知道,任何社会事业的发展,都应该"以人为本"而不是"以物为本",由此而言,徐旭提出的馆员是图书馆教育的重心的观点,其思想根据是完全成立的,而且这种思想根据符合在生产力构成要素中人是唯一的"活的因素"的马克思主义观点。

其四,较全面地探讨了图书馆教育的实施方法问题。为此,徐旭首先提出了图书馆教育方法所应遵循的基本原则,包括"适应个性""根据生活""引起兴味"。然后提出了对应于这三个原则的实施方法:"个别教学"

---

① 徐旭.民众图书馆学[M].上海:世界书局,1935:4-6.

法对应于"适应个性"之原则;"学级文库"法对应于"根据生活"之原则;
"单元设计"法对应于"引起兴味"之原则①。但是徐旭对这三种方法称谓
的含义没有做出解释,所以我们今天理解其含义有一定的困难。其中的
"个别教学"法的含义应该比较好理解,它指的是针对不同类型的读者实
施个别辅导的方法。"学级文库"法,应该指的是根据不同类型读者的各
自需求,对每类读者按其文化程度不同分别组织由低到高、由浅至深的馆
藏读物,以适应"根据生活"现实的原则要求。"单元设计"法,其含义不太
好理解,但因为它是对应于"引起兴味"原则的方法,所以它可能是指"情
境设计"的意思,即根据不同类型读者的特点,设计并实施适合其特点的各
类活动,以激发读者的兴趣。这种理解基本符合徐旭对阅读指导所持的基
本观点,如其所言,阅读指导应该以"读者的程度、需要、年龄、时间及时、
事、地的差异为依据"②。这段话中的"时间",指读者的休闲时间,其后的
"时"指读者所处的心境状态(如愉快时或愁闷时)。徐旭上述图书馆教育
的方法,可用一句话概括:根据读者的不同情况,实行分类指导。

　　根据上述的原则和方法,徐旭进一步列出了图书馆教育的明细方法:
①适合各种中心标语、图表和书籍的陈列;②揭示馆务的消息牌,传达时事
的壁报牌;③备各种完善的图书目录;④入馆指南或本馆一览的印发;⑤本
馆之图书目录之编制及其使用法等说明书;⑥散发每次新到图书之目录单
或大意单;⑦在各类图书架上,贴以关系某类图书内容之"标语"或"画
图";⑧各书之第一页上,贴以关于某书内容之"图画"或"摘要";⑨将各书
之重要部分或章句,加以"红线"或"注释";⑩各种会集③。

　　其五,突出强调阅读指导的重要性,并指出了详细的阅读推广办法。
阅读指导和阅读推广工作,是图书馆履行教育职能时所采取的主动施教方
式,因而阅读指导和阅读推广工作完全可以纳入图书馆教育的范畴。徐旭
认为,"指导民众阅读,实为民众图书馆最重要的工作"④。由此足见徐旭
对阅读指导工作的充分重视。徐旭的代表作之一《民众图书馆学》一书,
共分十章,其中第九章为"民众阅读指导法",第十章为"民众图书馆之推
广事业",由此足见他对阅读指导和阅读推广工作是何等的重视。而且,他
所列举的许多阅读指导方法和阅读推广方法,大多仍然适用于今天的图书

①　徐旭.民众图书馆学[M].上海:世界书局,1935:19–20.
②　徐旭.民众阅读指导之研究[J].图书馆学季刊,1933(3):26–44.
③　徐旭.民众图书馆学[M].上海:世界书局,1935:20.
④　徐旭.民众图书馆经营法[J].民众教育通讯,1931(9):21–34.

馆工作。即使是现在的图书馆从业者,如果让他(她)说出阅读指导或阅读推广的意义与方法,未必能比徐旭说得更全面、更准确。

关于阅读和阅读指导的重要性,徐旭说"文字究竟是做人工具之一种,读书是获得这种工具的方法,也就是获得人生知识之一种方法。现在要使一班已失学的成人,或未读书的民众,都迫切地来踏进读书的园地,得以充益知识,修养心身,增进愉快,利用文化,大家得其所哉,那只有靠民众图书馆的指导阅读工夫。因为阅读指导,可以使每一个阅者,引起读书的兴趣,获得读书的方法,增加读书的效能,养成读书的习惯"①。

在《民众图书馆学》一书中,徐旭全面论述了阅读指导工作、指导用书法、指导读书法、引起民众阅读兴趣的方法、阅读推广办法等,足见其对阅读指导和阅读推广方法的全面掌握。

关于指导读书法,徐旭列举出五种方法,并对每种方法做了较详细的解释。这五种方法是:讲演会、辅导班、读书会、研究会和通信指导。关于引起民众阅读兴趣的方法,徐旭列举出六种方法,分别是:个别谈话、剪贴布置、读书竞赛会、图书展览会、读书运动和开映图书馆影片。最难能可贵的是,徐旭列出了十八种阅读推广办法,且对每种办法又进行了详细的解释。这十八种办法分别是:壁报、询问代笔处、固定巡回书库、流动书库、旅行书库、代借图书处、函借筒、通信借书、阅书报处、公布民众教育机关活动事业的消息、初高级识字班、流动教学、各科补习班、编印民众书报、印发联合书目、识字运动、代阅者购书和联络事业②。如此多的阅读推广办法,如果真的都能实行,且能取得预期效果,那么这种阅读推广服务对读者来说可谓无微不至,对图书馆来说可谓全心全意服务。

正是由于徐旭极端重视全心全意的服务,所以他提出的一些阅读指导的观念和做法未免有"过度指导"之嫌疑。如徐旭似乎对馆员的职业操守及其能力有充分的信心,甚至认为馆员是读者的导师,因而认为"阅者先修先习何书,以及如何修习某书等,皆非经过导师的指示不可"③。他还指出,馆员对读者进行读书方法指导时,"须教他们某书应重思考;某书应重记忆;某书可随意浏览;某书可详细研究;某书宜略读,吮其精华;某书宜精读,通其神气"④。这种无所不包、无所不通的读书方法指导,用今天的话

---

① 徐旭.民众图书馆学[M].上海:世界书局,1935:207.

② 徐旭.民众图书馆学[M].上海:世界书局,1935:215-235.

③ 徐旭.民众图书馆教育论略[J].教育与民众,1931(4):631-649.

④ 徐旭.民众图书馆实际问题[M].上海:中华书局,1935:43.

来说可谓"精准指导"。我们知道,这种"精准指导",必须建立在馆员对馆藏文献资源的"精准"了解,包括对每部馆藏书籍的思想意义的"精准"把握的基础之上。在此我们不得不提出这样的质疑:馆员有此等能力吗?事实上,这种能力要求是难以达到的,即使采取分工负责制(即每名馆员只负责对某类或某一部分书籍的思想意义的"精准"理解和把握),也是难以做到的。如果说,徐旭对馆员的能力抱有过度的自信,那么,他对读者的自我辨别能力和理解能力则表现出过度的不信任。所以,徐旭主张对读者的小说阅读采取限制措施,在图书排列方法上将小说和非小说混合排列,使读者"逐渐减少专阅小说的兴味,而选非小说替代之"①。想利用这种图书排列法来限制读者对小说的关注及阅读,可谓"用心良苦"。这种对读者的选择读物行为加以外在干预的做法,是否值得提倡,对此我们应该深思和谨慎。我们应该知道"好心不一定得到善果"以及"好心也不应该滥用"的道理。因此,我们在阅读指导和阅读推广工作中,应该谨防"过度指导"的问题。当然,我们不应"以今论古",不应以"事后诸葛亮"眼光苛责徐旭在思想方法上的局限性。面对当时民众文化素质极低的社会情况,以满腔热忱的"教育救国"理想,通过图书馆教育来迅速达到启迪民智的效果,这种出发点和动机无可厚非。

9. 汪长炳的图书馆社会教育观

汪长炳1922年夏进入文华大学,学习图书馆学专业,1926年毕业,获文学学士学位;1932年赴美国哥伦比亚大学图书馆学研究生院深造,1934年获图书馆学硕士学位,毕业后在美国国会图书馆东方部工作两年。1936年8月回国后,曾任武昌文华图书馆学专科学校教授兼教务主任,国立教育学院图书馆博物馆学系主任,无锡文教学院图书馆主任,苏州市图书馆副馆长,南京图书馆副馆长、馆长等职②。

汪长炳在自己的论著中也经常使用"图书馆实施的社会教育"意义上的"图书馆教育"一词。汪长炳的图书馆教育思想,有诸多与众不同之处,从中我们可以领略其思想的睿智。

其一,厘清了"社会教育""民众教育""图书馆教育"等概念的内涵及其界限。汪长炳在《图书馆教育在都市社会中之重要》一文中指出,"就民众教育说,普通人常以民众教育与社会教育混用,这是错误的……社会教育的范围很广,凡学校教育以外的各种教育,都叫做社会教育,而民众教育

---

① 徐旭.民众图书馆图书排列法之研究[J].山东民众教育月刊,1934(5):86–92.

② 南京图书馆.汪长炳研究文集[M].南京:南京大学出版社,2007:引言.

只是社会教育中的一部分教育,通常是指智识程度较低的一般民众的教育而言。……我们试取民众学校的教育目标为代表,根据部订,其目标是'授予授学民众以公民之基本训练,及简易之智识与技能'。很显然的,根据此目标,我们可知其教育对象,亦不在于一个都市人民的全体,仅为其中较落后的一部分。……还有一种教育,其对象为都市民众之全体,而其目标兼摄以上两种(指学校教育和民众教育——引者注)之精华,那是什么? 即是我们所谓之图书馆教育是也"①。

其二,明确界定了图书馆教育的对象范围。他说图书馆的"施教范围,既无地区之限制;施教时间,更无年限之间断。……图书馆之施教对象为图书馆所在区之全体民众,并包括本区寄居之外国人士,及本区外之各种社会团体学术机关,是其范围影响普及于整个社会;社会之良窳,胥赖于图书馆教育之推进与否,其社会文化固在一般水准以上,得图书馆而进步益显"②。这种连外国侨民都包括在内的图书馆施教范围,可谓"覆盖全社会"。由此我们可以看出,汪长炳所言图书馆教育的对象范围,与我们今天所说的"图书馆服务范围"完全等同。

其三,把品格教育作为图书馆教育的重中之重予以强调。这是汪长炳的图书馆教育思想的特点之一。汪长炳认同教育部于 1937 年颁布的《图书馆工作大纲》中的规定,即"图书馆之施教目标,在养成健全之公民,提高文化水平,改善人民生活,促进社会发展"。其中的"养成健全之公民",汪长炳将它分为两方面内容:一是"养成品格健全的公民",一是"养成知识丰富的公民",并且重点阐述了"养成品格健全的公民"的意义。他说:

> "国者,人之积;人者,心之器",要一个社会好,必须组成社会的各个份子皆好;要一个国家健全,必须组成国家的公民皆健全,但是要使一个人健全,必须先从心理上健全起,此即所谓正心诚意,心所表现于行为者,即形成一个人的品格。
>
> "品格"是教育上的一个重要课题,品格不是本能,品格必待教育而后形成,儒家所谓伦理教育,皆系就此方面而言。
>
> 品格教育的目的,在导人为善。因此,必需刻划一种典型,作为人的模范,如所谓圣人、贤人之类,皆是一种品格的教育方法。

---

① 南京图书馆. 汪长炳研究文集[M]. 南京:南京大学出版社,2007:27-28.
② 南京图书馆. 汪长炳研究文集[M]. 南京:南京大学出版社,2007:21-22.

孔孟朱(晦庵)陆(象山)诸哲,与我们相距或者有二千余年,或者八九百年,然而我们现在读其书录,想见其人,我们于熟读其书时,亦觉受其感召,无形中使其精神贯注于我们血脉之中。由此我们可知品格教育不必限于学校范围中,……品格教育的典型——所谓圣人,或贤人者,不能与我们每一个人直接谈话,共同生活,但我们可于图书中,了解其为人。

因此图书馆是实施品格教育的最好场所,图书馆于所藏名人传记及其品格教育书籍中,启发人的伦理观念,授予人以正当的行为规范。①

在这段话中,汪长炳把品格的概念、品格的形成机理以及个人的品格对于一个社会、一个国家的发展所具有的重要意义说得很透彻,在此基础上他认为"图书馆是实施品格教育的最好场所"。一个人品格的形成有多种途径,如通过家长或长辈的言传身教而形成,通过学习模范人物(如圣人、贤人等)的言说而形成,通过社会实践中的亲身感受而形成等。其中,"通过学习模范人物的言说而形成"一途,就与图书馆紧密相关,因为许多模范人物的事迹及其言论大多记录于书籍之中,通过阅读这些书籍就能感化人们的心灵,由此塑造自己的品格。这实际上是"以书育人"的过程,对读者而言则是"读书受教"的过程,而"以书育人"或"读书受教"的最佳场所之一就是图书馆。

我们知道,戴志骞、杨昭悊、李小缘、刘国钧、俞爽迷等人也都曾提及图书馆在塑造人的道德修养方面的作用,但都一带而过,没有像汪长炳这样深入分析其机理。汪长炳之所以重视图书馆在"养成品格健全的公民"方面所发挥的作用,这与他对图书馆功用的独特认识紧密相关。汪长炳将图书馆的功用概括为六个方面:训练公德心,培养团结力,养成现代公民,灌输民有民治民享观念,养成求学习惯,铲除不良消遣方法②。可见,汪长炳概括的这六个方面的图书馆功用,其实大多与"养成品格健全的公民"紧密相关。汪长炳把图书馆的功用概括为"养成品格健全的公民",这种概括具有远见卓识,因为这一概括与现代社会倡导的"全民素养教育"(包括信息素养教育、数字素养教育、阅读素养教育等)观念相契合。

① 南京图书馆.汪长炳研究文集[M].南京:南京大学出版社,2007:70-71.
② 南京图书馆.汪长炳研究文集[M].南京:南京大学出版社,2007:22-23.

其四,提出了图书馆教育价值的"七个更"及其"思想实验"。汪长炳根据上述对图书馆教育功能及其价值的深刻认识,最终用"七个更"概括了图书馆教育的价值:

> 图书馆之教育范围更大,而其功效更广,同时其教育时间更久,其功效更广远,其功效更广远者,所俾益于社会之进步更大,进步更大,即民众之幸福更多,因而其重要性更增。①

这七个"更"字(在字面上共出现九个"更"字,但在内容上实为七个"更"),足以说明在汪长炳的心目中图书馆教育的价值是何等的重要。更令人惊讶的是,汪长炳还提出了一个极富想象力的"思想实验":

> 我们设想,假如有一天,所有的图书馆,自社会中完全撤退,请问教育之实施,还有可能么? 此因,不待龟著而自明也。②

我们可以将汪长炳的这一假设称之为关于图书馆教育价值的"思想假设"或"思想实验"。我们知道,英国的科学哲学家波普尔在20世纪60—70年代致力于"世界3"理论研究,并提出有以文献和图书馆为例的两个思想实验,以证明他所认为的"客观知识"的客观性与重要性。而汪长炳早在1933年就提出了与波普尔的思想实验同样意义的思想实验。

上文已提到,我国学者徐旭也于1935年提出类似于波普尔的两个思想实验的观点。汪长炳、徐旭和波普尔提出的思想实验,尽管各自的出发点、目的和表述逻辑不同,但他们在提出假设的思想逻辑上有共同之处——都高度强调了图书馆在人类文明进步中所能发挥的重要作用。从时间上看,汪长炳和徐旭提出的思想实验比波普尔的思想实验约早30—40年。在此,我们又一次深深感受到历史是何等的相似——不是汪长炳和徐旭相似于波普尔,而是波普尔相似于汪长炳和徐旭!

10. 俞爽迷的图书馆社会教育观

俞爽迷先生1930年毕业于复旦大学文学院,获文学学士学位;1934年任江苏省立教育学院图书馆主任兼民众教育系副教授;1935—1936年任厦门大学图书馆主任;1936年之后淡出图书馆界。

---

①② 南京图书馆.汪长炳研究文集[M].南京:南京大学出版社,2007:28.

1936年,俞爽迷编著的《图书馆学通论》由正中书局印行,该书第三章即为"图书馆与教育"。在这一章中,俞爽迷主要是从学校教育和图书馆教育的比较中谈论图书馆教育问题的。他指出,"图书馆是给没有进高等学校能力的人们有继续研究的机会。学校是初步的,图书馆是无止境的。……社会不能无学校,也不能无图书馆。事实上学校和图书馆在教育范围内各占有同等的地位。图书馆不能取代学校,而为人类教育的唯一利器;而学校也不能撇开图书馆,独尽教育的能事。目的相同,方法则异。学校教育方法是正式的,而图书馆则极端非正式,换句话说,一是被动的,一是自动的罢了"①。在教育事业上,学校和图书馆各有其价值,不能互相取代,这种观点是完全可以接受的。尤其是他所言学校教育和图书馆教育"目的相同,方法则异"的观点,可谓画龙点睛之语。

同年,俞爽迷在《中华图书馆协会会报》上发表《图书馆与社会教育》一文,较全面地阐述了图书馆教育的方法、价值、特点、重心等问题。在俞爽迷的论著中,有时也使用"图书馆教育"一词,但他对"图书馆教育"和"图书馆学专业教育"做了严格区分,如其所言图书馆教育"不是训练图书馆员的教育,乃是以图书馆为中心,以图书为出发,为进行,为归宿的教育轨迹,来适应,来创造,来开拓个人和社会的生活"②。

关于图书馆实施的社会教育的方法,俞爽迷指出,"进行社会教育的方法很多,但以图书馆最为重要,因为凡设施完善的图书馆,必设立读书会、讲演会、辩论会、文学会、故事会、学术研究会等,则无异成为社会之宝藏,其影响于社会之程度之进步,之治安,之文明,都有莫大的贡献"③。的确如此,进行社会教育的方法很多,即使是图书馆进行的社会教育的方法也有很多,绝不仅限于他所列举的几个"会"。

关于图书馆的社会教育的价值,俞爽迷概括为六个方面:图书馆能造就贫穷自学之志士;图书馆能培养读书兴趣,增益生活必需知识;图书馆能养成优美德性,坚定意志;图书馆可以养成公民知识,爱国思想;图书馆可以增进各自关于职业的知识;图书馆可以安慰心神④。图书馆的社会教育的这六个方面的价值,在内容范围上其实并未超出刘国钧所概括的为读者提供知识的价值和促进读者的道德修养的价值两大方面,不过俞爽迷做了

①　俞爽迷.图书馆学通论[M].南京:正中书局,1936:10-11.

②　俞爽迷.从纪念总理诞辰讲到教育改革中的图书馆[J].厦大图书馆馆报,1935(3):23-29.

③　中国图书馆学会.百年文萃:空谷余音[M].北京:中国城市出版社,2005:77.

④　中国图书馆学会.百年文萃:空谷余音[M].北京:中国城市出版社,2005:77-79.

条理化分述,使其进一步清晰化了。

关于图书馆实施的社会教育的特点,俞爽迷将其等同于"图书馆的特点",并将其概括为六个方面:无时间空间的限制;无男女老幼贫富贵贱阶级的限制;简易便宜之设施,于时间是经济;搜罗为一人力所不能齐备汗牛充栋的图书,在经济是经济;不如学校有某时某课呆板的规定,而能随各人心意的趣味,助长潜在个性的活动;能供各个人的各项需求①。这六个方面的特点,在俞爽迷之前的其他人那里都有涉及,如戴志骞、杨昭悊、李小缘、杜定友、刘国钧等人在"图书馆的意义""图书馆的功用"等标题下都有所论及,而到了俞爽迷这里则把它集中归纳和条理化了。

俞爽迷的《图书馆与社会教育》一文的第四部分为"图书馆教育的特点"。在这一部分里,俞爽迷也指出图书馆教育的重心不在于馆舍、不在于图书的数量、不在于图书的质量、不在于对象(读者),而在于馆员。然而吴稌年于 2009 年著文指出,"在这近 2000 字的论述中,与徐旭先生在《民众图书馆学》一书第一章《民众图书馆教育》中的第一节《民众图书馆教育之重心》中的论述,除个别字外,其余皆同,俞先生的文章仅仅是多了末段68 个字符"②。我们对这二文也进行过对照核实,果然如此。看来,俞爽迷在写作《图书馆与社会教育》一文时,采用"拿来"办法,直接"抄录"了徐旭的观点及其文字表述。这里之所以用"抄录"二字而不用"抄袭"二字,是因为我们现在无法核实俞爽迷当时是否得到徐旭的某种形式的授权或同意,况且当时人们著文尚未形成标注参考文献的习惯,更无《信息与文献参考文献著录规则》之类的国家标准,所以无法确定其是否属于"抄袭",但从文字的雷同程度看,称其"抄录"应属事实。

三、当代中国图书馆人的图书馆社会教育观

从上述清末及民国时期的图书馆社会教育观,一下子跳到当代中国图书馆人的图书馆社会教育观,这中间跳过了近三十年的时间。这是因为:新中国成立后到 20 世纪 70 年代末的改革开放,这期间我国的图书馆事业与图书馆理论研究,由于历史原因,受到极大冲击和破坏,所以这一时期有关图书馆社会教育功能的理论研究成果实在乏善可陈。

中国人自古重视教育,故此中国人自古以来也非常重视图书馆发挥的社会教育功能,对此上文已做了简要的历史回顾与思想观点梳理。时至今

---

① 中国图书馆学会.百年文萃:空谷余音[M].北京:中国城市出版社,2005:79.

② 吴稌年.俞爽迷的图书馆学研究及其瑕疵[J].大学图书馆学报,2009,27(4):82-88.

日,中国图书馆人仍然保持重视图书馆社会教育使命/功能的优良传统。20 世纪 80 年代以后出版的国内图书馆学概论性著作,大多把社会教育职能列入图书馆的基本社会职能体系。

　　1988 年出版的宓浩、刘迅、黄纯元编著的《图书馆学原理》一书,专设有"图书馆的社会职能"一节,其中又专列有"社会教育职能"。作者认为,中国古代的书院图书馆就发挥了学校教育和社会教育合二为一的职能。与国外图书馆人一样,中国图书馆的社会教育功能起初被认为是学校教育的补充形式;近代公共图书馆的产生,是使图书馆教育职能由单纯的辅助学校教育扩展到实施社会教育的重大转变的标志,"近代公共图书馆运动,实际上是作为社会教育机构的图书馆的发展"。到了现代社会,图书馆的社会教育功能得到了强化。现代社会的发展,要求其成员必须重视知识更新和自我学习,"而自我学习的重要方法是依赖和利用图书馆丰富的、动态发展的文献资源",图书馆作为社会自学的组织者和场所,使得"图书馆是社会的大学"口号已成为现实。作者认为,图书馆的教育职能与其他社会教育机构实施的教育有区别,主要表现在:首先,它是通过文献来实施教育职能的,它利用和提供自己丰富的文献馆藏,向广大读者进行宣传教育和辅导学习方法,寻找阅读的适宜途径;其次,它是自学和深造的场所,它建立良好的自学环境,通过各种途径提高读者的自学能力、利用文献的能力、培养读者的信息意识、从而提高自我学习的效果。作者认为,图书馆教育的对象和内容具有相当的广泛性,它的教育对象涉及社会的各个阶层和各年龄段的人们,它的内容包括科学知识的各个领域,既有思想政治教育内容、美学道德修养的内容,又包括科学知识普及和专业提高,以及读者利用图书馆和文献的方法和技能等内容①。

　　吴慰慈和董焱在 2008 年出版的《图书馆学概论》[2 版(修订本)]中,将图书馆的社会职能概括为社会文献信息流整序的职能、文献信息的传递职能、开发智力资源与进行社会教育的职能、收集和保存文献遗产的职能以及消遣娱乐职能这五个方面。可见,把"开发智力资源"和"进行社会教育"并列为"图书馆的一项重要作用",是此书在图书馆社会教育观上的一个特点。作者认为,智力资源的开发主要包含三层意思:一是开发馆藏文献资源;二是开发网上信息资源;三是启发用户的智力,培养用户进行科学思维的能力。图书馆进行智力开发,还体现在对用户进行的各种图书馆教育上,这些教育包括书目知识教育、文献检索知识方法教育、网络信息检索

---

　　①　宓浩,刘迅,黄纯元.图书馆学原理[M].上海:华东师范大学出版社,1988:67-69.

方法教育、阅读方法教育和学习方法教育等;特别是对用户进行的"如何使用图书馆"的综合性教育,对用户从事科学研究或者自学,都是大有好处的,这种智力开发的作用也是其他的社会机构所不能代替的。此书作者还认为,图书馆进行社会教育,是在图书馆为人们提供了自学场所这个角度上提出来的,图书馆不是实施这种教育的主体,实现这种教育的人是用户,是社会上大量存在的自学者①。这种认为图书馆不是实施社会教育的主体的观点是值得商榷的。对用户(自学者)而言,用户利用图书馆进行自我教育,这种自我教育的主体固然是用户自己;但对图书馆而言,为用户自学提供"图书馆环境"(李小缘语)的行为,显然也是一种主体行为,即图书馆是为用户提供"图书馆环境"的主体;所以应该说,图书馆与用户之间是互为主体、互为客体的关系,即两者之间是"主体间性"(intersubjectivity)关系。也许此书作者是以图书馆的"中介性"属性为依据提出图书馆不是实施社会教育的主体的观点,其实,事物的"中介性"特征,并不表明事物的主体性或客体性的消失,而只表明主体性与客体性兼具的"亦此亦彼"的双重属性。

王子舟先生非常重视图书馆的社会教育功能。他指出,工业革命后,英、美等西方国家是为了提高劳动者的知识素养而开始创办公共图书馆的,也就是说,公共图书馆是因其具有社会教育功能而得到人们的认可和重视的。这说明社会教育功能是公共图书馆与生俱来的一种"基因",如果公共图书馆不具有这种"基因",或者人为地改变这种"基因",则必然造成公共图书馆在根本性质上的"变异"——不成其为公共图书馆。因此王子舟先生认为,"图书馆承担了社会教育职能后才得以快速发展,变成一种近现代的社会事业——图书馆事业"。王子舟先生对图书馆的社会教育功能有着全面而深刻的认识,他认为"社会教育的载体不是家庭、学校,而是图书馆、博物馆、档案馆、展览馆、科技馆、美术馆、纪念馆等。其中,图书馆教育是社会教育的重要组成部分。图书馆教育相对于家庭教育、学校教育有着全面性、自主性、多样性、持久性的特点。读者就是受教育者,读者在接受图书馆教育时,家长、教师等此类教育者是'缺席'的,完全要靠读者自身发挥主动性去知识海洋遨游,加之图书馆的免费开放、有教无类、不限年龄,所以过去人们称图书馆教育是自动的教育、自修的教育、穷人的教育、全面的教育、终身的教育。在家庭教育、学校教育中,受教育者是被动

---

① 吴慰慈,董焱.图书馆学概论[M].2 版(修订本).北京:国家图书馆出版社,2008:84 - 85.

地接受知识;而在图书馆教育中,读者是主动地获取知识。主动获取知识与被动接受知识相比较,具有能够认识自我并激发进取心,培育独立精神和自由思想,磨砺思维与判断从而形成创造力等多种优势"。与此同时,王子舟对我国图书馆界对社会教育功能有所弱化的认识和做法提出了委婉的批评,他说"我们的公共图书馆,左膀肩负文化使命,右膀肩负教育使命。但近几十年来,公共图书馆的文化使命强调得多,教育使命强调得少。最明显的例子就是《中华人民共和国公共图书馆法》里,'文化'一词出现 23处,'教育'一词仅出现 2 次。所以,该法更多的是从文化角度来看待公共图书馆,较少从教育角度来看待公共图书馆的"①。

20 世纪 80 年代后,中国图书馆人对图书馆社会教育功能的研究成果很多,上述成果简述只是冰山一角。有一点需要指出的是,当代中国图书馆人在这方面的研究成果,大多是关于读者活动项目介绍、做法经验推广等方面的"工作性论文成果",而相关理论研究成果不多,如迄今尚未出现专论图书馆社会教育功能及其价值的学术性专著。这不能不说是一个遗憾。

总体而言,中国当代图书馆人对图书馆社会教育功能的认识,大多是在广义上界定图书馆社会教育功能的性质及其范围的。如中国图书馆人往往把支持学校教育、阅读推广、扫盲(助力读写能力提升)等纳入图书馆社会教育功能范畴之中,甚至有时将参考咨询、包容性服务项目(主要内容是为弱势群体服务)等也都纳入社会教育范畴。一些学者所列出的图书馆社会教育范围可谓广之又广,如有的学者将图书馆社会教育范围扩展为促进学习型社会建设;满足文化需求,以文化人;培育文化自信;提升科学文化水平等多个方面②。反观英、美等西方国家的图书馆学者,一般从狭义视角理解和界定图书馆社会教育范围,即大多学者把图书馆社会教育范围限定于辅助正规教育的服务事项上,而对扫盲、阅读服务、参考咨询、包容性服务等另行单论。我们认为,适当拓宽图书馆社会教育的范围,即从广义上理解和界定图书馆社会教育的范围,有一定的合理性,只不过不应无限扩大其范围。

---

① 王子舟.专栏导语:图书馆社会教育职能的前缘后续[J].图书馆研究与工作,2020(11):5-6.

② 张久珍.重振图书馆社会教育职能,充分释放图书馆全民信息素养教育的作用[J].图书馆研究与工作,2020(11):6-14,85.

第三节 图书馆社会教育功能的新生长点：信息素养教育

当今时代已是知识信息爆炸式增长的时代、学校教育已非常普及的时代、信息技术日新月异的时代，在这种新时代背景下，社会对图书馆社会教育功能的发挥，必然提出新的要求，以此保证其与时俱进的生命力。与传统图书馆相比，新时代的图书馆在社会教育功能的发挥上，必然表现出新的内容、新的形式和新的侧重等特点。当然，新形势下的图书馆并不否定或放弃原有的支持自学和自我教育、支持正规教育的社会教育功能，而是在此基础上加入新的内容和形式，并形成新的侧重。

当今社会愈发明显的知识化、信息化、数字化、智能化发展趋势，迫使人们树立终身教育理念和终身学习理念，并努力使自己具有能够适应新时代要求的新素养。在这种情况下，图书馆社会教育功能的发挥，必须适应和满足这种新时代的发展需求，由此形成了图书馆社会教育功能的新生长点——信息素养教育。信息素养教育，可以说是数智图书馆时代的图书馆社会教育功能的新形态、新侧重。

一、何谓信息素养

毋庸置疑，当今时代是知识化、信息化、数字化、智能化时代。这种时代特征，前所未有地改变了人们的生存样态，尼葛洛庞帝（Negroponte）的《数字化生存》一书，所描绘的就是在知识化、信息化、数字化、智能化时代人们的生活、工作、教育、娱乐等新样态。这种新时代，要求人们必须努力具备适应生存和发展所要求的新的素养，即信息素养（information literacy）。

"信息素养"这一术语，于1974年由美国信息产业协会主席的泽考斯基（Zurkowski）提出，意指个人在工作中利用信息资源和信息工具解决问题的能力。此后，许多学者和专业组织对信息素养的概念做出了各种阐释，不过这些阐释大多是从"信息能力"或"信息技能"角度界定信息素养内涵的。诸如[1]：

美国学者布雷维克（Breivik）和戈登（Gordon）将信息素养定义为：为了

---

[1] 于良芝，王俊丽.从普适技能到嵌入实践——国外信息素养理论与实践回顾[J].中国图书馆学报，2020，46(2)：38-55.

满足特定需求而有效获取和评价信息的能力,包括有关工具及资源的知识和技能。

澳大利亚学者布鲁斯(Bruce)将大学教师的信息素养归纳为七个方面,分别是:使用信息技术跟踪信息和开展交流、从合适的信息源查找信息、利用信息执行一个过程(如决策过程)、控制信息、在新的兴趣领域构建个人知识、利用自身知识和视角获得新洞见、利用信息利人利己。

美国图书馆协会信息素养主席委员会的《美国图书馆协会信息素养主席委员会最终报告》指出,信息素养是识别信息需求、定位信息、评价和有效利用所需信息的能力。

英国国家和大学图书馆协会(Society of College, National and University Libraries, SCONUL)下属的信息素养委员会的《高等教育中的信息技能》文件指出,信息素养是在图书馆技能和 IT 技能基础上发展出的七项技能,包括认识信息需求、确定满足需求的方式、构建定位信息的策略、定位和获取信息、比较和评价从不同渠道获得的信息、组织应用和交流信息、综合和创新现有信息。

澳大利亚与新西兰信息素养协会发布的《澳大利亚与新西兰信息素养框架:规则、标准和实践》指出,一个人的信息素养表现为:识别信息需求、发现信息、搜寻信息、管理信息、将新旧信息融合为新知识、符合伦理道德地利用信息。

国际图联发布的《为了终身学习的信息素养指南》报告指出,信息素养包括下列各项必需的知识和技能:准确确认、执行某项任务或解决某个问题所需信息;高效地查询信息;对获取到的信息进行组织和再组织、解释和分析;评价信息的准确性和可靠性,包括合乎伦理地声明信息来源;与他人交流信息分析和解释的结果;利用信息达成行动目标和结果。

联合国教科文组织发布的《走向信息素养指标》文件指出,一个人的信息素养表现为:识别信息需求、定位和评价信息的质量、存储和检索信息、有效和合乎伦理地利用信息、利用信息创造和交流知识的能力的组合。

英国国家和大学图书馆协会发布的《信息素养七大支柱:研究角度》文件指出,科研人员的信息素养体现在:知晓如何合乎伦理地收集、利用、管理、整合和创造信息和数据,并拥有相应的信息技能高效完成上述各项活动。

美国大学与研究图书馆协会(Association of College & Research Libraries, ACRL)发布的《高等教育信息素养框架》(2015)指出,信息素养是指涵盖下列方面的整合能力:反思性地发现信息、理解信息如何被生产和评价、利用信息创造新知识、合乎伦理地参与学习社群。

加拿大传播学家麦克卢汉(Mcluhan)曾提出"媒介即信息"的著名命题。媒介用来传递信息,信息依赖媒介得以传递,所以媒介与信息在本体或本源上具有等价意义,这是"媒介即信息"命题得以成立的本体论依据。这就要求人们,在谈论信息素养时,应该同时考虑"媒介"这个重要因素。据此,2008年,联合国教科文组织在巴黎会议上正式提出"媒介与信息素养"(Media and Information Literacy,MIL)这一概念,并将 MIL 定义为一组能力,即人们使用一系列工具,以批判的、合乎道德的、有效的方式获取、检索、理解、评估与使用、创造、分享所有格式的信息和媒介内容,从而参与和开展个性化、专业化和社会化的活动的能力①。

从信息能力角度去理解信息素养概念,很容易让人想起"具有信息素养的人"是一个什么样的人的问题。对此,澳大利亚大学图书馆员协会(Council of Australian University Librarians,CAUL)于 2001 年指出,一个有信息素养的人应具有如下十大方面的能力:①识别或确认信息的需要;②确定所需信息的范围;③有效获取所需信息;④评价信息及其来源或出处;⑤将所选择的信息与自身的知识结构融合起来;⑥有效地使用信息实现某种目的;⑦熟悉与使用信息相关的经济、法律、社会和文化问题;⑧能合理合法地获取和使用信息;⑨能对所搜集的信息进行归类、储存、处理、改写或生成;⑩认识到信息素养是终身学习的必备条件②。

有一些学者认为,信息素养作为信息社会中人们生存和发展所必需的基础素养,具有"元素养"性质。所谓"元素养"(metaliteracy),就是"催生其他素养的素养",亦即处于源头地位的一种基础素养,其他素养都以此为基础而存在和发挥作用。美国大学与研究图书馆协会发布的《高等教育信息素养框架》(2015)就采用了元素养理念,它指出,元素养是指学生作为信息消费者和创造者成功参与合作性领域所需的一组全面的综合能力,它为我们开启了信息素养的全新愿景。元素养要求从行为上、情感上、认知上以及元认知上参与信息生态系统。《高等教育信息素养框架》(2015)基于元素养这一核心理念,"特别强调元认知,或叫作批判式反省(critical self-reflection),因为这对于在快速变化的生态系统中变得更加自

---

① 黄如花,冯婕,黄雨婷,等. 公众信息素养教育:全球进展及我国的对策[J]. 中国图书馆学报,2020,46(3):50 – 72.

② Information Literacy Standards, First edition, Canberra, Council of Australian University Librarians,2001 [EB/OL]. [2020 – 11 – 12]. http://ilp. anu. edu. au/Infolit_standards_2001. html.

主至关重要"①。从 ACRL 的观点看,信息素养绝不只是"信息技术素养",它还包括行为、情感、认知等因素,因而是一种综合素养。

美国信息素养教育专家麦基(Mackey)和雅各布森(Jacobson)就把信息素养界定为"元素养",也就是说他们所说的信息素养是"作为元素养的信息素养"(information literacy as metaliteracy)。这种作为元素养的信息素养具有以下几方面的特征:①它是整合原有各类素养的超级素养,涉及各种现存和新生的信息技术、媒介与信息形态;②它是理解及反思其他素养的高阶素养,具有元认知的特征(元认知是个人对自身的认知方式和习惯进行反思的能力);③它涵盖信息创作者和利用者两种角色,涉及信息生命周期各环节;④它涵盖人与信息、人与人两种交互能力,涉及合作环境下的知识获取、生产与分享②。从"元素养"角度理解的信息素养,其最大特点是摆脱了以往把信息素养理解为"各种信息能力的组合"的传统视野,突显了信息素养作为信息社会中人人应具备的基础素养地位。

众所周知,当今时代是数字时代,是"数字化生存"的时代。当信息社会步入数字时代阶段,信息素养概念必然进一步发展成为"数字素养"(digital literacy)概念。本书把"数字素养"概念当作"信息素养"的子概念,即信息素养包含数字素养。1997 年,吉尔斯特(Gilster)出版《数字素养》一书,在此书中他正式提出了"数字素养"这一概念,并将其定义为"理解及使用通过电脑显示的各种数字资源及信息的能力,简称数字时代的素养"③。

继吉尔斯特之后,以色列公开大学的埃谢特 – 阿尔卡莱(Eshet-Alka-lai)于 2004 年提出了数字素养概念的 5 个框架:①图片及图像素养,指理解视觉图形信息的能力;②再创造素养,指创造性"复制"能力,即通过整合各种媒体(文本、图像和声音)现有的、相互独立的信息,并赋予它们新的意义,从而培养进行信息合成和多维思考的能力;③分支素养,指驾驭超媒体信息的技能,即运用非线性的信息搜索策略并通过同样的方式从貌似不相干的零碎信息中建构知识的能力;④信息素养,指辨别信息适用性的能力,强调批判性思考的技能;⑤社会交流与情感素养,指以数字化的交流形式进行情感交流的能力。2012 年,吉尔斯特在此 5 个框架基础上,又增

① 韩丽风,王茜,李津,等. 高等教育信息素养框架[J]. 大学图书馆学报,2015,33(6):118 – 126.

② MACKEY T P,JACOBSON T E. Metaliteracy:reinventing information literacy to empower learners[M]. Chicago:Neal Schuman/ALA Editions,2014:46 – 47.

③ GILSTER P. Digital literacy[M]. New York:Wiley,1997:25 – 48.

加了实时思考技能框架,指在数字环境下同时处理多个实时出现的事物的能力,由此最终形成了数字素养概念的6个框架①。

2011年,美国图书馆协会成立了"数字素养任务小组"。2012年,该小组将"数字素养"定义为:利用信息与通信技术检索、理解、评价、创造并交流数字信息的能力,这个过程需具备认知技能及技术技能。这一定义得到了图书馆界的广泛认可。同时该小组认为,一个具备数字素养的人应该具有如下技能:①掌握查找、理解、评价、创造并交流各种数字信息的能力,包括认知及技术两个层面;②正确并有效地利用各种技术检索信息、理解查询结果、判断信息质量的能力;③理解技术、终身学习、个人隐私及信息管理之间关系的能力;④使用这些技能和技术与同行、同事、家人及一般公众进行沟通、合作的能力;⑤使用这些技能有效参与社会活动、为社区做贡献的能力②。

综上所述,信息素养对于个人和社会发展所具有的重要意义是显而易见的。这种重要意义表现在如下几方面。

●信息素养是人们有效参与信息社会的一个先决条件,是个人、企业、地区和国家竞争优势的关键要素。

●信息素养是发展经济,提高教育、健康和信息服务质量的重要支撑,是人类数字化生存的关键性基础。

●信息素养是终身学习的核心,它能使人们在整个一生中有效地寻求、评价、利用和创造信息,以实现个人的、社会的、职业的和教育的目标。

●接受信息素养教育的权利是信息社会的一项基本人权。接受信息素养教育的权利,是人的"受教育权"在信息社会中的合理延伸,因而国家和社会必须保障这一基本人权的实现。

●在信息社会,信息素养是人们适应学习、工作和生活需求的基础素养和能力(元素养)。信息素养已经成为继"读、写、算"之后的第四种基本能力,是信息社会的基本学习能力、工作能力和生活能力的基础。信息素养不仅包含诸如信息检索、信息获取、信息表达、信息交流等信息技能,而且包括独立学习的态度和方法,以及运用信息技能进行问题求解和创新的基础能力②。

①② 叶兰.欧美数字素养实践进展与启示[J].图书馆建设,2014(7):17-22.

② 钟志贤.面向终身学习:信息素养的内涵、演进与标准[J].中国远程教育,2013(8):21-29,95.

二、图书馆的信息素养教育

首先需要明确的是,图书馆开展的信息素养教育,属于图书馆社会教育功能范畴。图书馆开展信息素养教育,是图书馆在信息化、数字化时代创新服务的根本表现。或者说,图书馆开展信息素养教育,是图书馆在信息化、数字化时代与时俱进地履行社会教育使命的根本要求。

图书馆开展信息素养教育,是为了提升公众的信息意识和技能,使其顺利融入信息社会,为其终身学习并成为"具有信息素养的人"提供保障,为弥合全社会的数字鸿沟、实现全社会的信息公平做出图书馆应有的贡献。

图书馆开展信息素养教育的目标人群是全方位的。一般情况下,青少年和弱势人群(如老年人、残障人士、贫困者、失业者、服刑者、少数族裔等),应该成为图书馆开展信息素养教育的重点人群。这种重点人群定位,是图书馆服务的公平性、多样性和包容性要求所决定的。

提高全民的信息素养水平,其实施主体包括政府、教育部门、图书馆等。我国国务院在 2013 年 8 月印发了《"宽带中国"战略及实施方案》,其目标是在 2020 年实现宽带网络全面覆盖城乡。2021 年,我国又推出《提升全民数字素养与技能行动纲要》,该纲要指出数字素养与技能是数字社会公民学习、工作、生活应具备的数字获取、制作、使用、评价、交互、分享、创新、安全保障、伦理道德等一系列素质与能力的集合。提高全民数字素养与技能,是顺应数字时代要求,提升国民素质、促进人的全面发展的战略任务,是实现从网络大国迈向网络强国的必由之路,也是弥合数字鸿沟、促进共同富裕的关键举措。该纲要确立的发展目标是:到 2025 年,全民数字化适应力、胜任力、创造力显著提升,全民数字素养与技能达到发达国家水平;展望 2035 年,基本建成数字人才强国,全民数字素养与技能等能力达到更高水平,高端数字人才引领作用凸显。毋庸置疑,该纲要已经擘画了我国目前以及未来一个时期提升全民数字素养的行动规划及其目标,这一文件的内容及要求,应该成为我国各类图书馆开展数字素养教育活动的指导性纲领。

图书馆无疑是开展信息素养教育的重要主体和阵地。《国际图联数字素养宣言》(*IFLA Statement on Digital Literacy*)对图书馆的数字素养教育作用做了如下概述:

在传播、应用知识以及为读者提供(非正式的)终身学习场所方面,图书馆起着关键作用。通过提供公共网络接口和使用各类技术工具,图书馆能迅速弥合各种连接缺口。因此,很多图书馆正循序渐进地寻求各种方法,帮助那些不能熟练使用数字服务和技术、无法适应网络或者难以承受数字时代带来的正面或负面影响的读者提高数字素养。这些图书馆都意识到,应用科技的能力能够极大地促进专业领域以及个人和社会进步。①

数字素养教育是信息素养教育的重要组成部分和最新发展阶段。正因如此,数字素养教育已逐渐成为图书馆开展信息素养教育的侧重点。毋庸置疑,儿童和青少年是图书馆开展数字素养教育活动的重点人群之一。也就是说,面向儿童和青少年开展数字素养教育活动,是图书馆在信息化、数字化时代发挥社会教育功能的侧重表现。在这方面美国的做法值得我们借鉴。

我们知道,美国公共图书馆界自 20 世纪初就形成普遍开展"暑期阅读"活动的传统,现已有 100 多年的历史。这是美国公共图书馆界引以为豪的社会教育传统。活动内容主要包括阅读指导、讲故事、阅读俱乐部、阅读竞赛、阅读挑战、记录阅读日志、手工、表演、电影放映、作者见面等。不过,这一传统发展至信息化、数字化时代必然步入升级换代的新阶段。这种升级换代的标志是:"暑期阅读"(Summer Reading)向"暑期学习"(Summer Learning)转变。为此,2016 年 4 月 22 日,美国青少年图书馆服务协会(Young Adult Library Services Association,YALSA)发布了《采用暑期学习的方法增加影响力:YALSA 立场文件》(*Adopting a Summer Learning Approach for Increased Impact:YALSA Position Paper*),作为"暑期学习"活动的基本原则。该文件指出,相比于以往的"暑期阅读"活动,以后的"暑期学习"活动应该达到如下几方面要求②。

● 将工作重心转移至传统的以阅读和读写为重点的资源、项目和服务之外。

● 用广义的阅读和读写技能,帮助青少年掌握 21 世纪所需的各种读写技能(包括基于文本的、视觉的、媒体的)。

● 为青少年提供与艺术、STEM(科学、技术、工程和数学)学习相关的

---

① 何蕾.国际图联数字素养宣言[J].图书馆论坛,2017,37(11):1-4.

② 牛波.美国公共图书馆"暑期阅读"活动向"暑期学习"活动转变的启示[J].图书馆学研究,2017(8):98-101.

实践活动。

●发展多种形式的适合青少年的馆藏资源,包括数字工具和人力资源。

●将满足青少年需求的实践性活动和与青少年的兴趣爱好相结合的实践性活动整合到暑期学习项目中并加以实施。

●承诺为社区中最弱势的青少年提供服务,满足他们的任何需求,包括学习英语、参加美国农业部夏季食品服务计划、提供一个安全的空间等。

●在社区中为青少年举办暑期学习活动。

●重视活动绩效评估,以确定青少年从图书馆提供的服务和计划中获得了什么样的知识和技能,进而明确图书馆对青少年暑期学习的影响。

●利用社区资源(包括可能在特定学习领域担任专家的人力资源),规划、实施和评估青少年暑期学习活动。

●与其他社区机构和学校密切合作,扩大影响,共享资源,避免重复劳动。

●让整个家庭和看护者一起参与青少年的学习和发展。

●帮助图书馆员工发展所需技能,包括但不限于文化能力、效能评估、管理社区合作伙伴关系、筹集社区资产、数字媒体和学习、促进学习及关联学习等。

我国教育部于 2000 年 11 月 14 日下发《中小学信息技术课程指导纲要(试行)》,指出中小学信息技术课程的主要任务是:

> 培养学生对信息技术的兴趣和意识,让学生了解和掌握信息技术基本知识和技能,了解信息技术的发展及其应用对人类日常生活和科学技术的深刻影响。通过信息技术课程使学生具有获取信息、传输信息、处理信息和应用信息的能力,教育学生正确认识和理解与信息技术相关的文化、伦理和社会等问题,负责任地使用信息技术;培养学生良好的信息素养,把信息技术作为支持终身学习和合作学习的手段,为适应信息社会的学习、工作和生活打下必要的基础。[①]

我国教育部的《中小学信息技术课程指导纲要(试行)》的发布,表明

---

① 教育部关于印发《中小学信息技术课程指导纲要(试行)》的通知[EB/OL].[2022 - 10 - 17].https://baike.so.com/doc/3999649 - 4196183.html.

我国的青少年信息素养教育已得到国家层级的重视,并已有了国家层面的顶层设计。这也要求我国图书馆界应该以"有价值的合作伙伴"身份积极介入青少年信息素养教育活动。

需要特别强调的是,面向老年人和各类残障人士提供数字素养教育服务,应该引起图书馆界的广泛重视。我国发布的《提升全民数字素养与技能行动纲要》就指出,要保障老年人在数字社会中的正常权益,在出行、就医、就餐、购物等高频服务场景中保留人工服务渠道,防止出现强制性数字应用、诱导性线上付款等违规行为;部署开展数字助老行动,推动数字产品和服务适老化改造,鼓励开发适合老年人使用特点的硬件产品和软件应用,丰富老年人数字技能培训的形式和内容,推动提高老年人数字素养与技能。为老年人提供数字技能培训,提高老年人数字素养与技能,也应该成为数智图书馆建设的重要任务之一。该纲要还提出要加快推动信息无障碍建设,扩大信息无障碍产品供给,设计开发更多残疾人友好型数字设施和应用,加快互联网网站与互联网应用无障碍改造,组织改造水平测评,不断完善信息无障碍规范与标准体系。依托残疾人服务机构、社区教育机构等,提高残疾人运用数字技术的能力,让数字应用和服务为残疾人生活、就业、学习等增加便利。为残疾人提供无障碍数字服务,也应该成为数智图书馆建设的重要任务之一。在数智图书馆建设过程中,要特别重视和关爱弱势人群,为他们提供无障碍的人性化服务,这样的数智图书馆才能让读者感受到"天堂应该是图书馆的模样"(博尔赫斯语),才能让社会公众和社会管理者广泛认同"图书馆物有所值"。

总之,提供信息素养教育尤其是提供数字素养教育服务,是我国图书馆目前以及未来一个时期加强高质量的社会教育功能的新生长点所在。在这方面,诸如古籍数字化、数字人文、智能化参考咨询服务、智能化弱势群体服务、沉浸式元宇宙图书馆服务等理论与实践,将大有用武之地。

第四节　图书馆社会教育理念的意义

综上所述,树立和秉持社会教育理念对图书馆人正确理解图书馆职业的教育属性,具有重要意义。

第一,有助于坚定对图书馆的社会教育属性的认知。社会教育属性是图书馆与生俱来的根本属性,如果图书馆失去社会教育属性,图书馆便不成其为图书馆。对此,《中华人民共和国公共图书馆法》有明确表述:本法所称公共图书馆,是指向社会公众免费开放,收集、整理、保存文献信息并提供查询、借阅及相关服务,开展社会教育的公共文化设施。可见,公共图书馆的根本属性最终定位于"开展社会教育的公共文化设施"。反过来说,如果图书馆不履行开展社会教育的职责,便失去其社会存在的价值。

第二,有助于正确认识和长期坚持图书馆的社会教育功能。前文引用过沈祖荣的一段话:"……图书馆之性质,不在培养一二学者,而在教育千万国民;不在考求精深学理,而在普及国民教育。"沈先生把图书馆的社会教育功能定位于"教育千万国民""普及国民教育",这种定位是无可厚非的。但是,我们不能由此认为图书馆的社会教育功能只适用于教育事业落后的"前现代"时期,而不适用于已实现国民教育普及的当今时代。这是一种误识。首先,从世界范围看,世上还有很多国家或地区尚未实现国民教育普及的目标,在这种情况下,图书馆开展传统的社会教育活动仍然是极其必要的。其次,即使是已实现国民教育普及的国家或地区,图书馆履行社会教育职责也仍然是"必须"的责任,只不过开展社会教育的侧重及其手段比以往有所不同而已,如现代的图书馆更多地将开展社会教育的侧重点放在培养青少年阅读兴趣和习惯、支持个人自学和终身学习、支持正规(学校)教育以及国民信息素养尤其是数字素养的提升服务上。总之,在任何时代,图书馆都要履行社会教育职能,这是无可厚非、无可置疑的。

第三,有助于图书馆人充分发挥"以书施教"的社会教育工作者角色作用。因为图书馆具有与生俱来的社会教育属性,所以图书馆人必须责无旁贷地履行好社会教育工作者的角色责任。对图书馆人而言,其社会教育工作者角色主要表现在知识教育工作者和道德教育工作者两方面。我们知道,学校教育也注重知识教育和道德教育两方面,但图书馆人所实施的知识教育和道德教育主要表现为"以书施教"——借助馆藏文献、阅读推广和书香氛围开展教育活动,而不像学校教育那样主要依靠课堂教学。"以书施教"也就是"以书育人"。图书馆人作为社会教育工作者,要尽到"以书育人"的职责。为此,图书馆人应该依据党和国家的有关政策、法律法规以及读者的普遍需求,以选择好书、推荐好书、利用好书为己任,积极引导读者树立"读好书,做好人"的正确人生观,成为宣传和践行社会主义核心价值观的模范。

案例1:深圳图书馆的"青少年创客成长培养计划"

深圳图书馆于2016年4月23日即世界读书日当天启动的"青少年创

客成长培养计划",拉开了深圳图书馆青少年创客教育实践的序幕。"青少年创客成长培养计划"以创客空间为阵地,倡导最新 STEAM(科学、技术、工程、艺术、数学)教育理念,开展了一系列面向青少年读者的创客公益活动。深圳图书馆的青少年创客教育主要面向 6—15 岁的读者,基本涵盖小学到初中阶段的受众群体,项目按年度进行整体课程的排序和设计,每月安排特定的课程主题。截至 2018 年末,项目已开展创意课程与活动近 300 场次,参与人次超过 4000 人次,有效培育与传递创客精神,激发用户创新思维。该活动首创英国利物浦创客节国际连线和交流活动,并举行暑期青少年 Python 编程特训营,深受青少年读者的欢迎。

深圳图书馆创客教育活动主题内容(以 2018 年为例)

举办/ 合作单位	创客教育主题	活动内容及举办时间	参与 人次
编玩边学 教育科技 公司	Scratch 语言	1. Scratch 编程之"猫和老鼠"(1 月) 2. Scratch 编程之"公鸡下蛋"(3 月) 3. Scratch 编程之"Flappy Steve"(4 月) 4. Scratch 编程之"水果忍者"(5 月) 5. Scratch 编程之"田野酷跑"(6 月) 6. Scratch 编程之"太空之战"(7 月) 7. Scratch 编程之"打地鼠"(8 月) 8. Scratch 编程之"极度心算"(9 月) 9. Scratch 编程之"记忆游戏"(10 月) 10. Scratch 编程之"钻石迷宫"(11 月) 11. Scratch 编程之"魔法药水"(12 月)	953 人 33 场
新东方在线	手工制作 DIY	1. 红外警报器(1 月) 2. 硬币分拣机(2 月) 3. 风动力小车(3 月) 4. 幸运大转盘(4 月) 5. DIY 净水器(5 月) 6. 怪兽盒子(6 月) 7. 饮料机(7 月) 8. 火山喷发(8 月) 9. 手工小台灯(9 月) 10. 巴克球(10 月) 11. 地震报警器(11 月)	513 人 43 场

续表

举办/ 合作单位	创客教育主题	活动内容及举办时间	参与 人次
小码教育	Dash 机器人 课程	1. Python 编程特训营(入门级)(8 月) 2. 达奇机器人课程之"初识达奇"(9 月) 3. 达奇机器人课程之"耳目一新"(10 月)	120 人 12 场

资料来源:戴晓颖,王海涛,田燕红.深圳图书馆未成年人社会教育系列项目创新实践案例[C]//中国图书馆学会.中国图书馆学会年会论文集(2019 年卷).北京:国家图书馆出版社,2019:487－498.

案例2：美国马萨诸塞州公共图书馆信息素养教育项目

群体	项目名称	项目内容	图书馆
儿童	MLS Youth Services	为 0—12 岁不同年龄段的儿童提供不同资源供他们培养早期素养能力	马萨诸塞州图书馆系统 Massachusetts Library System
	Websites for Kids	教授儿童使用 Gonoodle、Starfall 等网页提升他们信息技术能力	里维尔公共图书馆 Revere Public Library
青少年	Teen & Tweens Coding Club	线上免费教授 Java script、文本过滤器、动画等内容	伍斯特郡公共图书馆 Worcester Public Library
	Robot Building Workshops for Teens and Kids	请科幻小说作家和教育家为青少年举办机器人研讨会,提高他们对信息技术的认识	法尔茅斯公共图书馆 Falmouth Public Library
成年人	Free Computer Classes for Adults	开设实践课程教成年人使用互联网、在线资源并进行文件管理	斯普林菲尔德市图书馆 Springfield City Library
	HiSET/GED Classes	免费为公众提供英语教学课程,帮助他们通过 Hi SET/GED 考试	普利茅斯镇公共图书馆 Plymouth Public Library

续表

群体	项目名称	项目内容	图书馆
老年人	Five College Learning in Retirement	为退休老人而设计的同行主导的信息素养技术讲习班	琼斯图书馆 Jones Library
	Seniors Service	为老年人提供阿兹海默病信息、癌症信息、医疗保险等健康信息	梅纳德公共图书馆 Maynard Public Library

资料来源:石庆功,冯薇,王春迎.美国马萨诸塞州公共图书馆信息素养教育实践及启示[J].图书馆建设,2021(5):133–141.

第四章　促进阅读理念

　　前两部分所述图书馆的社会记忆功能和社会教育功能的发挥,其实都依赖于图书馆的促进阅读功能的发挥,因为离开了人们对馆藏资源(包括虚拟馆藏)的阅读利用,图书馆的社会记忆功能和社会教育功能便无从实现。根据图书馆的基本性质与功能,称图书馆为"阅读馆"亦未尝不可。图书馆产生于人类的阅读需要,没有人类的阅读需要,便不会产生图书馆这种设施或平台。满足人们的阅读需要,是图书馆的根本使命所在。图书馆的一切构成要素,其实都是围绕"满足人们的阅读需要"这一中心任务而整合在一起的。反言之,图书馆的任何构成要素如果有碍于满足人们的阅读需要,便失去其存在的价值。所以,图书馆人必须为满足人们的阅读需要而竭尽全力,并以此作为自己的职业操守和职业使命,这就是图书馆人应该秉持的促进阅读的理念。图书馆的价值,就在于促进全民阅读;图书馆人的职业价值,就在于为促进阅读提供竭诚服务。

——题记

　　自 20 世纪 60—70 年代联合国教科文组织倡导终身教育、终身学习理念以来,学习型社会建设、阅读社会建设受到越来越多国家的重视。如今,已有越来越多的国家纷纷出台相关政策和法规,大力支持全民阅读社会建设。提起阅读的重要性以及建设全民阅读社会的重要性,我们便自然想起图书馆在其中应该发挥的重要作用,因为图书馆就是以满足人们的阅读需要为根本使命的。阅读对于个人成长和社会发展所具有的重要意义,要求图书馆必须把促进阅读作为自己的使命,并在全民阅读社会建设中发挥独特作用。

第一节　阅读与个人成长

在汉语中,"阅"和"读"同义互训而成"阅读"一词,因为二字均有"看"的意思。现代人们所使用的"阅读"一词,有广义和狭义之分。广义的阅读,指主体对外界对象世界的认知过程。在广义上,认知世界就是阅读世界,所以美国的阅读史专家达恩顿(Darnton)说:"阅读一个仪式或一个城市,和阅读一则民间故事或一部哲学文本,并没有两样。"①更有甚者,加拿大阅读史研究学者曼古埃尔(Manguel)把人对外界的感知过程均视为阅读,如他所说:

> 天文学家阅读一张不复存在的星星图;日本的建筑师阅读准备盖房子的土地,以保护它免受邪恶势力侵袭;动物学家阅读森林中动物的臭迹;玩纸牌者阅读伙伴的手势,以打出获胜之牌;舞者阅读编舞者的记号法,而观众则阅读舞者在舞台上的动作……中国的算命者阅读古代龟壳上的标记……我们每个人都阅读自身及周遭的世界,俾以稍得了解自身与所处。我们阅读以求了解或是开窍。我们不得不阅读。阅读,几乎就如同呼吸一般,是我们的基本功能。②

在曼古埃尔看来,我们所看、所听、所嗅、所触、所思、所感的一切,都属于阅读。在此意义上说,世界是我们阅读的对象;我们阅读世界,所以世界成为我们(主体)认识的客体对象。

然而,在日常语言中,"阅读"一词更多是在狭义上使用。当我们把阅读等同于"读书"或"读图文作品"时,这种阅读就是最狭义的阅读。本书所称"阅读",就是指这种狭义的阅读。

狭义的阅读,指主体在特定的环境中利用自身的感官和思维机能从读物中读取意义的过程。阅读的最终目的是提升主体的素养,这里所言素养,主要指知识素养和道德素养。我们现在大力倡导的"全民阅读",就是旨在提升全民知识素养和道德素养的全民参与的阅读活动。但是,"提升

---

① 达恩顿.屠猫记:法国文化史钩沉[M].吕健忠,译.北京:新星出版社,2006:序言.

② 曼古埃尔.阅读史[M].吴昌杰,译.北京:商务印书馆,2002:6-7.

素养"的前提是"读取意义",所以阅读的目的首先表现为"读取意义"。人的阅读行为的进行需要具备三个要素:阅读主体(读者)、阅读客体(读物或狭义的文本)和阅读环境。三者之间的关系如图4-1所示。

图4-1 阅读三要素与阅读过程示意图

阅读的目的或结果首先表现为"读取意义"。《说文》:"读,籀书也。"段玉裁注:"籀,读书也。读与籀叠韵而互训……抽绎其义蕴至于无穷。"①这里的"抽绎其义蕴"就是指读取意义;而"至于无穷",则表明读取意义是一个无穷的过程,即文本的意义是不断生成的,而不是固定不变的;面对同一读物,不同的读者所读取的意义往往不同,即读物的意义取决于"读者反应"(readers' response)。也就是说,读物的意义是由读者决定的,而不是由作者决定好的。段玉裁将阅读的过程概括为"抽绎其义蕴至于无穷",这表明段玉裁持有"读者中心论"观点,尽管那时尚未出现"读者中心论"这样的称谓。

阅读是阅读主体和阅读客体相互作用的过程,而这一过程是在一定的环境中进行的,这个环境就是阅读环境。毋庸置疑,任何阅读行为都要受到阅读环境的直接影响。阅读环境包括内环境和外环境。所谓内环境,指阅读主体(读者)自身的生理与心理状况,如读者在心情愉悦时进行阅读和心情烦躁时进行阅读,其效果可能截然不同。所谓外环境,指读者所处的社会环境,包括读者置身的政治、经济、文化、教育等状况。

阅读对于个人成长和发展所具有的重要意义是无人能够否认的。下面从三个方面论之。

一、阅读是一个人获取知识和信息的主要途径之一

读书是阅读的主要形式,是人类特有的学习方式。一般动物也有记忆和学习机能,但没有体外记忆机制,也没有读书学习的机制,而人类却有体外记忆机制和读书学习机制,这是人与动物的根本区别之一。对此,美国图书馆学家巴特勒(Butler)认为,人类之所以在高等动物中脱颖而出,部分

_____

① 许慎.说文解字注[M].段玉裁,注.上海:上海古籍出版社,1981:90.

原因就是人类拥有记忆以及学习的能力①。

从狭义上说,阅读就是读书学习的过程。人为什么要读书?因为书中有个人成长所需的知识和信息。随着社会的知识化、信息化程度越来越高,知识和信息的重要性越发凸显。可以说,适应社会的知识化、信息化趋势及其需要,是自古至今"人的社会化""人的现代化"的主要表现。从个人的角度而言,个体之间的成长和发展的区别,主要体现在每个人社会化和现代化实现程度的不同。因此,知识和信息的获取和利用,对每个人的成长和发展具有不可替代的重要意义。东汉人王充说"知物由学,学之乃知,不问不识"(《论衡·实知》)。古希腊哲人亚里士多德(Aristotle)说:"求知是人类的本性。"②可见,人的生存和发展必须有知识,而知识只能通过学习获得,而阅读就是学习的过程或求知的过程。

通过读书获取所需知识和信息,属于间接途径的知识、信息的获取方式。随着人类生产和积累的知识、信息的日益海量化,通过读书这种间接途径获取知识和信息已成为人们获取知识和信息的主要途径。对此,著名作家廖沫沙说道:

> 我是个读书不多而又学无专长的人,但是我主张人们不仅要读书,而且要多读书。"人不读书,不能成人"。——我很想提出这样一个口号。……人的知识主要是从实践中取得的,但不能只靠个人直接的实践,还要靠间接的社会实践,即保存在书本中的社会实践的总结与总和。人通过书本,就可以取得比自己的直接经验更广泛更丰富得多的知识,也就可以对眼前的事物(自然界和社会历史)认识得更清楚、更全面、更深刻。③

人类正是靠间接途径获取知识的能力而在动物世界中傲视群雄的,因为"人并不像昆虫那样生来就具备了充分的生活条件,而是几乎事事要间接地向别人学习。假如我们自囿于直接的亦即感官的经验,则我们现在可能仍然生活在树上,仍以生果蔬菜为食"④。通过读书这种间接途径获取知识和信息,是人所独有的能力。故此,著名哲学家贺麟说:"人是能读书

---

① 巴特勒.图书馆学导论[M].谢欢,译.北京:海洋出版社,2018:44.

② 亚里士多德.形而上学[M].吴寿彭,译.北京:商务印书馆,1959:1.

③ 廖沫沙.廖沫沙杂文集[M].北京:生活·读书·新知三联书店,1984:864.

④ 培根,等.读书的情趣与艺术[M].林衡哲,廖运范,译.北京:中国友谊出版公司,1988:15.

著书的动物。"①由此而言,读书是人所独有的基本能力和基本权利。

从人与社会的关系而言,阅读不仅是人的一种权利,同时也是一种责任,即人作为社会人(类存在)有责任为社会贡献自己的知识、才华,为此他或她首先需要通过阅读掌握知识,因为掌握知识是贡献知识的前提。对此,巴特勒指出:"作为社会之子,人类继承并拥有了社会的丰富遗产。当然,站在社会本身的立场来看,继承这些遗产并不是人类的特权,相反这是他们的一种责任。如果一个人把自己当作是社会的一个成员,并且积极为社会创造财富、贡献力量,那么他必须拥有作为'人'的各种应有的知识。"②显然,巴特勒认为拥有知识是人作为"社会之子"的应然条件,而为了拥有知识,人有必要阅读,因而阅读是人履行"社会之子"角色义务的一种责任,也是人的自我良知所在。

从知识的获得方式而言,通过实践途径获得知识(直接经验)和通过读书学习获得知识(间接经验),这两者结合起来才是最佳的知识获得方式。诚如毛泽东所言:

> 有书本知识的人向实际方面发展,然后才可以不停止在书本上,才可以不犯教条主义的错误。有工作经验的人,要向理论方面学习,要认真读书,然后才可以使经验带上条理性、综合性,上升成为理论,然后才可以不把局部经验误认为即是普遍真理,才可不犯经验主义的错误。③

毛泽东的这段话,虽然是从防止教条主义和经验主义错误的角度立意,但也可以把它视为知识获得方式上的"两点论"——直接途径和间接途径不可偏废。我们知道,在西方近代哲学史上,始终贯穿着"唯理论"与"经验论"的论争,而从上引毛泽东的一段话看来,"唯理论"和"经验论"都失之偏颇,两者应该从对方汲取合理因素,从而实现互补。

读书是为了获取书中的知识和信息。这里所言"知识和信息",若按中国古人的说法而言就是"道"。所以,中国古人几乎都主张"学以明道",即读书学习是为了明道。清人顾炎武说"君子之为学,以明道也"④。清人

①　《博览群书》杂志.读书的艺术:如何阅读和阅读什么[M].北京:九州出版社,2004:83.

②　巴特勒.图书馆学导论[M].谢欢,译.北京:海洋出版社,2018:44.

③　中共中央文献编辑委员会.毛泽东著作选读[M].北京:人民出版社,1986:495.

④　顾炎武.日知录校释[M].张京华,校释.长沙:岳麓书社,2011:1429.

章学诚认为,学者致力于学问,其实是在致力于明道,"学术无有大小,皆期于道。……是故,遑遑汲汲,自力于学,将以明其道也"①。在中国古人看来,道是由圣人发现和诠释的,圣人之言便是道,道就是圣人之道,"学道便是学圣人,学圣人便是学道"②;"学所以明道也……儒者之学,所以至乎圣人之道也"③。

那么,圣人之道在哪里见得到? 答案是道在书中。用东汉王符的话说就是"夫道成于学而藏于书"④。王符这里所言"道藏于书",可以被视为后世人们所言"文以载道"的先声。尤其是中国古人推崇备至的"经典"(这里指从六经演变为十三经的经书,扩大而言指图书四分法中的经部书),始终被确认为"道之所寓"之物,诚如清人张伯行所言,"六经者,道之所寓也"⑤。明成祖朱棣说,"厥初圣人未生,道在天地;圣人既生,道在圣人;圣人已往,道在六经"(《性理大全·御制序》)。朱棣的这句话最简练地概括出了中国古人崇圣、崇道、崇经的思想渊源。

自宋代理学盛行以来,在人们的思想意识中崇理与崇道并行,因而"道藏于书"与"理藏于书"的观念并行,于是人们普遍认为书是用来"明道"或"明理"的,故此明代理学家胡居仁说,"有是书则是理明,无是书则是理缺"⑥。在此,胡居仁几乎是说"书即理,理即书",这与包恢所言"书即道,道即书"⑦一语具有逻辑等价意义。这种思维逻辑,与麦克卢汉所言"媒体即信息"(the medium is the message,又译为"媒介即讯息",此话首出于1968 年出版的《理解媒介》一书中)的思维逻辑也具有等价意义,因为媒体是"信息所寓"之物,无媒体即无信息。当生活在 20 世纪的麦克卢汉因说出"媒体即信息"一语而备受人们尊崇时,西方人未曾想到,生活在 12 世纪和 13 世纪之交的包恢早已说出"书即道,道即书"一语,至少比麦克卢汉早了 700 多年。

可以说,明道知理,是中国古代读书人的理想追求,也是阅读学习的目的。所谓明道知理,用王阳明的话来说就是"致良知"的过程。"致良知"

---

① 章学诚. 章学诚遗书[M]. 北京:文物出版社,1985:83 - 84.

② 黎靖德. 朱子语类[M]. 王星贤,点校. 北京:中华书局,1986:3117.

③ 张伯行. 困学录集粹[M]. 上海:商务印书馆,1936:60.

④ 王符. 潜夫论校注[M]. 张觉,校注. 长沙:岳麓书社,2008:11.

⑤ 张伯行. 困学录集粹[M]. 上海:商务印书馆,1936:23.

⑥ 胡居仁. 胡居仁文集[M]. 冯会明,点校. 南昌:江西人民出版社,2013:175.

⑦ 陈谷嘉,邓洪波. 中国书院史资料[M]. 杭州:浙江教育出版社,1998:182.

是王门理学所追求和倡导的最高人生境界,而为了"致良知",当然不可避免地要阅读学习,因为通过阅读学习可以了解和加深对"何谓良知"问题的认识①。孔子的"朝闻道,夕死可矣"一语,一向被认为是中国古代士人的人格志向,而"闻道"就是学习的过程,这种学习过程当然包括阅读学习的过程。由此而言,明道知理的重要性,也就是阅读学习的重要性;明道知理不止,也就是阅读学习不息。博大精深的中华文化,就是在这种阅读学习不息的历史长河中铸就起来的。

阅读是人类以间接途径求知的主要形式。随着人类直接经验领域的不断扩大,以间接途径求知的范围也随之扩大。据有关调研表明,一个人终生掌握的知识总量中,通过直接的实践经验途径获得的知识不足20%,而通过阅读途径获得的间接经验却高达80%②。从个人学习而言,阅读是自我学习、自我求知的主要形式。人生有限,知识无涯。因此,一个人的阅读学习应该是终身阅读、终身学习的过程。可以肯定地说,在现代社会,如果一个人不通过阅读学习掌握相应的知识和信息,那么这个人必然在一定程度上处于"落伍"状态。不善于阅读学习的人,实际上是不善于增强明道知理的人。不断阅读学习的人生,就是不断进步的人生;不断进步的人生,才是值得赞美和追求的人生。

二、阅读给人以智慧和力量

现在的中国年轻人们很推崇培根(Bacon)说的"知识就是力量"一语。其实,中国古人早就说过与培根之语同义的话,如东汉人王充就说过"人有知学,则有力矣"(《论衡·效力》),比培根之语早了约一千五百年。

人能够把知识转化为现实的力量,体现出了其他动物所不具备的特殊的智慧。这种智慧往往表现为人的"化性起伪"(《荀子·性恶》)的能力,即把自身原有的弱点通过后天的努力人为地将其转化为发展的潜能。孔子说的"六言六蔽"就说明了这一道理:

> 好仁不好学,其蔽也愚;好知不好学,其蔽也荡;好信不好学,其蔽
> 也贼;好直不好学,其蔽也绞;好勇不好学,其蔽也乱;好刚不好学,其

---

① 王阳明所言的"良知",主要是在"道德知识"意义上而言的;"致良知"是在达到道德自觉的境界意义上而言的;"致良知"的过程也就是明道知理的过程,即求得道德知识并达到道德自觉程度的过程。至于王门后学偏离王学正宗而走向"束书不观",则是另外一个问题,在此不论。

② 曾祥芹,韩雪屏.阅读学原理[M].郑州:大象出版社,1992:299.

蔽也狂。①

所谓"六言六蔽",其实是分六种情况分别说明"不好学"的弊端,即一个人若不好学就有可能带来愚、荡、贼、绞、乱、狂等诸种弊端中的一项或多项。反过来说,若一个人好学,则可以避免愚、荡、贼、绞、乱、狂等诸种弊端,而这种"以学去蔽"的能力或方法,用荀子的思想逻辑而言就属于"化性起伪"的范畴。可以说,孔子的这一"六言六蔽",对今人亦有重要的诫勉和启发价值。

孔子所言"不好学"之人,当然包括不爱好读书之人;反过来说,"好学"之人当然包括爱好读书之人。爱好读书学习,才能转愚昧无知为聪敏才智,才能转"负能量"为"正能量",才能成为有智慧、有力量的人。对此,奥康纳(O'Connor)在《书籍之价值》一文中说道:"没有一个不学无术的人能够有富于趣味的思想,更没有一个不读好书的人,能够有广博的知识,更不必谈他的思想了。好书实是思想与观念的源泉,是防范无知、失望、寂寞、迷信、固执、小气,以及老年时的冥顽不灵的保险单。"②奥康纳这里所言无知、失望、寂寞、迷信、固执、小气等,其实对一个人来说就是"负能量",而通过读书学习克服这些负能量,就等于增加了相应的正能量。这种正能量才是个人发展和社会发展所需要的力量,所以说阅读就是力量。

阅读的力量,主要表现为知识的力量和道德的力量两大方面。也就是说,阅读能够使人掌握知识,提升道德境界。费希尔(Fischer)就说,"阅读这种神圣行为具有双重效果:要么用知识武装头脑,要么用道德武装思想"③。不过,费希尔这里用了"要么用知识……要么用道德……"这样的表述方式,说明阅读并不必然同时带来知识和道德两方面的双重效果,有时可能只带来知识效果而无道德效果,有时可能只带来道德效果而无知识效果,甚至可能带来知识效果和道德效果之间形成负相关关系的结果。

显然,同时用知识和道德武装头脑的人是值得尊敬的人,是有力量的人。然而,知识和道德两者并不天然地具有"结合在一起"的属性,反而有时处于背离状态。对此,中国古人以圣人的人格——智慧与道德统一的人格——作为标准来要求人们"成圣"。孔子的学生子路当年评价孔子为

---

① 杨伯峻.论语译注[M].北京:中华书局,2006:207.

② 培根,等.读书的情趣与艺术[M].林衡哲,廖运范,译.北京:中国友谊出版公司,1988:155.

③ 费希尔.阅读的历史[M].李瑞林,贺莺,杨晓华,译.北京:商务印书馆,2009:161.

"仁且智"的圣人；王充说"贤圣者，道德智能之号"（《论衡·知实》）；王符说"上圣也，犹待学问，其智乃博，其德乃硕"（《潜夫论·赞学》）。这些言论都在强调智与德的统一乃圣人人格的主要特征。

就拿知识的效力来说，我们要知道，知识不直接等于智慧或能力，智慧和能力必须体现在对知识的实际应用过程之中。从这个意义上说，智慧和能力高于知识。不过，为了获得更多的智慧和能力，学习知识是极其必要的，也就是说，知识是智慧和能力的基础，智慧和能力往往建立于知识的力量之上，这就是"知识就是力量"的根源所在。但是，人类所追求的知识的力量，必须是正义的力量，即必须是"正能量"，而绝不应该是邪恶的力量，即绝不应该是"负能量"。显然，为了保证知识力量的正义性，必须首先保证掌握知识的主体（人）的道德性与正义性。也就是说，我们应该保证知识和道德之间的正相关关系，而要防止出现两者之间的负相关关系，尤其要防止把知识用于非道德、非正义事业的情况的发生。对此，马克威克（Markwick）和史密斯（Smith）在《对知识的热爱》一文中指出：

> 聪明才智若没有伦理道德来约束，那是有害无益的。有人说教育可以消灭监牢，其实不然。许多犯罪行为，小而伪造欺骗，大而科学毒剂等，都是受过良好教育的人干出来的。最近甚至有人说，现在是"科学化犯罪"和"科学侦查及预防"在较量的时代。品德是一个人学问的表征。问题不在于他有怎样的学问，而在于他是怎样的人。心灵的好坏，比知识的多寡重要得多。我们要追求的是心灵的完善，惟其如此，学问方面的成就，才能发挥其高超的效用。此外，还要服膺真理，那才不枉你身受的教育了。①

马克威克和史密斯说的话是有道理的。我们知道，受过高等教育的人不一定都能做出高尚的事情；掌握知识或有学问的人不一定都能做出正义的事情。由此而言，我们应该说：同时具有知识和道德的人才有正义的力量！对一个人来说，为了具有丰富的知识和高尚的道德境界，阅读学习不可或缺。因此我们又可以说：阅读是一个人同时获得知识素养和道德修养的必经之途！

读书，实际上是在读他人的智力成果，这种阅读并不是照相似的摄取

---

① 培根，等.读书的情趣与艺术[M].林衡哲，廖运范，译.北京：中国友谊出版公司，1988：135.

他人的成果,而是在读取他人成果的同时自己投入思考从而形成自己的思想和智慧的过程。美学家、文艺理论家朱光潜说:"读书是要清算过去人类成就的总账,把几千年的人类思想经验在短促的几十年内重温一遍,把过去无数亿万人辛苦获来的知识教训集中到读者一个人身上去受用。有了这种准备,一个人总能在学问途程上作万里长征,去发现新的世界。"①俄国图书馆学家鲁巴金说"读书是在别人思想的帮助下,建立自己的思想"②。对此,塞托(Certeau)有一个形象的比喻:读者是一个小偷。他的意思是说,真正的阅读行为,是一种彻头彻尾的、悄无声息的生产行为,即读者借助他人的成果生产自己的思想,因而读者就像一个擅闯他人领地顺手牵羊的小偷,"偷取"他人的思想并与自己原有的思想进行嫁接,从而生成自己的新思想③。塞托的比喻可谓形象贴切。从读者的角度而言,可以把阅读比喻为"偷取"行为,但从作者的角度而言,则可以把读者的"偷取"过程视为作者的慷慨给予。这种给予比任何其他给予更珍贵,因为作者所给予的是世上最珍贵的思想和智慧。正因如此,文学家秦牧感叹:

> 世界上,外表十分平凡而内涵非常丰富的东西,我想再无过于书了。它简直象童话中的宝库似的,门户打开之后,你走了进去。啊!原来这里面有这样壮丽深邃的境界呀,智慧的珍珠宝石到处在熠熠放光,使你喜悦,使你震动;知识的河流琤琤琮琮地流着,一直通到无边无际的海洋。这个宝库的巨大使我们感到自己的渺小,又使我们认识到人类的伟大。我们在这个宝库里可以和千百代的先驱者亲切攀谈,接触到他们的音容笑貌。我们又可以在这里和当代的卓越思想家、科学家、艺术家以至于具有各种奇异经历的人促膝而坐,娓娓倾谈,仿佛看到他们明亮的眼睛,听到他们心脏的搏动,感受到他们温热的气息。在这个宝库里,我们甚至还依稀看到了未来人类的脸孔,明日地球的景观。总之,一个人真正步入这个宝库,接触到那些智慧的珠宝以后,他也就象是一个童话中的人物似的,在里面流连忘返,不再退出原来的进口处,而是一直往前走,找寻新的道路了。真正反映了真理,传播了科学,喧腾着崇高心灵声音的书籍,的确有这么一种神奇的力量。④

---

① 《博览群书》杂志.读书的艺术:如何阅读和阅读什么[M].北京:九州出版社,2004:56.

② 黄晓新,等.阅读社会学——基于全民阅读的研究[M].北京:人民出版社,2019:30.

③ 戴联斌.从书籍史到阅读史:阅读史研究理论与方法[M].北京:新星出版社,2017:75.

④ 曾祥芹.百家读书经[M].郑州:中原农民出版社,1989:4-5.

秦牧先生把书中的知识和思想视为"智慧的珠宝",这显然是世上最珍贵的东西了!正因为书籍能够慷慨地给人以"智慧的珠宝",所以说它有"神奇的力量"。这就是阅读给人以智慧和力量的证明。

现在的年轻人们,对雷锋当年全心全意为人民服务的事迹及其精神动力可能感到陌生甚至不解。其实,雷锋的精神动力就是从阅读毛泽东著作中来的。以下几段雷锋日记证明了这一点:

> 敬爱的毛主席,我看到您写的《纪念白求恩》这篇文章,深受教育,被感动得流下了热泪。过去有人讽刺我说:"你积极有什么用,那么点的小个子,给你一百五十斤重的担子,你就担不起来。"我听了这话,还埋怨自己为啥长这么点小个子呢!可是,您老人家说:"一个人能力有大小,但只要有这点精神,就是一个高尚的人,一个纯粹的人,一个有道德的人,一个脱离了低级趣味的人,一个有益于人民的人。"这话给我很大鼓舞……
>
> 人的生命是有限的,可是,为人民服务是无限的,我要把有限的生命,投入到无限的为人民服务之中……
>
> 我学习了《毛泽东选集》一、二、三、四卷以后,感受最深的是,懂得了怎样做人,为谁活着……我觉得要使自己活着,就是为了使别人过得更美好。①

上引雷锋的话表明,雷锋是在阅读毛泽东著作的过程中树立了全心全意为人民服务的理想信念的,是一位伟人的著作感染了一名战士,使一名战士与一位伟人之间产生了思想和情感共鸣。这实际上是伟大的作者感染了诚实的读者,是"作者—作品—读者"之链的强烈共振,由此塑造了一位"笃行之"的读者——雷锋。这就是伟人的力量,这就是伟大著作的力量,这就是阅读的力量。

三、阅读越来越成为人的一种生活方式

纵观人类的阅读史,我们会发现,越是远古的时代,阅读的权利越是被集中于极少数人,对绝大多数人来说,阅读无法成为他或她的生活必需,反而是一种无法企及的奢望。总而言之,人类的阅读史是从精英阅读到平民阅读转变的历史。在知识社会化和社会知识化的双重推进下,阅读越来越

---

① 刘敬余.雷锋日记[M].北京:北京教育出版社,2013:29,132,133.

平民化、普及化、社会化，最终导致了阅读的生活化，即阅读越来越成为人的一种生活方式。

随着社会文明进程的加快，在人们的爱好和习惯中，越来越多的人养成了读书学习的爱好和习惯。而且，读书学习的爱好和习惯的价值越来越突出和明显。在这种情况下，生活阅读化、阅读生活化越来越成为人们的一种基本生存方式。这就是阅读成为人的一种生活方式的历史必然性所在。因此我们可以说"生活就是阅读，阅读就是生活"，这样的说法是有道理的，是值得提倡的。在现代社会，如果一个人的爱好和习惯中没有阅读，那么可以说这个人的爱好和习惯起码是不够健全的。

纵观历史，我们就会发现，但凡成就非凡的人，大都是爱阅读的人。无论是政治家、文学家、科学家、思想家等，无不如此。古今中外这方面的实例很多，举不胜举。

我们知道，毛泽东是真正博览群书的人。博览群书，是毛泽东年轻时就立下的志向。1920年，毛泽东在给自己的一位老师写的一封信中说："我对于学问，尚无专究其一种的意思，想用辐射线的方法，门门涉猎一下。"①后来，毛泽东还回顾了自己在湖南图书馆博览群书的经历：

> 在这段自修期间，我读了很多书，研究了世界地理和世界历史。在图书馆里第一次看到并以很大的兴趣研究了一幅世界地图。我读了亚当·斯密的《原富》、达尔文的《物种起源》和约翰·斯·密勒的一部关于伦理学的书。我读了卢梭的著作，斯宾塞的《逻辑》和孟德斯鸠写的一本关于法律的书。我在认真研究俄、美、英、法等国的历史地理的同时，也穿插阅读了诗歌、小说和古希腊的故事。②

从这段话中可以看出，毛泽东所读之书包括政治、经济、历史、地理、生物、逻辑、法律、文学等，真正做到了"门门涉猎"。毛泽东临终前13天，还在复读宋代洪迈所著《容斋随笔》一书③。

阅读对于生活的价值，主要表现在它有助于改善人的精神生活。阅读可以使人更加有教养，可以使心灵更加纯洁，可以使生活更加有意义、有品

---

①② 徐中远.毛泽东读书十法[M].北京:中央文献出版社,2013:298-299.

③ 孙宝义,刘春增,邹桂兰.毛泽东的读书人生[M].北京:中央文献出版社,2006:548.

位。这种有意义和品位的生活，才是有别于其他动物的"人的生活"。法国著名传记文学作家莫洛亚(Maurois)说过："使我们变成一个有教养的人的，就是读书。"①英国著名作家赫胥黎(Huxley)也说过："每个知道读书方法的人，都有一种力量可以把他自己放大，丰富他的生活方式，使他的一生内容充实，富有意义。"②

在中国古人的心目中，阅读学习对于人的生活的重要性，主要表现在它能够提升人的修养，从而保证自己成为更加有价值的存在。唐太宗曾命魏徵等人编辑《群书治要》，其中有尸佼的《劝学》一篇。在此篇中，尸佼为了论证学习对于人的重要价值，举了三个例证：①蚕茧已成，若不加治理，就会变质蠹蚀而被抛弃，若使女工缫丝，就可将其制成漂亮的衣服；②子路、子贡、颜涿聚、颛孙师等人原本都是粗鄙之人，而经过孔子教导之后都成了名士；③铜剑若不加磨砺便不能刺穿硬物，而经过磨砺之后便成为锋利无比、无物不能穿的宝剑。通过这三例，尸佼最后得出结论说"夫学，身之砺砥也"，"未有不因学而鉴道，不假学而光身者也"(《太平御览》卷六○七)。尸佼利用例证法论证了学习是砥砺自身、提升自我的必要途径之理，这也说明学习是一个人明道、光身的必要途径之理。当然，尸佼这里所论学习，必然包括阅读学习的方式在内。通过尸佼的论说，我们可以确认这样一个道理：通过阅读学习，人可以提升自己的素养，可以改变自己的命运，可以使自己成为优秀的人才，从而使自己的生活更加有价值、有品位。

英国史学家麦考利(Macaulay)是一个名利双全的人，但是他在给妹妹的信中说：

　　假如有人要我做一位最伟大的帝王，住的是金殿华苑，吃的是山珍海味，穿的是锦衣华服，乘的是高车骏马，一呼百诺，应有尽有，但却不准我看书。果真如此，那我决不干这劳什子的皇帝，与其是一个不爱念书的国王，我宁愿自己是一个住在满屋是书籍的陋室里的穷光蛋。③

① 《博览群书》杂志.读书的艺术：如何阅读和阅读什么[M].北京：九州出版社,2004:309.
② 培根,等.读书的情趣与艺术[M].林衡哲,廖运范,译.北京：中国友谊出版公司,1988:7.
③ 培根,等.读书的情趣与艺术[M].林衡哲,廖运范,译.北京：中国友谊出版公司,1988:137.

宁愿做能够读书的穷光蛋,也不愿做荣华富贵的国王,这段话表明了麦考利绝不放弃阅读学习之精神生活的坚定意志。这也说明,对一个注重精神生活的人来说,阅读学习的生活是其他物质生活方式所不能替代的。由此我们可以说:阅读的价值独一无二,无可替代;阅读的人生是最充实的人生,也是最幸福的人生,无可替代。

培根说,"读书能给人乐趣、文雅和能力。人们独居或退隐的时候,最能体会到读书的乐趣;谈话的时候,最能表现出读书的文雅;判断和处理事务的时候,最能发挥由读书而获得的能力"①。可见,独居、退隐、谈话、判断、处事等各种形式的生活中,阅读都能发挥其应有的作用。所以,我们可以把培根的这段话的旨意概括为这样一句话:阅读的好处无处不在。

那么,一个人若不读书会怎么样?《吕氏春秋》有这样一段话:"且天生人也,而使其耳可以闻,不学,其闻不若聋;使其目可以见,不学,其见不若盲;使其口可以言,不学,其言不若爽;使其心可以知,不学,其知不若狂。"②人虽然具有能看、能听、能言、能知的潜能,但如果后天不学习,其潜能便得不到开发,就如同没有这些潜能一样。

关于不读书的人的生存状态,林语堂曾说:"一个没有读书习惯的人是被拘束在他的身边世界中的,在时间与空间上说来,他的生活只能陷在一些日常琐事中,他的接触和交谈只限于同几个少数相识的人,他的见识只限于身边的环境。"③林语堂的意思是说,如果把常读书的人喻为"知多识广",那么不读书的人可喻为"知少识寡"。清代刘大櫆在《论文偶记》中言,"盖人不穷理读书,则出词鄙倍空疏"④。刘大櫆的这句话实际上点明了读书、穷理、作文之间的关系,即不读书便无以穷理,理不明则文必拙。北宋黄庭坚曾言,"人胸中久不用古今浇灌之,则俗尘生其间,照镜觉面目可憎,对人亦语言无味也"⑤。这当然是黄庭坚对自己的鞭策之语,但我们可以从中感受到阅读对于一个人气质的影响之大。北宋理学家张载说"为

---

① 《博览群书》杂志. 读书的艺术:如何阅读和阅读什么[M]. 北京:九州出版社,2004:105.
② 张双棣,张万彬,殷国光,等. 吕氏春秋译注[M]. 2 版. 北京:北京大学出版社,2011:87.
③ 《博览群书》杂志. 读书的艺术:如何阅读和阅读什么[M]. 北京:九州出版社,2004:318.
④ 黄霖,蒋凡. 中国历代文论选新编·明清卷[M]. 上海:上海教育出版社,2007:345.
⑤ 黄庭坚. 黄庭坚全集[M]. 成都:四川大学出版社,2001:1827.

学大益在自求变化气质"①,苏轼在《和董传留别》一诗中说"腹有诗书气自华"②,从中我们可以领悟出一个人的读书学习与气质的关系——学识丰富的人必有非凡的气度。人们都向往自己也能成为有非凡气度的人,而作为外在表现的气度源于内心的充实与自信,这种充实与自信又来源于"腹有诗书",所以说阅读可以改变一个人的气质,可以造就非凡气度的人生。

　　毋庸置疑,现代世界是文字世界、符号世界,亦即人们生存的世界是文本世界、印刷世界、数码世界;当今时代是读字时代、读图时代、(扫码)读码时代。可以说,生活在这样的环境中,不能阅读或不阅读将寸步难行。何况人的生存不只是为了"活着",而是为了活得更有尊严、更有意义、更有品位,那就更需要追求阅读的人生,把阅读当作一种基本的生活方式——生活在阅读之中。

　　生活在阅读之中,也就是生活在理解(understanding)之中,因为阅读的过程实质上是理解的过程。阅读的本质是"读取意义",而读取意义的过程就是理解的过程,所以伽达默尔(Gadamer)说,"阅读同时也是一种理解……阅读是一种独特的在自身完成的感性实施,是一种开放性的理解方式"③。海德格尔(Heidegger)的存在主义哲学认为,存在就是被理解,因为不能被理解的东西在价值论意义上等于不存在;人"在世界中存在",人就是为了理解这个世界而存在。伽达默尔的哲学诠释学认为,人一出生就开始他或她的理解历程——理解周围的世界,因此人是理解的动物;人作为理解的动物,存在于理解之中,这种存在于理解之中的人就是"此在"(dasein)。随着人类文明进程的加速,通过阅读理解世界,越来越成为人的基本存在方式。也就是说,人越来越成为通过阅读理解世界的动物。狄尔泰(Dilthey)曾说,"理解的本质在于,它不仅是一个人与另一个人之间的情感、理智的交流,它就是我的存在、我的存在方式"④。阅读就是理解,所以阅读已成为人的存在方式,也就是说人是阅读的动物。

①　张载.张载集[M].章锡琛,点校.北京:中华书局,1978:321.

②　苏轼.苏轼全集校注[M].石家庄:河北人民出版社,2010:458.

③　严平.伽达默尔集[M].上海:远东出版社,1972:32-33.

④　王岳川.现象学与解释学文论[M].济南:山东教育出版社,1999:190.

第二节　阅读与社会发展

从本体意义上说,人是一种"类存在",所以人的行为大多具有社会属性。人的阅读行为,既是个体行为,也是社会行为。首先,阅读主体(读者)作为"类存在",他或她的生存和发展都在一定的社会历史环境中进行,因而他或她既是个人,也是社会人。其次,阅读客体(读物)是社会的产物。每一读物的制作包括编辑、出版、印刷、发行等各环节以及读物的材质(如纸张等)都是社会分工的产物,如果没有这样的社会分工,读物便无法生产出来供读者阅读。再次,阅读是读者从读物中读取意义的过程。读取意义的过程实际上就是理解和诠释的过程,而人的任何理解和诠释过程都是以特定的社会历史环境为背景的,也就是说,人的理解和诠释过程其实都不是天马行空的过程,而都是在一定的社会历史条件的影响与制约下进行的。总之,阅读主体、阅读客体、阅读环境都具有社会属性,所以说阅读是一种社会行为。

一、学习型社会与全民阅读社会

研究阅读的社会属性,分析阅读与社会发展的关系,这是阅读社会学研究的核心任务。从全社会、全民族乃至全人类视野考察阅读的重要性,由此出现了一系列相关的概念,如"全民阅读""书香社会""阅读社会""全民教育""终身教育""终身学习""学习型社会""学习型政府""学习型政党""学习型城市""学习型家庭"等。

1965 年 12 月,联合国教科文组织继续教育部部长兰格拉德(Lengrand)发表了以"终身教育"为主旨的报告,指出教育不应局限于儿童期和青年期,人只要活着就应该不断地学习。20 世纪 70 年代,终身教育理念进一步发展为学习型社会理念。1972 年联合国教科文组织发布《学会生存——教育世界的今天和明天》报告,标志着学习型社会理论的正式确立。该报告指出,所谓学习型社会(该书称"学习化社会"),"只能理解为一个教育与社会、政治及经济组织(包括家庭单位和公民生活)密切交织的过程。这就是说,每个公民享有在任何情况之下都可以自由取得学习、训练和培养自己的各种手段"①。学习型社会理论强调了这样一个变化:在未来教育中,教学活动让位于学习活动。人们从教育活动中的客体,变为学习活动中的主体,受教育者成为获取知识的主动者,而不是传统教育中那样消极的知识接受者。美国未来学家托夫勒(Toffler)指出,"未来的文盲不再是不识字的人,而是没有学会学习的人"②。

显然,学习型社会的建设离不开阅读。所以,学习型社会首先应该是阅读社会。为了倡导人人阅读,联合国教科文组织从1996年起,把每年的4月23日定为"世界读书日"(或译世界图书日、世界书香日)。世界读书日源于中世纪西班牙加泰罗尼亚地区民间供奉图书的风俗——每年的4月23日,在加泰罗尼亚到处可以见到男士手中拿着女友赠送的书籍,女子手捧男友赠送的玫瑰花,携手漫步在飘逸着书香和花香的街头。之所以选择这一天为读书日,是因为这一天是西班牙加泰罗尼亚地区守护乔治的复活日,更重要的是,这一天也是莎士比亚、塞万提斯、维加三位大文豪逝世的纪念日。

学习型社会具有以下六个方面的特征。

• 学习与教育的终身性。学习和教育是一个人终其一生并持续不断的过程;社会应该为这种学习和教育提供全面的机会。

• 学校教育的有限性。学习不限于在学校中受教育,在学校接受教育只是终身学习的一环。

• 学习的主动性。在学习型社会中,每个人都应该主动寻找学习的机会,学其所好,学其所需,而不是一味地被动接受课堂教育。

• 考试成绩的相对性。在学习型社会,考试在人才选择中仅具有相对意义;"考试社会"必然让位于自主学习型社会。

• 注重人的全面发展。重视每个人生理、心理、兴趣、爱好的全面发展,重视个性的健康发展,重视每个人创造潜力的充分发挥。

• 重视创新。学习型社会通过终身学习和教育使人们建立理性的历史观和人生观,善于接受新思想,激发创新意识及其行动。

1970年,联合国教科文组织第16届大会决定把1972年确定为"国际图书年",口号为"全民读书"(Books for All),目的在于倡导人们养成阅读的良好习惯,建设全民参与的"阅读社会"。1982年6月,联合国教科文组

---

① 联合国教科文组织国际教育发展委员会.学会生存:教育世界的今天和明天[M].北京:教育科学出版社,1996:203.

② 宗秋荣.终身学习与家庭教育[J].教育研究,1998(8):54-59.

织在伦敦举行世界图书大会,会上提出 20 世纪 80 年代的目标:走向阅读社会活动项目。1997 年 3 月 5 日,联合国教科文组织总干事和埃及文化部长签署了关于发起国际"全民阅读"(Reading for All)活动的备忘录;同年 7 月,第一届国际全民阅读专门委员会召开会议,向国际社会发出深入开展阅读推广活动的号召,由此"全民阅读"概念广泛流行。

在我国,1997 年,中宣部、国家新闻出版总署等九个部门联合印发《关于在全国组织实施"知识工程"的通知》,首次提出"倡导全民阅读,建设阅读社会"的倡议。2006 年,国家新闻出版总署会同中宣部等十一个部门共同发出《关于开展全民阅读活动的倡议书》,这标志着党和政府推动全民阅读活动走向常态化。2011 年召开的党的十七届六中全会和 2012 年召开的党的十八大历史性地将"开展全民阅读"分别写入决议和报告之中;从 2014 起,每年的政府工作报告都将"开展全民阅读活动"写入其中;2016 年,国家新闻出版广电总局专门发布《全民阅读"十三五"时期发展规划》;2014 年,《江苏省人民代表大会常务委员会关于促进全民阅读的决定》出台;2015 年,深圳出台《深圳经济特区全民阅读促进条例》。如今国内已有越来越多的省、市、县(区)制定本区域的促进阅读政策或法规,设立自己的阅读活动项目或品牌,定期或不定期开展全民阅读活动。这些举措都表明,我国已进入全面建设全民阅读社会的快车道。

二、全民阅读能力与文化软实力

阅读对于社会发展所具有的重要价值是毋庸置疑的。具体地说,阅读对于提升劳动者素质、传承优秀文化传统、增强民族凝聚力、提升社会文明程度、促进社会和谐等,都具有不可替代的重要意义。对一个地区或国家而言,建设全民阅读社会的意义在于:有助于提升全民族的文化素养、知识素养、民主素养、法治素养、品德素养和生活情趣;有助于促进全民族的文化认同感、历史认同感和社会凝聚力;有助于形成文明、和谐、稳定发展的良好社会环境。如果用最凝练的话概括全民阅读的重要性,那就是:全民阅读有助于提升一个国家或地区的文化软实力。对我国而言,增强文化软实力的重要意义,可从以下几方面去领会。

其一,有助于增强中华民族的文化自信。我国是世界四大文明古国之一,而且是唯一未中断文化传统的文明古国,有着极其悠久且优秀的文化传统。这一文化传统是中华民族的文化生命的根脉所在,凭借它我们才能树立民族的自信心、自尊心和自豪感;凭借它我们才能继续创造顺应时代潮流的先进文化,才能保持和发扬以爱国主义为核心的民族精神。

　　其二,有利于促进经济发展,提升综合国力。在和平与发展成为时代主题的今天,文化软实力已经成为综合国力的重要组成部分。文化软实力的提升,为经济的发展提供精神动力和智力支持,为经济的发展提供和谐、稳定的环境,而且文化本身也在源源不断地创造经济价值(文化产业)。

　　其三,有助于坚定"四个自信"。只有通过不断提升文化软实力,提高国民的整体素质,提升国民对中华民族文化的了解和认同,才能坚定社会主义先进文化的正确方向,才能巩固社会主义政治制度。这就是制度自信、道路自信、文化自信、理论自信的底气所在。也只有通过提升文化软实力,才能促进不同国家、不同民族对我国的了解和认同,赢得他国的尊重。这就是"远人不服,则修文德以来之"的道理。

　　其四,有助于保持应对时代格局变化的定力。文化软实力正在深刻改变人们的精神世界。处于这样一个变革的时代,人们在享受物质生活进步的同时,也遭遇到失控、失衡、失序、失范所带来的精神之痛。"解铃还须系铃人",精神之痛需要靠精神力量(文化力量)去医治。增强文化软实力,有助于重塑民族的文化传统,使其与时俱进,焕发出勃勃生机,在享受安全感、获得感和幸福感的前提下,从容应对各种变化所带来的冲击,保持定力,稳中求进。

　　毋庸置疑,全民阅读素养或全民阅读能力是文化软实力的重要组成部分,提升文化软实力,离不开阅读社会建设。目前,从我国的全民阅读素养看,并不尽如人意,还有很大的提升空间。据2023年发布的第二十次国民阅读调查报告,2022年,我国成年国民图书阅读率为59.8%,数字化阅读方式(网络在线阅读、手机阅读、电子阅读器阅读、平板电脑阅读等)的接触率为80.1%;我国成年国民人均纸质图书阅读量为4.78本,人均电子书阅读量为3.33本;有45.5%的成年国民倾向于"拿一本纸质图书阅读",32.3%的成年国民倾向于"在手机上阅读",8.1%的成年国民倾向于"在电子阅读器上阅读",6.8%的成年国民倾向于"网络在线阅读",8.2%的成年国民倾向于"听书",2.8%的成年国民倾向于"视频讲书";有3.3%的国民认为自己的阅读数量很多,有11.2%的国民认为自己的阅读数量比较多,有55.0%的国民认为自己的阅读数量一般,有30.5%的国民认为自己的阅读数量很少或比较少①。可见,认为自己的阅读数量一般、很少或

①　第二十次全国国民阅读调查报告[EB/OL].[2023-05-10].http://www.360doc.com/content/12/0121/07/39564225_1079836155.shtml.

较少的人仍占 85.5%。

年人均图书阅读量是衡量国民阅读能力的重要指标。2022 年,我国成年国民人均纸质图书阅读量为 4.78 本。与发达国家相比,10 年前的 2012 年,人均纸质图书阅读量韩国为 11 本、日本为 22 本、法国为 20 本、美国为 50 本、以色列为 64 本①。可见,我国目前的年人均纸质图书阅读量过少,不能不令人隐忧。当然,我们不应仅以人均纸质图书阅读量来判定我国国民阅读能力"落后",但我国人均纸质图书阅读量偏低却是不争的事实。

还有一组数据不容我们乐观。有关专家对中美两国各 10 所大学图书馆借阅量排前 10 名的图书进行了调查对比,其差别之大令人深思。该调查所涉及的中国的十所大学包括北京大学、清华大学、中国人民大学、南开大学、天津大学、山东大学、东南大学、浙江大学、武汉大学、中山大学,这些大学图书馆 2015 年借阅率前 10 名的图书分别是《平凡的世界》《明朝那些事儿》《盗墓笔记》《藏地密码》《冰与火之歌》《天龙八部》《三体》《追风筝的人》《活着》《狼图腾》,这十部书全部是当代流行文学作品,而无一部学术名著;美国的 10 所大学包括哈佛大学、普林斯顿大学、耶鲁大学、哥伦比亚大学、斯坦福大学、杜克大学、麻省理工学院、宾夕法尼亚大学、芝加哥大学和布朗大学,这些大学图书馆借阅率前 10 名的图书分别是《理想国》《君主论》《文明的冲突》《利维坦》《共产党宣言》《忏悔录》《国富论》《季度回顾》《领导大不易》《公司理财》,这些书大部分是在人类思想文化发展史上具有重要影响的学术名著,其余的基本也是在当代具有重要影响的学术名著②。尤其令人难解的是,美国的大学图书馆借阅率排前十名的图书中有《共产党宣言》,而中国的大学图书馆借阅率排前十名的图书中却没有《共产党宣言》,个中原因更是令人深思。这说明,我国年轻一代国民的阅读品质有待提高。当然,上述大学图书馆借阅量数据是 2015 年统计的数据,9 年之后的今天,其数据变动情况尚无人统计,故现在尚不能做出最新的比较结论。

众所周知,犹太民族是出了名的热爱读书的民族。犹太民族培养人们的阅读习惯和阅读能力是从娃娃抓起的。当犹太小孩接触图书之际,往往举行特定的仪式,并让小孩在触摸书籍时能够尝到蜂蜜的甜味,以此加深

---

① 黄晓新,等.阅读社会学——基于全民阅读的研究[M].北京:人民出版社,2019:112.

② 周蔚华.从中美大学图书馆借阅率排行看阅读差异[J].新阅读,2018(5):23-25.

小孩对书籍的喜爱与亲密感情。曼古埃尔的《阅读史》一书对此做了如下描述：

> 在中世纪的犹太社会中，学习阅读是以公开的仪式来加以庆祝的。在五旬节（Feast of Shavuot）——这是摩西从上帝之手接受《托拉》（Torah）的日子——正准备开始受教的男孩戴上了有穗饰的长方形披巾，并由父亲带着走向老师。老师引领男孩坐在他的大腿上，并展示一块石板给他看，上面写着希伯来文的字母、《圣经》上的一段引文，及"但愿《托拉》成为你的终身职志"的祝词。老师宣读每一个字，小孩跟着念。然后，石板上沾满蜂蜜，小孩去舔它，代表身体将圣言同化。同时，《圣经》的诗歌也被写在煮熟剥壳的蛋上和蜂蜜蛋糕上，小孩在向老师大声朗读这些诗歌之后将其吃下。①

　　2016 年，以色列犹太人有 637 万人，加上散居世界各地的犹太人约 1600 万人，占世界总人口不到 0.25%，但犹太人却获得全球 27% 的诺贝尔奖及其他大量知名的科学、文化、教育奖，诺贝尔奖获得率是全球平均水平的 108 倍，出现了马克思、爱因斯坦、弗洛伊德、贝多芬、毕加索、海涅等思想、科学、文学、艺术大师。以色列虽国小人少，土地贫瘠，资源匮乏，但科技文化发达，被称为"小小超级大国"②。

　　显然，国民的阅读习惯、阅读能力、阅读品质对国家富强与民族振兴具有极其重要的影响作用。美国学者波兹曼（Postman）在论及印刷术的发明与应用对于阅读能力的提升所具有的重要意义时说道："具备阅读能力可以产生巨大效力，甚至魔力。它可以将一个人从绞刑架上拯救出来……印刷术首次使方言进入大众媒介，这个事实不仅对个人，而且对国家产生重大影响。不容置疑，固定的视觉语言在国家民族主义的发展上产生巨大的影响。"③我国的近邻韩国于 2013 年 3 月 23 日颁布了《阅读文化振兴法》。该法开篇即言"此法规定与振兴阅读文化相关的基本事项，致力于提高国民智力水平，逐步培养健全的情感，并为国民打造终身教育环境，从而提升国家经济竞争力，保障国民享有平等的阅读活动机会，改善国民整体生活

---

① 曼古埃尔.阅读史[M].吴昌杰，译.北京：商务印书馆，2002：89.
② 黄晓新.阅读社会学：基于全民阅读的研究[M].北京：人民出版社，2019：107.
③ 波兹曼.童年的消逝[M].吴燕莛，译.北京：中信出版社，2015：47 – 48.

质量"①。在这短短数语中,点明了阅读文化对于提高国民智力水平、培养健全的情感、打造终身教育、提升经济竞争力、保障国民的阅读权利、改善生活质量等方面所具有的重要意义。这就是促进阅读对社会发展所具有的重要作用与意义所在。正因如此,现在越来越多的国家(包括我国)把全民阅读、建设阅读社会纳入国民经济和社会发展规划,并予以立法保障和政策支持。

第三节　图书馆与阅读

从根源上说,人们对图书(文献)的重要性和读书(阅读)的重要性的认识,是图书馆产生的认识论根源所在。从这个意义上说,称图书馆为"文献馆""读书馆"或"阅读馆"亦未尝不可。我们无法想象,一个不提供文献和阅读服务的设施何以称为"图书馆"。因此,图书馆与文献阅读服务是无法分离的"合体"。

一、图书馆因阅读而存在

阮冈纳赞提出的图书馆学五定律中的第一条就是"书是为了用的"。其实,"书是为了用的"与"书是为了读的"并无二致,因为对书来说"读"就是"用",而且只有"读"才能真正体现"用"。正因如此,法国哲学家萨特说:"无人阅读的书是不能算存在的;不予演奏或无人听的音乐不能算音乐,仅仅是一些音符而已。……一件印刷文本只有被人阅读的时候,才会获得美学价值,倘若无人问津,那只是一组文字而已。"②

图书馆,因有馆藏资源(包括虚拟馆藏)而称其为"馆",但是,馆藏资源若无人阅读(也就是萨特所说的"无人问津"),那么这种馆藏资源乃至图书馆本身对读者来说便等于"无"。所以,从存在论哲学的意义上说,只有能够被读者阅读利用的馆藏资源才有存在价值,只有为人们的阅读提供相应服务的图书馆才有存在价值。由此我们可以说:图书馆的存在价值在于满足人们的阅读需要,图书馆是为读者阅读提供读物、环境以及相关服务的公共文化设施。

---

① 中国新闻出版研究院,江苏省全民阅读办. 国外全民阅读法律政策译介[M].南京:译林出版社,2015:6.

② 埃斯卡皮. 文学社会学[M].于沛,选编.杭州:浙江人民出版社,1987:134.

　　谢拉曾用三角形来说明图书馆员的职责(见图 4 - 2)。他认为"图书馆员的职责就在于用最适合读者需要的方法向他们提供最佳书籍",亦即图书馆员的职责是通过"采购图书"和"组织图书"来连接读者与读物,从而起到读者与读物之间的桥梁的作用①。所谓连接读者与读物的职责,用阮冈纳赞的话来说就是要做到"每本书有其读者"和"每个读者有其书",以此达到"书是为了用"的目的。应该说阮冈纳赞和谢拉的这种认识的正确性是毋庸置疑的,由此我们可以说:图书馆员是连接读物与读者的使者,图书馆是连接读物与读者的公共空间。

图 4 - 2　图书馆员职责示意图

　　前文已指出,所谓"书是为了用的",其实质含义是"书是为了读的",因为"读"是"用"的根本表现。从狭义上说,人们阅读的客体是读物,亦即各类文献;图书馆收集和组织文献,就是为了让读者阅读。为了更好地满足读者的阅读需求,图书馆需要做大量的收集文献、揭示文献、组织文献、组织读者、提供设施设备等工作,这就是图书馆员从事的日常工作。对此,谢拉曾指出,图书馆是一个由三大互相联系、互相依存的部分组成的综合系统,这三个部分即收集、组织和服务,这三个部分的协调运作过程就是图书馆管理活动②。谢拉的意思是说,图书馆就是收集和组织文献以供读者阅读的一个系统。

　　中国古代亦不乏藏书以供阅读的思想与实践。明代万历时期的姚士粦曾提出独特的藏书传布思想——"以传为藏"思想。其曰:"吾郡未尝无藏书家,卒无有以藏书闻者。盖知以秘惜为藏,不知以传布同好为藏耳。何者？秘惜则箱箧中有不可知之秦劫,传布则毫椠间有递相传之神理。此传不传之分,不可不察者。……以传布为藏,真能藏书者矣。"③姚士粦认为,在"以传为藏"的举动中蕴含着一种"神理",即藏书只有在传布过程中

---

①　谢拉.图书馆学引论[M].张沙丽,译.兰州:兰州大学出版社,1986:97 - 98.

②　谢拉.图书馆哲学[J].卿家康,詹新文,译.大学图书馆通讯,1987(4):49 - 53.

③　叶昌炽.藏书记事诗(附补正)[M].王欣夫,补正.上海:上海古籍出版社,1989:272 - 273.

才能得到生命的延续;藏书的生命之延续在于传布,而不在于"秘惜",因为"秘惜"总难免"秦劫"(指秦始皇焚书之劫)的命运;只有"以传为藏",才能算"真能藏书者"。所谓"以传为藏",实际上是指以供人阅读作为藏书的目的。

明末清初人曹溶,对藏书家珍藏图书而不轻易借人之举深有感触,其曰:"不善藏者,护惜所有,以独得为可矜,以公诸世为失策也。故入常人手犹有传观之望,一归藏书家,无不缔锦为衣,旃檀作皇,扃钥以为常,有问焉则答无,有举世曾不得寓目……使单行之本,寄箧笥为命,稍不致慎,形踪永绝,只以空名挂目录中……然其间有不当专罪吝惜者,时贤解借书,不解还书,改一瓻为一痴,见之往记,即不乏忠信自秉、然诺不欺之流。书既出门,舟车道路,摇摇莫定,或僮仆狼籍,或水火告灾,时出意料之外。不借未可尽非,特我不借人,人亦决不借我,封己守株,纵累岁月,无所增益,收藏者何取焉?"①在此曹溶指出了"我不借人,人亦决不借我"的道理,批评了那些不善藏者"护惜所有,以独得为可矜,以公诸世为失策"的做法,这实际上是在表达藏书须流通借阅的观点,为此曹溶曾作有《流通古书约》②。

清代藏书家宋咸熙主张藏书须借阅利用,其曰:"藏书家每得秘册,不轻示人,传之子孙,未尽能守。或守而鼠伤虫蚀,往往残缺,无怪古本之日就湮没也。先君子藏书甚富,生时借钞不吝,熙遵先志,愿借与人,有博雅好古者,竟持赠之。"③这种"借钞不吝,愿借与人"的藏书开放观,确实体现了"仁者爱人""爱物有道"的高尚精神。"借钞不吝,愿借与人"的藏书开放阅读观,实际上是一种"与人共之"的藏书伦理观——围绕藏书而形成的人际关系规范。"愿借与人"就是供人阅读,供人阅读就是与人共享,与人共享就是一种"爱物有道"的藏书伦理。中国古人有一句话叫"知而弗传,不仁也"(《礼记·祭统》),这句话可视为中国古人的藏书伦理观的思想渊源。若从藏书伦理观的角度而言,"知而弗传,不仁也"可以改称为"藏而不传,不仁也"。

清乾隆、嘉庆时期的张金吾,其藏书楼"爱日精庐"藏书曾达十万六千卷之多。张金吾曾购得包希鲁撰《说文解字补义》十二卷元刊本,他在为

---

① 祁承㸁,等.藏书记[M].扬州:广陵书社,2010:97.

② 《流通古书约》的内容参见本书第五章中的"资源共享理念"部分。

③ 徐雁,王雁均.中国历史藏书论著读本[M].成都:四川大学出版社,1990:620.

此书解题时指出，"若不公诸同好，广为传布，则虽宝如球璧，什袭而藏，于是书何裨，于予又何裨。且予喜藏书，不能令子孙亦喜藏书。聚散无常，世守难必。即使能守，或童仆狼藉，或水火告灾。一有不慎，遂成断种，则予且为包氏之罪人。用倩善书者录副以赠。予之不敢自秘，正予之宝爱是书也"①。张金吾认为，对《说文解字补义》之类"宝如球璧"之书而言，"用倩善书者录副以赠"之法，"公诸同好，广为传布"，才是"宝爱是书"的表现，这就是他"爱书须传布"的思想观点。什么样的做法才是真爱书之举？在张金吾看来，只是珍藏并非真爱书，诚如其言"虽宝如球璧，什袭而藏，于是书何裨？"何况"一有不慎，遂成断种"，反而成为"罪人"，何谈爱书？反过来，"公诸同好，广为传布"，才是真爱书的表现，因为只有"广为传布"，才能延续书之生命，亦能传播书中思想，使其"永远活在人们心中"。在此，张金吾充分表达了书的生命与价值在于供人阅读的观点。"爱书须传布"的思想体现了藏书家"爱物有道"的藏书伦理观。若从藏书伦理和图书馆伦理观的角度而言，我们完全可以说：图书馆的藏书须供人阅读，才能算作图书馆尽到了自己的伦理责任。

中国古人所说的"文以载道""道成于学而藏于书""书即道，道即书"等，其实都蕴含着"书的价值在于阅读"的道理，因为书中之道必须通过人的阅读才能显现、才能被把握、才能"垂之于世"（传播）。中国古人重视文献、重视藏书、重视馆阁（图书馆），其目的不只在于"存道"或"藏道"，更是为了"传道"。孔子曾说：

> 其为人也温柔敦厚，《诗》教也；疏通知远，《书》教也；广博易良，《乐》教也；洁静精微，《易》教也；恭俭庄敬，《礼》教也；属辞比事，《春秋》教也（《礼记·经解》）。

显然，这里所言"教"的过程，其实就是"传道"的过程，其内容就是《诗》《书》《乐》《易》《礼》等文献所载之道。"教"者之所以能教，是因为他首先阅读和研究这些书中之道。教与学相对，有教者必有学者。从"学"的角度而言，学则必然离不开阅读的过程。所以，无论是教者还是学者，都离不开阅读。可见，传道者须阅读，学道者亦须阅读。由此我们可以说，道在书中，道在阅读中"垂之万世"。

---

① 张金吾.爱日精庐藏书志[M].冯惠民，整理.北京：中华书局，2012：98.

二、图书馆以满足读者的阅读需求为使命

图书馆为满足读者的阅读需求而存在。图书馆之所以强调读者的重要性,就是因为读者是馆藏文献(包括虚拟馆藏)的阅读者、利用者和传播者,亦即因为读者是馆藏文献价值的实现者,也是图书馆存在价值的实现者。读者无疑是图书情报机构开展活动的必不可少的组成部分。图书情报机构脱离了自己的读者对象,就无法履行其社会职责,植根于交流职能上的情报性、教育性和服务性就无法谈起。没有读者的图书情报机构非但不是一个健全的组织,并且必将成为社会的负担和累赘。图书情报机构只有通过读者,才能把文献、知识和情报传播开来,进而转变为社会的生产力①。

我们知道,杜定友先生曾提出图书馆"三位一体"说:"一为'书',包括图与书等一切文化记载;次为'人',即阅览者;三为'法',图书馆之一切设备及管理方法、管理人才是也。三者相合,乃成整个之图书馆。……若以人为目标而办理图书馆,则图书馆事业始能生动而切合实际,且有继续进化作深潜研究之余地也。"②对照前引谢拉的图书馆员职责示意图,可以发现,杜定友与谢拉的观点非常相似,二人都强调了书与人的连接,即都强调了图书馆(员)的职责是促成书与人的结合。不过,仔细分析二人所言内容,可以发现二人的观点也有不同之处,主要表现在杜定友明确提出了"以人为目标"的观点,而谢拉未明确强调这一点。杜定友所言"以人为目标",实际上就是指以读者为本,以促进阅读作为图书馆的根本宗旨,因为促进阅读是图书馆满足读者需求的根本途径。

从阅读社会学的角度而言,图书馆是为人们的阅读提供读物与相关设施及服务的公共空间(包括提供延伸服务形成的馆舍外空间以及提供网络服务形成的虚拟空间)。公共图书馆所提供的读物与相关设施及服务是免费的,故在西方社会公共图书馆往往又被称为"免费图书馆"。在现代民主法治国家,一般用法律规定的形式保证图书馆基本服务的免费性,如日本《图书馆法》(1950 年制定,2011 年修订)规定,"公立图书馆不得征收入馆费及任何针对图书馆资料利用的费用";《挪威公共图书馆法》(1985 年颁布实施)规定,"公共图书馆应免费为居住在挪威的每一个人提供信息、

---

① 周文骏.文献交流引论[M].北京:书目文献出版社,1986:67.

② 王子舟.杜定友与中国图书馆学[M].北京:北京图书馆出版社,2002:28 – 29.

图书及其他合适的文献资料服务,促进知识、教育和其他文化活动的发展"①。我国于2017年末颁布的《中华人民共和国公共图书馆法》在总则部分规定"本法所称公共图书馆,是指向社会公众免费开放,收集、整理、保存文献信息并提供查询、借阅及相关服务,开展社会教育的公共文化设施";其法律责任部分又规定"公共图书馆及其工作人员对应当免费提供的服务收费或者变相收费的,由价格主管部门依照前款规定给予处罚"。

图书馆馆藏信息资源的丰富性,以及所提供服务的公共性、共享性和免费性,使得图书馆服务具有了特定的"经济性"功效,这种功效是个人收藏望尘莫及的。对此,李小缘曾指出,"一人之经济力有限,一社会之经济力亦有限。合众人之力来购一书则易,合众人之力来建立一图书馆则更易。故合群办之公益事皆社会经济事。……公共图书馆者,社会之各份子合资组织者也"②。沈祖荣也认为,如果图书馆服务"取资",那将是一种"得不偿失"之举,如其言"盖图书馆为公共求学之所,应实行开放主义,不取分文,以资提倡。欧美图书馆无一取资者,日本公共图书馆亦然,故阅书人纷至沓来,倍形踊跃。中国仿而行之,洵诱导人民阅书之良法;况取有限之资财,生极大之障碍,所得亦不偿所失也"③。所谓"取有限之资财,生极大之障碍",指的是若图书馆服务采取收费方式,那么必将极大地阻碍无力支付者利用图书馆的机会,这实际上是对无力支付者阅读权利、求知权利的剥夺。

图书馆作为"社会经济事",为那些"经济力"不足的人们提供了极佳的阅读学习机会。从这个意义上说,有的人称图书馆为"穷人的图书馆"亦不为过。当然,我们不能由此认为图书馆对富人无意义,因为无论是穷人还是富人都有利用图书馆来获取所需的知识和信息的必要;从图书馆的角度而言,无论是穷人还是富人在图书馆面前一律平等——都有利用图书馆的平等权利。由此我们可以说,图书馆是保障公民的免费阅读权利的公共文化设施之一。

图书馆人不能代替读者阅读(除对特殊读者提供代读服务之外),但图书馆人应该为读者阅读提供一切可能的、应该的服务。图书馆馆舍的大部分面积用于藏书与阅览,每一座图书馆其实都是一个温馨的、充满书香

①　卢海燕.国外图书馆法律选编[M].北京:知识产权出版社,2014:91,343.

②　马先阵,倪波.李小缘纪念文集[M].南京:南京大学出版社,1988:118.

③　丁道凡.中国图书馆界先驱沈祖荣先生文集(一九一九——九四四年)[M].杭州:杭州大学出版社,1991:7.

味的阅读空间环境。图书馆的读者服务工作,大部分属于阅读服务范畴;经常性的阅读推广工作更是图书馆一线工作人员的主要工作内容之一(见表4-1和表4-2)。

表4-1 波士顿剑桥图书馆读者活动安排(某一天)

时 间	内 容	地 点
10:00	婴幼儿唱歌,讲故事	柯林斯分馆
11:00	成人远足	剑桥主馆
12:30	午餐读书会;讨论某一读物	柯林斯分馆
16:00—17:00	指导少儿家庭作业	瓦伦蒂分馆
16:00	学龄前儿童故事会、做游戏	剑桥主馆
17:30—18:15	英语会话小组活动	奥康纳尔分馆
18:00	亲子读书会	剑桥主馆
19:30—21:00	读书讨论会	中央广场分馆

资料来源:任一鸣. 波士顿剑桥图书馆读者活动安排[EB/OL].[2021-12-24]. https://www.doc88.com/p-7734531229080.html.

表4-2 2011—2020年我国公共图书馆活动数据一览表

年份	组织讲座次数/次	参加讲座人次/万人次	举办展览/个	参观展览人次/万人次	举办培训班/个	参加培训人次/万人次
2020	61660	2996.79	36439	5791.30	52614	491.24
2019	85955	2158.92	35034	9097.98	74743	528.76
2018	79274	1481.94	33394	8742.64	66375	422.76
2017	74174	1254.34	30443	7190.98	50973	411.44
2016	69308	1057.30	26588	5782.66	44137	298.19
2015	59562	934.12	20481	4722.22	34501	251.34
2014	54939	937.70	18124	3820.71	30523	220.45
2013	49474	864.77	15848	3353.77	26198	192.70
2012	44564	826.53	12389	3050.55	24937	230.59
2011	35175	654	10479	2094	22597	189.70

资料来源:根据《中国统计年鉴》2012—2021年相关数据整理而成。

三、阅读推广:图书馆促进阅读的主流服务形式

阅读推广(reading promotion),是指阅读推广主体通过政策、活动、项目等多种形式,倡导、鼓励、引导社会民众参与阅读实践,培养民众的阅读

兴趣、克服阅读困难、提升阅读素养,从而形成全民阅读的氛围,以此保障民众的阅读权利的社会举动。在现代社会,阅读推广的主体是多元的,政府、教育、出版、新闻与媒体、图书馆、社会团体等部门,都可以成为阅读推广的主体。

阅读的重要性决定阅读推广的重要性;阅读有多重要,阅读推广也就有多重要。"阅读推广"中的"推广"一词,具有积极主动之意,具有"供给侧结构性改革"性质,因此阅读推广是一种主动行为,而不是被动等待行为。供给侧结构性改革的目的是优化供给结构,重视优质供给,减少无效或无益供给,提高供给结构的适应性和灵活性,使供给体系更好地适应需求结构变化,以此全面优化"供给—需求"结构运行体系。优质的阅读服务,也要考虑"阅读供给—阅读需求"结构体系的优化升级问题,阅读供给改革是适应阅读需求变化的积极主动之举,阅读推广服务概念和理念的提出,就是主动推进阅读供给改革的举措。因此,阅读推广主体必须以"你阅读,我服务"以及"我服务助推你阅读"的服务精神和主动精神,保证推广活动的"供给侧结构性改革"性质。阅读推广者通过积极主动的服务供给行为(供给政策、资源、场地、活动等),引导、帮助人们参与阅读实践,使阅读主体(读者)感受到"我阅读,我成长""我阅读,我收获""我阅读,故我在"的快乐,以此保证阅读行为的自觉性和持久性,最终提升自己的阅读能力。

从阅读社会学角度而言,倡导全民阅读,是为了提升"全民素养"(universal literacy)。提升全民素养是保证"人的全面发展"(马克思在《共产党宣言》中所言意义上的)的根本要求。2016 年正式启动的《联合国 2030 年可持续发展议程》,在"确保包容性和公平的优质教育,促进全民享有终身学习机会"目标中,已经把"提升全民素养"作为可持续发展愿景之一写入其中。这是联合国教科文组织和国际图联积极介入《联合国 2030 年可持续发展议程》制定过程的重要成果。

全民素养,包括基础素养(basic literacy)和高级素养(advanced literacy)。基础素养指的是一个人的读写算能力,高级素养则是读写算能力基础上的更高要求的素养。高级素养大致可分为两种类型:一类是面向专业领域的主题素养,如科学素养(scientific literacy)、健康素养(health literacy)、经济素养(economic literacy)等;另一类是面向信息传播与交流的通用素养,代表性的有文本素养(text literacy)、信息素养(information literacy)、媒介素养(media literacy)、计算机素养(computer literacy)、信息与通信技术素养、数字素养(digital literacy)、数据素养(data literacy)等①。显然,无论是基础素养的提升还是高级素养的提升,都与图书馆紧密相关。也就是说,图书馆应该积极承担全民素养提升的职责与使命。

图书馆如何承担全民素养提升职责?毋庸置疑,阅读素养是全民素养的重要组成部分,所以,为提升全民阅读素养提供相应的服务,是图书馆承担全民素养提升职责的主要方式与途径。为此,2019年9月,国际图联正式发布了《IFLA工具包:构建素养和阅读国家战略》(*IFLA Toolkit for Developing National Literacy and Reading Strategies*),以指导各国图书馆界的阅读素养提升行动。目前,图书馆界广泛开展的阅读推广服务,就是为提升全民阅读素养而选择的创新服务措施。

图书馆为满足读者的阅读需求而存在,因此图书馆无疑是阅读推广的重要主体。图书馆的阅读推广,就是图书馆通过馆藏资源提供与开展各种阅读活动,引导和帮助民众培养阅读兴趣,提升阅读素养,以此促进全民阅读社会建设,助力公民阅读权利实现的服务举措。

公共图书馆开展阅读推广是用公共资源推动全民阅读,这就不应该脱离保障公民阅读权利的基本目标。而实现这一目标的核心,就是要引导缺乏阅读意愿的人提升阅读意愿,使缺乏阅读能力的人提升阅读能力,帮助阅读有困难的人跨越阅读的障碍②。正因为社会上还有很多"缺乏阅读意愿的人""缺乏阅读能力的人"和"阅读有困难的人",所以需要图书馆提供阅读推广服务。

以往的图书馆服务,也包含阅读服务,但大多局限于新书通报、推荐书目编制、图书馆利用方法指导、组织读书心得比赛等,这种阅读服务形式基本属于"书目指导"或"图书馆宣传"范畴,这与今天我们所说的"供给侧结构性改革"意义上的全面的阅读推广服务有很大区别。

当今时代是信息化、网络化、数字化时代,是教育普及(除贫穷国家)、知识信息爆炸式增长的时代,人们获取知识信息的方式和习惯已发生前所未有的变化,相应的人们的阅读需求、阅读习惯、阅读兴趣也有了前所未有的变化。在这种情况下,人们对图书馆的阅读服务提出了全新的要求,也就是说,以往的"书目指导"或"图书馆宣传"意义上的阅读服务,已无法满足新时代读者的阅读需求;而满足读者的阅读需求,是图书馆的根本使命

---

① 黄丹俞,范并思.《IFLA工具包:构建素养和阅读国家战略》解读及思考[J].图书馆杂志,2020,39(4):27-36.

② 范并思.图书馆阅读推广的合理性审视[J].图书情报工作,2017,61(23):34-39.

所在,所以为了满足新时代读者的阅读需求,图书馆必须创新阅读服务策略,于是阅读推广服务应运而生。这表明,图书馆的阅读推广服务是新时代创新服务需要的产物。从现在的发展趋势看,阅读推广服务已然成为图书馆服务的主流形式。

图书馆阅读推广服务的受众对象应该是全方位的,包括儿童、青少年、成年人、老年人等"一个都不能少"。这是图书馆服务作为公共物品或公共文化服务的普遍均等要求所决定的。然而,"普遍均等"不是绝对的,因为"普遍"中总是难免有"特殊",如果看不到"特殊",就无法最终实现"均等"的目的。也就是说,"普遍"是大前提,"特殊"是小前提,能够包容"特殊"的"普遍",才能最终表现为"普遍均等"。这就要求图书馆阅读推广服务,必须以"特殊人群"作为侧重对象。这种特殊人群,主要指利用图书馆困难人群、阅读困难人群。

利用图书馆困难人群、阅读困难人群,应该成为图书馆阅读推广服务的侧重人群,所以在考虑图书馆阅读推广服务方法时,必须针对侧重人群设计有针对性的、有区别的阅读推广方法。对此范并思先生曾指出,图书馆阅读推广方法必须充分考虑普通人群与特殊人群的区别,特别是儿童阅读推广方法(包括新生儿阅读推广、学龄前儿童阅读推广、学龄儿童阅读推广、社区边缘家庭儿童阅读推广等方法),残障或隐性残障人群阅读推广方法(残障人群如视障人、聋哑人、肢障人、智障人,隐性残障人群如阅读障碍症、孤独症、抑郁症等人群),青少年/大学生阅读推广方法,其他特殊人群的阅读推广方法(留守人群、社区外来居民、老年人、医院病人、居家不出人群等),普通人群的阅读推广(包括图书馆普通读者的馆内阅读推广和馆外阅读推广,图书馆潜在读者的阅读推广,虚拟阅读推广等)[1]。

图书馆阅读推广服务,一般表现为各类相关活动。图书馆阅读推广活动的形式多种多样,如荐书类阅读推广(包括新书推荐、优秀读物推荐、阅读疗法等),诵读类阅读推广(包括讲故事、集体诵读等),交互类阅读推广(读书会、作者见面会等),竞赛类阅读推广(如知识竞赛、作文比赛、猜谜等),手工制作类阅读推广(如剪纸、种养活动、烹饪等),表演类阅读推广(如绘本剧、诗朗诵等),讲座与展览类阅读推广,以及其他类型的阅读推广(如真人图书馆、图书漂流等)。

图书馆阅读推广活动的形式应该多样化,这是毋庸置疑的。然而,"多样化"不等于"杂乱化"。什么样的活动属于图书馆应该开展的阅读推广

---

[1]　范并思.论图书馆阅读推广的理论体系[J].图书馆建设,2018(4):53-56.

活动,什么样的活动不属于图书馆应该开展的阅读推广活动,对此我们应该有一个清醒的判断。那么,如何判断这种"应该"与"不应该"?从原则上说,这种判断的标准应该是:属于履行图书馆职能或图书馆使命的活动就是"应该",反之即"不应该"。对此,范并思先生认为,图书馆场地举办的文艺演出/竞赛,图书馆主办/参与的馆外大型文艺活动,图书馆组织的读者特色技能表演、家庭厨艺展览、种养/手工/烹饪活动、棋牌竞赛等,这类活动超越了图书馆服务的原有边界,与社会投入公共资金支持图书馆服务的法理依据(即保障公民信息权利)相悖;图书馆的文化类服务也是审视图书馆服务合理性的一大理论问题。尽管有理论支持这类服务,但图书馆远离自己主业的服务仍是站不住脚的,过多开展这类服务,最终可能会导致图书馆被社会管理者与公众抛弃①。

总之,开展阅读推广服务,是图书馆在信息化、数字化时代创新服务的一种举措,旨在提升全民阅读素养,助推全民阅读社会建设,是目前图书馆服务的一种主流形式。

第四节　图书馆促进阅读理念的意义

综上所述,树立和践行促进阅读理念,对图书馆人自觉发挥服务读者、服务社会的职责作用具有重要意义。

第一,有助于养成"服务为本"的意识。图书馆职业,对内而言是一种专业性职业,对外而言是一种服务性职业。图书馆职业的服务性,主要体现在满足读者的阅读需求。读者有什么样的阅读需求,图书馆就应该提供相应的服务,所以,"你阅读,我服务"应该成为图书馆人的职业信念。为读者阅读服务是图书馆人的天职。图书馆人的职业目标是满足读者的阅读需要,因此图书馆人把读者满意视为满意自己。对读者而言,我们应该倡导读者自己铸就阅读的人生;对图书馆人而言,我们应该铸就服务的人生,服务于读者的阅读。图书馆应该以读者为本,也就是以服务为本。

第二,有助于认清促进阅读是图书馆价值实现的基本形式。图书馆产生于人们的阅读需要,为人们的阅读提供读物和相关服务,满足人们的阅读需求,是图书馆的主要职责所在。从图书馆与社会的关系角度而言,图书馆的价值在于它能够促进全民阅读,以此推动学习型社会建设,助力国家文化

---

① 范并思.图书馆阅读推广的合理性审视[J].图书情报工作,2017,61(23):34-39.

软实力的提升。也就是说,促进阅读是图书馆价值实现的基本形式和途径。每一个图书馆人应该牢记,促进全民阅读是图书馆的根本价值所在,同时,促进阅读是图书馆价值实现的基本形式,也是图书馆人职业价值实现的基本形式,为此全身心投入阅读服务,从中体认图书馆职业的神圣使命与无上光荣,以此作为职业人生目标,这就是图书馆人树立促进阅读理念的根本表现。

第三,有助于凸显图书馆作为阅读推广主体的地位及其作用。我们知道,社会阅读推广的主体不仅有图书馆,还有各类学校、出版、科研、新闻媒体、学术组织、民间团体等多部门、多领域。但是,图书馆无疑是影响力最大、最广的阅读推广主体之一。可以说,广泛持久地开展阅读推广活动,以此助力阅读社会建设,是图书馆的根本使命,也是图书馆这一社会组织的"比较优势"。若失去这一"比较优势",图书馆的社会影响力和社会公认度将大打折扣。所以,树立促进阅读理念,是图书馆凸显阅读推广主体地位和作用的根本要求。

案例1:深圳图书馆的"青少年阅读基地"建设项目

为进一步鼓励青少年了解经典、走进经典、爱上经典,培育"读书种子",深圳图书馆自2018年启动"青少年阅读基地"建设项目,与深圳市各类中学合作,为其打造专属"经典阅读空间",设置"南书房家庭经典阅读书目"专架,有针对性地开展讲座、沙龙、朗诵等经典主题阅读活动,比如特别策划"文化学者高端对话"进校园,办理师生"借阅证"和"励读证",利用大数据开展青少年阅读行为分析,提供针对性阅读指导。2018年10月,首个"深圳图书馆青少年阅读基地"在深圳实验学校高中部成立。2019年3月,第二个阅读基地在深圳市第二高级中学揭牌,这意味着深圳图书馆与学校共建阅读基地,探索全民阅读社会化合作新模式进一步向全市推广。

"青少年阅读基地"是公共图书馆与学校教育建立长效合作机制、深入推进全民阅读的有益实践,目的在于通过促进优质文化资源的共建共享,为学生阅读学习、健康成长提供智力支持。

主要做法:①设置"南书房家庭经典阅读书目"专架。提供自2014年推出的"南书房家庭经典阅读书目"推荐图书150种,以后每年"4·23"世界读书日增加新推出的80种图书,预计共提供经典图书300种。②提供"五个一"服务。"五个一"服务包括:一场讲座、一场活动、一次教学、一场培训、一场展览。每个基地每年可选其中1—2项开展活动。

资料来源:戴晓颖,王海涛,田燕红.深圳图书馆未成年人社会教育系列项目创新实践案例[C]//中国图书馆学会年会论文集(2019年卷).北京:国家图书馆出版社,2019:487–498.

案例2:北京大学图书馆的"北大读书讲座"活动

北京大学图书馆在多年的阅读推广实践中,逐渐形成了"创意活动+常规服务"两翼并行、层次分明的长效服务机制。一方面开展如新书导读、新生荐读书目、世界读书日好书展览、图书漂流、换书大集、脱机学习(脱离手机学习)、"未名读者之星"评选等普适性活动,倡导阅读,培养大学生好的阅读习惯;另一方面又开展具有一定深度和系统性的"深阅读"服务,"北大读书讲座"就是其中一项特色鲜明的品牌活动。从2012年4月23日邀请学者蒙曼演讲"读出红妆——唐代宫廷女性的美丽与哀愁",至2017年4月,"北大读书讲座"累计举办了35场,已成为北京大学一个颇具影响力的系列讲座品牌,在构建校园阅读文化中发挥了重要作用。从下面列表中,我们可以大体了解该讲座活动的概貌:

"北大读书讲座"活动主题列表(截至2017年初)

时间	主讲人	讲座主题
2012年	蒙曼	读出红妆——唐代宫廷女性的美丽与哀愁
	王波	读书读出好心情——阅读与心理健康
	范晔	从马孔多出发:《百年孤独》学译点滴
	萨苏	萨苏笔下形形色色的日本文化
	吴黎耀华	从留学生到总统顾问
	韩毓海	天下兴亡事,江河万古流:谈《五百年来谁著史》
2013年	周国平	阅读与精神生活
	陈平原	读书是一件好玩的事
	龙协涛	文学欣赏:自由愉快的精神旅行
	姚任祥	《传家》——中国人的生活智慧
	周国平,周山作、周大荒兄弟	当代艺术和感觉主义
	叶永烈	《十万个为什么》背后的故事
	熊培云	乌托邦与家国梦
	夏洛特·哈里斯·里斯	《山海经》与古代中国人的美洲探索——从落基山出发寻找答案
2014年	招思虹	华侨与家国梦——从辛亥革命以来海外文物文献谈起
	李银河,杨廷玉	分享心灵阅读的对话

续表

时间	主讲人	讲座主题
2014 年	韩毓海	一篇读罢头飞雪，重读马克思
	段宝林	非物质文化遗产与北京大学
	吴军	《文明之光》——科学视角下的历史思考
	刘华杰	从《天涯芳草》到《檀岛花事》——震撼心灵的植物之美与博物人生
	何冀平	从《天下第一楼》到《龙门飞甲》——我怎样写起戏来？
	朱成山	沉痛之后的反思——深度解读南京大屠杀
	梁晓声	我与文学
	飞氘，夏笳，陈楸帆，林品	科幻世界的过去与未来
2015 年	辛德勇	读书、抄书与印刷书籍的诞生
	毕飞宇	"走"与"不走"——小说内部的逻辑与反逻辑
	舒乙	一生爱好是天然——作家老舍
	卢永璘	中国文论第一书——《文心雕龙》
	董玥	北京城的"民国范儿"——《民国北京城：历史与怀旧》
	徐中远	毛泽东晚年读书生活
2016 年	何建明	有滴眼泪无法不流——天津《爆炸现场》内幕揭秘
	温儒敏	信息时代的读书生活
	周功鑫	博物馆是个学习文化的好地方
	杨欣	杨欣的长江源头三十年
2017 年	李零	《我们的中国》

资料来源：肖珑，刘雅琼，张春红，等. "浅阅读"时代高校图书馆的"深阅读"服务——以"北大读书讲座"为例[J]. 大学图书馆学报，2019(6)：119－125,99.

第五章　职业责任理念

　　所谓图书馆职业责任,既包括图书馆作为一种组织而承担的职责(组织责任),又包括图书馆从业者应该履行的个体职责(个体责任);前者一般称为"图书馆权利",后者一般称为"图书馆员伦理"。在现实生活中,组织责任与个体责任往往交织在一起,不易或不宜截然切分。图书馆从业者作为图书馆这一组织的成员,既要为实现图书馆的组织责任而贡献自己的能力,也要为履行自己的个体角色责任尽力,并以此作为自身的职业价值目标。这就是图书馆人的职业责任理念。可以说,图书馆人的职业责任理念及其践行,是图书馆职业发展的内生原动力。本书前面所论图书馆的社会记忆功能、社会教育功能、促进阅读功能的实现,在很大程度上取决于图书馆人的职业责任理念的践行程度。这就是图书馆人的职业责任理念的重要性。职业责任的落实主体,归根结底是人。所以,从根本意义上说,强调职业责任理念的重要性,实际上是在强调图书馆人的重要性。

——题记

　　图书馆人的职业责任,在现代是实现馆藏信息资源的价值,保障读者利用图书馆的正当权利,在古代是藏书以资传道,或者说是治书以资阅用。图书馆人的职业责任理念,其内容表现在多个方面,本书只选取若干宏观层面的职业责任理念加以论述,包括平等服务理念、社会包容理念、开放共享理念、社会责任理念。当然,这些理念之间有相互交叉的内容,但各自的侧重点不同,故做这种分类。

第一节　平等服务理念

　　我们知道,阮冈纳赞提出的"图书馆学五定律"的第二定律是"每个读者有其书"。从内涵上说,"每个读者有其书"完全可以称为"人人有其书"或"书为人人"。我们常说"图书馆面前人人平等",其实在这句话当中必然包含"图书面前人人平等"之意,而"图书面前人人平等"就意味着"人人有其书"或"书为人人"。所以我们可以说,阮冈纳赞提出的图书馆学第二定律,实际上是"平等服务定律"。阮冈纳赞在《图书馆学五定律》一书中,用一段唱词(称"图书馆合唱曲")形象生动地阐释了这一平等服务定律的内涵:

图书馆大门向一切人敞开,
决不能让我们的图书
被少数受优惠者——
饱学之士所垄断,
我们的图书
人人可借,人人可看。

书为富人,
书为穷人;
书为男人,
书为女人。

书为病人,
书为健康人;
书为盲人,
书为聋哑人。

书为工作笨拙的人,
书为能言善辩的人;
书为城里的自由人,
书为身居乡下的农民。

书为有学问的人,
书为犯罪的人;
书为人人,

为每个人和一切人。①

阮冈纳赞所言"书为人人,为每个人和一切人",不啻是说"每个人都有读书的平等权利"。立志读书的每个人都可以自称"我读书,故我在";对图书馆而言,则可以说"满足读者的阅读需要,故我在"。图书馆就是为了保障每个人读书的平等权利而存在的一种文化设施平台。

一、平等服务的内涵

图书馆提供的服务必须是平等服务,其基本含义是平等对待所有读者。平等对待所有读者,目的是保证读者的平等获取知识或信息的权利。图书馆读者的平等获取知识或信息的权利,也可以叫作"平等利用图书馆的权利"。具体说,图书馆提供的平等服务,必须体现尊重和维护读者的身份平等权和机会平等权这两方面的内涵。

图书馆读者的身份平等权,是指每个人无论出身背景(出生地、性别、年龄、种族等)、思想意识(思想传统、信仰、秉性、观点等)和社会地位(政治地位、经济地位、文化地位等)如何,一律平等地享有利用图书馆获取所需知识或信息的权利。对此《国际图书馆协会联合会—联合国教科文组织公共图书馆宣言》的表述是:"公共图书馆按照平等利用的原则,不分年龄、种族、性别、宗教、国籍、语言、社会地位和任何其他特征,为所有人提供服务。必须为由于各种原因不能利用普通服务和资料的用户,例如语言少数群体、有障碍的人、缺乏数字或计算机技能的人、缺乏读写能力的人或在医院里的人与在监狱里的人,提供特殊服务和特殊资料。"IFLA 的《图书馆、信息服务机构与知识自由格拉斯哥宣言》(2002)的表述是:图书馆和信息服务机构要一视同仁地为用户提供资料、设施和服务,不允许出现因种族、国家或地区、性别、年龄、健康状况、宗教或政治信仰等任何因素而引发的歧视②。

在图书馆服务中,读者身份平等,意味着"图书馆面前人人平等",所有读者在身份上不存在高低贵贱之分。身份平等的对立面是身份特权。所以,"图书馆面前人人平等"意味着任何读者都没有特权。如果某一读

---

① 阮冈纳赞.图书馆学五定律[M].夏云,王先林,郑挺,等译.北京:书目文献出版社,1988:113 – 114.

② 胡秋玲.自由获取知识与信息——《格拉斯哥宣言》、《国际图联因特网声明》和《图书馆可持续发展声明》发表[J].图书馆建设,2003(2):101 – 102.

者或某些读者具有身份特权，必然会产生身份歧视，而身份歧视在现代社会被视为"不人道"而予以抵制和摈弃。

机会平等权是指社会成员应该平等享有获得基本权利和自我发展潜能的机会。所谓机会，主要是指社会成员生存与发展的可能性空间和途径。对某一特定机会而言，它往往是一种稀缺性资源，甚至有时表现为竞争性资源。机会平等的基本原则是：平等的应当予以平等的对待，不平等的应当予以不平等的对待。这一基本原则可以进一步具体表述为：社会提供的机会应该完全平等，而非社会提供的机会则允许不平等。社会提供的机会完全平等，意味着人人应该完全平等地享有社会所提供的发展自己潜能的各种机会；而由家庭、禀赋、运气等非社会提供的机会属于非均等性机会（非普惠性机会），是在不影响或无意剥夺他人的机会的前提下获得的利益，社会和他人都不应干涉和剥夺。

图书馆服务中的机会平等权，是指每个社会成员无论身份如何，都应有享受图书馆基本服务的机会。毋庸置疑，人们利用图书馆来获取知识和信息的机会，属于"社会提供的机会"。如果在一个图书馆服务系统中，只有一部分人能够得到服务（即一部分人垄断了机会），而另一部分人得不到实际的服务（即这一部分人被剥夺了机会），那么这种情况就是典型的机会不平等情况。

身份平等和机会平等两者之间具有紧密的内在联系。其实，我们可以把两者看作是"一个问题的两个方面"。所谓"一个问题"，意思是两者的本质一致，即两者的实质都是"权利平等"——无论是身份平等还是机会平等，都是读者利用图书馆的权利平等的表现。所谓"两个方面"，意思是两者具有一定的区别：身份平等强调的是"平等地对待每一个读者"，反对身份特权和身份歧视；机会平等强调的是"给每个人以平等地利用图书馆的机会"，反对机会垄断，反对人为地剥夺某一或某些读者利用图书馆的机会权利。

二、平等服务的基本要求

在图书馆服务中保证读者的身份平等权和机会平等权，关键是要做好三方面的工作：同等情况同等对待；给所有读者以平等机会；特别重视保障弱势群体读者的平等权利。从语言逻辑上说，在"同等情况同等对待"命题中实际上包含了"不同情况不同对待"的意涵。同等情况同等对待是平等对待，不同情况不同对待也是一种平等对待。

在图书馆服务中，要想做到"同等情况同等对待"，关键是要杜绝"同等情况不同等对待"。为此应该做到:对同一读物的借阅需求,无论其读者身份如何,都应同等对待(除了某一读物的流通有合理合法的限制性规定);同一类型读者(如同为少儿读者、同为老年读者、同为残障读者、同为研究型读者等),无论其身份如何,都应同等对待;任何规章制度,对其规约对象无论其身份如何都要平等对待,即规章制度面前人人平等,对任何读者都不应给予违规而不受制约的特权;图书馆所提供的服务活动(如外借服务、阅览服务、参考服务、讲座报告、读者活动等),在一般情况下,无论读者或用户的身份如何,都应给予平等的准入权、参与权和享用权。

在"不同情况不同对待"方面,关键之一是要杜绝"不同情况同等对待"。为此,必须对不同特征、不同需求的读者采取不同的服务措施,如:对少年儿童读者的服务,必须与对成年人读者提供的服务方式区别开来,应该为他们专门提供适宜的阅览座椅、读物以及相应的服务语言和服务环境;对进城务工读者的服务,也要与其他读者服务适当区别,应为他们提供适宜的读物和所需要的技术指导;对不同需要的读者采取个别的服务方式,如对需要得到课外学习辅导的少儿读者提供教师辅导服务,对远距离或行动不便的读者提供送书上门服务,等等。

图书馆服务中的"不同情况不同对待",其要求用一句话概括地说就是:杜绝将读者之间的客观差异同质化的做法。如果对不同读者采取同质化的服务手段,必然产生"一般淹没特殊"和"普遍化代替个性化"的现象。"不同情况不同对待"的合理性在于它符合"具体问题具体处理"的辩证唯物主义原理,也符合"多数人保护和尊重少数人权利"的现代民主政治原则。

对一个人获取某种社会资源而言,有权利不一定有机会。因此,图书馆不仅要保障读者利用图书馆的平等权利,而且还要保障读者利用图书馆的平等机会。目前,我国在公共文化服务体系建设中遵循的"普遍均等"原则,反映到图书馆领域就是"给所有读者以平等机会"。也就是说,"给所有读者以平等机会",是公共文化服务普遍均等原则在图书馆服务中的具体体现。

在公共图书馆服务中,要做到"给所有读者以平等机会",关键是要做到:不排斥或遗漏一部分读者利用图书馆的平等机会。也就是说,公共图书馆服务体系应该达到"覆盖全社会"的要求。可以说,覆盖全社会是公共图书馆服务普遍均等的首要前提或基本表现之一。具体地说,图书馆服务覆盖全社会的基本表现是不存在"服务盲区"——某区域或某部分居民得不到图书馆服务。所谓普遍均等的公共图书馆服务,首先指的是遍及所有人的服务,而遍及所有人的服务必然要求覆盖全社会,覆盖全社会的目的就是保障所有读者利用图书馆的平等机会。

我们知道,所谓"普遍均等",其实质是"权利均等""机会均等"。我们又知道,我国公共图书馆服务体系建设在"机会均等"的保障上还有较大差距,其表现有:一是城市居民与农村居民之间获得公共图书馆服务的机会权利不均等;二是东部发达地区居民与中西部欠发达地区居民之间获得公共图书馆服务的机会权利不均等;三是非弱势人群与弱势人群之间获得公共图书馆服务的机会权利不均等。这就是我国目前在公共图书馆服务供给上城乡差别、地区差别、人群差别显著的基本表现。这也是我国社会的主要矛盾"人民日益增长的美好生活需要和不平衡不充分的发展之间的矛盾"在图书馆领域中的具体体现。在我国,建设普遍均等的公共图书馆服务体系的意义就在于解决这种发展不平衡不充分的问题,亦即为了解决人民享受图书馆服务的机会不均等的问题。

在图书馆服务中,能否保障读者的身份平等权和机会平等权,其中一个特别关键的问题是能否有效保障弱势群体读者的平等权利。我们知道,对一般的、正常的读者而言,大多可以做到"给机会就能把握",但对弱势群体而言,由于存在难以克服的生理或心理缺陷而导致"给机会也未必能把握"。为了解决这一问题,图书馆界一般采用"特殊服务"方式,给予弱势群体读者以特别的关照,使其和其他正常读者一样能够把握机会。所谓特殊服务,就是为那些利用图书馆困难的人群所提供的、不同于常规服务的关照性个别服务。为各类残疾人提供特殊的人性化服务,是特殊服务的重要内容。为残疾人提供特殊服务包括允许携带导盲犬进馆、上门服务、从书架上代取资料、提供盲文资料及其阅读设备、提供特制路标、将资料制成盲文或录成磁带、馆内带路、提供交通工具,等等①。

在国外图书馆界,关于"弱势群体"(vulnerable groups)的称谓,不同国家图书馆学文献中曾使用过多种术语——未服务到的人群、未充分受到服务的人群、城市远郊人群、非用户群体或非读者、特殊人群、社会底层群体、工人阶级、非特权人士,以及难以延伸到的人群等。从总的情况看,"弱势群体"的外延逐渐扩大,涵盖利用图书馆有困难的各类人群。

在英国,1997年以布莱尔为首相的工党执政以来,英国图书馆界的普遍服务、向所有人服务、为弱势群体服务等理念逐渐被纳入"社会包容/社会排斥"话语体系中。2003年,英国文化、媒体与体育部推出的报告《未来

---

① 于良芝.图书馆学导论[M].北京:科学出版社,2003:95.

行动框架:未来十年的图书馆、学习和信息》指出,所有图书馆都被鼓励"与那些难以延伸到的群体和个人打交道,识别这些人群,并明确其特定需求,必要的话重新设计服务以消除包容方面的障碍","图书馆必须寻找、理解和服务于非用户的需求,他们中一些人可能在图书馆环境中感觉不自在";英国图书馆界为视障读者和行动不便读者提供特殊服务的数据,说明了英国图书馆界保障弱势群体平等权利的概貌:93%的英国公共图书馆允许视障者带导盲犬进馆,同时这些图书馆为行动不便的人提供上门服务①。

美国图书馆界对弱势群体读者范围的界定可谓"应收尽收"。1979年,美国"白宫图书馆和信息服务会议"召开,会议主题为"将信息带给民众"(Bring Information to People)。在此次会议通过的建议案中,关于保障弱势群体读者利用图书馆的平等机会的理念,得到了最全面的表述:"……图书馆有责任将服务延伸到所有人……图书馆通常并不能延伸到那些需要其服务的人群中……特殊人群如儿童和青少年,老年人,困居家中者,囿于机构者包括受监禁和服刑人员等,少数族裔,那些处于地理隔离区域的人群,聋哑、智障、多重障碍等残疾人,文盲以及半文盲,以及英语非母语者等,现在仍没有给予足够服务……因而,如果要解决这些问题,阻碍这些服务的障碍,无论是法律的、经济的、技术的、态度的、环境的、文化的、地理的、或者其他的,都必须被消除,图书馆的物理设施和员工必须有能力为社会所有成员提供服务……应该通过联邦立法来保证所有公民具有平等获取所有公共信息的权利"②。

在美国,20世纪中期以后,解决农村居民的利用图书馆的平等机会问题得到了联邦政府的高度重视。为此,美国联邦政府1956年出台了《图书馆服务法》,其第一条"政策声明"中强调本法案的目的是"向没有图书馆服务或图书馆服务不足的农村地区推广图书馆服务"。时任总统艾森豪威尔(Eisenhower)在签署该法案时宣称:"我今天所签署的《图书馆服务法》,代表着刺激州与地方政府为农村人口提供公共图书馆服务的一种努力,它将造福百万美国人民,我相信,当联邦拨款结束后,州与地方政府将继续下去。"③《图书馆服务法》规定联邦拨款只能用于人口在一万人以下的农村(不得用于城镇地区)。所以,各州执行《图书馆服务法》的主要做法就是

① 蒋永福.图书馆学基础简明教程[M].北京:知识产权出版社,2012:125－126.

② 蒋永福.图书馆学基础简明教程[M].北京:知识产权出版社,2012:127－128.

③ 蒋永福.图书馆学基础简明教程[M].北京:知识产权出版社,2012:164.

通过大量的流动图书馆(bookmobiles)将服务延伸至广大偏远农村地区。根据 1960 年的统计,全美国当时共有 200 多辆流动书车投入使用,约 3000 万农村居民、65 万个农村郡县第一次获得图书馆服务。

建设分馆(branches)为不便于利用图书馆的城市边远人群提供方便条件,是美国图书馆界的普遍做法。显然,遍设延伸至城市各个区域的分馆,以此缩小图书馆的服务半径,也是保障弱势群体读者利用图书馆的平等机会的重要举措。例如,早在 1942 年,美国图书馆协会的公共图书馆标准就规定了分馆的标准:服务半径为 1—1.5 英里,最低服务人口为 2.5 万—5.5 万人。1980 年纽约 5 个区共有 201 个图书馆(中心馆和分馆之和),"分馆之间的平均距离是 1.3 英里①(即平均服务半径为 1000),平均 3.5 万人拥有一座图书馆"。据统计,2008 年全美国共有 9221 家公共图书馆,其中 1559 家建有一个或多个分馆,670 家设有流动图书馆。在这些"中心馆—分馆"体系内共有 16671 个场馆,其中中心馆 9042 个,分馆 7629 个,流动图书馆 797 个②。建立如此众多的分馆和流动图书馆,并保证分馆之间适宜的服务半径,目的就是保障不便于利用图书馆的人群平等利用图书馆的机会。我们要知道,对公共图书馆服务来说,"不便于利用图书馆的人群"即可视为广义上的"弱势群体"范畴。

国际图联(IFLA)也非常重视保障弱势群体读者的平等权利的问题。尤其是进入信息社会以来,IFLA 根据建设信息公平社会的诉求,将保障弱势群体读者的平等权利问题纳入"信息富有者/信息贫穷者"话语体系中加以讨论和研究。如 1999 年在泰国曼谷举行的 IFLA 大会上,教育与发展部下属的"社会责任讨论组"发表了《国家内部和国家之间不断增长的信息富有者和信息贫穷者之间的差距》(*The Growing Gap between the Information Rich and the Information Poor, both within Countries and between Countries*)论文集,从 5 个方面全面定义了信息贫穷者:①发展中国家经济处于弱势的人群;②与外界缺乏交流和交通不便的边远地区的人们;③文化缺乏的弱势群体,尤其是文盲、老人、妇女和儿童;④由于种族、信仰和宗教而受到歧视的少数人群;⑤生理残疾者。同时,此次会议指出了信息贫穷者产生的原因并提出了改进建议:①文盲是产生弱势群体的重要原因,建议图书馆必须融入所在的社区,识字教育是图书馆的职责,IFLA 应当促使识字培训成为图书馆的一项基本服务;②信息是一切发展的先决条件,必须

---

① 1 英里 ≈ 1609 米。

② 刘璇.美国公共图书馆"中心馆—分馆"体系溯源[J].国家图书馆学刊,2011,20(1):56 – 60.

确保正确的信息在正确的时间以最广泛的形式传递给需要的用户,图书馆要为弱势人群提供信息获取点,成为社区的信息中心;③图书馆服务是一项公共福利,保障免费获取信息是民主政府的职责,收费会降低一部分人对图书馆的使用频率,尤其是对儿童和青少年;④信息技术的快速发展更加大了已经存在的信息富有者和信息贫穷者之间的差距,图书馆有责任尽力使电子信息的获取公平化;⑤南北世界缺乏充分的合作和资源共享,IF-LA 应当监督和报道各个国家图书馆协会是如何解决信息鸿沟问题的,并把对第三世界图书馆的关注作为其规划和活动的中心①。

为了专门研究和制定弱势群体服务政策,IFLA 成立"弱势群体服务图书馆专业组"(Libraries Serving Disadvantaged Persons Section, LSDP),该专业组是 IFLA 内长期关注那些不能利用常规图书馆服务的特殊人群的专业组之一。它从 IFLA"医院图书馆委员会"(Hospital Library Committee)发展而来,已有 80 多年的历史。该专业组长期致力于制定和落实图书馆为弱势群体服务的有关政策(见表 5 – 1)②。

表 5 – 1 国际图联弱势群体服务图书馆专业组制定的政策报告选录

名　称	出版时间	基本情况
监狱犯人图书馆服务指南(第3版)	2005 年	2005 年 IFLA 专业报告 46 号
残疾群体利用图书馆——检查清单	2005 年	2005 年 IFLA 专业报告 89 号;是关于图书馆如何使各类残疾人平等利用图书馆的一个综合指南。主要从物理设施、馆藏资料类型、服务及与社会残疾人组织和个人交流三方面进行阐述
诵读困难群体图书馆服务指南	2001 年	2001 年 IFLA 专业报告 70 号
医院病人、长期居住在护理机构中的老年人和残疾人图书馆服务指南	2000 年	2000 年 IFLA 专业报告 61 号

---

① 肖雪,王子舟.国外图书馆对弱势群体知识援助的历史与现状[J].图书情报知识,2006(3):21 – 29.

② 王素芳.IFLA 弱势人群服务图书馆专业组制定的服务政策及对我国的启示(上)[J].图书馆,2006(6):17 – 21,84.

续表

名　称	出版时间	基本情况
聋哑群体图书馆服务指南(第2版)	2000年	2000年 IFLA 专业报告 24 号;在 1991 年第 1 版基础上修订而成
医院病人和社区残疾群体图书馆服务指南	1984年	1984年 IFLA 专业报告 2 号

可以说,有效保障弱势群体读者利用图书馆的平等机会,是图书馆能否提供真正的平等服务的关键所在,甚至可以说,不能有效保障弱势群体读者利用图书馆的平等机会,就称不上是"平等服务"。特别重视保障弱势群体读者的平等权利,是"给所有读者以平等机会"原则的延伸性原则,因为能否给所有读者以平等机会的关键是能否给弱势群体读者以平等机会。博尔赫斯曾说"天堂应该是图书馆的模样",其实,若把图书馆比作"弱势群体读者的天堂",更具有深入人心的意义。

平等服务理念案例

1. 提供流动图书馆服务案例

所谓流动图书馆服务,是指在不设立固定图书馆馆舍的情况下,为偏远少数人群或难以来到图书馆的人群提供图书馆服务的一种服务方式。提供流动图书馆服务,体现了"平等对待少数人群"的平等服务理念。下面是一些国家开展流动图书馆服务的案例:

● 在智利的圣地亚哥,图书馆在地铁站提供服务。

● 在葡萄牙和西班牙的加泰罗尼亚,每年夏季都设立海滨图书馆。

● 使用多种交通工具来提供图书馆服务,流动书车在很多国家都很普遍。在挪威有流动书船;在印度尼西亚用自行车和三轮车提供图书借还服务;在秘鲁人们使用驴来运送计算机和图书;在肯尼亚使用骆驼;在津巴布韦使用驴车;在荷兰的阿塔尔冬,人们使用机动脚踏两用车将图书运送到读者办公室或家中。

● 在南非的一些地方,在没有基础设施的非正式住宅区也有各种形式的图书馆服务。例如,用汽车行李箱、诊所里的铁柜、货船集装箱或在大树底下提供服务,或者由个人或商店向社区的其他成员提供服务。还有对学校和养老院提供大批馆藏资料外借服务,为儿童疗养中心无法去图书馆的儿童提供故事会和学校作业信息服务。

● 在哥伦比亚,在人口较集中的地方,图书馆用可以装大约 300 册图书的铁柜,外加长凳和广告牌等为用户提供服务,每天开放两个小时。

2. 提供特殊服务的可选案例

所谓特殊服务,就是为那些利用图书馆困难的人群所提供的、不同于常规服务的个别服务。有些读者因为各自不同原因无法享用图书馆的常规服务,但是这些读者同样有权利获得图书馆服务。因此,图书馆必须采取措施让这些读者得到馆藏资料和服务。提供特殊服务,体现了"平等对待弱势人群"的平等服务理念。为此,IFLA/UNESCO 于 2001 年修订的《公共图书馆服务发展指南》列举了如下特殊服务方式:

● 配备特别交通工具,如:流动书车、流动书船和其他交通工具,为边远地区的居民服务;

● 为那些不能离家外出的人上门服务;

● 到工厂为职工服务;

● 为那些活动受限制的人服务,如为住院病人和监狱犯人服务;

● 为身心残疾者提供特殊的设备和阅读资料,如为听力或视力不健全者提供个别的特殊服务;

● 为学习有困难的人提供特殊资料,如易读资料和录音带等;

● 为移民和新公民服务,协助他们适应新的社会,并提供他们的本土文化资料;

● 电子通信,如网上咨询解答、网上书目推送等。

……

资料来源:菲利普吉尔领导的工作小组代表公共图书馆专业委员会.公共图书馆服务发展指南[M].林祖澡,译.上海:上海科学技术文献出版社,2002:35 – 36.

第二节　社会包容理念

这里所言社会包容理念与上文所言平等服务理念,在内容上具有紧密联系,甚至在某些方面具有交叉性。"平等"和"包容"都是主体间性概念,都是表示人际关系的范畴。平等的人际关系必然表现为包容和谐的氛围,包容性的人际关系必然带来平等相待的局面。但是,两者之间也存在内在的区别:平等指的是主体之间人格和权利的相等性,而包容指的是有差异的主体之间的和谐共处;平等意味着"平起平坐",包容意味着"和而不同";平等强调的是"求同",包容强调的是"存异"。

一、社会包容的概念

"社会包容"概念的涵义,可以从"社会排斥"(social exclusion)概念的含义中得到反向意义上的说明,因为这两个概念之间是"这一个正好是那一个的负数"的关系①。也就是说,社会包容与社会排斥之间正好是相互对立的概念,从其中一个概念可以反向映射另一个概念。

1974 年,法国学者勒努瓦(Lenoir)首次提出了"社会排斥"概念。在界定法国的受排斥人口时,勒努瓦认为以下群体是"受排斥的":精神或身体有残障者、自杀者、老年病患、受虐儿童、药物滥用者、过失者、单亲父母、多问题家庭、边缘群体、叛逆者及其他一些不适应社会环境的人,这些人约占法国总人口的十分之一②。

斯尔维(Silver)在对西欧和美国有关社会排斥的文献进行分析和总结之后,概括出了理解社会排斥著名的三个范式:团结范式(solidarity paradigm)、专业化范式(specialization paradigm)和垄断范式(monopoly paradigm)。团结范式强调社会排斥是一种个人和社会之间的联系纽带的中断,也就是说,社会排斥意味着"团结"的缺失;专业化范式强调社会排斥是社会分化、劳动分工以及领域的分割等专门化的结果;垄断范式则强调社会排斥是社会上形成了垄断群体的结果。欧盟非常重视社会排斥问题及其研究。1998 年,欧盟进行了关于人类尊严和社会排斥项目的调查研究(选取十三个成员国),调研报告被命名为《机会和危机的研究:欧洲社会排斥的趋势》。此项调研讨论了国家、市场(特别是劳动力市场)和市民社会(特别是家庭、个人网络、非政府组织)三个方面存在的社会排斥,以及制度安排对于解决社会排斥问题的作用。在制度安排上,欧盟制定了旨在阻止社会排斥的融入(include)标准:教育、能熟练地掌握基本技能、培训、工作、住房、社区服务、医疗照顾等③。

关于社会排斥的定义,人们普遍认同英国政府"社会排斥部"(Social Exclusion Unit)给社会排诉所下的定义:"社会排斥指的是某些人或地区遇到诸如失业、技能缺乏、收入低下、住房困难、罪案高发的环境、丧失健康以

---

① 维纳.控制论[M].郝季仁,译.北京:科学出版社,1963:11.

② 森.论社会排斥[J].王燕燕,摘译.经济社会体制比较,2005(3):1 - 7.

③ 王立业.社会排斥理论研究综述[J].重庆工商大学学报(社会科学版),2008(3):79 - 83.

及家庭破裂等交织在一起的综合性问题时所发生的现象。"①不过,这一定义主要强调的是由于个人原因造成的社会排斥,而没有包含由于社会权利、政治权利和文化权利被剥夺(deprivation)所造成的社会排斥现象。鉴于此,我国学者石彤认为,社会排斥是指某些个人、家庭或社群缺乏机会参与一些社会普遍认同的社会活动,而被边缘化或隔离的系统性过程②。

根据以上关于社会排斥概念的认识,我们可以对社会包容做出如下定义:它是指社会对其成员予以宽容对待,允许求同存异,给予弱者以平等参与、共同发展的机会,从而避免出现社会排斥的状态。能够容纳异己者并与之和谐相处,尊重少数族群的特殊需求和正当权利,给失去自由的人(如监狱服刑者)以人格尊严,对言行失当者不予训斥并给予改过机会,同情弱者并尽可能帮助他们克服或摆脱困境,以此减少或避免社会排斥。保证社会和谐,促进"每个人的全面自由发展",是社会包容的出发点和归宿所在。在国际事务上,中国向世界发出的"建设多极化世界""建设人类命运共同体"的倡议,就体现了这种社会包容以及"全球包容"的精神,亦即体现了"包容性发展"理念。包容性发展提倡的是普惠和共同发展,提倡共商、共建、共享精神,而反对的是霸权、霸道、霸凌行径。

可见,社会包容的核心精神是公正(justice)基础上的宽容(tolerance)。社会公正的主要内容是制度公正。制度公正要求一个社会的制度设计和安排必须最大限度地保障公民的自由、平等和全面发展的权利。而为了实现这种制度公正,社会制度本身必须体现宽容相待异己者、少数者、弱势者等,并消除身份歧视的社会包容精神。宽容是指一个人虽然具有必要的权利和知识,但是对自己不赞成的行为也不进行阻止、妨碍或干涉的审慎选择,所谓不赞成既可以是道义上的,也可以是与道义无关的(即不喜欢),宽容是个人、机构和社会的共同属性③。宽容是指在多样性情境中,行动者认为有力量去干涉而不去干涉他者及其行为的一种有意识、有原则的克制④。宽容既是一种态度,也是一种力量,它能产生团结的力量、和谐的力量、和平的力量。而维护宽容局面,减少或避免社会排斥,正是社会包容的旨趣所在。

---

① 王立业.社会排斥理论研究综述[J].重庆工商大学学报(社会科学版),2008(3):79-83.

② 石彤.性别排挤研究的理论意义[J].妇女研究论丛,2002(4):17-25.

③ 邓正来.布莱克维尔政治学百科全书[M].北京:中国政法大学出版社,2002:820.

④ 刘曙辉.宽容:历史、理论与实践[J].哲学动态,2007(7):41-46.

二、图书馆与社会包容

图书馆一向被认为是最具社会包容、最少社会排斥的社会设施平台。人们之所以愿意走进图书馆,不仅是因为图书馆所具有的书香氛围和文化气息令人向往,同时也是因为图书馆服务所体现的包容精神令人不惧、不厌。博尔赫斯所言"天堂应该是图书馆的模样"一语,应该说是对图书馆社会包容精神的极度赞美,因为如果图书馆的环境和服务不能体现社会包容精神,就不能将其与"天堂"相提并论。

早在19世纪中叶,英国的爱德华兹(Edwards)就指出,"公共图书馆必须拥有大量对没有受过教育的人或教育程度较低的人有吸引力的图书,以及对牧师、商人、政客、学者的研究和学习有帮助的图书"。他坚信图书馆对社会成员具有开启智慧、愉悦心灵的作用①。显然,爱德华兹表达了公共图书馆应该广泛吸引各类人的社会包容思想。

包容意味着宽容,包括对异国或异族或异域的文化传统和信仰的尊重和宽容,乃至对持异见者的宽容。因此,著名的《麦克考文报告》强调,"服务是图书馆存在的理由,而服务就意味着不加质疑、不带偏见、不予限制地给予。图书馆是这样一种工具:促进读者的所有或任何活动,因此,它必须是宽容和无所不包的"②。这里的"不加质疑、不带偏见、不予限制",充分无遗地表达了公共图书馆服务对持异质思想观点的人的包容性特征。当然,这里所言"不加质疑""不予限制"必须以读者的遵纪守法为前提。

谢拉认为,图书馆事业是一种人文事业,图书馆的目标是通过帮助个人理解自我、理解世界来改善社会,图书馆具有很强的包容和聚合功能,从而成为社会分化和分裂的抵抗力量。他指出,"在社会走向分化、分裂的时代,图书馆与它所处的整个社会交流系统一样,可以成为一个巨大的、对社会发展至关重要的聚合力量……到图书馆来的人们,都是为了他们个人的目的,以他们特有的方式来寻求真理的。在图书馆里,用户不会被告知他们需要思考什么,什么时候思考,而是独立地发现他人的思想和观点,自主地理解这些思想和观点。因此,图书馆必须在社会的对立、分化、冲突中发挥促进理解、促进凝聚的作用,而不是成为一种同化力量"③。谢拉这里所

---

① 于良芝.图书馆学导论[M].北京:科学出版社,2003:170.

② 李晓新,李婷,朱艳华.公共图书馆社会和谐使命的再认识——以社会资本理论作为研究视角[J].图书与情报,2008(5):28-33.

③ 于良芝.图书馆学导论[M].北京:科学出版社,2003:175.

言的"促进理解、促进凝聚",其实就是图书馆发挥社会包容精神的表现。无独有偶,美国学者伯德萨尔(Birdsall)也指出,"作为场所的图书馆"应当是连接个人主义和共同体主义之间的桥梁与媒介,是培养个人的共同意识和社会凝聚力从而获得社会全体生活意义的具有"凝聚结构"性质的场所①。伯德萨尔这里所言的"社会凝聚力""凝聚结构",其实也是针对图书馆的社会包容精神而言的。

英国的公共图书馆事业主管部门英国文化、媒体与体育部于2003年发布了《未来框架:新十年的图书馆、学习和信息》报告。该报告指出,未来十年英国公共图书馆的主要使命是"促进阅读和学习、帮助获取数字技能和服务、促进社会和谐和公民权利"。其中"促进社会和谐和公民权利"的主要内容是:为社区提供安全、温馨、面向所有人的空间,充当社区的公共港湾,主动为非用户提供服务,为弱势群体提供信息保障,帮助建立社区身份意识、减少社会排斥②。公共图书馆的这种平等、包容精神,一直是西方发达国家支持和重视公共图书馆事业的根本原因之一。如英国新工党就把社会包容确定为核心执政目标,而且把公共图书馆视为重要的"社会稳定器",因而是政府实现和谐社会的重要伙伴。为此,英国文化、媒体与体育部专门发布了《所有人的图书馆——社会包容政策指南》,该文件这样评价图书馆与社会包容的关系:"如果社区的信息流量降低到某个关键水平以下,则本地的信息生态就会变脆弱,'信息停滞'就会产生。人口中相互觉得面熟的比例就会降低,信息交换和共享就会停止……邻里环境就会萎缩。在这种情况下,重要的是帮助社区建立起健康的非正式交流条件,让信息交流繁荣起来。这时,让社区居民有一个像公共图书馆这样方便的、临近的、亲切的去处就变得十分重要"③。

在数字化和网络化时代,数字鸿沟(digital divide)问题受到人们的广泛关注。数字鸿沟是指一种包含三方面典型特征的现象:全球鸿沟,指的是发达社会和发展中社会之间在进入网络方面的差距;社会鸿沟,涉及每个国家中信息富足者和信息贫困者之间的差距;民主鸿沟,指的是那些使用和不使用数字资源去从事、动员或参与公共生活的人们之间的差别④。

① 黄纯元.黄纯元图书馆学情报学论文集[M].上海:上海科学技术文献出版社,2001:164-170.
② 于良芝.公共图书馆存在的理由:来自图书馆使命的注解[J].图书与情报,2007(1):1-9.其中"非用户"指的是没有办理正式借阅证的居民以及非本辖区居民。
③ 于良芝.图书馆学导论[M].北京:科学出版社,2003:194-195.
④ 诺里斯.公民参与、信息贫困与互联网[J].莫非,编译.马克思主义与现实,2001(6):31-35.

1995 年,美国商务部国家远程通信和信息管理局(National Telecommunications and Information Administration,NTIA)发布了题为《在网络中落伍:对美国农村和城镇"信息匮乏者"的调查》的报告。其后,又分别于 1998 年、1999 年、2000 年连续发表副标题为《数字鸿沟中的新数据》《定义数字鸿沟》《走向数字化》的报告。这一系列报告的推出,立刻引起了全球范围的数字鸿沟问题热议。值得注意的是,这一系列报告都提到了图书馆在弥合数字鸿沟中的重要作用。隶属于 ALA 的信息技术政策办公室(Office for Information Technology Policy,OITP)旋即宣布"提升图书馆作为消除数字鸿沟的关键性机构的地位"作为自己的核心任务。同时,OITP 认为,"图书馆是解决数字鸿沟的中心……图书馆作为信息'富有'与信息'贫困'之间的桥梁的工作已超过 100 年"①。IFLA 对数字鸿沟问题也迅速做出了反应,2002 年通过的《国际图联因特网声明》指出,"全球因特网使全世界的所有个人和社区,不论是最小和最偏远的村庄,还是最大的城市,都拥有了平等机会去获得信息……图书馆和信息服务机构提供了上因特网的主要途径。对一些人来说,图书馆和信息服务机构给予他们方便、指导和帮助,而对另一些人来说,这里是他们上网的唯一地方。它们提供了一种机制,以克服因资源、技术和培训的差异而带来的障碍"②。可以说,数字鸿沟是社会排斥在数字化环境中的表现,因此,弥合数字鸿沟的过程就是增强社会包容的过程。毋庸置疑,弥合数字鸿沟是图书馆在数字化和网络化时代必须予以重视的一项任务。

在图书馆服务及其管理过程中,避免不正当的社会排斥,就是社会包容的根本表现。具体说,图书馆服务及其管理应该避免如下几方面的社会排斥。

其一,避免人格排斥。避免人格排斥,也就是尊重人的人格权。人格权是指民事主体所固有且由法律赋予民事主体所享有的各种人身权利。人格权是一种非财产权,因而与财产权有别;人格权是一种支配权,因而具有排他的效力;人格权是一种人权,因而任何他者都不得妨碍其行使;最后,人格权还是一种专属权,即他人不得代替行使。人格权是人权的重要组成部分。尊重人的尊严是尊重人格的根本表现。每个人都有自己的人

---

① 邬友倩,范并思. 数字鸿沟与网络时代公共图书馆的职能[J]. 新世纪图书馆,2004(5): 7 – 10,49.

② 胡秋玲. 自由获取知识与信息——《格拉斯哥宣言》《国际图联因特网声明》和《图书馆可持续发展声明》发表[J]. 图书馆建设,2003(2):101 – 102.

格尊严,每个人都有维护自己人格尊严的权利。尊重人格尊严,包括尊重人的价值、尊重人的差异(包括民族或者种族差异、性别差异、年龄差异、个性差异、观念差异等),还包括尊重人的性格、兴趣、爱好、习惯的权利。在图书馆服务中,尊重读者的人格权,主要表现为尊重读者的种族、性别差别和个体差异,即要尊重读者的民族、种族、性别、年龄差别以及身体、语言、兴趣、爱好、习惯、着装、相貌等差异,不得有基于这种差别或差异的歧视性言行。尤其要注意尊重老年人、妇女、儿童、残障人士等弱势人群的人格尊严。

其二,避免设施排斥。设施排斥,是指在图书馆设施设备的设计、布局、配置上对利用者的阅读、行动产生障碍的现象。例如:在馆舍选址上,距离大多数利用者遥远、交通不方便;在建筑设计上,没有设置轮椅通道;卫生间、电梯等处没有配备专供残障人士使用的设备及其标识;在资源或设备配置上,没有收藏盲文资料,没有配置眼镜、放大镜等阅读辅助工具;儿童阅览室没有配备与儿童身高相宜的书架、桌椅;服务设施区域布局不科学,标识不健全、不清楚;不具备必要的抄写、复印、上网等工具设备;室内采光不适宜,通风不良,温度湿度不宜,卫生设施不健全、不方便;人身安全及突发事件应急措施不健全;等等。设施排斥属于社会排斥范畴吗?也许有人提出这样的质疑。设施排斥虽然不属于图书馆的主动或有意所致,但图书馆作为社会公共设施,如果其利用者利用图书馆设施普遍感到不方便、不舒适、不愉快,就必然产生自己的需求和权利没有得到充分尊重的心理感受,这种感受实际上就是一种被排斥的感受。

其三,避免制度排斥。所谓制度排斥,主要是指图书馆执行国家或地方的有关政策、法规不当,或者内部规章制定不当或执行不当所造成的对利用者产生的不当限制情况。在国家的图书馆立法较健全的情况下,制度排斥主要表现为图书馆内部规章对利用者行为的不当限制。例如:不具有政策或法律依据的限制阅读规定;图书馆自定的过于严厉的违规惩罚规定;过于刚性而缺乏人性化的规章内容及其语言;不与时俱进或者过于频繁变更的有关规定;内涵不明确或监督不力致使"潜规则"泛滥的制度执行;等等,均可能产生制度排斥的结果。为了避免制度排斥,在图书馆管理制度上严格依法管理、依法治馆是极其必要的。严格依法管理、依法治馆有利于图书馆克服"人治"的诸多弊端,有利于更加全面地保障读者的正当权益。这就是在图书馆实行法治化管理制度的必要性所在。

社会包容理念案例

2011 年,《京华时报》以及一些网民的微博纷纷报道说,杭州图书馆允许乞丐入馆阅读。报道的内容不尽一致,其中较有代表性的报道称:"杭州图书馆对所有读者免费开放,因此就有乞丐和拾荒者进门阅览。图书馆对他们的唯一要求,就是把手洗干净再阅读。有人无法接受,找到褚树青馆长,说允许乞丐和拾荒者进馆,是对其他读者的不尊重。褚树青馆长回答:我无权拒绝他们入内读书,但您有权利选择离开。"这里所说的"选择离开",非指"有意见者可以选择离开图书馆"之意,而是指"如果读者不愿与乞丐一同阅览,可以换一个位置或阅览区域"之意。

【评论】

杭州图书馆允许乞丐或拾荒者入馆阅读,这是典型的遵循社会包容理念的表现;如果图书馆拒绝乞丐或拾荒者入馆,则是典型的社会排斥的表现。图书馆面前人人平等,图书馆利用者无高低贵贱、三六九等之分,图书馆有什么理由拒绝他们入馆? 图书馆的社会包容理念,关键是看图书馆是否平等对待和包容弱势人群,对他们实行零门槛限制。显然,杭州图书馆的做法是值得赞许和推广的。

笔者曾经给学生出过这样的题:

假设某一公共图书馆门前立有一警示牌,上面写道:下列人禁入——①衣冠不整者;②奇装异服的女性;③不会使用计算机者;④乞讨者;⑤未办证者。请问:依据现代图书馆理念,这一图书馆的这种规定是否合理?为什么?

显然,凡是懂得并秉持社会包容理念的人,正确回答这一问题是不难的。我之所以出这样的题,就是为了让学生们懂得并秉持社会包容理念,以此指导自己以后的图书馆职业行为。

第三节　开放共享理念

《中华人民共和国公共图书馆法》第三十三条规定,公共图书馆应当按照平等、开放、共享的要求向社会公众提供服务。可见,开放、共享是图书馆服务应该遵循的原则与理念。

"开放"是针对读者(利用者)而言的,即对读者开放,而"共享"主要指资源共享,即指馆际之间的资源互补与共用。在"资源共享"中已经包含了"资源开放"的意涵,因为开放是共享的前提,若不开放,共享便是一句空话。无论是开放还是共享,其最终受益者都是读者。

对图书馆而言,"开放"包括资源开放、时间开放、空间开放、设施开放、信息公开等。

所谓时间开放,指图书馆的开馆时间应充分满足社会公众利用图书馆的时间需求。对此,我国国家质量监督检验检疫总局、国家标准化管理委员会批准发布的《公共图书馆服务规范》(GB/T 28220—2011)对我国公共图书馆的开放时间做出了规定:"公共图书馆应有固定的开放时间,双休日应对外开放。其中省级馆每周开放时间不少于 64 小时;地级馆每周开放时间不少于 60 小时;县级馆每周开放时间不少于 56 小时。各级独立建制的少年儿童图书馆每周开放时间不少于 40 小时。"

图书馆的信息公开,主要指按照国家有关法律法规或有关政策规定,真实、完整、及时地公开或披露相关重要信息。信息公开的目的是自觉、主动地接受公众(包括读者)和社会的监督,规范权力的行使,规范管理和服务行为,保障利益相关者的切身利益,以此建立良好的社会信用基础和合法性基础。在实行图书馆理事会制度的前提下,必须明确信息公开事项,其内容一般包括:图书馆章程,图书馆发展规划、重大决策,图书馆年度计划、年度工作报告,年度经费预算、年度经费使用情况,其他与公众利益紧密相关的事情,等等。

馆务公开,是图书馆信息公开的重要内容,对此我国的《公共图书馆服务规范》做出了如下规定:"公共图书馆的服务范围、服务内容、服务时间、服务公约、读者须知、借阅(使用)规则、服务承诺等基本服务政策应在馆内醒目位置和图书馆网站的相关栏目向读者公示,其他服务政策及各类服务信息等应通过各种途径方便读者获取。因故须暂时闭馆,须向上级文化行政主管部门报告并经其同意后,提前一周向读者公告。如遇公共安全、网络安全等突发事件须临时闭馆或关闭部分区域、暂停部分服务的,应及时向读者公告。公共图书馆应在馆舍显著位置设立读者意见箱(簿),公开监督电话,开设网上投诉通道,建立馆长接待日制度,组建社会监督员队伍,定期召开读者座谈会。认真对待并正确处理来自读者的意见或投诉,在五个工作日内回复并整改落实。"

图书馆及其服务,是一种公共物品,因此它的空间和设施也要开放。开放,意味着降低读者准入门槛,即最大限度地降低公众利用图书馆的门槛。其中,免费开放是极其重要和必要的。为此,我国的《公共图书馆服务规范》规定:"公共图书馆的基本服务是保障和满足公众的基本文化需求的服务,包括为读者免费提供多语种、多种载体的文献的借阅服务和一般性的咨询服务,组织各类读者活动以及其他公益性服务。"为了落实图书馆的免费开放政策,文化部和财政部于 2011 年专门发布了《文化部、财政部关于推进全国美术馆公共图书馆文化馆(站)免费开放工作的意见》(文财务发〔2011〕5号)。该文件在论述免费开放政策的意义时指出,公共图书馆是政府举办的公益性文化事业单位,是开展公共文化服务的重要场所,是保障人民群众基本文化权益的重要阵地;推动公共图书馆免费开放是党的十七大关于社会主义文化大发展大繁荣的具体实践,是加强社会主义核心价值体系建设和公民思想道德建设的有效手段,是进一步提高政府为全社会提供公共文化服务水平的重要举措,是实现和保障人民群众基本文化权益的积极行动;对于提高广大人民群众思想道德和科学文化素质,保障广大人民群众基本权益,促进社会和谐稳定具有重要意义。同时,该文件明确指出了公共图书馆免费开放的具体内容,包括一般阅览室、少年儿童阅览室、多媒体阅览室(电子阅览室)、报告厅(培训室、综合活动室)、自修室等公共空间、设施场地免费开放;文献资源借阅、检索与咨询、公益性讲座和展览、基层辅导、流动服务等基本文化服务项目健全并免费提供;为保障基本职能实现的一些辅助性服务如办证、验证及存包等全部免费。

开放意味着不加限制或少加限制。所谓不加限制或少加限制,意味着强制的不存在或强制被减至最低程度。哈耶克(Hayek)在《自由秩序原理》一书中指出,"本书乃是对一种状态的探究;在此状态中,一些人对另一些人所施以的强制(coercion),在社会中被减至最小可能之限度。在本书中,我们将把此一状态称之为自由(liberty or freedom)的状态。……一个人不受制于另一个人或另一些人因专断意志而产生的强制状态,亦常被称为'个人'自由或'人身'自由的状态"①。哈耶克这里所言"强制被减至最小限度"的状态,也就是不加限制或少加限制的状态,这种状态即为自由。

在国外图书馆界,对读者不加限制或少加限制而形成的自由状态,称为"知识自由"(intellectual freedom)。所谓"对读者不加限制或少加限制",对图书馆而言是开放,而对读者而言是自由。图书馆秉持知识自由理念,实施知识自由政策,向读者最大程度地开放其空间资源和馆藏资源(包括虚拟馆藏资源),就是图书馆开放服务的根本表现。或者说,图书馆开放服务的实践,是图书馆秉持和践行知识自由理念的表现。

---

① 哈耶克.自由秩序原理(上)[M].邓正来,译.北京:生活·读书·新知三联书店,1997:3-4.

一、知识自由理念

ALA 自 1939 年采纳《图书馆权利法案》以来,就以"知识自由"作为表达其核心价值的基本范畴,并成立相关组织机构加以落实,如 1940 年成立"知识自由委员会"(The Intellectual Freedom Committee, IFC),1967年成立"知识自由办公室"(The Office for Intellectual Freedom, OIF),1973年又成立"知识自由圆桌会议"(The Intellectual Freedom Round Table)等。这说明,自 20 世纪 30 年代末起, ALA 就已经开始使用"知识自由"一词了。

在 21 世纪之前,我国大陆图书馆界对"知识自由"这一术语或概念是比较陌生的,而中国台湾图书馆界早于大陆引进了这一术语,如 1991 年台湾的阮明淑就发表有《知识自由——浅谈图书馆的几种相关自由及其相互关系》一文。毋庸置疑,对中国图书馆界而言,"知识自由"这一术语或概念是一个舶来品。而且,在中国的其他学科领域,迄今尚未使用"intellectual freedom"意义上的"知识自由"一词。因此,中国图书馆界的人们对"知识自由"含义的理解,至今仍然有较多的歧解。

范并思先生曾专门著文认为,把"intellectual freedom"译为"智识自由"较为合适①。不过,在现代中国人的常用语境中,"智识自由"容易与"思想自由""认知自由"等词语相混淆,故本书仍将"intellectual freedom"译为"知识自由"。

1. 知识自由的概念

从目前可查的文献资料看,"知识自由"一词是 20 世纪 30 年代末开始美国图书馆界首先开始使用的。这一概念和理念的广泛推广,源于 ALA 出台的《图书馆权利法案》。

ALA 所界定的知识自由的内涵是:"每个人享有的不受限制地寻求与接受包含各种观点的信息的权利","知识自由包括以下三个方面:知识持有的自由、知识接受的自由与知识发布(传播)的自由。"②IFLA 于 1997 年成立的"信息自由利用与表达自由委员会"(Committee on Free Access to Information and Freedom of Expression, FAIFE)对知识自由概念的表述是:"知识自由是每个人享有的持有与表达意见、寻求与接受信息的权利。知

---

① 范并思."Intellectual Freedom"的中文翻译[J].中国图书馆学报,2008(6):11.

② 张靖,吴顺明.从世界图书馆员职业道德规范看知识自由与图书馆[J].图书馆建设,2004(5):9-11,15.

识自由是民主的基础。知识自由是图书馆理念的核心"①。

ALA 和 IFLA 对知识自由的上述界定,其意图是将知识自由纳入思想自由的范畴。可见,知识自由的思想基础或理论根据就是思想自由,或者说,"知识自由"一词是在"图书馆落实思想自由的职业责任与立场"意义上使用的一种特称术语(在图书馆学领域之外的其他学科领域几乎都不使用"知识自由"一词)。关于思想自由的含义,联合国《世界人权宣言》第十九条的表述最具权威性:"人人有权享有主张和发表意见的自由,此项权利包括持有主张而不受干涉的自由,和通过任何媒介和不论国界寻求、接受和传播信息和思想的自由。"②

我们不能把知识自由理解为"知识的自由",因为在人类社会中自由的主体只能是人或法人,而知识本身不可能成为自由的主体。知识自由的主体是进行知识活动的人或组织(法人)。由此我们可以对"知识自由"作这样的定义:知识自由是指个人或组织应该享有的获取知识和传播知识的自由权利。可见,知识自由中包含着"获取知识的自由"和"传播知识的自由"两个环节。

知识自由的主体有两类:一是个体意义上的人;一是相关的社会组织(如图书馆、学校等)。个体意义上的获取知识和传播知识的自由权利,一般称为"读者权利",而以图书馆为主体的获取知识和传播知识的自由权利,则称为"图书馆权利"。

在图书馆活动领域,获取知识的主体既包括图书馆也包括读者,但最终主体是读者。当图书馆成为获取知识的主体时,其实质是成为收集和整理知识的主体;当读者成为获取知识的主体时,读者就成为接受知识(阅读、理解并形成自己的认识)的主体,所以读者获取知识的自由亦被称为接受知识的自由。图书馆成为收集和整理知识的主体,是为读者接受知识提供知识资源保障并提供相关服务。

传播知识的主体,既可以是个人,也可以是特定的社会组织如图书馆、学校、博物馆、科技馆等。当图书馆成为传播知识的主体时,其实质是将所收集和整理的知识传递给读者,满足读者接受知识的需要。读者作为个人亦可成为传播知识的主体,在主体权能上亦具有传播知识的自由。读者作为个人所具有的传播知识的自由,表现为将自己所接受和掌握的知识用一

---

① 张靖,吴顺明.从世界图书馆员职业道德规范看知识自由与图书馆[J].图书馆建设,2004 (5):9-11,15.

② 胡志强.中国国际人权公约集[M].北京:中国对外翻译出版公司,2004:253.

定的方式表达并传递给他人的自由,这种自由在政治哲学中称为"表达自由"。读者作为个人是否具有表达自由的能力并行使表达自由的权利,似乎与图书馆无关,其实不然,因为对人的思维活动来说,"接受知识"和"表达知识"是互为条件的思维操作活动。这里所言"互为条件"是指:没有接受者,表达就无意义,即没有接受者的表达如同对牛弹琴一样没有意义;没有表达,则无以获取,如同没有教授者便无以受教一样。也就是说,读者利用图书馆接受知识,对其表达知识产生了重要影响;创新性的知识表达实际上是在生产知识,而一个人若能够生产知识则对其生存和发展必然具有极其重要的意义。这就表明,获取知识或接受知识,与传播知识或表达知识之间是互为因果的循环演进过程,在此过程中个体和社会的知识在不断积累,不断进步。毋庸置疑,图书馆对人们获取知识或接受知识以及传播知识或表达知识,能够产生极其重要的影响作用。这就是图书馆的存在价值所在。

2. ALA 的知识自由政策

前文已指出,"知识自由"一词的流行源于 ALA 出台的《图书馆权利法案》。1938 年,美国爱荷华州得梅因公共图书馆馆长斯波尔丁(Spaulding)起草的《图书馆权利法案》被该馆采纳施行。ALA 于 1939 年采纳该《图书馆权利法案》,1944 年和 1948 年 ALA 两次修订该《图书馆权利法案》,并最终定名为"*Library Bill of Rights*"。此法案最近一次修订时间是 1996 年 1月 23 日[①]。为了弄清 ALA 的《图书馆权利法案》与"知识自由"概念的联系,现将 ALA 的《图书馆权利法案》全文录于下:

美国图书馆协会断言,所有图书馆都是信息和思想的论坛,以下基本政策应指导图书馆的服务:

①图书和其他图书馆资源应该为图书馆服务范围内所有人的兴趣、信息和教化而提供。资料不应因为创作贡献者的出身、背景,或者观点的原因而被排斥。

②图书馆应该提供对现实和历史问题提出各种观点的资料和信息,资料不应因为党义或教义不同者的原因而被禁止或剔除。

③图书馆在履行提供信息和教化的职责中应该挑战审查。

④图书馆应该与一切与抵制剥夺自由表达和自由利用思想有关的个人和团体合作。

---

① 程焕文.图书馆权利的来由[J].图书馆论坛,2009,29(6):30-36.

⑤个人利用图书馆的权利不应因为出身、年龄、背景或观点的原因而被否认或剥夺。

⑥图书馆为其所服务的公众提供展览空间和会议室服务,不管提出使用申请的个人或团体的信仰或隶属关系如何,都应在公平的基础上为其提供同样的便利。①

从上引《图书馆权利法案》的内容可知,其六条内容无一不是针对知识自由权利而言的,即每一条都强调了读者的接受知识的自由或图书馆传播知识的自由。该《图书馆权利法案》无疑在宣布 ALA 的这样一个立场:我们将从这六个方面维护知识自由。所以我们完全可以把《图书馆权利法案》视为 ALA 的知识自由立场声明。

我们知道,在英美法系中有发布"权利法案"的传统,"权利法案"的宗旨是确定公民的相关权利并规定国家保障公民权利的责任。所以说 ALA 发布的《图书馆权利法案》,意为"图书馆发布的权利法案"②,其宗旨是确认读者接受知识的自由权利,同时明确图书馆为保障读者的接受知识的自由权利而应享有的传播知识的自由权利,而图书馆享有并履行传播知识的自由权利,就是图书馆的职业责任所在。也就是说,图书馆应承担的职业责任,其核心内容就是图书馆为满足读者的求知需求而承担的传播知识的责任。这种责任就是所谓的"图书馆权利"③。可见,所谓"图书馆权利"是指图书馆为维护读者接受知识的自由权利而应承担的传播知识的职业责任。从这个意义上说,把"图书馆权利"说成是"图书馆责任"亦未尝不可。显然,ALA 的《图书馆权利法案》集中反映了 ALA 的职业责任理念。

综观美国联邦政府的图书馆法案、各州的图书馆法以及 ALA 的政策体系,我们可以说,美国的图书馆政策与法规几乎都是围绕知识自由而制定的。也就是说,维护知识自由是支撑和推动美国图书馆事业发展的核心理念,因此 ALA 已形成有较完备的知识自由政策体系。ALA 的知识自由政策体系由以下几部分构成:《图书馆权利法案》及其阐释,《道德规范》,《阅读自由声明》,《观赏自由声明》,《图书馆:美国的价值》,其他有关知识自由的决议、声明等。其中的《图书馆权利法案》内容,前文已做了介绍。

---

① 程焕文,潘燕桃,张靖.图书馆权利研究[M].北京:学习出版社,2011:421.

② 程焕文.图书馆权利的来由[J].图书馆论坛,2009,29(6):30-36.

③ 汉语中的"图书馆权利"一词,显然来自对 ALA 的 *Library Bill of Rights* 的翻译。其实把 "Library Bill of Rights"译为"图书馆权利法案"不甚准确,而将其意译为"图书馆职业责任的正当性宣言"可能更合适,其含义是"图书馆职业集团对自身应承担的职业责任之正当性的宣示"。

为了更全面地了解 ALA 的知识自由政策体系,下面介绍《道德规范》《阅读自由声明》《观赏自由声明》《图书馆:美国的价值》的内容。

ALA 的《道德规范》主要内容如下:

● 我们通过适当而有效组织的资源、公平的服务政策、公平的利用途径以及对所有要求准确、无偏见且有礼貌的回应,为所有图书馆读者提供高品质的服务。

● 我们支持知识自由原则,抵制所有审查图书馆资源的企图。

● 我们保护每一个图书馆用户的隐私权以及有关查询或接收的信息和咨询、借阅、获得或传播的资源的机密。

● 我们承认并尊重知识产权。

● 我们以尊重、公平和真诚的态度对待同事,并提倡保护机构内所有雇员的权利和福利的工作环境。

● 我们不以牺牲图书馆用户、同事或雇佣机构的权益为代价谋取私利。

● 我们区分个人信念与专业责任,不允许个人信仰干扰任职机构的公正形象或信息资源利用途径的提供。

● 我们通过保持和扩充自己的知识和技能,通过鼓励同事的职业发展,通过激发新成员的热情,为职业的卓越性而奋斗;实现职业价值,充实个人专业知识,为专业发展而努力。①

《阅读自由声明》,由 ALA 与美国图书出版协会阅读自由委员会(American Book Publishers Council Freedom to Read Committee)于 1953 年 6 月 25 日通过,修订于 1972 年、1991 年、2000 年、2004 年。其条文内容如下:

● 出于公众利益,出版者和图书馆员提供最广泛差异的,包含非正统的、非主流的以及多数人是危险的观点和表达的利用途径。

● 出版者、图书馆员和书商无需认可他们所提供的所有观点或表达。如果他们自己的政治、道德或审美观点当作决定出版或流通什么的标准,是与公众利益相冲突的。

● 出版者或图书馆员因作者的个人历史或政治关系而禁止对其作品的利用,是与公众利益相冲突的。

① 程焕文,张靖.图书馆权利与道德[M].桂林:广西师范大学出版社,2007:301.

●强制他人的口味,限制成年人只能阅读适宜青少年阅读的读物,抑制作者完成艺术的表达,这些行为在外面的社会都是不被允许的。

●通过标注强迫读者预先接受某一表达是颠覆性的或其作者是危险性的,这样的做法不符合公众利益。

●作为人们阅读自由的捍卫者,出版者和图书馆员有责任与自由的侵犯行为作斗争,包括个人或团体试图给社区普遍强加其标准和口味,以及政府试图减少或拒绝公众利用公共信息的途径。

●出版者和图书馆员有责任通过提供富有高质量和多样性思想和表达的图书,以充分实现阅读自由的意义。通过行使这一积极的责任,出版者和图书馆员能够证明所谓的"坏"书是好书,所谓的"坏"思想其实是不错的想法。①

《观赏自由声明》,由美国电影录像协会(American Film and Video Association),即原教育电影图书馆协会(Educational Film Library Association)起草,美国电影录像协会董事会于1979年2月采用,并于1989年更新及批准。ALA理事会于1990年1月10日通过并支持。其内容如下:

观赏自由,同言论自由、倾听自由以及阅读自由一样,受《美国宪法第一修正案》的保护。在自由社会,不允许存在对使用任何媒介的表达的审查。因此,我们肯定以下原则:

●提供对电影、录像和其他视听材料最广泛的利用途径,因为那是思想交流的方式。流通自由对于受宪法保护的表达自由至关重要。

●保护所有使用电影、录像和其他视听材料的个人或机构的机密性。

●提供代表不同观点和表达的电影、录像和其他视听材料。对作品的选择并不构成或意味着对作品内容的认可或赞同。

●提供代表不同观点和表达的电影、录像和其他视听材料,即使材料因制作者或电影摄制者的道德、宗教或政治信仰抑或是阴内容的争议性被标注或臆断。

●通过所有法律手段,与所有侵犯公众观赏自由的行为作最激烈

---

① 程焕文,张靖.图书馆权利与道德[M].桂林:广西师范大学出版社,2007:501-503.

的抗争。①

《图书馆:美国的价值》,由 ALA 理事会于 1999 年 2 月 3 日通过。全文如下:

在美国,图书馆是其所服务社区的基础。通过美国的图书馆自由地利用图书、思想、资源和信息对于教育、就业、娱乐和自我管理而言必不可少。

图书馆对每一代人来说都是遗产,是对过去的继承和对未来的展望。为了确保图书馆在 21 世纪的繁荣发展和拥有促进和保护公众利益的自由,我们确信某些原则必须得到保证。为此我们向所服务的人们承诺:

● 我们保护每个人(包括儿童与青少年)宪法赋予的使用图书馆资源和服务的权利。

● 我们珍视我们国家的多样性并且努力通过为我们服务的社区提供全方位的资源和服务来反映这一多样性。

● 我们肯定所有父母和监护人指导他们自己的孩子使用图书馆及其资源和服务的义务和权利。

● 我们通过帮助每个人选择和有效利用图书馆的资源,将人们和思想联系在一起。

● 我们保护每个人在使用图书馆的资源和服务中的隐私与机密。

● 我们保护人们就图书馆的资源和服务表达意见的权利。

● 我们歌颂和保护我们的民主社会,通过提供尽可能广泛的观点、意见和思想以使每个人都有机会成为见多识广的、有文化的、受教育的和知识丰富的终身学习者。变化是持续的,但是这些原则将超越变化并且在动态的技术、社会和政治环境中得以保留。在这个歌颂相似与分歧、尊重每个人及其信仰、维护所有人真正平等和自由的世界里,美国的图书馆将这些原则纳入其中,将有助于实现一个珍视和保护言论自由的未来。②

众所周知,美国是世界上头号自由主义国家,也是头号霸权主义国家,

---

① 程焕文,张靖. 图书馆权利与道德[M].桂林:广西师范大学出版社,2007:506.

② 程焕文,张靖.图书馆权利与道德[M].桂林:广西师范大学出版社,2007:508 - 509.

其政治、经济、文化影响力广泛。故此,世界上许多国家仿效美国图书馆协会,制定和颁布了各自国家的知识自由政策。如日本图书馆协会于1954年发布了《图书馆自由宣言》(1979年修改),其核心条款如下:

> ①图书馆具有收集资料的自由;
> ②图书馆具有提供资料的自由;
> ③图书馆为利用者保守秘密;
> ④图书馆反对一切检查。①

从日本图书馆协会的《图书馆自由宣言》的四条核心内容看,显然是从"图书馆权利"角度立意的,即它所宣布的是:图书馆为了维护和保障读者的获取资料的自由权利而应承担的收集资料和传播知识的职业责任及其立场。

IFLA自成立以来,也一直重视知识自由政策的制定与宣传,其政策主张和立场与ALA大同小异。IFLA发布的知识自由政策文件,较著名的通论性文件除《国际图书馆协会联合会—联合国教科文组织公共图书馆宣言》之外,还有《关于利用信息与表达自由重要性的决议》《图书馆与知识自由声明》《图书馆、信息服务机构与知识自由格拉斯哥宣言》《国际图联因特网声明》《图书馆与可持续发展声明》《图书馆员及其他信息工作者的伦理准则》等②。

3. 保护读者隐私:知识自由的要求

需要指出的是,国内外图书馆界普遍遵循的"保护读者隐私"的理念,也属于知识自由理念范畴。在现代民主与法治社会,个人的隐私权受到法律的保护。所谓隐私权,指自然人享有的私人生活安宁与私人信息不被他人非法侵扰、知悉、搜集、利用和公开的一项人格权③。图书馆读者的隐私,指的是读者的个人信息及读者在利用图书馆的过程中所产生的各种信息,具体来说包括读者登记(注册)记录(这里包含读者个人的自然信息)、书刊资料借阅记录、馆际互借记录、参考咨询问题记录、数据库登录与下载记录、网络使用记录等,这些记录所载的信息均属于读者的隐私

---

① 李国新.日本图书馆法律体系研究[M].北京:北京图书馆出版社,2000:274 – 275.

② IFLA及世界各国的知识自由政策文件的具体内容,请参阅:程焕文,张靖.图书馆权利与道德[M].桂林:广西师范大学出版社,2007.

③ 王利明.人格权法新论[M].长春:吉林人民出版社,1994:478.

性信息。

　　按照现代民主社会的法律规定,图书馆必须保护读者的隐私,这是因为:每个人都有私人领域,这一私人领域乃是独立于公共领域的自主自治的、自由自在的、神圣不可侵犯的"堡垒",若这一"堡垒"被他人窥探或攻破,个人就会感到不自在、不自由甚至焦虑和惶恐,其内心自由或意志自由便受到极大侵扰;读者利用图书馆接受知识或信息的行为所产生的有关信息,属于个人隐私,这种隐私若被他人窥视、获取,读者便会产生不自在、不自由的感觉,从而使读者的自由接受知识或信息的权利受到极大限制甚至被剥夺。对此我国学者李国新曾指出,"为读者保守秘密,从制度上解除了读者利用图书馆的后顾之忧,可以充分保障公众自由利用图书馆、自由接受和认知权利的实现"①。可见,保护读者隐私,是图书馆维护和履行知识自由理念的必然要求。正因如此,各国图书馆立法大多对保护读者隐私做出明确规定。《中华人民共和国公共图书馆法》第四十三条规定,公共图书馆应当妥善保护读者的个人信息、借阅信息以及其他可能涉及读者隐私的信息,不得出售或者以其他方式非法向他人提供。美国亚拉巴马州图书馆法规定,"个人利用公共图书馆属于秘密,尽管有其他违背这一属性的通用、专门或地方法律、规则或规章的条款,注册和流通记录以及有关利用该州的公共场所、公立学校、大学图书馆的信息应是机密"②。

　　可以说,在现代社会,保护读者隐私已成为图书馆和图书馆人秉持的一种基本理念,或者说,保护读者隐私已成为整个图书馆行业的共同责任和基本立场。因此,许多国家的图书馆行业组织也纷纷就读者隐私保护表达了自己的立场。中国图书馆学会制定的《中国图书馆员职业道德准则(试行)》(2002)第4条规定,"维护读者权益,保守读者秘密"。ALA 制定的《图书馆记录机密政策》声称:

　　　　ALA 理事会强烈建议美国各图书馆、合作系统和联盟的负责官员:①正式采纳专门政策,确保图书馆的流通记录以及其他可识别图书馆用户姓名的记录属于机密;②建议所有图书馆员和图书馆工作人员不要将这类记录提供给州、联邦或地方政府的任何机构,除非收到依据联邦、州或地方民法、刑法、行政程序或立法调查机构批准的命令

---

　①　李国新.图书馆权利的定位、实现与维护[J].图书馆建设,2005(1):1-4.
　②　罗曼.论图书馆用户的隐私保护[J].大学图书馆学报,2005(1):63-65.

或传票;③抵制签发或执行任何命令或传票,除非享有管辖权的法庭显示了良好的理由。①

日本图书馆协会于 1979 年修订的《图书馆自由宣言》第 3 条明确规定"图书馆保守读者秘密",并在副文中解释说"读者阅读什么图书,属于利用者的个人秘密。图书馆不能将利用者的读书事实向外部泄露……";"对于读书事实以外的利用事实,图书馆也不能侵犯利用者的个人秘密权";"利用者的读书事实、利用事实是图书馆通过业务工作获知的秘密,所有从事图书馆工作的人员,必须保守这种秘密"②。在日本图书馆业界,"读书事实"被认为是读者最重要的个人秘密,因为它与阅读动机关系密切,通过它可以了解一个人的思想倾向。因此,为了保护读者的思想自由权利,图书馆必须保护读者的"读书事实"信息。

针对网络环境下图书馆读者隐私保护面临的新形势,ALA 于 2003 年发布《网络化世界中图书馆的原则》,其中规定了网络环境下保护读者隐私的五条原则:

①隐私权是一切社会成员的权利,在网络化的世界中必须保护这种权利;②保护人们在检索信息和交流信息中的隐私权是知识自由不可或缺的要素;③长期所建立起来的、作为美国和许多其他国家隐私法基础的"公平信息实践"原则必须置于网络化世界隐私政策的核心;④用户有权充分了解网络化世界的隐私政策和原则;⑤图书馆用户的隐私必须受法律和政策的保护。③

4. 知识自由理念在我国的适用性分析

上文已经论述了知识自由的概念及其有关内容,并介绍了 ALA 及 IFLA 的知识自由政策。可以说,知识自由理念在国外已成为比较普遍的图书馆基本理念。但是,各国由于政治制度、社会价值观和历史文化传统的不同,必然采取不同的知识自由政策。ALA 的知识自由政策,绝不是"放之四海皆准"的标准。各国所实行的知识自由政策,必须是符合各国国情的知识自由政策,而不应照搬他国的政策。就我国而言,应该形成合乎我国国情的知识自由政策。中华民族是追求自由的民族,"自由、平等、公正、

---

① ③ 罗曼.论图书馆用户的隐私保护[J].大学图书馆学报,2005(1):63-65.
② 李国新.日本图书馆法律体系研究[M].北京:北京图书馆出版社,2000:299.

法治"被确认为社会主义核心价值观中的一组价值系列,就证明了这一点。

　　然而,我们要知道,自由不等于自由主义,"自由"是尊重和保障人的价值、人的尊严意义上的道德和正义取向的概念,而"自由主义"则是政治意识形态意义上的概念,它以个人主义为价值归宿。因此,我国图书馆领域的知识自由政策应该是符合我国政治法律制度的尊重人的价值和尊严的人文关怀意义上的政策,而不应该是自由主义、个人主义价值取向的知识自由政策。也就是说,在我国图书馆领域也可以、也应该实行知识自由政策,但我国的知识自由政策应该是以社会主义核心价值观为指导的、适合我国国情的知识自由政策,以此有别于美国等其他国家实行的知识自由政策。

　　在我国图书馆领域,能否建立起适合我国国情的知识自由政策体系,关键是要把握好"无限制收藏与有限制提供之间的统一"问题。图书馆作为保存人类文化遗产的社会记忆机制,在信息资源收藏政策上,应该允许"无限制收藏";但是在资源提供政策上,必须遵循合法合规原则,采取"有限制提供"政策。这是因为我国坚持的是社会主义制度和社会主义核心价值观,因而必然要求图书馆对那些被政策法规界定为有悖于公序良德的读物采取限制提供的措施。仅就图书馆领域有可能涉及的传播淫秽物品问题来说,我国现行《中华人民共和国刑法》第三百六十四条规定,"传播淫秽的书刊、影片、音像、图片或者其他淫秽物品,情节严重的,处二年以下有期徒刑、拘役或者管制","向不满十八周岁的未成年人传播淫秽物品的,从重处罚";"本法所称淫秽物品,是指具体描绘性行为或者露骨宣扬色情的诲淫性的书刊、影片、录像带、录音带、图片及其他淫秽物品。有关人体生理、医学知识的科学著作不是淫秽物品。包含有色情内容的有艺术价值的文学、艺术作品不视为淫秽物品"。这里已经明确指出了"淫秽物品"的范围及其类型。刑法的这一规定当然是从个人犯罪角度立意的,那么作为非个人的图书馆如果涉及传播淫秽物品的问题时,应如何处置?对此《中华人民共和国公共图书馆法》第三十七条规定,"公共图书馆向社会公众提供文献信息,应当遵守有关法律、行政法规的规定,不得向未成年人提供内容不适宜的文献信息";第五十条规定,"公共图书馆及其工作人员有下列行为之一的,由文化主管部门责令改正,没收违法所得",其中所涉的行为包括"向社会公众提供文献信息违反有关法律、行政法规的规定,或者向未成年人提供内容不适宜的文献信息"的行为。显然,如果图书馆向读者尤其是向未成年人提供淫秽书刊,属于违法行为,因而淫秽书刊应属于限制提供的范畴。这里需要注意的是,将某种文献信息列入限制提供范围时,必须具有法律法规依据,而不能由图书馆或图书馆员擅自决定其是否属于限制提供范围。对图书馆和图书馆员而言,应该以"无限制收藏为常态,有限制提供为特例"为原则来把握无限收藏与限制提供的关系问题。

应该说,国外图书馆界普遍遵循的知识自由理念,不宜直接适用于我国。但这不意味着我国的图书馆没有知识传播的自由权利,也不意味着图书馆的读者没有接受知识的自由权利,只不过这种自由是有限度的自由,因为任何自由都是有限度的自由,世界上不存在绝对的、毫无限度的自由。还应该说,在我国图书馆界,读者的知识自由权利也是普遍得到尊重和维护的,只不过这种尊重和维护是适合我国现实国情的尊重和维护,而且已经形成了适用于我国图书馆界的话语表达,这一话语表达包括目前流行于我国图书馆界的"阅读自由""阅读权利""阅读推广""全民阅读"等等。对此,范并思先生有精当的表述:

> 图书馆学必须将社会阅读与阅读推广作为自己的核心研究领域,更深入地介入公众的阅读行为,研究阅读的社会机制对图书馆服务的需要,研究图书馆推动社会阅读的服务模式。这就要求图书馆学对于阅读的研究应该体现现代图书馆学的理念与方法。具体地说:在理念上,图书馆学必须关注阅读公平和阅读自由,维护公民的阅读权利;在使命与核心价值研究中,应该关注图书馆所承担的促进社会阅读的使命,研究图书馆如何通过制度的、文化的、技术的各种手段消除公众的阅读障碍;阅读研究的重点对象,应该是阅读困难人群,包括识读困难人群、低幼儿童、残障人士、经济困难人群等等;采用的研究方法,应该侧重于以科学的方法研究阅读行为机理及图书馆阅读推广的社会效果,对阅读推广活动进行科学的指导。[①]

有一点需要指出的是,有的人根据知识自由在现实生活中引起的不良影响事例(如色情或暴力信息对未成年人心灵的毒害,表达自由引起的宗教仇恨,利用表达自由歪曲历史事实等方面的事例),否定或质疑知识自由的价值,是不妥当的。这种以反面事例否定知识自由的价值,有可能造成"洗澡水和孩子一起泼出去"的结果。其实,包括知识自由在内的任何自由都有两重性,任何自由权利的行使,既有可能产生正面结果,也有可能产生负面结果,而且往往造成权利之间的冲突。如一个人行使歌唱的自由权

---

① 范并思.图书馆学与阅读研究[J].图书与情报,2010(2):1−4.

利(属于言论自由范畴),有可能与他人同样值得珍视的睡觉的自由权利(属于休息权范畴)发生冲突。这表明,一个人在行使自己的自由权利时,一定要遵循这样一种约束性条件:你的自由不应该阻碍或剥夺我的自由;我的自由不应该阻碍或剥夺你的自由;在珍视自己的自由的同时一定要尊重他人同样值得珍视的自由。这才是真正的自由的意涵所在。自由绝不是为所欲为,更不是侵犯他人自由的自由。在此我们必须要区分的是:自由本身所具有的客观价值是一回事,行使某种自由权利可能产生的不良结果又是一回事。在一个法治社会,如果一个人行使某种自由权利,产生的是促进公序良德的结果,那么这种行为就应该得到鼓励和支持;相反,如果一个人行使某种自由权利,产生的是破坏公序良德的后果,那么这种行为就应该被制止,甚至被惩罚。当然,这里所言"公序良德"是一个历史概念,不同的国家、不同的民族、不同的阶级或阶层、不同信仰的族群在不同的历史时期会有不同的界定和阐释。

在我国图书馆界,知识自由理念的接受度并不高,其主要原因在于人们总是习惯性地、先入为主地信从"读坏书,变坏人"的逻辑。其实国外崇尚知识自由理念的人们也不是不担忧"读坏书,变坏人"情况的出现,但是他们仍然坚信知识自由的正当性。对此,ALA 所做的解释可能对我们有所启发:

> 我们不是怀着认为人们读什么书无关紧要的轻松心态来声明这些主张。我们相信人们读什么书是非常重要的,相信有些观点可能是危险的,但也相信压制这些观点只会导致民主社会的终结。自由本身是一种危险的生活方式,但它属于我们的权利。①

我们知道,在现实生活中,所谓"读书变坏"的现象确实有,如"读书成呆"、因移情而失去理性、把虚构当作真实、把诱使当作教导、因膜拜书中人物而走火入魔等,但我们绝不能因此而否定或质疑阅读自由的价值本身,更不应对阅读行为施以全面的干预和强制。汉语成语中的"因噎废食""投鼠忌器"就很好地喻指了人们对待知识自由的矛盾心态。我们应该看到知识自由具有最大程度地传播知识信息的价值,进而具有促进民主、促进社会的公序良德、促进个人和社会发展的价值,同时又要看到它也是一种"危险的生活方式",但我们不应该以它可能成为"危险的生活方式"而

---

① 张靖. IFLA 知识自由政策之知识自由声明分析[J]. 图书馆,2005(5):15-18,14.

全面否定或质疑知识自由本身的价值。西方谚语说"属于上帝的归上帝，属于凯撒的归凯撒"，此话所蕴含的思想逻辑对我们正确理解知识自由的价值，也许有很好的启发。

二、资源共享理念

这里所言资源共享，有两方面的含义，即"图书馆资源的人人共享"和"图书馆资源的馆际共享"。图书馆资源的人人共享，意味着人人都有利用图书馆资源的平等权利，体现了图书馆面前人人平等的精神。图书馆资源的馆际共享，意味着馆际之间打破自我封闭的"信息孤岛"局面，以互通有无、资源互补手段合力满足读者需求，体现了馆际合作共赢精神。图书馆资源的馆际共享，目的是更好地保障图书馆资源的人人共享。图书馆资源的人人共享，其具体内涵和要求，已在前面的"平等服务理念""社会包容理念"部分做了相关阐述，所以下面着重阐述图书馆资源的馆际共享理念。

众所周知，任何一个图书馆的资源收藏能力和供给能力都是有限的，而读者需求是多种多样的、无限的。用有限的资源满足无限的需求，这是任何一个图书馆都会面临的主要矛盾之一。面对这种矛盾，人们自然能够想起一种解决之策：图书馆之间进行合作，以互通有无、互补短缺的办法，最大程度地缓解有限资源与无限需求之间的矛盾。这种互通有无、互补短缺的办法，其实就是资源共享的办法。

现代意义上的图书馆资源共享，是指图书馆在自愿、平等、互惠的基础上，通过建立图书馆与图书馆之间和图书馆与其他相关机构之间的各种合作、协作、协调关系，利用各种技术、方法和途径，共同揭示、共同建设和共同利用信息资源，以最大限度地满足用户信息资源需求的全部活动[1]。美国图书馆学者肯特（Kent）认为："'资源共享'最确切的意义是指互惠（reciprocity），意即一种每个成员都拥有一些可以贡献给其他成员的有用事物，并且每个成员都愿意和能够在其他成员需要时提供这些事物的伙伴关系。"肯特还特别指出，"开展资源共享的唯一途径是拥有可供共享的资源、具有共享资源的意愿和实施资源共享的计划，否则资源共享就是一个空洞无物的概念，因为非此则不能按需提供帮助"[2]。肯特在这里实际上提出了图书馆资源共享的三个要件：资源、意愿和计划。

---

① 程焕文,潘燕桃.信息资源共享[M].北京:高等教育出版社,2004:15.

② 程焕文,潘燕桃.信息资源共享[M].北京:高等教育出版社,2004:14-15.

1. 中国古代藏书家的资源共享

中国古代藏书家之间曾多有资源共享之举。生活在明末清初时期的曹溶就曾撰有资源共享之倡议书《流通古书约》,其曰:

> 予今酌一简便法,彼此藏书家,各就观目录,标出所缺者,先经注,次史逸,次文集,次杂说。视所著门类同,时代先后同,卷帙多寡同,约定有无相易,则主人自命门下之役,精工缮写,较对无误,一两月间,各赍所钞互换。此法数善:好书不出户庭也;有功于古人也;己所藏日以富也;楚南燕北皆可行也。①

曹溶此法,实际上是藏书家之间"有无相易"的文献交换办法②,而非把藏书开放于社会公众之法。以往一些人仅据《流通古书约》中的"流通"二字而把曹溶的此法纳入藏书开放思想的范畴,其实不甚确切。曹溶所谓"流通",仅指互抄形式的文献交换,而且仅在藏书家之间进行,所以其"流通"范围是极其有限的。不过,这种"有无相易"之法,尽管范围有限,但在客观上起到了文献"流通"的作用,其表现有两方面:一是从狭义而言,实现了藏书家之间的实时文献交换(通过互抄),亦实现了特定范围内的文献流通;二是从广义而言,互抄即为复制,亦为互传,这种复制性互传不仅可以实现文献的实时交换,还为文献的历时传递提高了可能性概率。也就是说,以互抄法实现的"有无相易",在客观上具有特定的文献流通之义。应该指出的是,曹溶本人并未意识到这一"客观意义",至少他没有明确指出。

曹溶的以互抄法实现的"有无相易",还有两个重要的"客观意义"。一是他在方法上所采用的"约法"形式。这一形式,首创了中国古代以"民间立法"形式解决文献"有无相易"问题的方法。可以说,曹溶的《流通古书约》是一部面向藏书家提出的"有无相易"倡议书。这就是《流通古书约》在客观上所具有的"民间图书馆立法"价值所在。二是互抄所具有的复制、互传性质,在客观上又具有了基于互抄法的"馆际互借"和"资源共享"的意义。由此我们可以说,现代图书馆所重视的馆际互借和资源共享思想,在中国古代已有其端倪或简易的实践。

---

① 祁承爜,等.藏书记[M].扬州:广陵书社,2010:97 – 98.

② 这里所谓文献交换办法,当然不是指直接换易文献本身,而是互抄,所以曹溶此法亦可谓"互抄法"。

其实,在中国古代,藏书家之间的互借、互抄之事是比较普遍的,如王世贞与范钦之间,钱曾与叶林宗之间,黄丕烈、袁廷梼、周锡瓒、顾之逵"藏书四友"之间,都曾有互借、互抄之事。但由于这种互借、互抄是建立于相互的友谊与信任之上,所以大多不必签订正式协议。然亦有例外,明末清初的丁雄飞与黄虞稷之间就签署有"有无相易"的正式协议,称《古欢社约》。《古欢社约》共有八条内容,全文如下:

> 每月十三日丁至黄,二十六日黄至丁。为日已定,先期不约。
> 要务有妨则预辞。
> 不入他友,恐涉应酬,兼妨检阅。
> 到时果核六器,茶不计。
> 午后饭,一荤一蔬,不及酒,逾额者夺异书示罚。
> 舆徒每名给钱三十文,不过三人。
> 借书不得逾半月。
> 还书不得托人转致。①

显然,《古欢社约》具有典型的"君子协议"性质。相比较而言,《古欢社约》与《流通古书约》都属于契约性的"民间图书馆立法";如果说《流通古书约》只是提出了"有无相易"的倡议及其基本思路,那么《古欢社约》则把这种倡议和基本思路具体化,并落实为实际行动方案;《流通古书约》是面向不确定藏书家而提出的资源共享倡议书,而《古欢社约》是仅适用于丁雄飞与黄虞稷两位藏书家之间的资源共享协议。

2. 公共物品理论:资源共享的理论基础

图书馆资源共享的合理性与必要性,可从公共物品理论中得到解释。可以说,公共物品理论是图书馆资源共享理念的理论基础。正因如此,2004 年 ALA 第二次发布图书馆核心价值范畴时,把"公共物品"列入核心价值范畴之中。

我们知道,社会物品可分为两大类:公共物品(public goods)和私人物品(private goods)。私人物品是由个人独自消费的物品,而公共物品则是可以被一个以上的消费者共同消费或共同享用的物品。公共物品还被称为公共产品、公共财货、公用品、公共品等。

---

① 李希泌,张椒华. 中国古代藏书与近代图书馆史料(春秋至五四前后)[M].北京:中华书局,1982:45.

古典经济学鼻祖斯密(Smith)认为,君主或国家必须负有提供三种公共物品的职责:安全、司法、公共机关与公共工程。他的原话是:"君主的义务,首在保护本国社会的安全,使之不受其他独立社会的暴行与侵略";"君主的第二义务,为保护人民不使社会中任何人受其他人的欺侮或压迫,换言之,就是设立一个严正的司法行政机构";"君主或国家的第三种义务就是建立并维持某些公共机关和公共工程"①。显然,斯密所确认的国家的三大职责,其实都属于公共物品范畴。

在斯密看来,国家安全和司法制度必须要由中央政府统一提供,而公共机关和公共工程则不一定要由中央政府直接提供,因为有些公共设施或公共工程由地方政府提供更有效率。对此他指出,"一项公共工程,如不能由其自身的收入维持,而其便利又只限于某特定地方或某特定区域,那么,把它放在国家行政当局管理之下,由国家一般收入维持,总不如把它放在地方行政当局管理之下,由地方收入维持,来得妥当"②。可见,在斯密那里已经有了全国性公共物品和地方性公共物品的区分。

下面的一段话,很好地解释了公共物品的基本性质及其类型表现:

> 国防、法律和秩序,灯塔、街道和街道照明是公共物品的几个例子,它们之所以被称为"公共的",是因为它们如果不能使每个人都得到就不能被供给到任何人,而且不能使它们的单个使用者支付其费用。其次,有些物品,它们可以但却很少向每一个使用者收费,如公路、桥梁、天气预报、公共图书馆、国家公园。最后,有些物品,如教育、医疗服务、公共运输,它们能很好地按市场方式供给,但是许多政府选择免费或者以低费用供给部分公民或全体公民。出于分析的目的,经济学家把那些不能在任何使用者支付基础上被供给的物品,例如灯塔,定义为"公共物品"。……我们将把所有那些其供给不是由个人的市场需求而是由集体的政治选择决定的物品,即把任何由政府决定免费或以低费用供给其使用者的物品和服务,看作公共物品。③

---

① 斯密.国民财富的性质和原因的研究(下卷)[M].郭大力,王亚南,译.北京:商务印书馆,1996:254,272,284.

② 斯密.国民财富的性质和原因的研究(下卷)[M].郭大力,王亚南,译.北京:商务印书馆,1996:292.

③ 史卓顿,奥查德.公共物品、公共企业和公共选择——对政府功能的批评与反批评的理论纷争[M].费朝晖,徐济旺,易定江,译.北京:经济科学出版社,2000:68.

公共物品具有非排他性和非竞争性特性。非排他性(non-excluda-bility),是指在一定范围内,公共物品只能共同消费而不能排除其中一个人或部分人同时消费的属性。公共物品具有非排他性,主要是因为:①公共物品在技术上难以把不付费的人排除在外;②虽然在技术上可以排他,但是为此要付出高昂的成本,以至不合算;③如果排他,在道义上不具有正当性,即不应该排他。萨缪尔森(Samuelson)指出,公共物品"是指那种不论个人是否愿意购买,都能使整个社会每一成员获益的物品。私人物品恰恰相反,是那些可以分割、可以供不同人消费,并且对他人没有外部收益或成本的物品"①。

非竞争性(non-rivalry),是指增加一个人的消费并不减少其他人的消费的属性。用萨缪尔森的话说就是:任何人消费这种物品不会导致他人对该物品消费的减少。公共物品的非竞争性特征,意味着增加一个消费者其边际成本为零。如路灯具有典型的非竞争性——增加一个行路人或一部车辆并不会增加供电费用。

同时完全具备非排他性和非竞争性特性的公共物品,叫作"纯公共物品"。如义务教育制度就是一种纯公共物品。如果某种公共物品不同时完全具备非排他性和非竞争性特性,那么这种公共物品叫作"准公共物品"(quasi-pubic goods),也叫"俱乐部物品"(club goods)。现实中的大部分公共物品属于准公共物品。如图书馆、电影院、收费公路、会员制游泳池等,就属于准公共物品。准公共物品一般都具有非竞争性,但不完全具有非排他性。非竞争性明显而非排他性极弱的公共物品,往往产生拥挤现象,产生拥挤成本。如城市里的免费娱乐场、免费博物馆等,就是此类公共物品。此类物品往往采取"定时排他"方法提供。

公共物品的生产和供给,往往涉及"外部性"问题。所谓"外部性"(externalities),又叫外在性、外部效应、溢出效应、外部影响性等,是指一个主体的活动给其他主体产生影响的现象。经济学家曼昆(Mankiw)认为,"外部性是一个人的行为对旁观者福利的影响"②。诺贝尔经济学奖获得者斯蒂格利茨(Stiglitz)指出,"只要一个人或一家厂商实施某种直接影响其他人的行为,而且对此既不用赔偿、也不用得到赔偿的时候,就出现了外在性"③。

---

①　萨缪尔森,诺德豪斯.经济学[M].萧琛,等译.16版.北京:华夏出版社,1999:268.

②　曼昆.经济学原理[M].梁小民,译.北京:北京大学出版社,1999:208.

③　斯蒂格利茨.经济学[M].姚开建,刘凤良,吴汉洪,等译.北京:中国人民大学出版社,1997:146.

其实,外部性问题不仅仅出现在经济活动领域,在人类的其他活动领域也大量存在着外部性问题。外部性分为正外部性(positive externalities)和负外部性(negative externalities)两类。简单地说,如果对他人造成的影响是有利的影响,就称为正外部性,也叫外部收益;如果对他人造成的影响是不利的影响,则称为负外部性。

任何社会成员的生存和发展都离不开对公共物品的消费。那么,公共物品由谁来提供呢? 或者说,公共物品由谁来提供才能保证既公平又有效率呢?

传统观念认为,公共物品由于其非排他性和非竞争性特性,市场组织不愿提供而只能由政府提供。其实这是一种片面的认识。我们知道,人们对公共物品的需求是多样的,因此公共物品的供给主体也应该是多元化的。公共物品的供给主体主要有三类,即政府、市场、非营利组织(Non-Profit Organization,NPO,或称第三部门)。公共物品供给主体的多元化,才能充分满足人们多样化的、异质性的公共物品需求。政府、市场、非营利组织作为公共物品的供给主体,各有各的优缺点。就其缺点而言,政府供给难免"政府失灵",市场供给难免"市场失灵",非营利组织供给难免"志愿者失灵"。市场和非营利组织可以放弃提供公共物品的责任,但政府决不能放弃提供公共物品的责任。

政府是一种组织——最大的公共组织。任何公共组织的首要责任就是提供公共物品。政府的首要责任,概括地说也是提供公共物品。如果不当资本所有者,政府的基本职能,说到底就是一句话,组织公共物品的供给①。世界银行1997年世界发展报告《变革世界中的政府》指出,政府的职责是做好五项基础性工作:建立法律基础;保持非扭曲性的政策环境,包括宏观经济的稳定;投资于基本的社会服务与基础设施;保护承受力差的阶层;保护环境。这五项基础性工作实际上都属于公共物品。提供公民满意的公共物品,是政府的合法性基础②。奥尔森(Olson)曾经说道:"组织的实质之一就是它提供了不可分的、普遍的利益。一般说来,提供公共或集体物品是组织的基本功能。一个国家首先是一个为其成员——公民提

---

① 刘军宁,王焱,贺卫方.市场逻辑与国家观念[M].北京:生活·读书·新知三联书店,1995:10.

② 汉语"合法性"一词有两种指意,一是指"合乎法律的属性",二是指某一组织或共同体具有获得该组织或共同体成员的认同(不遭质疑和反对)的性质。本书所用"合法性"一词均在第二种意义上使用。

供公共物品的组织,其他类型的组织也类似地为其成员提供集体物品。"①
由于政府是一种特殊的组织,所以不存在没有成员加入的问题。但是,如
果政府不为其成员(人民)提供足够的公共物品,它就会面临合法性危机。
总而言之,政府的首要责任是提供公共物品。毋庸置疑,图书馆尤其是公
共图书馆,在根本性质上就是一种公共物品,因此政府必须承担提供作为
公共文化服务之一的公共图书馆服务的责任。

3. 图书馆的公共物品性质

公共图书馆属于公共物品,因为公共图书馆服务具有非排他性、非竞
争性和正外部性属性。

图书馆服务的非排他性源于它的"不应排他"。图书馆服务的非排他
性,主要取决于以下三方面。

第一,馆藏信息资源的公共性。馆藏信息资源(包括虚拟馆藏资源)
是人类的共同财富,从根本上说它不属于任何一个人而属于全体人类。馆
藏信息资源的公共性决定了图书馆服务的共享性,任何人都不应被排除于
图书馆服务之外。

第二,图书馆是群体需要的产物。从根本上说,图书馆能够延绵不断
地生存和发展,绝不是某个人的个体需要使然,而是人们共同的需要使
然——人们都需要获取知识和信息来满足自我发展的需要。而个体对知
识和信息需要的无限性和异质性以及知识信息生产的无限积累性与无序
性,使得仅靠个体的力量无法满足对知识信息的量与质的要求,这就促使
人们产生了靠群体或社会的力量解决这一问题的共同需要,图书馆便由此
而产生。既然是共同的需要,就应该共同享用,而不应将任何人排除其外。
这是人类追求正义的表现。对此,意大利作家、符号学家艾柯(Eco)于
2003 年指出:"数百年来,图书馆一直是保存我们集体智慧的最重要的方
式。它们始终都是一种全人类的大脑,让我们得以从中寻回遗忘,发现未知。
请允许我做如下比喻:图书馆是一种最可能被人类效仿的神的智慧,有了它,
就可在同一时刻看到并理解整个宇宙。人可以将得自一座大图书馆的信息
存入心中,这使他有可能去习得上帝智慧的某些方面。换句话说,我们之
所以发明图书馆,是因为我们自知没有神的力量,但我们会竭力效仿。"②

第三,排他性图书馆服务是一种非正义。人们通过利用图书馆来获取

---

① 奥尔森. 集体行动的逻辑[M]. 陈郁,郭宇峰,李崇新,译. 上海:上海人民出版社,1995:13.

② 翁贝托. 书的未来(上、下)[N]. 康慨,译. 中华读书报,2004 – 02 – 18(4);2004 – 03 – 17
(4).

知识和信息,成为有知识修养的人、信息灵通的人,这对个人和社会发展都是利好的事情,是社会文明进步的表现。从图书馆的角度说,不加排斥地为任何人获取知识和信息提供公共渠道和社会化保障,是社会制度文明与正义的体现。对国家和政府来说,图书馆服务应该提供给全体国民享用,才能体现出国家及其政府的正义性与合法性。所以,无论从何种角度来说,非排他提供图书馆服务是一种正义的表现,反之则为非正义表现。

图书馆服务的非竞争性是显而易见的。一种物品或服务的非竞争性,其基本要义表现在两方面:一是边际生产成本为零,即增加一个消费者其边际生产成本为零(不增加额外成本);一是边际拥挤成本为零,即增加一个消费者其拥挤成本为零(在一定限度内不增加拥挤程度)。图书馆服务就是这样一种服务:每增加一个读者并不增加图书馆的运行成本,也不影响其他读者同时获得图书馆服务;每增加一个读者利用图书馆资源(包括空间资源)并不增加资源的拥挤程度。当然,就某一个具体的图书馆而言,其资源供给量永远是有限的,若利用者数量超过其供给能力极限时自然难免产生竞争性。这就是将图书馆置于俱乐部物品或准公共物品范畴的原因所在。但就全社会的图书馆事业整体而言,或者对图书馆的发展要求而言,这种竞争性是"发展中的问题",能够得到逐步缓解直至消除。这就说明,具体图书馆服务中存在的竞争性并不影响图书馆作为公共物品的根本性质。

图书馆服务的正外部性是毋庸置疑的。如果某种物品被强烈地认为是与人类福利相关的,则通过集体行为提供就更具合法性,也更加满足制度上的诉求。这一原理显然对于图书馆由集体行为提供具有很强的说服力。图书馆发展进入现代阶段之后,被认为是一类旨在提高人民知识素养的重要的社会教育设施,对于增进人类的福祉具有重要的意义。另一方面,图书馆服务具有较高的正外部性——任何人都可以利用图书馆来提高自身的知识素养和道德修养,从而使大家都受益。正如波杰(Rodger)所指出的,图书馆是私人物品的分配者,但得到了公共资金,这是因为对它的利用不仅对个人有益而且对社会也有益①。而且,由于图书馆服务能够同时提供给多个人消费,可以充分发挥其馆藏的多方面使用效应,例如同样的一本书可以让多个读者使用,从而创造出尽可能多的社会和经济效益。因此,通过集体行为(如通过政府)提供图书馆服务就具有社会制度上的合理性与合法性。

---

① RODGER E J. Value and vision[J]. American libraries,2002(11):50–54.

4. 图书馆联盟:资源共享的组织形式

图书馆资源共享的目标可以概括为"五A理论",即任何用户(any user)在任何时候(anytime)、任何地点(anywhere),均可以获得任何图书馆(any library)拥有的任何信息资源(any information resource)①。显然,这五个"任何"是一种理想状态,难以全面实现,但我们应该为之努力。

图书馆资源共享,必然表现为图书馆之间的合作。也就是说,图书馆合作是图书馆资源共享的组织基础和保证。图书馆合作指两个或两个以上的图书馆,为了改进服务或减少成本,本着互利原则而开展的文献、书目、服务、发展规划等的交换和共享活动。图书馆合作可以是非正式的、临时性的互帮互助和互通有无,也可以是按正式协议或合同组织的合作;合作时间可以是短期的,也可以是长期的;合作区域可以是地方性的、全国性的或国际性的。当多个图书馆按正式协议或合同组织合作时,其组织形式通常被称为图书馆网或图书馆联盟。

图书馆联盟是以一定地域范围或学科领域为基础建立的,在一个中心机构的协调和管理下,协同执行一项或多项资源共享计划的正式图书馆合作组织。图书馆联盟可以是同一地区、同类型或多类型图书馆之间的联合模式,也可以是跨地域、跨类型图书馆之间的联合模式。

2012年3月我国成立的"首都图书馆联盟"就是同一地区多类型图书馆之间的联合模式。"首都图书馆联盟"由位于北京行政区域内的国家图书馆、党校系统图书馆、科研院所图书馆、高等院校图书馆以及医院、部队、中小学的图书馆和北京市公共图书馆共110余家图书馆,自愿联合发起成立。从此,首都市民可凭一张借阅卡来浏览百余家图书馆的文献资源。首都图书馆联盟在成立之时就宣称将提供以下10个方面的服务:

①在全市60家图书馆实现图书通借通还,使北京地区的图书文献无障碍流转,满足读者的阅读需求。

②在国家图书馆与首都图书馆之间实现读者证相互认证,实现授权数字资源的共享,逐步实现文献的通借通还,方便市民借阅图书。

③在高等院校图书馆逐步实现面向社会免费开放,通过办理借阅证使读者共享图书资源。

④开通"首都图书馆联盟"网站,集中发布联盟资讯,加大对北京地区图书馆的统一宣传推介力度,让市民广泛深入了解图书馆服务

---

① 程焕文,潘燕桃.信息资源共享[M].北京:高等教育出版社,2004:16.

信息。

⑤联盟成员之间开展网络互联,实现馆际授权数字资源的共享。搭建联合参考咨询服务平台,集合联盟成员专家人才优势,免费为读者进行实时咨询服务。

⑥联盟成员开展讲座、展览等文化惠民服务合作,方便市民参与公共文化活动,并开展针对外来务工人员的服务。

⑦联盟成员利用流动图书车等方式,深入社区、中小学、农村、工地,开展图书馆流动服务。

⑧联盟成员合作,每年举办一届市民图书交换活动,让市民家中的图书流动起来。

⑨联盟成员将部分复本图书集中起来共同建立调剂书库,基层图书馆可在调剂书库内挑选图书,补充文献资源。联盟选定若干家成员单位与出版发行机构合作,在图书馆设立新版图书展架,让读者优惠购买图书。

⑩联盟确定每年9月的第一周为"首都读者周"。读者周期间,联盟成员向市民讲解利用图书馆、计算机检索、图书馆功能、读者权益等知识,让市民走进图书馆,了解图书馆,利用图书馆。①

5. 数字时代的图书馆资源共享

在数字时代,图书馆资源共享的意义何在? 对此,2005年7月8日在武汉大学举行的"中国大学图书馆馆长论坛"发布《图书馆合作与信息资源共享武汉宣言》,其中设有"数字时代图书馆合作更加必要"一章,内容如下:

● 在数字时代,读者来图书馆将不再仅是为了查找本馆馆藏。

● 在数字时代,单一图书馆仅利用本馆馆藏将不再能满足读者的信息需求。

● 在数字时代,单一图书馆独立建设馆藏的方式已经不再适用。

● 在数字时代,图书馆合作是国际趋势。

● 在数字时代,信息资源共享是时代的要求。图书馆代表的是公共利益,信息资源共享的目的是使社会公众获益。信息资源共享是图书馆为解决信息数量的急剧增长以及用户对信息资源的无限需求与图书馆对信息

---

① 首都图书馆联盟[EB/OL].[2024-03-04]. http://www.chinalibs.net/ArticleInfo.aspx?id=345407.

载体有限的收集和处理能力之间的矛盾,而做出的理性选择。

●在数字时代,大学图书馆的合作比以往任何时候都更为必要。大学图书馆应该在信息资源共享中发挥更为重要的作用。

●我们高度评价教育部和图书馆界同仁为实现信息资源共享这一目标所进行的卓有成效的工作。"中国高等教育文献保障系统(CALIS)"等建设项目是实现信息资源共享的成功范例。这些项目极大地改善了我国图书馆的资源状况,扩大了期刊的品种覆盖面,节省了文献资源建设的成本,实现了资源建设与开发利用的机制创新,受到了社会各界的一致好评,产生了不可估量的社会效益。

《图书馆合作与信息资源共享武汉宣言》还设有"行动方向"一章,意在为当今图书馆资源共享指明行动的方向,对我们理解图书馆资源共享的意义和方法具有很好的启发价值,现将其内容录于下:

●把信息资源共建共享纳入国家信息资源开发利用的整体战略中去。呼吁国家要尽快制定《图书馆法》①和其他保障信息资源公共获取的法律。

●我们呼吁教育部、文化部、科技部等部委继续在促进文献信息资源共享方面发挥更大的作用。我们将促进教育、文化与科技、社科系统的数字化资源项目的合作及资源共享。

●加大力度建设"中国高等教育文献保障系统(CALIS)"等各级各类文献资源共享系统,鼓励更多的高校系统图书馆在责、权、利协调的前提下参与上述项目的建设,鼓励非高校系统图书馆参与项目建设。

●图书馆之间的合作、图书馆与其他相关机构之间的合作,是实现信息资源共享的重要途径。要建立不同类型的图书馆联盟。不仅要建立系统内的图书馆联盟,而且要促进同一地区跨系统图书馆联盟的建立。坚持平等自愿、互利互惠的原则,使每一个联盟成员都能享受到信息资源共享带来的利益。

●鼓励经济发达地区的图书馆帮助欠发达地区的图书馆,大型图书馆帮助中小型图书馆,以逐步缩小图书馆之间的"信息鸿沟"。

●大学图书馆的资源应在满足本校读者需求的前提下,努力向社会开放。

●建设特色馆藏,开展特色服务。建立一批特色学术机构库(institutional depository)。

●开放存取(open access)是网络环境下学术信息交流的新模式,是信

---

① 当时《中华人民共和国公共图书馆法》尚未颁布,故有此呼吁。

息资源共享的新形式。我们鼓励并积极参与学术信息的开放存取。

• 现代信息技术在信息资源共建、共知和共享中发挥着关键性的作用。只有建立在数字化和网络化基础之上，信息资源共享才能真正得以实现。

• 标准化是信息社会的基石之一，是信息资源共享的重要前提。我们要特别重视标准的制定和采用；要紧跟新技术的发展和信息载体的变化，及时制定在网络环境下实现信息资源共享涉及的专业和技术标准，使之适应信息环境的变化；要加大标准的推广与执行力度。

• 充分理解知识产权制度对于鼓励知识创新的重要性，尊重和保护知识产权。我们认为知识产权制度的最终目的，仍然是为了保障和促进知识的交流、传播和利用。它与信息资源共享的最终目的是一致的。为此，我们呼吁知识生产者（著作者、出版者）与知识组织、传播者（图书情报工作者）加强合作，寻求有效机制，以维系知识产权保护与信息资源共享之间的平衡，维系知识产权人利益与公共利益之间的平衡①。

第四节　社会责任理念

为了更好地理解"图书馆社会责任"的内涵，有必要先了解一下责任、责任与义务、责任与权利、责任与职责、组织的社会责任等相关概念。

一、责任与社会责任

关于责任的涵义，《汉语大词典》对"责任"一词的释义是：①使人担当起某种职务和职责；②分内应做的事；③做不好分内应做的事，因而应该承担的过失。法学家张文显先生对"责任"的解释得到学界的广泛认同，他认为，①"责任"即为分内应做的事，如"岗位责任""尽职尽责"等；②特定的人对特定事项的发生、发展、变化及其后果负有积极的助长义务，如"担保责任""举证责任"等；③因没有做好分内之事（没有履行角色义务）或没有履行助长义务而应承担的不利后果或强制性义务，如"违约责任""侵权责任"等②。综观人们对责任的理解，责任的含义至少应包含两方面：一是

---

① 中国大学图书馆馆长论坛　图书馆合作与信息资源共享武汉宣言[J].大学图书馆学报，2005(6)：3－5.

② 张文显.法学基本范畴研究[M].北京：中国政法大学出版社，1993：184.

分内应做的事,即人们日常所讲的"应尽的责任";二是指没有做好分内应做的事而必须承担的过失责任,这就是人们通常所讲的"追究责任"。

责任与义务是一对范畴。在对"义务"内涵的界定上,有一种观点被称为"付出说"。这种观点认为,义务是权力所要求的付出,或者说是被某种权威(包括道德权威)所要求的必须且应该付出的利益①。这种利益付出,若被法律规定,即为法定义务;若被道德规范所约定,则为道德义务。义务既有"应该性",也有"必须性",当必须性被特别强调时,义务就有可能被转化为责任。如当一种义务被义务人违反时,该义务人便成为责任人,而此义务人所违反的义务,便成为他的责任。所以有人说,"责任者,义务人违反其义务时,在法律上应有之负担也"②。责任与义务的区别,"就在于义务偏重强调外在的客观要求,责任偏重强调这种外在的客观要求内化为主体道德自觉意识。义务是责任的外在形式,责任是自觉意识到的义务"③。

责任与权利也是一对范畴。众所周知,责任与权利是一对孪生兄弟——负责任须要有相应的权利,有权利须负责任。"权利总是与责任联系在一起的,正是在人类的自主性权利意识空前高涨与强烈的历史条件下,人们才有可能同时感受到'人必须为他的行为的(可预见的)结果负责',甚至还要为'不可预测的后果负责'。他不可能将责任推给另外一个什么主管"④。这段话说的是"有权利须负相应责任"的意思。反过来,有责任就应该有相应的权利,这似乎是理所当然的事情,然而,并不是什么责任都被赋予权利。我们知道,责任分为完全责任和不完全责任⑤。完全责任即为"分内应做的事",这种责任必须赋予其主体以相应的权利;而不完全责任则指"分外"的责任,其主体可以选择履行也可以选择不履行,如"行善"就是一种不完全责任。这种责任的履行或不履行不需要以拥有权利为前提,即"在不完全责任的义务的基础上不可能有人提出一项相应的权利"⑥。这说明,责任与权利之间并不总是存在对等关系,这意味着有些

① 王海明.公正 平等 人道:社会治理的道德原则体系[M].北京:北京大学出版社,2000:26.

② 李肇伟.法理学[M].台北:中兴大学出版社,1979:271.

③ 陈玉川,邱珂.伦理学教程[M].北京:警官教育出版社,1994:131.

④ 甘绍平.应用伦理学前沿问题研究[M].南昌:江西人民出版社,2002:102.

⑤ 谢军.责任论[M].上海:上海人民出版社,2007:134.

⑥ 彼切姆.哲学的伦理学:道德哲学引论[M].雷克勤,郭夏娟,李兰芬,等译.北京:中国社会科学出版社,1990:302.

责任(如不完全责任)不具有与权利之间的对称性,即"责任是一种非交互的关系,即非对等的关系;责任并非奠定在对等、相互的关系之上,所谓担负责任是指:为某人或某事负责而并不要求有所回报"①。

职责(obligations)是责任的一种重要表现形式。职责就是职务上应尽的义务或职务范围内应做的事情。费因伯格(Feinberg)说:"当我们谈论公职或职务的义务时……我建议使用'职责'一词代替'义务'一词。被某个组织所赋予的任务或职务是有责任履行的。"②职责包括职业团体的责任和从业者的责任两个方面③。无论是团体的职责,还是从业者的职责,都属于"分内应做的事"。

所谓社会责任,一般是指一个组织或个人对自身之外的周围环境和社会事务应该负有的责任。社会责任可分为组织的社会责任和个人的社会责任两类。组织是社会生活中的单位实体,是以特定目标、功能和资源来回应社会的特定需求的开放系统。著名管理学家德鲁克(Drucker)把组织的责任分为内部责任(分内责任)和外部责任(分外责任),内部责任指组织对其员工和业绩等负有的责任,外部责任指组织对组织以外的社区和社会负有的责任④。其实,德鲁克所说的内部责任就是指组织"分内应做的事",而外部责任则指组织的社会责任即维护和增进社会公益的义务。依此而论,企业的社会责任,是指企业在谋求股东利益最大化之外所负有的维护和增进社会公益的义务⑤。可见,组织的社会责任超越了组织的自身发展目标的限度,而加入了一种道德诉求,宣布了组织只做有益于社会的事情而不做有害于社会的事情。个人的社会责任,一般指个人在履行分内责任(如家庭责任、工作责任等)之外,为维护和增进社会公益而承担的分外义务。中国民间常说的"做好人好事",就是履行个人的社会责任的典型表现。

二、图书馆社会责任:概念与内容

图书馆的社会责任,属于"组织的社会责任"范畴。需要指出的是,上文介绍的德鲁克所言的组织的责任,主要是针对企业等营利性组织的责任

---

① 甘绍平.应用伦理学前沿问题研究[M].南昌:江西人民出版社,2002:116.

② 彼切姆.哲学的伦理学:道德哲学引论[M].雷克勤,郭夏娟,李兰芬,等译.北京:中国社会科学出版社,1990:226.

③ 谢军.责任论[M].上海:上海人民出版社,2007:41.

④ 德鲁克.功能社会:德鲁克自选集[M].曾琳,译.北京:机械工业出版社,2007:98.

⑤ 崔开华,张晓亮,赵芸,等.组织的社会责任[M].济南:山东人民出版社,2008:139.

而言,而未专门针对公共图书馆等非营利性组织或公益性组织的责任进行
论述。如果从德鲁克所言的分内责任和分外责任的角度而言,图书馆完成
自身的基本社会职能(一般称"图书馆社会职能"),就是履行自身的分内
责任;在此基础上,去做其他增进社会正义或社会公益之事,就是履行分外
责任。

1969 年,ALA 成立了"社会责任圆桌会议"(Social Responsibilities
Round Table,SRRT)。SRRT 声称图书馆与图书馆员必须了解和帮助解决
社会问题及社会不公正问题,以实现其为公共利益服务和维护民主的使
命①。当初提议设立"社会责任圆桌会议"的本迪克斯(Bendix)等人的表
述更为明确:"我们应提供这样一个论坛,论坛内容针对当代的主要问题
(包括战争与和平、竞争、机会与正义的不均等、公民权利、暴力等),讨论
图书馆在这些问题上的责任;审查当前图书馆在这些问题上的行动;为
图书馆提供行动建议,以增进其对社会责任问题的理解;推进随之而来
的关键问题的解决。"②可见,Bendix 等人所列出的"问题",并非图书馆职
业"分内应做之事",而是"分外可做之事"。Bendix 等人还强调"建立'社
会责任圆桌会议'并不是要 ALA 在这些社会问题的解决上取得一个特殊
的地位,而是要 ALA 承认这些问题是图书馆问题(library issues)";不仅如
此,ALA 于 2004 年把"社会责任"列入其认定的图书馆核心价值范畴
体系③。

在我国,进入 21 世纪以后人们才开始逐渐重视图书馆社会责任问题。
关于图书馆的社会责任,范并思先生认为"它主要指一些传统图书馆服务
之外的'分外之事'"④。于良芝则认为,"图书馆的社会责任包括图书馆对
自身行为的社会效果的责任(例如,以信息自由的名义拒绝对儿童接触的
网上信息进行审查,由此产生的后果就是图书馆不得不考虑的社会责任),
也包括图书馆通过自己的活动积极影响社会问题的责任(例如通过平等服
务影响性别和种族歧视的责任)"⑤。

从概念上说,"图书馆社会责任"有狭义和广义之分。狭义上的图书
馆社会责任,指图书馆作为一种公益性社会组织所应关注和履行的专业性
职责之外的社会公益责任。这里所言"专业性职责",就是指图书馆社会

---

① ② 韩宇.关于图书馆社会责任的调查与思考[J].图书馆建设,2010(7):3 - 6.

③ 俞传正,阳国华.核心价值:我们共同的基石[J].图书馆建设,2007(3):20 - 23.

④ 范并思.图书馆社会责任专栏导语[J].图书馆建设,2010(7):1.

⑤ 于良芝,范并思.如何理解"图书馆社会责任研究"[J].图书馆建设,2010(7):2.

职能。可见,狭义的图书馆社会责任,即指所谓的分外责任。广义的图书馆社会责任,指图书馆作为一种专业性、公益性社会组织所应履行的专业伦理责任和社会公益责任。所谓"专业伦理责任",指图书馆在完成自身的专业职能(图书馆社会职能)过程中所应负的职业道德责任;于良芝所言的"以信息自由的名义拒绝对儿童接触的网上信息进行审查,由此产生的后果就是图书馆不得不考虑的社会责任",就是在这个意义上说的。所谓"社会公益责任",指图书馆不做有损于社会正义和社会公益之事,而去做增进社会正义和社会公益之事的责任,如图书馆提供临时避难场所、为居家老年人代写税单、为单身青年提供相亲信息服务等等,就是履行社会公益责任的表现。于良芝所言的图书馆为保护儿童的身心健康而对儿童接触的网上信息进行审查的行为,以其主观动机而言也属于增进社会正义和社会公益之举。

图书馆是一种公共物品。作为公共物品的图书馆,应承担保证自身行为的"正外部性"和消除自身行为的"负外部性"的责任。从这个意义上说,我们可以把图书馆社会责任理解为:不做可能带来"负外部性"结果的行为的义务和去做可能带来"正外部性"结果的行为的义务。

图书馆承担社会责任的内容,大体可分为消极责任和积极责任两方面①。

(1)消极责任:倾听社会公众的建议与批评的责任。图书馆职业行为面对的是社会公众,图书馆职业的正当性及其程度取决于社会公众的感受与评价,而社会公众对图书馆的期待始终处于不断变化之中,这就要求图书馆必须适时了解和掌握社会公众对图书馆服务的切身感受及其评价信息,以此作为改进工作的首要依据。通过各种形式和途径,及时广泛收集社会公众的意见(主要内容为有关建议和批评),以"有则改之,无则加勉"的态度,及时回应社会公众的关切,这是检验并提升图书馆职业行为的合法性的根本措施。如 2000 年,美国《华尔街日报》撰文指责 ALA 默许青少年在图书馆网络中心观看色情文献,由此引发了图书馆界关于维护信息自由或知识自由原则与承担教育、保护青少年的社会责任之间关系的激烈争论;为此 ALA 的"图书馆儿童服务委员会"(Association for Library Service to

---

① 把图书馆社会责任区分为消极责任和积极责任两方面,这种区分方法显然借用了英国哲学家以伯林(Berlin)把自由区分为消极自由(Negative Liberty)和积极自由(Positive Liberty)的区分方法。图书馆社会责任中的"消极责任"和"积极责任",都是在褒义上使用的概念(尤其是其中的"消极"一词,并无贬义);所谓"消极"和"积极",仅指承担责任的两种方式,前者指被动承担,后者指主动承担。

Children,ALSC)通过了《图书馆承诺在技术时代为儿童提供良好服务的声明》,接受青少年应该远离那些不合宜的资料的建议和批评,图书馆界应对以往维护信息自由或知识自由的政策和做法做出一定的调整①。ALA 的这种倾听社会公众的批评之声,及时回应并调整有关政策的做法,就是承担社会责任的表现。当然,这是一种"事后纠错"的负责行为,所以是"消极责任"的承担行为。

(2)积极责任:主动关切社会问题并多做善行的责任。图书馆的生存和发展离不开所处的社会环境,即图书馆无法生存于世外桃源之中。因此,社会公众普遍期待图书馆能够积极主动地关切社会问题(尤其是社会热点问题),并表达图书馆的正义立场,以此助推有关社会问题的解决,使得我们生存的社会更加公正、和谐。也就是说,图书馆应该主动承担维护所处社会普遍遵循的"共同善"、"社会良知"和"公序良德"的责任,而不是机械地固守所谓的中立立场,不闻不问社会问题而自绝于社会。图书馆所应关注的社会问题,因所处社会和时代不同而不同,如 ALA 下属的"社会责任圆桌会议",其关注的社会问题包括反对性别歧视、同性恋歧视、种族歧视,关注战争与和平问题,呼吁环境保护,帮助解决青少年心理健康问题,帮助失业及贫困人员,等等。与此同时,图书馆还应承担作为"社会良知"主体的义务性责任,其主要表现是多做一些助人的善行。欧美国家的大多数公共图书馆,允许无家可归者进馆,经常性地开展环保知识宣传,家庭理财讲座,音乐欣赏讲座,老年人上网技能培训,代写税单、保险单、个人履历、诉状,提供就业信息、职业技能培训信息、旅游信息、择偶信息等,这就是承担善行责任的表现。无论是关切社会问题还是助人善举,都是积极主动之举,因而都是"积极责任"的承担行为。

无论是承担消极责任,还是承担积极责任,都是一种担责表现,不担责则可视为"不负责任"。当图书馆发现自身行为违反了应然角色义务(如基本服务收费、出租馆舍赚取利润等),就应承担停止此类行为或消除该行为后果的责任,此为消极责任;当图书馆发现某种行为有助于增进社会正义和社会公益,积极采取行动,此为积极责任。

三、图书馆社会责任:依据与要求

图书馆承担社会责任,绝无给图书馆增加负担之义。图书馆尤其是公

① 于斌斌,于良芝.美国图书馆社会责任之争的缘起、发展及其职业遗产[J].图书馆建设,2012(3):14-18.

共图书馆作为一种公共物品、一种专业性和公益性的社会组织,须承担相应的社会责任,才能全面保证自身存在的合法性。

1. 图书馆承担社会责任的依据

图书馆为什么要承担相应的社会责任?这就是图书馆承担社会责任的依据是什么的问题。图书馆承担社会责任的依据主要有以下两方面:

第一,"义务论"依据。在伦理学中有两大理论范式:一为"义务论",认为行为的正当与否不取决于行为的目的与效果,而是取决于这种行为本身的性质,在性质上被认定为"善"的行为,就是值得去做的行为;二为"目的论",认为目的可以解释和证明手段,极端的目的论甚至认为为了达到目的可以不择手段。"义务论"可以为图书馆社会责任提供伦理学依据,即图书馆有义务考量自身行为是否具有正当性。也就是说,图书馆的某种行为无论出于什么目的,都要考虑是否具有正当性的问题。当然,这里存在一个"何谓正当"的问题,亦即存在一个"何谓正义"和"谁之正义"的问题。如"对儿童接触的网上信息进行审查"是否具有正当性,对此图书馆职业人员和其他人的立场观点可能不一致,甚至可能完全对立,但无论如何图书馆都有审慎选择自身行为的义务,亦即图书馆必须审慎考虑如何把一些人认为的"负外部性"影响降低到最低限度的问题。当某一权威性组织(如法院或相关仲裁机构)对此做出了判定,即使这一判定不符合图书馆的立场观点,图书馆也有义务执行这一判定①,当然,做出这种判定的过程必须符合相关法律程序并具有相关法律依据,以此保证其"程序正义"。伦理学中的"义务论"虽然针对的是个人的伦理价值取向,但也可以适用于法人意义上的图书馆行为。

第二,"图书馆公民"依据。国外理论界在讨论企业社会责任问题时,提出了"企业公民"(corporate citizenship)这一概念。美国波士顿学院"企业公民研究中心"的学者们认为,企业公民是指一个公司的社会基本价值与日常商业实践、运作和政策相结合的行为方式②。企业公民理论认为,公司的成功与社会的健康和福利密切相关,因此,公司会全面考虑对所有

---

① 如2000年,美国国会通过了《儿童互联网保护法》,要求全国的公共图书馆为联网计算机安装色情过滤软件,否则图书馆将无法获得政府提供的技术补助资金。对此,ALA和其他一些民权组织提出了抗议,认为该法违反宪法第一修正案。2003年6月23日,美国联邦最高法院就宾夕法尼亚州3名法官组成的委员会裁定《儿童互联网保护法》违宪一案进行投票,最终以6票对3票裁定该法案不违宪。后来,美国所有学校和公共图书馆的电脑里都按规定安装了色情过滤软件。

② 赵琼. 国外企业社会责任理论述评——企业与社会的关系视角[J]. 广东社会科学,2007(4):172-177.

利益相关人的影响,包括雇员、客户、社区、供应商和自然环境。英国的"企业公民会社"概括出了企业公民的四方面内涵:①企业是社会的一个组成部分;②企业是国家的公民之一;③企业有权利,也有责任;④企业有责任为社会的发展做出贡献①。显然,图书馆也是社会的一个组成部分,图书馆也是国家的"公民"之一;图书馆有责任为增进社会正义和社会公益做出贡献。质而言之,作为国家公民之一的图书馆,在享有"公民权利"的同时,必须履行"公民义务"——不做可能带来"负外部性"结果的事情、去做可能带来"正外部性"结果的事情。

2. 图书馆承担社会责任的要求

毋庸置疑,图书馆应该承担社会责任,既要承担消极社会责任,也要承担积极社会责任。那么,图书馆如何具体把握这种消极责任与积极责任的界限与尺度? 就具体的图书馆而言,遵循"职责优先原则""量力而行原则""积极担当原则"应该成为图书馆履行社会责任的基本要求。

(1)职责优先原则。这一原则主要适用于图书馆履行分外责任的行为,即这一原则主要针对狭义的图书馆社会责任而言。这一原则的基本含义是:在首先能够完成自身基本社会职能的前提下考虑承担社会责任问题。它的反题是:不能因为履行社会责任而影响自身基本职能的完成,或者说,履行社会责任不应该成为不完成基本职能的理由。对此,德鲁克说过:"我们应该坚持,各种机构及其管理都要局限于一些特殊的任务,惟有完成这些任务才能证明其存在及其权力的正当性,此外一切都是篡夺。"②德鲁克的意思是说,如果一个机构不专注于自身承担的"特殊的任务"(基本职能)而去关注其他机构应做的事情,等于是"篡夺"其他机构的职责。其实,专注于"特殊的任务"本身就是一个组织对社会负责的表现,只有当一个组织专注于特定有限的任务,它才能集中精力、高效高质地完成社会赋予它的主要使命和任务。对图书馆来说也如此,即图书馆必须首先全力完成自身的基本职能(分内责任),才能在此前提下考虑承担一定的社会责任。

(2)量力而行原则。即图书馆在承担社会责任时应该考虑自身能力的限度问题,亦即选择承担那些自身能力所及的社会责任,以避免"助人不成反害己"情况的发生。对此,德鲁克也说过:"当组织关注它们自己力所不能及的'社会问题'时,它们的行为是'不负社会责任'。当它们由于专

---

① 崔开华,张晓亮,赵芸,等.组织的社会责任[M].济南:山东人民出版社,2008:148.

② 德鲁克.功能社会:德鲁克自选集[M].曾琳,译.北京:机械工业出版社,2007:91.

注于它们自己的特定工作而满足了社会的需要时,它们的行为便是'负社会责任的'。当它们把公众的需要转变为它们自己的创业成就时,它们的行为是最负责任的。"①就图书馆而言,由于历史和所处环境不同,图书馆之间的"力量"肯定不尽相等,每个具体的图书馆只应该承担与其"力量"相称的社会责任。

(3)积极担当原则。如果说职责优先原则和量力而行原则,体现的是消极责任意识,那么积极担当原则则体现了积极责任意识。一方面,当图书馆面临可承担亦可不承担某种社会责任情况时,应该尽量选择承担,能承担多少就承担多少,并付诸实际行动,而不选择回避或沉默,这就是积极担当社会责任的表现。另一方面,当图书馆遇到某种应当且有能力承担的社会责任情况时,应该当机立断,勇于担当,并付诸实际行动,而不推脱、观望或等待,这更是积极担当社会责任的表现。积极担当,也就是积极作为。从一般意义上说,图书馆积极担当社会责任要体现"勿以善小而不为"的态度,只要是增进社会正义或社会公益之举、符合图书馆使命之举,图书馆都应去积极担当、积极作为。

社会责任理念案例 1:抗震救灾重建图书馆家园倡议书

2008 年 5 月 12 日 14 时 28 分四川省汶川县发生 8 级大地震,无数的房屋坍塌、巨大的人员伤亡、大量的灾民无家可归、严重的基础设施损毁,震撼着全世界,牵动着我们每个图书馆人的心,我们一直在含泪关注着悲惨的大地震灾情,我们一直在揪心地牵挂着地震灾区图书馆人和图书馆的安危,我们一直在虔诚地日夜为灾区的民众祈祷,我们为举国上下众志成城的抗震救灾所感动,我们为一个又一个的生命奇迹而祈福,我们每一个人都在为抗震救灾奉献爱心,贡献力量。

在国旗低垂、笛声长鸣、举国同悲的全国哀悼日,我们怀着无比沉痛的心情哀悼汶川大地震的遇难同胞,默默地祈祷亡灵在天国安息。

我们相信党和国家将会尽全力帮助地震灾区重建家园,同时,我们也感到走出灾难,重建民众的精神家园——图书馆,将会持久而漫长。在这个漫长的重建家园过程中,灾区的图书馆事业需要我们图书馆人的大力支持。

我们图书馆人应该如何继续和持续地为地震灾区重建图书馆家园贡献自己的力量?

---

① 德鲁克.功能社会:德鲁克自选集[M].曾琳,译.北京:机械工业出版社,2007:88.

生命高于一切,人的价值高于一切。

我们坚信图书馆人是中国图书馆事业的脊梁!在重建图书馆家园中,图书馆人将是无法替代的脊梁和不可缺少的力量。强烈的地震可以毁灭图书馆的建筑,但是,永远无法摧毁我们图书馆人的意志,永远无法动摇我们图书馆事业的脊梁。只要我们的图书馆事业脊梁能够坚强地挺住,巍然不倒,我们的图书馆事业就能在废墟中重新站立起来。

四海图书馆人一家亲。重建图书馆家园是我们图书馆人义不容辞的社会责任。我们坚信援助受灾的图书馆人是我们图书馆人责无旁贷的首要使命,只要我们携手同心,全力援助地震灾区的图书馆人,共同支持我们的图书馆事业脊梁,灾区的图书馆人就一定能够用他们的智慧和力量重建图书馆,再造民众精神家园的辉煌。

在举世同悲的全国哀悼日中,我们化悲痛为力量,决定共同发起"图书馆家园"(Library Family)计划,把图书馆人的爱心凝聚成为支持图书馆事业脊梁的力量,通过捐款,以实际行动切实地帮助地震灾区受灾的图书馆人。

为此,我们谨向全国图书馆同仁和社会各界人士发出倡议:行动起来,加入我们,携手同心,援助灾区的图书馆人,重建民众的精神家园。

"图书馆家园"计划召集人

程焕文 史超

(广东图书馆学会理事长 超星数字图书馆公司董事长)

2008 年 5 月 21 日

资料来源:程焕文,史超.抗震救灾重建图书馆家园倡议书[EB/OL].[2022-03-03].http://blog.sina.com.cn/huanwen 2008-05-21.

社会责任理念案例 2:"郑图今夜不闭馆 风雨中温情守候"

2021 年 7 月 20 日,一场特大持续强降雨突袭郑州,城市发生严重内涝,道路积水、交通阻断,不少市民被困。

当天下午 6 点左右,郑州图书馆(郑图)离闭馆还有将近 1 个小时,馆外道路积水已没过车轮,地铁停运,道路交通严重阻塞,形势极为严峻。在确保场馆安全、职工安全、市民读者安全的基础上,出于图书馆人的初心和对广大读者及周边滞留群众人身安全考虑,李红岩馆长做出"郑图不闭馆,为市民读者彻夜守候"的决定。馆员们自发地通过各种渠道向市民喊话:"在郑州图书馆附近的被困人员,不要冒险回家,我馆为您提供无线网络、热水、简餐和休息场所,风雨无情人有情,只要需要,我们就在!"与此同时,馆员们安抚滞留读者紧张焦虑情绪,叮嘱联系家人报平安。

信息一经发布,便得到《央视新闻》《人民日报》《人民资讯》《中国文化报》《图书馆报》等权威新闻媒体、微信、微博、读者、市民、图书馆界积极转发,仅微博"郑州图书馆点亮所有灯""郑州图书馆提供休息场所"两个话题的浏览量便过亿。

一位家长在郑图微信订阅号上看到自家孩子的照片,留言道:"担心了一下午! 看到孩子平安无事,热泪涌出! 感谢图书馆!"该条留言获得逾千人点赞。

20 日夜里,郑图陆续接待 150 多位群众,有避雨的市民、高铁站滞留的旅客、地铁站疏散出来的乘客、外地来郑游客等。几十辆涉水车辆也在馆员引导下,在馆内安全停放。

资料来源:王海英,王艳贞.郑图今夜不闭馆 风雨中温情守候——郑州图书馆"7·20"故事回望[J].图书馆论坛,2021(9):1-3.

【评论】

公元 2021 年 7 月 20 日,突如其来的暴风雨袭击郑州,阻断了人们的归家之路。此时,郑图人立刻点燃了社会责任之火,照亮了风雨交加的郑州夜空,同时郑图人发出了"郑图不闭馆,为市民读者彻夜守候"的即时信息,于是人们的归途变成了"归图"——归向图书馆这一温暖的避风港。"天堂应该是图书馆的模样",在紧急灾难降临之际,图书馆成了人们避难的天堂,而这一天堂,正是郑图人用社会责任理念支撑的。此情此景,定让所有人都会说:郑图人,好样的!

第五节　图书馆职业责任理念的意义

综上所述,本章从平等服务理念、社会包容理念、开放共享理念、社会责任理念四个方面论述了图书馆职业责任理念的主要内容。总之,图书馆职业责任理念,体现的是"我当如此"的责任担当精神,它是图书馆人"不忘初心、牢记使命"的精神动力所在。毋庸置疑,图书馆人树立和践行职业责任理念,对宣布图书馆职业的社会正义性、提升图书馆职业的社会公认度,具有极其重要的意义。这是因为:

第一,树立和践行职业责任理念,是图书馆功能发挥的思想基础和实践指南。本书上面所讲社会记忆功能、社会教育功能、促进阅读功能能否充分发挥,都取决于图书馆人在职业实践中树立和践行平等服务、社会包容、开放共享、社会责任等理念的程度。如果图书馆人对自己的职业不负责任,或者说,如果图书馆人对自己的职业不尽职尽责,那么图书馆功能的充分发挥以及图书馆人自己的一切美好职业理想目标都将成为空中楼阁,无以实现。也就是说,职业责任理念及其践行是职业理想、职业价值、职业目标实现的思想基础和实践指南。

第二,树立和践行职业责任理念,是图书馆人履职尽责的精神动力所在。图书馆人树立和践行职业责任理念,首先应有职业使命感、职业认同感和职业自豪感。一个人对自己所从事的职业,具有使命感、认同感和自豪感,才能从内心深处深刻把握职业的根本性质和特点,才能自觉领受履职的要求,才能始终保持尽责的精神动力。"我履职尽责,故我在",应该成为图书馆人的职业座右铭;"我在,故图书馆在",应该成为图书馆人的职业宣誓。这种职业座右铭和职业宣誓,能够为图书馆人履职尽责提供源源不断的精神动力。

第三,树立和践行职业责任理念,才能保证图书馆和图书馆人赢得良好的社会声誉。图书馆以及图书馆职业的社会价值,不仅需要图书馆和图书馆人的自我认同和肯定,更需要社会的认同和肯定。显然,一个不提供平等服务、不体现社会包容精神、不采取开放共享措施、不履行社会责任的图书馆是不可能得到社会的全面认同和肯定的。同理,一个对自己所从事的职业不敬畏、不尽责的图书馆人是不可能得到同事乃至社会公众的全面认同和肯定的。图书馆职业是一种正义的职业、善良的职业,而这种正义和善良只有在图书馆人履职尽责的实践过程中才能得以彰显和弘扬。当图书馆职业的正义性与善良性充分彰显和弘扬时,相应的社会声誉将如期而至,图书馆的良好社会形象也就得以树立。

结　语

　　图书馆的发展主要依靠哪些保障条件？大致说来,图书馆的发展需要制度保障、投入保障、人才保障、技术保障和理念保障这五大保障条件。制度保障主要表现为有关法律、法规、行政规章、工作规程、建设标准、服务规范、行为准则的制定与执行,它主要解决的是图书馆的管理体制和行为规则问题;投入保障主要解决的是图书馆发展所需的资金问题;人才保障主要解决的是图书馆发展所需的人才培养、培训、引进和使用问题;技术保障主要解决的是图书馆发展所需的技术设备的配置、维护、更新问题以及图书馆员所应掌握的业务技能问题;而理念保障主要解决的是对图书馆功能与价值的认识和判断问题。如果说,制度保障、投入保障、人才保障、技术保障是"硬件保障",那么理念保障则可以说是"软件保障";如果说,制度保障、投入保障、人才保障、技术保障解决的是图书馆发展所需的"体魄"问题,那么理念保障解决的是图书馆发展所需的"灵魂"问题。可见,图书馆基本理念研究,其宗旨在于弄清图书馆发展中的魂与魄的关系问题,其重点在于弄清图书馆发展中的铸魂问题。

　　形象地说,如果我们把制度保障、投入保障、人才保障、技术保障喻为任意四边形的四条边,那么我们可以把理念保障喻为这一任意四边形两条对角线的交会点——这一四边形的重心。这一重心的任意方向移动及其距离,都将改变这一四边形的具体形状——图书馆的具体状态。由此足见理念保障的极端重要性。我们知道,在市场经济环境下,资源配置以及要素资源的流动,最终取决于市场供求关系(价值规律)这一"看不见的手"的指挥。以此类比图书馆现象,我们就会发现,图书馆基本理念如同"看不见的手",决定性地影响着图书馆的现实与未来趋向,尤其是当这一"看不见的手"主要指社会管理者和社会公众的"手"时,它的指挥力度更大——对图书馆的现实与未来的影响更大。

　　在 2017 年 11 月 4 日《中华人民共和国公共图书馆法》颁布之前,国内图书馆界的人们很长时间里埋怨国家不为图书馆立法,认为国家不重视图书馆事业。其实，"重视"或"不重视"正是图书馆基本理念问题。当社会管理者和社会公众大多认为图书馆事业的发展对国家发展战略无足轻重时，要求为图书馆立法（这里指的是图书馆专门法）是不现实的，尤其是当立法资源有限、各行各业争先立法时更是如此。试想，如果没有党的十七大以来党中央对公共文化服务体系建设的持续重视和强调，便不能形成对文化立法的重要性的理念共识，而对文化立法的重要性未形成理念共识时，图书馆立法便无法提到立法议事日程之中。我国对公共文化服务体系建设的重要性形成理念共识，其立法表现就是《中华人民共和国公共文化服务保障法》（2016）的制定和颁布。《中华人民共和国公共文化服务保障法》的颁布，极大地促进了《中华人民共和国公共图书馆法》的制定和颁布进程。当然，在此之前，我国图书馆界在文化部的领导下已经做好了图书馆法的立法论证工作，为图书馆法的适时制定和颁布奠定了基础。事实证明，社会管理者、社会公众以及文化工作者和图书馆工作者对公共文化服务、公共图书馆的功能与价值所形成的正确的理念共识，极大地促进了《中华人民共和国公共文化服务保障法》和《中华人民共和国公共图书馆法》的适时出台。这就是"理念是力量"的事实证明。

写到这里，我们自然想起了阮冈纳赞《图书馆学五定律》（1931 初版）的最后一段话：

贯穿图书馆发展各个阶段的基本原则对各类型的图书馆来说，都是一样的，并且它今后也将始终是图书馆的明显特征。这个基本原则即图书馆是全球性的教育工具，它汇集和自由流通着所有的教育工具，借助它们传播知识。这条基本原则——"图书馆的精神实质"——象人的灵魂一样贯穿于各种类型的图书馆之中。这里所引用克里希纳（Krishna）的话也适用于它：

如同人们脱掉破烂的外套，穿上新衣一样，人的灵魂也要摆脱旧的形式，换上新的形式。

武器劈不开它，火烧不化它，水湿不了它，风也吹不干它。

它劈不开，它烧不掉，它湿不了，它干不了；它是永恒的，它无处不在，坚如磐石，不可动摇；它一如既往，永远如此。①

① 阮冈纳赞.图书馆学五定律[M].夏云,王先林,郑挺,等译.北京:书目文献出版社,1988:337.

从上面一段话可以看出,阮冈纳赞将"图书馆的精神实质"(又称图书馆的"基本原则")概括为传播知识的教育工具。阮冈纳赞这里所言"图书馆的精神实质",与本书所言"图书馆基本理念"在含义上是完全相通的。阮冈纳赞把图书馆的功能和价值概括为"传播知识的教育工具",与本书所言图书馆的三个功能在涵义上也是相通的。阮冈纳赞借用克里希纳的话把图书馆基本理念形象地比喻为"它劈不开,它烧不掉,它湿不了,它干不了;它是永恒的,它无处不在,坚如磐石,不可动摇;它一如既往,永远如此"。这一比喻表达出了图书馆基本理念是一种不可轻易改变的思想信念或价值判断的意涵。

是的,图书馆基本理念是一种思想信念,是一种精神力量,我们绝不能轻易改变它,我们必须坚守它——因为它是我们图书馆人的灵魂和初心所在!

参考文献

专著部分

[1]阿斯曼.文化记忆:早期高级文化中的文字、回忆和政治身份[M].金寿福,黄晓晨,
译:北京:北京大学出版社,2015.

[2]巴特勒.图书馆学导论[M].谢欢,译.北京:海洋出版社,2018.

[3]彼彻姆.哲学的伦理学——道德哲学引论[M].雷克勤,郭夏娟,李兰芬,等译.北
京:中国社会科学出版社,1990.

[4]波普尔.客观知识——一个进化论的研究[M].舒炜光,卓如飞,周柏乔,等译.上
海:上海译文出版社,1987.

[5]《博览群书》杂志.读书的艺术:如何阅读和阅读什么[M].北京:九州出版社,2004.

[6]布尔迪厄.文化资本与社会炼金术——布尔迪厄访谈录[M].包亚明,译.上海:上
海人民出版社,1997.

[7]陈谷嘉,邓洪波.中国书院史资料[M].杭州:浙江教育出版社,1998.

[8]陈源蒸,张树华,毕世栋.中国图书馆百年纪事(1840—2000)[M].北京:北京图书
馆出版社,2004.

[9]程颢,程颐.二程集[M].王孝鱼,点校.北京:中华书局,1981.

[10]程焕文,潘燕桃.信息资源共享[M].北京:高等教育出版社,2004.

[11]程焕文,潘燕桃,张靖.图书馆权利研究[M].北京:学习出版社,2011.

[12]程焕文,张靖.图书馆权利与道德[M].桂林:广西师范大学出版社,2007.

[13]崔开华,张晓亮,赵芸,等.组织的社会责任[M].济南:山东人民出版社,2008.

[14]达恩顿.屠猫记:法国文化史钩沉[M].吕健忠,译.北京:新星出版社,2006.

[15]戴联斌.从书籍史到阅读史:阅读史研究理论与方法[M].北京:新星出版
社,2017.

[16]德鲁克.功能社会:德鲁克自选集[M].曾琳,译.北京:机械工业出版社,2007.

[17]丁道凡.中国图书馆界先驱沈祖荣先生文集(一九一九——一九四四年)[M].杭
州:杭州大学出版社,1991.

[18]杜定友.图书馆学概论[M].上海:商务印书馆,1935.

[19]杜定友.图书馆与市民教育(市民大学第一期讲义录)[M].广州:广州市民大学
出版部,1921.

[20]杜泽逊.文献学概要(修订本)[M].北京:中华书局,2008.

[21]范并思,邱五芳,潘卫,等.20世纪西方与中国的图书馆学——基于德尔斐法测评的理论史纲[M].北京:北京图书馆出版社,2004.

[22]范并思.图书馆资源公平利用[M].北京:国家图书馆出版社,2011.

[23]范凡.民国时期图书馆学著作出版与学术传承[M].北京:国家图书馆出版社,2011.

[24]范能濬.范仲淹全集[M].薛正兴,校点.南京:凤凰出版社,2004.

[25]费希尔.阅读的历史[M].李瑞林,贺莺,杨晓华,译.北京:商务印书馆,2009.

[26]冯亚琳,埃尔.文化记忆理论读本[M].余传玲,等译.北京:北京大学出版社,2012.

[27]富兰克林.富兰克林自传[M].唐长儒,译.北京:生活·读书·新知三联书店,1956.

[28]甘绍平.应用伦理学前沿问题研究[M].南昌:江西人民出版社,2002.

[29]顾实.图书馆指南[M].上海:医学书局,1918.

[30]顾炎武.日知录校释[M].张京华,校释.长沙:岳麓书社,2011.

[31]哈布瓦赫.论集体记忆[M].毕然,郭金华,译.上海:上海人民出版社,2002.

[32]哈耶克.自由秩序原理(上)[M].邓正来,译.北京:生活·读书·新知三联书店,1997.

[33]胡居仁.胡居仁文集[M].冯会明,点校.南昌:江西人民出版社,2013.

[34]黄纯元.黄纯元图书馆学情报学论文集[M].上海:上海科学技术文献出版社,2001.

[35]黄晓新,等.阅读社会学——基于全民阅读的研究[M].北京:人民出版社,2019.

[36]金岳霖.论道[M].北京:商务印书馆,2015.

[37]卡西尔.人论[M].甘阳,译.上海:上海译文出版社,2013.

[38]康纳顿.社会如何记忆[M].纳日碧力戈,译.上海:上海人民出版社,2000.

[39]克拉斯.卡内基传[M].王鹏,译.北京:国际文化出版公司,2004.

[40]黎靖德.朱子语类[M].王星贤,点校.北京:中华书局,1986.

[41]李焘.续资治通鉴长编[M].上海师范大学古籍整理研究所,华东师范大学古籍整理研究所,点校.北京:中华书局,2004.

[42]李国新.日本图书馆法律体系研究[M].北京:北京图书馆出版社,2000.

[43]李希泌,张椒华.中国古代藏书与近代图书馆史料(春秋至五四前后)[M].北京:中华书局,1982.

[44]李泽厚.历史本体论[M].北京:生活·读书·新知三联书店,2002.

[45]利科尔.解释学与人文科学[M].陶远华,袁耀东,冯俊,等译.石家庄:河北人民出版社,1987.

[46]利科.记忆,历史,遗忘[M].李彦岑,陈颖,译.上海:华东师范大学出版社,2018.

[47]联合国教科文组织国际教育发展委员会.学会生存——教育世界的今天和明天

[M].华东师范大学比较教育研究所,译.北京:教育科学出版社,1996.

[48]梁漱溟.中国文化要义[M].上海:上海人民出版社,2018.

[49]刘国钧.图书馆学要旨[M].上海:中华书局,1949.

[50]刘知几.史通[M].白云,译注.北京:中华书局,2014.

[51]陆世仪.陆桴亭思辨录辑要[M].上海:商务印书馆,1936.

[52]洛克.人类理解论[M].关文运,译.北京:商务印书馆,1981.

[53]马克思,恩格斯.马克思恩格斯选集[M].北京:人民出版社,1972.

[54]马先阵,倪波.李小缘纪念文集[M].南京:南京大学出版社,1988.

[55]马宗荣.大时代社会教育新论[M].上海:文通书局,1941.

[56]马宗荣.社会教育纲要[M].上海:商务印书馆,1937.

[57]马宗荣.现代图书馆经营论[M].上海:中华学艺社,1928.

[58]马宗荣.现代图书馆序说[M].上海:中华学艺社,1928.

[59]曼古埃尔.阅读史[M].吴昌杰,译.北京:商务印书馆,2002.

[60]宓浩,刘迅,黄纯元.图书馆学原理[M].上海:华东师范大学出版社,1988.

[61]南京大学信息管理系.李小缘纪念文集[M].南京:南京大学出版社,2007.

[62]南京图书馆.汪长炳研究文集[M].南京:南京大学出版社,2007.

[63]欧阳修.欧阳修文集[M].沈阳:辽海出版社,2010.

[64]培根,等.读书的情趣与艺术[M].林衡哲,廖运范,译.北京:中国友谊出版公司,1988.

[65]祁承爜,等.藏书记[M].扬州:广陵书社,2010.

[66]邱浚.大学衍义补[M].林冠群,周济夫,校点.北京:京华出版社,1999.

[67]阮冈纳赞.图书馆学五定律[M].夏云,王先林,郑挺,等译.北京:书目文献出版社,1988.

[68]史永元,张树华.刘国钧图书馆学论文选集[M].北京:书目文献出版社,1983.

[69]司马光.资治通鉴[M].北京:中华书局,2011.

[70]斯沃茨.文化与权力:布尔迪厄的社会学[M].陶东风,译.上海:上海译文出版社,2006

[71]孙德忠.社会记忆论[M].武汉:湖北人民出版社,2006.

[72]王夫之.船山全书[M].长沙:岳麓书社,1996.

[73]王符.潜夫论校注[M].张觉,校注.长沙:岳麓书社,2008.

[74]王海明.公正　平等　人道:社会治理的道德原则体系[M].北京:北京大学出版社,2000.

[75]王龙.阅读史导论[M].北京:国家图书馆出版社,2017.

[76]王余光,徐雁.中国阅读大辞典[M].南京:南京大学出版社,2016.

[77]王余光.中国阅读通史[M].合肥:安徽教育出版社,2017.

[78]王子舟.杜定友和中国图书馆学[M].北京:北京图书馆出版社,2002.

[79]王子舟.图书馆学是什么[M].北京:北京大学出版社,2008.

[80]韦庆媛,邓景康.戴志骞文集[M].北京:国家图书馆出版社,2016.

[81]吴慰慈,董焱.图书馆学概论[M].2版(修订本).北京:国家图书馆出版社,2008.

[82]谢军.责任论[M].上海:上海人民出版社,2007.

[83]谢拉.图书馆学引论[M].张沙丽,译.兰州:兰州大学出版社,1986.

[84]徐旭.民众图书馆实际问题[M].上海:中华书局,1935.

[85]徐旭.民众图书馆学[M].上海:世界书局,1935.

[86]亚里士多德.形而上学[M].吴寿彭,译.北京:商务印书馆,1959.

[87]杨威理.西方图书馆史[M].北京:商务印书馆,1988.

[88]杨昭悊.图书馆学[M].上海:商务印书馆,1933.

[89]于良芝,李晓新,王德恒.拓展社会的公共信息空间:21世纪中国公共图书馆可持续发展模式[M].北京:科学出版社,2004.

[90]于良芝.图书馆情报学概论[M].北京:国家图书馆出版社,2016.

[91]于良芝.图书馆学导论[M].北京:科学出版社,2003.

[92]俞爽迷.图书馆学通论[M].南京:正中书局,1936.

[93]曾祥芹.百家读书经[M].郑州:中原农民出版社,1989.

[94]曾祥芹,韩雪屏.阅读学原理[M].郑州:大象出版社,1992.

[95]张伯行.困学录集粹[M].上海:商务印书馆,1936.

[96]张载.张载集[M].章锡琛,点校.北京:中华书局,1978.

[97]章学诚.章学诚遗书[M].北京:文物出版社,1985.

[98]赵静蓉.文化记忆与身份认同[M].北京:生活·读书·新知三联书店,2015.

[99]赵一凡.美国的历史文献[M].北京:生活·读书·新知三联书店,1989.

[100]中国图书馆学会.百年文萃:空谷余音[M].北京:中国城市出版社,2005.

[101]中国新闻出版研究院,江苏省全民阅读办.国外全民阅读法律政策译介[M].南京:译林出版社,2015.

[102]周敦颐.周敦颐集[M].陈克明,点校.北京:中华书局,1990.

[103]周谦.学习心理学[M].北京:科学出版社,1992.

[104]周文骏.文献交流引论[M].北京:书目文献出版社,1986.

[105]周亚.美国图书馆学教育思想研究(1887—1955)[M].上海:学林出版社,2018.

[106]BOSTWICK A E. Library and society. New York:The H. W. Wilson Company,1920.

[107]GILSTER P. Digital literacy[M]. New York:Wiley,1997.

[108]GORMAN M. Our enduring values:librarianship in the 21st century[M]. Chicago:American Library Association,2000.

[109]HARRIS M H. The role of the public library in American life:a speculative essay[M]. Kentucky:College of Library Science,University of Kentucky,1975.

[110]KUHLTHAU C C. Information skills for an information society:a review of research[M]. Syracuse,New York:ERIC Clearinghouse on Information Resources,1987.

论文部分

[1]程焕文.图书馆权利的来由[J].图书馆论坛,2009(6):30-36.

[2]杜定友.研究图书馆学之心得[J].中山大学图书馆周刊,1929(1).

[3]范并思.构建中国图书馆核心价值体系之思考[J].图书与情报,2015(3):50-55,140.

[4]范并思,胡小菁.图书馆学教育与现代图书馆理念[J].图书情报知识,2008(6):5-9.

[5]范并思.图书馆学与阅读研究[J].图书与情报,2010(2):1-4.

[6]景海燕.图书馆学新五律[J].图书馆理论与实践,1998(3):57-58.

[7]兰开斯特.生存无从强制[J].王兴,译.中国图书馆学报,2011(1):19-23.

[8]李广建.卡尔施泰特和他的图书馆学思想[J].湖北高校图书馆,1987(1).

[9]刘曙辉.宽容:历史、理论与实践[J].哲学动态,2007(7):41-46.

[10]陆月娟.安德鲁·卡内基研究——美国大企业家、慈善家安德鲁·卡内基的思想与实践[D].上海:华东师范大学,2003.

[11]诺里斯.公民参与、信息贫困与互联网络[J].莫非,编译.马克思主义与现实,2001(6):31-35.

[12]王立业.社会排斥理论研究综述[J].重庆工商大学学报(社会科学版),2008(3):79-83.

[13]王素芳.IFLA弱势人群服务图书馆专业组制定的服务政策及对我国的启示(上)[J].图书馆,2006(6):17-21,84.

[14]邬友倩,范并思.数字鸿沟与网络时代公共图书馆的职能[J].新世纪图书馆,2004(5):7-10,49.

[15]吴稌年.俞爽迷的图书馆学研究及其瑕疵[J].大学图书馆学报,2009(4):82-88.

[16]肖雪,王子舟.国外图书馆对弱势群体知识援助的历史与现状[J].图书情报知识,2006(3):21-29.

[17]于斌斌,于良芝.美国图书馆社会责任之争的缘起、发展及其职业遗产[J].图书馆建设,2012(3):14-18.

[18]于良芝.公共图书馆存在的理由:来自图书馆使命的注解[J].图书与情报,2007(1):1-9.

[19]于良芝,梁司晨.iSchool的迷思:对iSchool运动有关LIS、iField及其关系的认知的反思[J].中国图书馆学报,2017(3):18-33.

[20]于良芝.图书馆与情报学(LIS)的使命与视域[J].图书情报工作,2009(9):5-9.

[21]俞传正,阳国华.核心价值:我们共同的基石[J].图书馆建设,2007(3):20-23.

[22]张靖,吴顺明.从世界图书馆员职业道德规范看知识自由与图书馆[J].图书馆建设,2004(5):9-11,15.

[23]郑永田.卡内基图书馆计划的回眸与反思[J].中国图书馆学报,2010(1):111-

118.

［24］郑永田. 英国会员图书馆及其历史作用［J］. 图书与情报,2009(1):108 - 112.

［25］周蔚华. 从中美大学图书馆借阅率排行看阅读差异［J］. 新阅读,2018(5):23 - 25.

［26］BAWDEN D. Information and digital literacies:a review of concepts［J］. Journal of documentation,2001,57(2):11 - 19.

［27］BEHRENS. A conceptual analysis and historical overview of information literacy［J］. College & research libraries,1994,55(4):87 - 102.

［28］MAJID S,FOO S,CHANG Y K. Appraising information literacy skills of students in Singapore［J］. Aslib journal of information management,2020,72(3):53 - 65.

［29］LEE F. What do we stand for? Values without shame［J］. American libraries,1989,95(16):57 - 78.

附　录

附录一　中华人民共和国公共图书馆法

（2017 年 11 月 4 日第十二届全国人大常委会第三十次会议通过）

第一章　总则

第一条　为了促进公共图书馆事业发展,发挥公共图书馆功能,保障公民基本文化权益,提高公民科学文化素质和社会文明程度,传承人类文明,坚定文化自信,制定本法。

第二条　本法所称公共图书馆,是指向社会公众免费开放,收集、整理、保存文献信息并提供查询、借阅及相关服务,开展社会教育的公共文化设施。

前款规定的文献信息包括图书报刊、音像制品、缩微制品、数字资源等。

第三条　公共图书馆是社会主义公共文化服务体系的重要组成部分,应当将推动、引导、服务全民阅读作为重要任务。

公共图书馆应当坚持社会主义先进文化前进方向,坚持以人民为中心,坚持以社会主义核心价值观为引领,传承发展中华优秀传统文化,继承革命文化,发展社会主义先进文化。

第四条　县级以上人民政府应当将公共图书馆事业纳入本级国民经济和社会发展规划,将公共图书馆建设纳入城乡规划和土地利用总体规划,加大对政府设立的公共图书馆的投入,将所需经费列入本级政府预算,并及时、足额拨付。

国家鼓励公民、法人和其他组织自筹资金设立公共图书馆。县级以上人民政府应当积极调动社会力量参与公共图书馆建设,并按照国家有关规定给予政策扶持。

第五条　国务院文化主管部门负责全国公共图书馆的管理工作。国务院其他有关部门在各自职责范围内负责与公共图书馆管理有关的工作。

县级以上地方人民政府文化主管部门负责本行政区域内公共图书馆的管理工作。县级以上地方人民政府其他有关部门在各自职责范围内负责本行政区域内与公共图书馆管理有关的工作。

第六条　国家鼓励公民、法人和其他组织依法向公共图书馆捐赠,并依法给予税收优惠。

境外自然人、法人和其他组织可以依照有关法律、行政法规的规定,通过捐赠方式参与境内公共图书馆建设。

第七条　国家扶持革命老区、民族地区、边疆地区和贫困地区公共图书馆事业的发展。

第八条　国家鼓励和支持发挥科技在公共图书馆建设、管理和服务中的作用,推动运用现代信息技术和传播技术,提高公共图书馆的服务效能。

第九条　国家鼓励和支持在公共图书馆领域开展国际交流与合作。

第十条　公共图书馆应当遵守有关知识产权保护的法律、行政法规规定,依法保护和使用文献信息。

馆藏文献信息属于文物、档案或者国家秘密的,公共图书馆应当遵守有关文物保护、档案管理或者保守国家秘密的法律、行政法规规定。

第十一条　公共图书馆行业组织应当依法制定行业规范,加强行业自律,维护会员合法权益,指导、督促会员提高服务质量。

第十二条　对在公共图书馆事业发展中作出突出贡献的组织和个人,按照国家有关规定给予表彰和奖励。

第二章　设立

第十三条　国家建立覆盖城乡、便捷实用的公共图书馆服务网络。公共图书馆服务网络建设坚持政府主导,鼓励社会参与。

县级以上地方人民政府应当根据本行政区域内人口数量、人口分布、环境和交通条件等因素,因地制宜确定公共图书馆的数量、规模、结构和分布,加强固定馆舍和流动服务设施、自助服务设施建设。

第十四条　县级以上人民政府应当设立公共图书馆。

地方人民政府应当充分利用乡镇(街道)和村(社区)的综合服务设施设立图书室,服务城乡居民。

第十五条　设立公共图书馆应当具备下列条件:

(一)章程;

(二)固定的馆址;

(三)与其功能相适应的馆舍面积、阅览座席、文献信息和设施设备;

(四)与其功能、馆藏规模等相适应的工作人员;

(五)必要的办馆资金和稳定的运行经费来源;

(六)安全保障设施、制度及应急预案。

第十六条　公共图书馆章程应当包括名称、馆址、办馆宗旨、业务范围、管理制度及有关规则、终止程序和剩余财产的处理方案等事项。

第十七条　公共图书馆的设立、变更、终止应当按照国家有关规定办理登记手续。

第十八条　省、自治区、直辖市人民政府文化主管部门应当在其网站上及时公布本行政区域内公共图书馆的名称、馆址、联系方式、馆藏文献信息概况、主要服务内容和方式等信息。

第十九条　政府设立的公共图书馆馆长应当具备相应的文化水平、专业知识和组织管理能力。

公共图书馆应当根据其功能、馆藏规模、馆舍面积、服务范围及服务人口等因素配备相应的工作人员。公共图书馆工作人员应当具备相应的专业知识与技能,其中专业技术人员可以按照国家有关规定评定专业技术职称。

第二十条　公共图书馆可以以捐赠者姓名、名称命名文献信息专藏或者专题活动。

公民、法人和其他组织设立的公共图书馆,可以以捐赠者的姓名、名称命名公共图书馆、公共图书馆馆舍或者其他设施。

以捐赠者姓名、名称命名应当遵守有关法律、行政法规的规定,符合国家利益和社会公共利益,遵循公序良俗。

第二十一条　公共图书馆终止的,应当依照有关法律、行政法规的规定处理其剩余财产。

第二十二条　国家设立国家图书馆,主要承担国家文献信息战略保存、国家书目和联合目录编制、为国家立法和决策服务、组织全国古籍保护、开展图书馆发展研究和国际交流、为其他图书馆提供业务指导和技术支持等职能。国家图书馆同时具有本法规定的公共图书馆的功能。

第三章　运行

第二十三条　国家推动公共图书馆建立健全法人治理结构,吸收有关方面代表、专业人士和社会公众参与管理。

第二十四条　公共图书馆应当根据办馆宗旨和服务对象的需求,广泛收集文献信息;政府设立的公共图书馆还应当系统收集地方文献信息,保存和传承地方文化。

文献信息的收集应当遵守有关法律、行政法规的规定。

第二十五条　公共图书馆可以通过采购、接受交存或者捐赠等合法方式收集文献信息。

第二十六条　出版单位应当按照国家有关规定向国家图书馆和所在地省级公共图书馆交存正式出版物。

第二十七条　公共图书馆应当按照国家公布的标准、规范对馆藏文献信息进行整理,建立馆藏文献信息目录,并依法通过其网站或者其他方式向社会公开。

第二十八条　公共图书馆应当妥善保存馆藏文献信息,不得随意处置;确需处置的,应当遵守国务院文化主管部门有关处置文献信息的规定。

公共图书馆应当配备防火、防盗等设施,并按照国家有关规定和标准对古籍和其他珍贵、易损文献信息采取专门的保护措施,确保安全。

第二十九条　公共图书馆应当定期对其设施设备进行检查维护,确保正常运行。

公共图书馆的设施设备场地不得用于与其服务无关的商业经营活动。

第三十条　公共图书馆应当加强馆际交流与合作。国家支持公共图书馆开展联合采购、联合编目、联合服务,实现文献信息的共建共享,促进文献信息的有效利用。

第三十一条　县级人民政府应当因地制宜建立符合当地特点的以县级公共图书馆为总馆，乡镇(街道)综合文化站、村(社区)图书室等为分馆或者基层服务点的总分馆制，完善数字化、网络化服务体系和配送体系，实现通借通还，促进公共图书馆服务向城乡基层延伸。总馆应当加强对分馆和基层服务点的业务指导。

第三十二条　公共图书馆馆藏文献信息属于档案、文物的，公共图书馆可以与档案馆、博物馆、纪念馆等单位相互交换重复件、复制件或者目录，联合举办展览，共同编辑出版有关史料或者进行史料研究。

第四章　服务

第三十三条　公共图书馆应当按照平等、开放、共享的要求向社会公众提供服务。

公共图书馆应当免费向社会公众提供下列服务：

(一)文献信息查询、借阅；

(二)阅览室、自习室等公共空间设施场地开放；

(三)公益性讲座、阅读推广、培训、展览；

(四)国家规定的其他免费服务项目。

第三十四条　政府设立的公共图书馆应当设置少年儿童阅览区域，根据少年儿童的特点配备相应的专业人员，开展面向少年儿童的阅读指导和社会教育活动，并为学校开展有关课外活动提供支持。有条件的地区可以单独设立少年儿童图书馆。

政府设立的公共图书馆应当考虑老年人、残疾人等群体的特点，积极创造条件，提供适合其需要的文献信息、无障碍设施设备和服务等。

第三十五条　政府设立的公共图书馆应当根据自身条件，为国家机关制定法律、法规、政策和开展有关问题研究，提供文献信息和相关咨询服务。

第三十六条　公共图书馆应当通过开展阅读指导、读书交流、演讲诵读、图书互换共享等活动，推广全民阅读。

第三十七条　公共图书馆向社会公众提供文献信息，应当遵守有关法律、行政法规的规定，不得向未成年人提供内容不适宜的文献信息。

公共图书馆不得从事或者允许其他组织、个人在馆内从事危害国家安全、损害社会公共利益和其他违反法律法规的活动。

第三十八条　公共图书馆应当通过其网站或者其他方式向社会公告本馆的服务内容、开放时间、借阅规则等；因故闭馆或者更改开放时间的，除遇不可抗力外，应当提前公告。

公共图书馆在公休日应当开放，在国家法定节假日应当有开放时间。

第三十九条　政府设立的公共图书馆应当通过流动服务设施、自助服务设施等为社会公众提供便捷服务。

第四十条　国家构建标准统一、互联互通的公共图书馆数字服务网络，支持数字阅读产品开发和数字资源保存技术研究，推动公共图书馆利用数字化、网络化技术向社会公众提供便捷服务。

政府设立的公共图书馆应当加强数字资源建设、配备相应的设施设备，建立线上线下相结合的文献信息共享平台,为社会公众提供优质服务。

第四十一条　政府设立的公共图书馆应当加强馆内古籍的保护,根据自身条件采用数字化、影印或者缩微技术等推进古籍的整理、出版和研究利用,并通过巡回展览、公益性讲座、善本再造、创意产品开发等方式,加强古籍宣传,传承发展中华优秀传统文化。

第四十二条　公共图书馆应当改善服务条件、提高服务水平,定期公告服务开展情况,听取读者意见,建立投诉渠道,完善反馈机制,接受社会监督。

第四十三条　公共图书馆应当妥善保护读者的个人信息、借阅信息以及其他可能涉及读者隐私的信息,不得出售或者以其他方式非法向他人提供。

第四十四条　读者应当遵守公共图书馆的相关规定,自觉维护公共图书馆秩序,爱护公共图书馆的文献信息、设施设备,合法利用文献信息;借阅文献信息的,应当按照规定时限归还。

对破坏公共图书馆文献信息、设施设备,或者扰乱公共图书馆秩序的,公共图书馆工作人员有权予以劝阻、制止;经劝阻、制止无效的,公共图书馆可以停止为其提供服务。

第四十五条　国家采取政府购买服务等措施,对公民、法人和其他组织设立的公共图书馆提供服务给予扶持。

第四十六条　国家鼓励公民参与公共图书馆志愿服务。县级以上人民政府文化主管部门应当对公共图书馆志愿服务给予必要的指导和支持。

第四十七条　国务院文化主管部门和省、自治区、直辖市人民政府文化主管部门应当制定公共图书馆服务规范,对公共图书馆的服务质量和水平进行考核。考核应当吸收社会公众参与。考核结果应当向社会公布,并作为对公共图书馆给予补贴或者奖励等的依据。

第四十八条　国家支持公共图书馆加强与学校图书馆、科研机构图书馆以及其他类型图书馆的交流与合作,开展联合服务。

国家支持学校图书馆、科研机构图书馆以及其他类型图书馆向社会公众开放。

第五章　法律责任

第四十九条　公共图书馆从事或者允许其他组织、个人在馆内从事危害国家安全、损害社会公共利益活动的,由文化主管部门责令改正,没收违法所得;情节严重的,可以责令停业整顿、关闭;对直接负责的主管人员和其他直接责任人员依法追究法律责任。

第五十条　公共图书馆及其工作人员有下列行为之一的,由文化主管部门责令改正,没收违法所得:

(一)违规处置文献信息;

(二)出售或者以其他方式非法向他人提供读者的个人信息、借阅信息以及其他可能涉及读者隐私的信息;

(三)向社会公众提供文献信息违反有关法律、行政法规的规定,或者向未成年人

提供内容不适宜的文献信息;

(四)将设施设备场地用于与公共图书馆服务无关的商业经营活动;

(五)其他不履行本法规定的公共图书馆服务要求的行为。

公共图书馆及其工作人员对应当免费提供的服务收费或者变相收费的,由价格主管部门依照前款规定给予处罚。

公共图书馆及其工作人员有前两款规定行为的,对直接负责的主管人员和其他直接责任人员依法追究法律责任。

第五十一条 出版单位未按照国家有关规定交存正式出版物的,由出版行政主管部门依照有关出版管理的法律、行政法规规定给予处罚。

第五十二条 文化主管部门或者其他有关部门及其工作人员在公共图书馆管理工作中滥用职权、玩忽职守、徇私舞弊的,对直接负责的主管人员和其他直接责任人员依法给予处分。

第五十三条 损坏公共图书馆的文献信息、设施设备或者未按照规定时限归还所借文献信息,造成财产损失或者其他损害的,依法承担民事责任。

第五十四条 违反本法规定,构成违反治安管理行为的,依法给予治安管理处罚;构成犯罪的,依法追究刑事责任。

第六章　附则

第五十五条 本法自 2018 年 1 月 1 日起施行。

附录二　国际图书馆协会联合会—联合国教科文组织 公共图书馆宣言(2022)

社会和个人的自由、繁荣与发展是人类的基本价值。人类基本价值的实现取决于充分知情的公民行使民主权利和在社会中发挥积极作用的能力。公民的建设性参与和民主的发展有赖于令人满意的教育和自由与无限制地利用知识、思想、文化和信息。

公共图书馆,是各地通向知识的门径,为个人和社会群体的终生学习、独立决策和文化发展提供基本条件。公共图书馆无商业、技术与法律障碍地提供各种知识利用,包括科学知识和地方知识,并促使知识创造和知识共享,从而巩固健康的知识社会。

在每个国家,尤其在发展中国家,图书馆都有助于确保尽可能多的人能够实现教育权利和知识社会与社区文化生活的参与权利。

本宣言声明,联合国教科文组织相信公共图书馆是教育、文化、包容和信息的有生力量,是可持续发展的重要因素,是每个人通过人们的思想实现和平与精神福祉的重要因素。

因此,联合国教科文组织鼓励各国政府和地方政府支持并积极从事公共图书馆的发展。

公共图书馆

公共图书馆是各地的信息中心,随时可为用户提供各种知识和信息。公共图书馆是知识社会的重要组成部分,公共图书馆不断适应新的交流方式以履行为所有人提供信息普遍利用和有效利用的职责。公共图书馆为知识的生产,信息和文化的共享与交流,以及公民参与的推广,提供公开的可利用空间。

公共图书馆是社区的创造者,积极主动地联系新用户,听取其意见,以此设计满足地方需求和促进提高生活质量的服务。公众信任图书馆,而公共图书馆则把积极主动地保持社区了解情况作为追求的目标。

公共图书馆按照利用平等的原则,不分年龄、种族、性别、宗教、国籍、语言、社会地位和任何其他特征,为所有人提供服务。必须为由于各种原因不能利用普通服务和资料的用户,例如语言少数群体、有障碍的人、缺乏数字或计算机技能的人、缺乏读写能力的人或在医院里的人与在监狱里的人,提供特殊服务和特殊资料。

馆藏资料必须适合所有年龄群体的需要。馆藏和服务必须包括所有类型的适当媒体、现代技术和传统资料。高质量、切合地方需求和地方情况、反映社区的语言多样性和文化多样性,是馆藏和服务的基础。馆藏资料必须反映当前的趋势和社会的演变,以及人类的努力与想象的记忆。

馆藏和服务不应受制于任何形式的思想、政治或宗教审查制度,也不应受制于任何形式的商业压力。

公共图书馆的使命

下列有关信息、素养、教育、包容、公民参与和文化的主要使命应该是公共图书馆服务的核心。公共图书馆履行这些主要使命有助于实现联合国可持续发展目标和建设更加公平、人道与可持续的社会。

● 提供广泛的不受审查制度限制的信息和思想利用，支持各级正式和非正式教育，以及终生学习，使在人生各个阶段的人都能够持续、自愿和自主地追求知识；

● 为个人的创造性发展提供机会，激发想象力、创造力、好奇心和同理心；

● 培养和加强儿童从出生到成年的阅读习惯；

● 本着建设知情民主社会的精神，发起、支持和参与素养活动与项目以培养读写技能，促进各年龄段人的媒体与信息素养和数字素养技能的发展；

● 采用数字技术向社区提供现场服务和远程服务，使其尽可能地利用信息、馆藏和活动；

● 确保所有人利用各种社区信息和各种组织社区的机会，从而认识图书馆在社会结构核心的作用；

● 为社区提供科学知识的利用，例如能够影响用户生活的研究成果和健康信息，并使社区能够参与科学进步；

● 为地方企业、社团和利益群体提供充分的信息服务；

● 保存和利用地方与原住民的数据、知识和遗产（包括口述传统），根据地方社区的意愿，提供地方社区能在确认需要采集、保存和共享的资料中发挥积极作用的环境；

● 促进文化间对话，支持文化多样性；

● 促进文化表达与文化遗产、艺术欣赏的保存与有效利用，科学知识、研究与创新的开放利用，包括传统媒体，以及数字化资料与原生数字资料。

拨款、立法与网络

利用公共图书馆馆舍和服务原则上应该免费。公共图书馆是地方和国家政府的责任。公共图书馆必须得到与国际条约和协议一致的专门立法和新的立法支持。公共图书馆必须由国家和地方政府提供资金。公共图书馆必须成为所有文化、信息提供、素养和教育长期战略的重要组成部分。

在数字时代，著作权和知识产权立法必须确保公共图书馆具有与实体资源同样的以合理条件获得和提供数字内容利用的能力。

为确保全国图书馆的协调与合作，立法和战略规划还必须界定和促进基于公认服务标准的国家图书馆网络。

必须设计与国家图书馆、区域图书馆、研究图书馆和专门图书馆，以及学校图书馆和高校图书馆相联系的公共图书馆网络。

运行与管理

必须制定明确的政策，确定符合地方社区需要的目标、优先事项和服务。地方知识和社区参与对政策制定过程具有重要价值，应让地方社区参与决策。

必须有效地组织公共图书馆,必须保持运行的专业标准。

必须使社区的所有人都能够以现实或数字的方式利用服务。这要求位置优越、设备齐全的图书馆建筑,良好的阅读与学习设施,以及方便用户的相关技术和充足的开放时间。这同样要求为不能到馆的用户提供延伸服务。

公共图书馆服务必须适应农村和城市社区的不同需求,以及社区内边缘群体、特殊需求用户、多语言用户和原住民的需求。

图书馆员是用户与资源(数字资源和传统资源)之间的积极中介。为了应对现在和将来的挑战,充足的人力资源和物力资源,以及图书馆员专业教育和继续教育,对于确保充分服务都必不可少。关于充足资源的数量与质量规定,领导应与图书馆专业人士协商。

必须提供延伸服务和用户教育计划,帮助用户从所有资源中受益。

为了向政策制定者展示图书馆的社会效益,正在进行的研究应聚焦于评估图书馆的影响和收集数据。因为图书馆在社会中的益处经常在后代中显现,所以应长期收集统计数据。

伙伴关系

建立伙伴关系对于公共图书馆接触更广泛、更多样化的公众至关重要。必须确保与相关伙伴合作,例如:用户群体、学校、非政府组织、图书馆协会、企业和地方的、区域的、国家的与国际层面的其他专业人士。

实施宣言

特此敦促全世界的国家决策者、地方决策者和全球图书馆界实施本宣言中阐述的各项原则。

来源:程焕文. 国际图书馆协会联合会—联合国教科文组织公共图书馆宣言(2022)[J]. 图书馆建设,2022(6):7-9.

附录三 全民阅读促进条例(征求意见稿)

(2017 年 6 月国务院法制办办务会审议并原则通过)

第一章 总则

第一条 为促进全民阅读,保障公民的基本阅读权利,提高公民的思想道德素质和科学文化素质,培育和践行社会主义核心价值观,传承中华优秀传统文化,推动社会文明程度显著提高,根据宪法和有关法律,制定本条例。

第二条 国家促进全民阅读,应当遵循公益性、基本性、均等性、便利性的原则,培养公民阅读习惯,提高公民阅读能力,提升公民阅读质量,传播有益于公民全面发展和社会文明进步的科学文化知识。

国务院和地方各级人民政府应当依法保障公民参加全民阅读活动的权利。

第三条 县级以上人民政府应当将全民阅读纳入本级国民经济和社会发展规划,将全民阅读工作所需相关经费按规定纳入本级财政预算,将全民阅读设施建设纳入本级城乡建设规划。

第四条 国家重点扶持边远地区、贫困地区、少数民族地区的全民阅读工作,重点保障未成年人尤其是农村留守儿童等群体的基本阅读需求,加大对城市社区、农村地区等基层出版物发行网点、阅读设施建设和服务的投入,促进全民阅读均衡协调发展。

第五条 国家建立全国全民阅读工作协调机制,负责统筹各部门、各单位、各社会团体和各种社会力量的协调合作,共同促进全民阅读。

县级以上地方人民政府应当建立本级全民阅读工作协调机制,统筹协调本行政区域内的全民阅读工作。

第六条 国务院新闻出版广电行政部门负责全国的全民阅读工作,制定全民阅读规划及实施方案。国务院教育、文化、发展改革、财政、税务、民政、国土资源、住房城乡建设等有关部门,在各自职责范围内负责有关的全民阅读工作。

县级以上地方人民政府新闻出版广电行政部门负责本行政区域内的全民阅读工作,制定本行政区域的全民阅读规划和实施方案。县级以上地方人民政府其他有关部门在各自职责范围内负责有关的全民阅读工作。

工会、共青团、妇联以及残联、科协、文联、作协、社科联及其他相关社会团体应当结合自身特点开展全民阅读工作。

第七条 国家鼓励和支持高等院校、科研机构和社会组织开展阅读理论研究,促进阅读的新技术、新载体、新设施的开发与应用。

第八条 各级人民政府对在全民阅读工作中作出突出贡献的组织和个人,给予表彰。

第二章 全民阅读服务

第九条 国家应当建立和完善精品出版物、原创出版物的创作生产引导机制,鼓励和支持各种优秀出版物的出版。

各级人民政府应当鼓励和支持各类优秀作品的创作、传播。

国务院新闻出版广电、教育等行政部门和省级人民政府新闻出版广电、教育等行政部门应当定期推荐面向不同读者群体的优秀出版物。各级人民政府应当将上述推荐的优秀出版物优先纳入各类全民阅读设施的采购目录。

国家加强民文出版译制工作,支持民汉出版物互译、民汉双语出版物和民文出版物的出版、推荐工作。

第十条　国家应当加强和完善出版物发行网点的规划和建设,各级人民政府应当通过各种方式,鼓励和支持实体书店、书报亭等发行单位在促进全民阅读工作中发挥作用,参与提供全民阅读服务,满足公民多元阅读需求。

第十一条　国家应当科学规划、合理布局,有计划地建设覆盖城乡、实用便利、服务高效的各类全民阅读设施,支持和保障全民阅读设施的免费开放和运营、阅读指导和服务使用。

各级人民政府应当加强公共图书馆、中小学图书馆(室)、农家书屋、职工书屋、社区书屋、流动站点、公共阅报栏(屏)以及基层综合文化中心等全民阅读设施建设并健全管理服务制度,加强居民生活区、外来务工人员居住相对集中的区域阅读设施配套建设,加强数字化阅读平台建设,逐步建立健全阅读资源共建共享机制,采取多种形式为城乡居民提供方便快捷的阅读服务。

全民阅读设施主管单位应当将全民阅读工作纳入年度工作计划,推动各类全民阅读设施标准化、资源正规化建设,保证阅读资源的定期流转、补充和更新,加强阅读推广工作,对工作人员进行定期培训和指导,开展阅读流动服务,不断提高阅读服务效能。

第十二条　公共图书馆、中小学图书馆(室)、农家书屋、职工书屋、社区书屋、基层综合文化中心、公共阅报栏(屏)等全民阅读设施管理单位应当保障和满足公众的基本阅读需求,有条件的,应当提供多语种、多种载体的文献借阅服务和一般性的咨询服务,组织开展阅读活动和指导培训。

全民阅读设施应当规范挂牌及标识使用,公告服务项目和开放时间,明确服务标准,建立健全服务规范。在节假日、公休日期间,全民阅读设施应当适当延长开放时段。

全民阅读设施的使用、管理和保护,应当执行相关规定。管理单位应当明确日常管理和维护责任人。

农家书屋的管理单位为所在村(社区)党支部、村委会。

第十三条　国家鼓励国家机关、企业事业单位在内部设立阅读室、公共书架或其他阅读设施,并鼓励向社会开放。鼓励和支持车站、机场、码头、游客中心、宾馆、银行、医院、青少年阅读活动场所等公共服务机构和场所,以及列车、地铁等公共交通工具,设立向公众开放的阅读设施,提供阅读服务,并明确管理和维护责任人。

国家鼓励和支持学校图书馆(室)、科学与专业图书馆、民办非企业阅读场所及其他阅读设施承担或者参与全民阅读服务。

第十四条　广播电台、电视台、报刊出版单位、互联网信息服务提供者和通信运营商应当积极宣传报道全民阅读活动,并以开辟专栏、推介优秀读物、普及阅读知识、刊播全民阅读公益广告等方式提供全民阅读信息服务,营造全民阅读氛围。

第十五条　国务院新闻出版广电等有关行政部门、全国性社会团体应当结合自身情况定期举办全国性的全民阅读活动。

省级人民政府和其他有条件的地方人民政府应当充分利用各种书展、书市、文博会等相关文化活动,组织开展全民阅读活动,培育和巩固各类书香品牌。

地方各级人民政府应当每年至少举办一次全民阅读活动。居民委员会和村民委员会应当定期组织开展各种形式的全民阅读活动。

国家机关、企业事业单位和其他社会组织可以根据自身需要和特点,组织开展全民阅读活动。

第十六条　各级人民政府应当建立阅读推广人队伍,鼓励和支持教师、公务员、大学生、新闻出版工作者等志愿者加入阅读推广人队伍,组织开展面向各类读者群体的专业阅读辅导和推广服务。

第十七条　国家鼓励和支持文化团体、教育机构和其他社会组织发展专业阅读推广机构并提供公益阅读服务。

国家鼓励和支持有条件的自然人、法人和其他组织在确保出版物和设施质量的基础上对全民阅读给予捐赠、赞助,并提供全民阅读服务。

第十八条　各级人民政府及有关部门应当在每年4月23日"世界读书日"、9月28日"孔子诞辰日"及其他重要节庆日期间组织开展全民阅读活动。

国家鼓励社会组织和新闻媒体在"世界读书日"、"孔子诞辰日"及其他重要节庆日期间开展群众性阅读推广活动。

全民阅读设施管理单位应当在"世界读书日"、"孔子诞辰日"及其他重要节庆日期间组织开展全民阅读活动和免费阅读指导服务。

第三章　重点群体阅读保障

第十九条　国务院新闻出版广电行政部门和国务院教育行政部门应当根据未成年人身心发展状况和实际情况,制定未成年人阅读促进计划、实施方案和未成年人阅读分类指导目录。

国务院教育行政部门在推进实施素质教育的过程中,应当根据未成年人身心发展状况和实际情况,加强培养其阅读兴趣、阅读习惯和阅读能力。

第二十条　未成年人的父母或者其他监护人应当在保障未成年人基本阅读权利方面发挥重要和积极作用,保证其获得必要的阅读资源和指导。

各级人民政府可以为未成年人的父母或者其他监护人、教师等提供阅读指导服务。

第二十一条　国家鼓励学龄前儿童的父母或者其他监护人积极开展家庭阅读、亲子阅读等,营造良好的家庭阅读氛围。

国家鼓励幼儿园开展与学龄前儿童的年龄和心理状况相适应的阅读活动,着力培养阅读兴趣。

国家鼓励有条件的公共图书馆等社会公共服务机构通过设立学龄前儿童阅读室为开展亲子阅读等活动提供便利条件。

第二十二条　国家鼓励中小学加强书香校园文化建设,加强校园阅读设施建设,完善相关建设标准,鼓励教师开展阅读指导,有针对性地开展教师培训,开设必要的阅读课程,开展多种形式的校园阅读活动。

中小学应积极与高等学校图书馆、公共图书馆特别是少年儿童图书馆、农家书屋、职工书屋、社区书屋、基层综合文化中心以及青少年活动中心、少年宫等青少年活动场所加强合作,支持和帮助学生参加校外阅读活动。

第二十三条　国家重点保障农村留守儿童、低收入家庭儿童、福利院儿童等特殊儿童群体的基本阅读需求,鼓励学校、全民阅读设施管理单位及阅读推广人对其进行定期阅读指导和服务,提供必要的阅读资源,解决其阅读方面的特殊困难。有条件的地方人民政府可以积极探索开展农村地区学龄前儿童基础阅读促进工作。

县级以上地方人民政府应当将本行政区域内的外来务工人员及其随居子女纳入当地全民阅读服务保障范围。

第二十四条　各级人民政府应当根据需要和实际条件,在少数民族居民相对集中的区域,加强具有民族特点的双语阅读资源和全民阅读设施建设,组织开展全民阅读活动。

第二十五条　各级人民政府和有关部门应当有针对性地向视听障碍人士提供特殊阅读资源、设施与服务,提供盲文出版物、有声读物等,根据其不同特点和需要,鼓励、帮助其参加全民阅读活动。

各类全民阅读设施管理单位应当加强无障碍设施建设,为行动不便的残障人士提供便利服务。

第二十六条　地方人民政府和相关社会组织,应当建立和完善社会各界为重点群体阅读开展志愿者助读、发放购书券、组织出版物捐赠等捐助和服务的渠道,保障全民阅读重点群体的基本阅读需求。

第四章　促进措施

第二十七条　公民、法人和其他组织捐赠财产用于全民阅读服务的,依照相关法律规定享受相应的税收方面的优惠。

第二十八条　县级以上地方人民政府应当按照全民阅读设施所承担的职能、任务及所服务的人口规模,合理配置全民阅读服务从业人员,加强全民阅读工作人才队伍建设,提高从业人员素质。

县级以上地方人民政府新闻出版广电等行政部门应当建立阅读推广人信息库,为其提供相关知识和技能培训。

第二十九条　各级人民政府和相关部门应当在城乡建设和文化建设规划中,按照国家相关标准规范保障全民阅读设施用地及出版物发行网点建设,方便群众就近参加阅读活动。

第三十条　任何单位和个人不得擅自拆除全民阅读设施、出版物发行网点或改变其功能、用途。

因城乡建设确需拆除全民阅读设施、出版物发行网点或改变其功能、用途的,应当坚持先建设后拆除或者建设拆除同时进行的原则,重建应当符合规划要求,按照有关规定就近、定额还建,一般不得小于原有规模,选址科学合理。

第三十一条　国家定期开展全民阅读状况调查,调查结果作为修订全民阅读规划、完善全民阅读服务的重要参考依据。

各级人民政府应当加强对全民阅读重大项目资金使用、实施效果、服务效能方面的监督和评估。

第三十二条　各级人民政府应当建立全民阅读需求征询制度和公民参与的全民阅读服务评价制度,健全民意表达和监督机制,引导城市社区居民和村民参与全民阅读服务项目规划、建设、管理和监督。

第五章　法律责任

第三十三条　各级人民政府、有关行政部门及其工作人员拒不履行责任,没有开展第十六条所规定应开展的全民阅读活动的,由上级政府和上级部门予以责令改正。

第三十四条　各级人民政府、有关行政部门及其工作人员违反本条例规定,侵占、挪用全民阅读资产及资金,或者有其他玩忽职守、滥用职权、徇私舞弊行为的,依法给予处分;构成犯罪的,依法追究刑事责任。

对于自然人、法人和其他组织对全民阅读的捐赠和赞助资金,受赠单位应当专款专用,对受赠的出版物、设备、场所承担相应的管理、维护责任,并接受社会监督。

第三十五条　全民阅读设施管理单位有下列行为之一的,由有关行政部门责令限期改正;逾期不改正,造成严重后果的,对负有责任的行政人员和直接责任人员给予行政处分:

(一)侵占或者改变全民阅读设施用途的;

(二)不履行全民阅读设施管理保护责任的;

(三)不制定服务规范、不按照规定标准向公众开放的;

(四)侵占、挪用全民阅读工作经费、基金的。

第三十六条　侵占全民阅读设施的建设用地或者改变其用途的,由土地行政部门、城乡规划行政部门按照各自职责责令限期改正;逾期不改正的,由作出决定的机关依法申请人民法院强制执行。

第六章　附则

第三十七条　本条例自 年 月 日起施行。

附录四　深圳经济特区全民阅读促进条例

（2015 年 12 月深圳市人大常委会通过,2019 年 4 月修订）

第一章　总则

第一条　为了促进全民阅读,保障市民阅读权利,提高市民文明素质,根据有关法律、行政法规的基本原则,结合深圳经济特区实际,制定本条例。

第二条　深圳经济特区全民阅读促进工作适用本条例。

第三条　全民阅读促进工作遵循政府引导和社会参与相结合的原则,政府与社会各界协同提供全民阅读服务,积极推动全民阅读活动。

第四条　鼓励企事业单位、其他组织和个人开展全民阅读促进活动。

鼓励依法设立公益性阅读组织。

第二章　工作职责

第五条　市、区人民政府应当将全民阅读促进工作纳入本级文化事业发展规划,建立全民阅读促进工作协调机制,为全民阅读设施建设和优秀出版物创作、出版和发行及各类全民阅读活动的开展,提供政策引导和统筹保障。

第六条　设立深圳市全民阅读指导委员会。

市全民阅读指导委员会由市宣传、教育、民政、财政、人力资源保障、文化、卫生健康等部门以及市总工会、共青团、妇联、文联、残联等群团组织组成,履行下列职责:

（一）指导拟定全市全民阅读发展纲要;

（二）规划、协调全市性全民阅读重大活动;

（三）发布全民阅读评价指标体系和全民阅读指数;

（四）组织制定全民阅读水平测试标准;

（五）组织制定全民阅读基础书目和分类推荐书目评选办法,发布包括数字化出版物在内的全民阅读基础书目和分类推荐书目;

（六）开展其他全民阅读促进工作。

市全民阅读指导委员会办事机构设在市文化主管部门,负责市全民阅读指导委员会的日常工作。

第七条　市文化主管部门负责全市全民阅读促进工作,履行下列职责:

（一）组织拟定全市全民阅读发展纲要,报市人民政府批准后组织实施;

（二）推动阅读组织的建立和发展;

（三）组织和指导全民阅读活动;

（四）对全市全民阅读促进工作进行总结、评估,每年发布全民阅读促进工作白皮书;

（五）依照有关规定开展其他全民阅读促进工作。

区文化主管部门在市文化主管部门指导下,负责全民阅读促进工作。

市、区有关部门按照各自职责做好全民阅读促进工作。

第八条　全市全民阅读发展纲要应当包括下列内容:

(一)公共图书馆、大型实体书店等阅读设施规划及相关阅读资源配置;

(二)阅读组织培育和阅读服务专业人才培养;

(三)重点扶持的全民阅读项目;

(四)未成年人阅读推广计划;

(五)数字化阅读服务;

(六)阅读统筹保障;

(七)其他促进全民阅读的有关内容。

第九条　制定全市全民阅读发展纲要和全民阅读促进活动计划应当广泛征求意见;实施情况应当向社会公开,接受社会监督。

第十条　市总工会、共青团、妇联、文联、残联等组织应当按照全市全民阅读发展纲要的要求和市全民阅读指导委员会的意见,指导相关各级组织开展全民阅读促进工作。

全市全民阅读发展纲要实施情况纳入前款组织的工作考核内容。

第十一条　公共图书馆应当组织开展全民阅读相关促进活动,履行下列职责:

(一)利用各种形式倡导、推广阅读;

(二)开展阅读能力辅导,举办或者参与阅读推广培训;

(三)设置未成年人阅览室或者阅读区域,提供适合未成年人的阅读资源及服务;

(四)在基本公共服务范围内指导机关、企事业单位和其他组织开展全民阅读活动;

(五)推荐优秀读物。

第三章　阅读推广

第十二条　鼓励具有阅读推广专业知识和阅读推广实践经验的阅读组织和个人作为阅读推广人,为企业、学校、社区、养老院、福利院、军营等单位提供公益性阅读推广服务。

第十三条　市、区文化主管部门可以组织培训阅读推广人,为阅读推广人开展公益性阅读推广活动提供必要的支持和保障。

第十四条　市、区教育部门应当指导中小学校、中等职业学校、幼儿园等开展阅读活动,开设或者调整相关课程,传授阅读技巧,培养阅读兴趣,提高阅读能力。

第十五条　市、区教育部门应当指导中小学校开展阅读水平测试,每年向社会发布中小学生阅读水平情况报告。

第十六条　市、区文化主管部门应当会同市、区教育部门在中小学校、公共图书馆等场所组织开展面向未成年人的阅读促进活动,指导未成年人开展课外阅读。

第十七条　市、区文化主管部门应当组织指导公共图书馆、文化站(综合文化服务中心)等机构,开展图书、音像制品、数字化阅读资源的交换、捐献、赠与等活动。鼓励机关、企事业单位、其他组织和个人开展上述活动。

第十八条　每年 11 月为深圳读书月。

深圳读书月活动采取政府倡导、专家指导、社会参与、企业运作、媒体支持的机制举办。

深圳读书月组织机构可以在读书月组织、指导、协调集中开展下列活动：

（一）评选全民阅读先进典型，推广相关经验；

（二）读书交流；

（三）阅读进社区、进学校、进企业等；

（四）其他全民阅读促进活动。

第十九条　每年 4 月 23 日为深圳未成年人读书日。

市、区有关部门、共青团等应当在深圳未成年人读书日组织开展未成年人阅读促进活动；公共图书馆、中小学校和幼儿园等应当开展未成年人阅读及交流活动。

鼓励企事业单位、其他组织和个人开展各种形式的未成年人阅读促进活动。

第四章　阅读保障

第二十条　市、区人民政府应当将全民阅读基本公共服务所需经费纳入本级年度财政预算。

第二十一条　市人民政府可以发起成立公益性全民阅读基金。鼓励企事业单位、其他组织和个人参与或者捐赠全民阅读基金。

全民阅读基金用于下列活动：

（一）扶持公益性阅读组织；

（二）培训阅读推广人；

（三）实施社区阅读、未成年人阅读及特殊群体阅读服务计划；

（四）组织阅读能力测评、阅读调查及阅读研究；

（五）其他全民阅读促进活动。

第二十二条　市、区有关部门可以根据市人民政府相关规定对下列全民阅读促进活动予以经费补贴：

（一）企事业单位、其他组织和个人在工业区（产业园区）、社区及非公立学校等兴建图书馆（室）、阅览室等公共阅读设施的；

（二）非公共图书馆、阅览室等阅读设施向市民免费开放的；

（三）实体书店开展公益性阅读推广活动的；

（四）出版和发行盲文、大字本等针对特定对象的出版物的；

（五）研究开发数字化图书阅读新项目的；

（六）网络运营商、移动通讯运营商等通过自身平台向市民免费提供数字化图书资源的；

（七）为有需要的新生儿家庭赠送婴幼儿读物、育儿指导用书等阅读资源的；

（八）其他需要补贴的全民阅读促进活动。

第二十三条　公共图书馆和各类学校图书馆应当根据服务对象的具体情况，将市全民阅读指导委员会发布的全民阅读基础书目部分或者全部纳入采购计划。

第二十四条　各级工会、共青团等群团组织应当安排专项经费用于相关阅读促进活动。

第二十五条　市人民政府应当建设全市统一的数字化图书服务平台,增加数字化图书阅读资源,丰富数字化图书阅读服务内容。

第二十六条　新建、扩建、改建博物馆、美术馆、展览馆、青少年宫等文化场所,应当按照有关规范要求提供公共阅读空间及相应阅读设施。

新建、扩建、改建住宅区应当按照相关规定配套建设公共阅读设施。

机场、车站、码头等人员流动较大的公共场所应当因地制宜规划建设公共阅读设施。

鼓励机关、企事业单位、其他组织和个人设立图书室、阅览室、书刊架等公共阅读设施。

第二十七条　公共阅读设施建设单位应当加强对公共阅读设施的维护和管理,保障其正常使用。

任何组织和个人不得侵占、损坏或者擅自拆除公共阅读设施,不得擅自改变公共阅读设施的性质和功能或者缩小公共阅读设施的规模。

根据城市规划确需拆除现有公共阅读设施或者改变其功能的,应当遵循先建设后拆除或者建设拆除同时进行的原则,科学合理选址,并按照不低于原有规模和标准重新规划和建设。

第五章　附则

第二十八条　本条例自 2016 年 4 月 1 日起施行。

附录五　提升全民数字素养与技能行动纲要

（2021 年 11 月 5 日中央网络安全和信息化委员会发布）

　　数字素养与技能是数字社会公民学习工作生活应具备的数字获取、制作、使用、评价、交互、分享、创新、安全保障、伦理道德等一系列素质与能力的集合。提升全民数字素养与技能，是顺应数字时代要求，提升国民素质、促进人的全面发展的战略任务，是实现从网络大国迈向网络强国的必由之路，也是弥合数字鸿沟、促进共同富裕的关键举措。为深入贯彻落实习近平总书记关于网络强国的重要思想，实施全民数字素养与技能提升行动，加快数字化发展，建设网络强国和数字中国，根据《中共中央关于制定国民经济和社会发展第十四个五年规划和二〇三五年远景目标的建议》和《中华人民共和国国民经济和社会发展第十四个五年规划和 2035 年远景目标纲要》，制定本行动纲要。

一、发展形势与重要意义

　　当前，全球经济数字化转型不断加速，数字技术深刻改变着人类的思维、生活、生产、学习方式，推动世界政治格局、经济格局、科技格局、文化格局、安全格局深度变革，全民数字素养与技能日益成为国际竞争力和软实力的关键指标。全球主要国家和地区把提升国民数字素养与技能作为谋求竞争新优势的战略方向，纷纷出台战略规划，开展面向国民的数字技能培训，提升人力资本水平。党的十八大以来，以习近平同志为核心的党中央作出建设网络强国、数字中国战略决策，加快建设完善数字基础设施，不断提高数字经济、数字社会、数字政府发展水平，持续增强人民群众获得感。同时，也存在顶层设计缺失、数字鸿沟较大、资源供给不足、培养体系尚未形成、数字道德规范意识有待增强等问题，亟需加大工作力度，完善政策措施，整体提升全民数字素养与技能水平。

　　立足新时代世情国情民情，要把提升全民数字素养与技能作为建设网络强国、数字中国的一项基础性、战略性、先导性工作，切实加强顶层设计、统筹协调和系统推进，注重构建知识更新、创新驱动的数字素养与技能培育体系，注重建设普惠共享、公平可及的数字基础设施体系，注重培养具有数字意识、计算思维、终身学习能力和社会责任感的数字公民，促进全民共建共享数字化发展成果，推动经济高质量发展、社会高效能治理、人民高品质生活、对外高水平开放，为我国开启全面建设社会主义现代化国家新征程和向第二个百年奋斗目标进军注入强大动力。

二、总体要求

（一）指导思想

以习近平新时代中国特色社会主义思想为指导，全面贯彻党的十九大和十九届二中、三中、四中、五中全会精神，深入学习贯彻习近平总书记在庆祝中国共产党成立 100

周年大会上的重要讲话精神，立足新发展阶段，贯彻新发展理念，构建新发展格局，坚持以人民为中心，落实高质量发展要求，以满足人民日益增长的美好生活需要、促进人的全面发展和全体人民共同富裕为根本目的，坚持深化供给侧结构性改革，以创新驱动、高质量供给引领新需求，着力发展数字基础设施、优化数字资源供给、完善数字环境保障，着力构建覆盖全民、城乡融合、公平一致、可持续、有韧性的数字素养与技能发展培育体系，着力拓展全民数字生活、数字学习、数字工作、数字创新四大场景，激发全民建设网络强国和数字中国的积极性、主动性、创造性，提升全民数字化适应力、胜任力、创造力，增强人力资本积累，拓展人口质量红利，厚植创新发展新优势，为全面建设社会主义现代化国家提供强大的数字动力支撑和坚实的人力资源基础。

（二）基本原则

坚持以人为本，普惠共享。秉持发展为了人民、发展依靠人民的理念，推动数字教育资源、数字技能培训、数字产品和信息服务等高质量发展和开放共享，不断提高人民群众的获得感、幸福感、安全感。

坚持统筹谋划，系统推进。遵循数字化发展规律，针对不同类型的群体、不同年龄阶段的公民，强化顶层设计和统筹谋划，整合资源，筑牢基础，补齐短板，整体提升全民数字学习、工作、生活和创新的素养与技能。

坚持深化改革，协调发展。聚焦提升全民数字素养与技能过程中的突出矛盾和难点问题，创新政策供给，破除体制机制障碍，不断弥合城乡、区域和人群间的数字鸿沟，营造良好的数字学习和创新创业环境，促进区域协调、城乡融合发展。

坚持正确导向，保障安全。统筹发展和安全，强化底线思维和风险意识，坚持正能量是总要求、管得住是硬道理、用得好是真本事，主动防范化解风险，有力有序推进全民数字素养与技能提升。

（三）发展目标

到 2025 年，全民数字化适应力、胜任力、创造力显著提升，全民数字素养与技能达到发达国家水平。数字素养与技能提升发展环境显著优化，基本形成渠道丰富、开放共享、优质普惠的数字资源供给能力。初步建成全民终身数字学习体系，老年人、残疾人等特殊群体数字技能稳步提升，数字鸿沟加快弥合。劳动者运用数字技能的能力显著提高，高端数字人才队伍明显扩大。全民运用数字技能实现智慧共享、和睦共治的数字生活，数字安全保障更加有力，数字道德伦理水平大幅提升。

展望 2035 年，基本建成数字人才强国，全民数字素养与技能等能力达到更高水平，高端数字人才引领作用凸显，数字创新创业繁荣活跃，为建成网络强国、数字中国、智慧社会提供有力支撑。

三、主要任务与重点工程

（一）丰富优质数字资源供给

1. 优化完善数字资源获取渠道。加快千兆光网、5G 网络、IPv6 等新型基础设施建设部署,不断拓展网络覆盖范围、提升网络质量,提高数字设施和智能产品服务能力。加大适老化智能终端供给,推进互联网应用适老化改造。加快推动信息无障碍建设,打造推广数字化助残服务,运用数字技术为残疾人生活、就业、学习等增加便利。支持少数民族语言语音技术研发应用。有序引导科研院所、普通高校和职业院校、企业机构、团体组织、高端数字人才等发挥自身优势,开发设立数字素养与技能培训网站、移动应用程序和公众账号等,为数字资源提供多样化获取渠道。

2. 丰富数字教育培训资源内容。围绕数字生活、工作、学习、创新等需求,运用视频、动画、虚拟现实、直播等载体形式,做优做强数字素养与技能教育培训资源。支持各地区各行业制定培训方案,统筹规划、差异设计培训内容,鼓励向社会提供优质免费的数字教育资源和线上学习服务。

3. 推动数字资源开放共享。鼓励党政机关、企事业单位、团体组织等,依法规范有序开放公共数据资源,推动数据资源跨地区、跨层级共享。推动大中小学校、专业培训机构、出版社等积极开放教育培训资源,共享优质数字技能教学案例,推动数字技能教育资源均衡配置。实施互联网平台数字培训开放共享行动,推动平台向社会开放培训资源。

4. 促进数字公共服务普适普惠。建设完善全国一体化政务服务平台,加快线上线下融合互补,优化政务服务体验,畅通丰富办事渠道,让企业和个人好办事、快办事。在政务服务大厅、医院、交通枢纽等服务场所设立志愿者、引导员或服务员,依托城乡社区综合服务设施开展宣传培训,为群众提供指导和协助,助力提升数字公共服务使用技能。

专栏1　公民数字参与提升工程

数字化赋能城市治理。充分依托政府门户网站,为市民参与政策制定、产业发展、城市管理等提供建言献策渠道。创新"随手拍"等市民数字化参与城市治理的途径和方式,不断提升市民获得感。

数字化赋能社区治理。充分依托数字化平台,丰富居民数字参与场景,以数字技术促进民意汇聚、民主协商,引导居民密切日常交往、参与公共事务、开展协商活动、组织邻里互助。加强社区工作者队伍建设,提升运用数字化方式开展社区治理的能力。探索网格化社区治理和服务新模式。

数字化赋能乡村治理。推动"互联网＋乡村治理",拓展村民参与村级公共事务和公益事业的渠道,提升网上村务监督水平。

（二）提升高品质数字生活水平

5. 培育智慧家庭生活新方式。完善智慧家庭综合标准化体系,提高智能家居系统平台、设备产品、应用的易用性、便捷性和兼容性,增强产品感知与互动能力,便捷用户管理和使用。积极引导企业开展智能家居产品体验、应用培训等活动,提高全民使用智能家居产品的能力。

6. 提高智慧社区建设应用水平。优化智慧社区建设规划布局,建立健全社区基础设施和综合服务设施智能化建设与改造群众意见征求机制,提升智能安防、智能停车等设施便捷易用性。运用数字技术完善社区服务需求收集、项目设计、资源链接、过程管理、绩效评价等机制,提高社区服务精准化、精细化水平。建立社区数字技能公益团队和兴趣小组,开展"数字技能进社区"等宣传推广活动。鼓励社区设立数字服务志愿者、引导员,引导社区居民用好数字产品和服务。

7. 丰富新型数字生活场景。推动5G、超高清视频、虚拟现实、人工智能等数字技术在生活中普及应用,提高电子商务、移动支付、共享经济、智慧出行等新型数字生活服务体验,发展智慧商店、智慧商圈,提升居民数字资源、数字工具的使用意愿,共同营造良好的数字生活氛围,让全民享受便捷的数字服务。

8. 开展数字助老助残行动。充分考虑老年人和残疾人群体特殊性,加强数字设备、数字服务信息交流无障碍建设,在老年人、残疾人的出行、就医、就餐、购物等高频服务场景中保留人工服务渠道,防止出现强制性数字应用、诱导性线上付款等违规行为。依托老年大学、开放大学、养老服务机构、残疾人服务机构、社区教育机构、老科协等,丰富体验学习、尝试应用、经验交流、互助帮扶等老年人、残疾人数字技能培训形式和内容。推动形成社会各界积极帮助老年人、残疾人融入数字生活的良好氛围,构建全龄友好包容社会。

专栏2　数字社会无障碍和适老化改造提升工程

探索线上线下融合的老年人、残疾人数字技能培训模式,引导数字产品和服务提供商,开发适合老年人、残疾人使用的硬件产品和软件应用,制作老年人、残疾人易懂会用的产品使用手册和教程。建设适老化全媒体课程资源,组织推介优秀培训项目和优秀工作案例。推动互联网网站与互联网应用(APP)适老化及无障碍改造,组织改造水平测评,提升互联网应用适老化水平及无障碍普及率。

实施银龄科普行动,积极开发老龄人力资源,大力发展老年协会、老科协等组织,充分发挥老专家在数字科普方面的作用。发展壮大老年志愿者、助老志愿者队伍,帮助老年人学习使用数字产品与服务。

(三)提升高效率数字工作能力

9. 提高产业工人数字技能。完善企业员工职业技能培训体系,建立和共享职工培训中心、网络学习平台等培训载体,丰富数字素养与技能培训内容,提高员工职业胜任力。健全企业职工培训制度,针对产业工人系统开展面向生产全环节的数字技能培训,持续壮大现代产业工人队伍,培养数字领域高水平大国工匠,提升数字化生产能力。提升企业管理人员数字素养,建立数字化思维,提高数字化经营管理能力。

专栏3　数字技能产教融合工程

搭建产教融合平台。围绕集成电路、人工智能、工业互联网、电子商务等数字技术重点应用领域,深入实施产学合作协同育人项目,集中产教融合型城市、行业、企业优质资源,布局建设数字化、高水平、专业化、开放型产教融合创新平台和人才联合培养基地。

创新产教融合教育资源。充分发挥企业主体作用,支持企业与普通高校和职业院校共建联合学院、实验室、实习基地等,推动职业院校人才培养与企业联盟、与行业联合、同园区联结,探索中国特色学徒制,加快构建规范化数字技能教学和实习实训体系。

10. 提升农民数字技能。构建现代农业科教信息服务体系,优化完善全国农业科教云平台,汇集整合新技术推广、电商销售、新媒体应用等优质培训资源,持续推进农民手机应用技能培训工作,提高农民对数字化"新农具"的使用能力。引导企业、公益组织等参与农民数字技能提升工作,推动数字服务和培训向农村地区延伸。

11. 提升新兴职业群体数字技能。面向"互联网+教育"、互联网医疗、电子商务、供应链管理服务、线上办公、"虚拟"产业园、"无人经济"等新业态新模式,制定数字领域新职业的职业标准,丰富职业培训课程,开展从业人员培训,壮大新兴职业群体人才队伍。引导支持新兴职业群体,积极利用5G、人工智能、虚拟现实、大数据、区块链等数字技术创新创业。

12. 开展妇女数字素养教育与技能培训。依托各类网络平台,推出一批面向妇女设计制作的数字素养公开课,增强妇女安全上网、科学用网、网上创业等的数字意识和能力。加强妇女通过网络参与经济生活的能力,加大直播带货、电商运营等培训力度,引导西部地区、偏远山区妇女网上就业创业。

13. 提升领导干部和公务员数字治理能力。加大领导干部和公务员信息化培训力度,丰富数字经济、数字社会、数字政府等领域线上培训资源,把提高党员领导干部数字治理能力作为各级党校(行政学院)的重要教学培训内容。引导领导干部和公务员运用网络了解民意、开展工作,提升学网、懂网、用网的能力。在公务员选拔任用中,加强数字能力方面的考察。

专栏4　领导干部和公务员数字素养提升工程

建立领导干部数字素养全员培训体系,分层次、分类别、分阶段推进领导干部全员培训。建立公务员数字技能分级分类培训体系,全覆盖、差异化开展公务员数字技能培训。

(四)构建终身数字学习体系

14. 提升学校数字教育水平。将数字素养培育相关教育内容纳入中小学教育教学活动,设立信息科技相关必修课程,打造优质精品教材,开展数字素养相关课外活动。加强普通高校和职业院校数字技术相关学科专业建设,推进数字技能基础课程和实习实训基地建设,完善数字创新人才培养机制,提升人才培养质量和水平,鼓励学生运用数字技术创新创业。实施战略型紧缺人才培养教学资源储备计划,加大相关领域数字教学资源储备。开展教师数字技术应用能力培训,提高教师运用数字技术改进教育教学的意识和能力,增强中小学、职业院校和普通高校专业教师的教学能力,持续壮大高水平数字技能师资力量。全面推进数字校园建设,建设一批智慧教室、智慧教学平台、虚拟实验室、虚拟教研室等,全面提升数字化水平,支撑引领教育信息化特色发展、高质量发展,引导科学合理使用数字产品,保护师生视力健康。

15. 完善数字技能职业教育培训体系。完善数字技能职业教育,加强职业院校数字技能类人才培养,动态更新职业教育专业目录,推进专业升级和数字化改造,优化完善课程设置,建设高水平数字技能职业教育教师队伍。制定完善数字技能职业教育国家标准,推行"学历证书+职业技能等级证书"制度,打造一批高水平数字技能职业院校和专业。加大数字技能职业培训力度,研制培训方案和内容标准,规范数字技能职业培训,试点探索"互联网+"职业技能培训模式,推动数字化培训模式发展。

16. 建设数字技能认证体系与终身教育服务平台。推进国家学分银行建设,发挥开放大学优势,推动制定面向全民、适应行业发展的数字技能能力框架和认证单元,搭建国家级数字技能终身教育服务平台,设计符合相关标准的课程体系和配套学习资源与服务,贯通培训、学习、体验、考核、学习成果认定、学分互换等环节,为全民终身数字学习体系的建设提供可信可靠的"补给站"和四通八达的"立交桥"。

专栏5 退役军人数字素养与技能提升工程

建立退役军人数字信息档案。依托退役军人建档立卡工作,进一步丰富完善退役军人和其他优抚对象的综合信息数据库,系统分析研判广大退役军人和优抚对象的数字技能提升需求,形成电子档案。

引导退役军人逐步提高数字技能。引导学校、社会机构等开发面向退役军人的线上线下学习资源,积极发展退役军人移动服务平台,推出电子优待证,为退役军人提供线上就业创业服务,帮助退役军人和其他优抚对象共享互联网发展成果。

(五)激发数字创新活力

17. 打造企业数字化竞争力。发挥行业龙头企业在新一轮科技革命和产业变革中的引领和示范作用,培育造就一大批高水平、创新型、复合型的数字化人才队伍,积极开展数字创新大赛、成果推广、创先示范等活动,不断激发企业创新活力。加快完善面向中小企业员工的数字化服务体系,提升中小企业数字化发展意愿和能力。

18. 探索数据驱动科研新范式。适应国家创新驱动发展战略和大数据发展趋势,鼓励企业、高等学校、科研院所和科研工作者挖掘利用数据资源,探索数据密集型科研范式,支持国家科学数据中心建设,加快数据资源开放和利用,形成大数据驱动的科研创新模式,推动开放创新、协同创新。

专栏6　高端数字人才培育工程

培育创新型数字人才。支持发展高水平信息科技专业资源,强化信息科技基础教育,鼓励学术领域、行业领域优秀数字人才开展专题讲座,大力支持基础创新、应用创新。

培育复合型数字人才。积极推动人工智能、大数据、云计算、量子信息等数字科技与计算机、控制、数学、金融等学科交叉融合,推动跨学科复合型数字人才队伍建设。

培育数字技术工程师。依托专业技术人才知识更新工程,围绕智能制造、物联网、区块链、虚拟现实、集成电路、工业互联网等数字技术领域,组织开发国家职业标准和培训课程,开展规范化培训、社会化评价,培育壮大高水平数字技术工程师队伍。

（六）提高数字安全保护能力

19. 提高全民网络安全防护能力。引导全民积极参与国家网络安全宣传周、"网络安全进社区"等活动,普及网络安全知识,提升网络安全防范意识。通过举办网络安全专题讲座和培训班、制作印发宣传册、线上视频宣讲等方式,增强全民对网络谣言、电信诈骗、信息窃取等不法行为的辨别能力和安全防护技能。

20. 强化个人信息和隐私保护。加大个人信息和隐私保护相关法律法规的普及宣传力度,提高全民个人信息和隐私保护意识。制定完善个人信息和隐私保护标准,健全个人信息和隐私保护监管机制,优化社会群众监督举报机制,压实行业组织、企业机构等保护个人信息安全主体责任,加大对侵犯个人信息和隐私等违法犯罪行为的打击力度。

（七）强化数字社会法治道德规范

21. 引导全民依法规范上网用网。坚持依法管网、依法办网、依法上网,加强网络空间生态治理,规范网络传播秩序。积极开展网络普法,增强网民法律意识和法治思维,加强网民自律,引导广大网民自觉抵制网络不良信息和不法行为。

22. 提高全民网络文明素养。建立完善网络文明规范,普及网络文明观念,发展积极健康的网络文化,进一步完善政府、学校、家庭、社会相结合的网络文明素养教育机制,不断提升青少年网络素养,引导健康合理使用数字产品和服务,推动全社会形成文明办网、文明用网、文明上网、文明兴网的共识。

23. 强化全民数字道德伦理规范。加强道德示范引领,深化网络诚信建设。各级政府、科研院所、行业组织、企业、线上社区等各方力量主动作为,督促数字技术和产品开发人员遵守职业道德和准则。加强人工智能技术治理,发展负责任的人工智能。提高全民数字获取、制作、使用、交互、分享、创新等过程中的道德伦理意识,引导全民遵守数字社会规则,形成良好行为规范。

四、保障措施

（一）加强组织领导

加强实施全民数字素养与技能提升行动的统筹协调、整体推进和督促落实,建立网信、组织、宣传、政法、发展改革、教育、工业和信息化、民政、财政、人力资源社会保障、农业农村、国资监管、工会、妇联、科协等部门参加的部际协调机制,加强部门间政策协同、资源整合和工作衔接,形成系统推进格局。各地区、各部门要加强组织领导,依据本行动纲要,制定工作实施方案,完善配套政策措施,确保各项任务落实。

（二）加大政策支持

完善政策支持和资金保障机制,多措并举加大对数字素养与技能薄弱环节的投入,完善支持数字素养与技能提升的长效机制。加快推动制修订涉及手机支付、防范网络诈骗、无障碍改造等法规制度,切实保障全民使用数字技术的合法权益。深化"放管服"改革,充分调动各方面积极性,打造一批数字素养与技能提升培训基地,鼓励社会力量参与全民数字素养与技能提升行动。

（三）开展试点示范

按照统筹规划、整体设计、资源整合、有序推进的原则,组织开展全民数字素养与技能提升试点示范工作,支持有条件的地区和行业先行先试,创新工作机制模式,探索有益经验,形成一批可复制可推广的典型案例,带动全民数字素养与技能整体提升。

（四）强化考核评估

加强数字素养与技能理论研究。建立符合我国国情的全民数字素养与技能发展评价指标体系。定期开展全民数字素养与技能发展监测调查和评估评价,编制发布全民数字素养与技能发展水平报告,以评促建、以评促用,指导各地区各行业开展相关工作。

（五）加强宣传推广

构建立体多元的宣传体系,创新网络宣传方式方法,营造全社会关注并积极参与全民数字素养与技能提升行动的浓厚氛围。按照国家有关规定,对在推动全民数字素养与技能提升工作中作出突出贡献的集体和个人给予表彰。举办全民数字素养与技能提升主题活动,开展数字技能相关职业技能竞赛活动,促进各地区各部门经验总结和交流推广。

（六）深化国际合作

发挥政府、行业组织、企业等各方力量,搭建数字素养与技能国际交流合作平台,设计开发一批数字技能公共产品与项目,多渠道宣介我成果经验。积极参与联合国框架下的国际合作机制,积极参加相关国际组织活动,借鉴吸收国际经验,促进全民数字素养与技能水平提升。

后　记

我曾经有过 22 年的基层图书馆工作经历。在基层图书馆工作期间，我深深感受到图书馆工作的艰难。在此过程中，我逐渐意识到，办好图书馆事业必须具备理念、制度、资金、人才、技术等方面的全方位保障条件。其中，理念保障至关重要，因为是否具有先进的图书馆理念，将直接影响到制度、资金、人才、技术等方面保障条件的完善程度。在我看来，图书馆理念是图书馆事业发展所需要的"软实力"的集中体现，是图书馆事业和图书馆职业发展的精神动力。基于这种认识，我开展了长期的图书馆理念研究工作。

后来，我的工作发生变动，我成了一所大学的图书馆学专业教师，从实践工作者变成了理论工作者。作为理论工作者，我的主要角色任务应该是为实践工作者提供精神食粮，于是我更加注重图书馆理念研究，为此投入了大量精力。在此过程中，我曾探讨过诸多图书馆基本理念范畴，如知识自由理念、民主政治理念、信息公平理念、终身学习理念、社会包容理念、社会责任理念、公共物品理念、公共治理理念等。显然，这是我思考图书馆理念问题的历程中不断"试错"（波普尔语）的过程。这一"试错"过程至今仍然在继续。本书就是这一"试错"过程的最新成果。细心的读者可以看出，本书所提出的图书馆基本理念"3＋1 范畴结构"，与我以往只是罗列若干理念范畴的做法相比，在内容结构以及观点表述上有了较大的调整，整个体例结构有了更加清晰的简约性、逻辑性和系统性。如果能够给读者留下这样的印象，那我就心满意足了。

本书属于基础理论研究成果，基本不涉及"我国图书馆基本理念存在的问题与改进对策"这一实践对策问题。这对读者期望来说，或许是一种缺憾。从理论视野上说，本书所讨论的理念范畴基本限定在"图书馆学"和"图书馆职业"范围之内，而没有将其扩大为"图书馆情报学"或"图书馆信息学"（LIS）范围。这种视野限定，或许也是本书的一个不足。

本书是国家社会科学基金后期资助项目"图书馆基本理念研究"的最

终成果。在本课题和本书的构思阶段,我曾就内容结构问题请教过范并思、王子舟、程焕文三位先生,他们都给我提出了宝贵的建议。在此我向三位先生表示由衷的感谢!本书的初稿,曾发给范并思先生审阅,范先生给予肯定性鼓励,让我深感欣慰。在立项、构思及写作和修改过程中,陈汝南和付天松同志一直充当我的得力助手,并完成了大量写作工作。在写作过程中,我指导的研究生刘晓莹、吕爽、陈丽丽、张欲晓、张鹏等同学给予我图表设计、资料查询、现有成果统计、文字录入等方面的协助,在此也向他们表示感谢!本书得以出版,得到国家图书馆出版社的图书馆学编辑唐澈同志的大力支持,她为本书的审校和最终出版付出了大量心血,我表示由衷的敬意和感谢!

蒋永福

2024 年 3 月 5 日于黑龙江大学汇文楼